Oliver Schwinn

Die Finanzierung der deutschen Einheit

Oliver Schwinn

Die Finanzierung der deutschen Einheit

Eine Untersuchung aus politisch-institutionalistischer Perspektive

Springer Fachmedien Wiesbaden GmbH 1997

ISBN 978-3-8100-1845-8 ISBN 978-3-663-09703-7 (eBook)
DOI 10.1007/978-3-663-09703-7

Ursprünglich erschienen bei Leske + Budrich, Opladen 1997

Inhaltsverzeichnis

Kapitel 1:
Einleitung, Fragestellung und Forschungsstand 7

1.1 Einleitung und Fragestellung 7
1.2 Forschungsstand 13
1.3 Aufbau der Arbeit 17

Kapitel 2:
Die Bundesrepublik und der „Einigungsschock" 19

2.1 Höhe und Struktur der Transferleistungen 19
2.2 Die makroökonmische Performanz im intertemporalen und internationalen Vergleich 23

Kapitel 3:
Die „Stunde der Exekutive":
Weichenstellungen im Einigungsprozeß 35

3.1 Der Vertrag über die Währungs-, Wirtschafts- und Sozialunion 35
3.1.1 Verhandlungsverlauf und Finanzbestimmungen 35
3.1.2 Die Rolle der Bundesländer 49
3.1.3 Die Dynamik des Parteienwettbewerbs 55
3.1.4 Die Bundesbank und das Primat der Politik 59
3.2 Der Einigungsvertrag 65
3.2.1 Verhandlungsverlauf und Finanzbestimmungen 65
3.2.2 Bund, alte Länder und der Streit um die Kosten der Einheit 74
3.2.3 Parteienwettbewerb im Vorfeld der Bundestagswahl 1990 78
3.3 Zusammenfassung und Bewertung 84

Kapitel 4:

Die Politik zur Finanzierung der Einheit im geeinten Deutschland... 93

4.1 Die Verarbeitung des „Einigungsschocks": Schrittweise Anpassung an tatsächliche Anforderungen ... 93
4.1.1 Finanzpolitisches Krisenmanagement zwischen Transferbedarf und Konsolidierungsversuchen ... 93
4.1.2 Die Finanzierung der Einheit und die Bundesländer ... 108
4.1.3 Parteienkonkurrenz und erzwungene Große Koalition ... 112
4.1.4 Die Transfers der Sozialversicherungen ... 120
4.1.4.1 Die Gesetzliche Krankenversicherung ... 122
4.1.4.2 Die Gesetzliche Rentenversicherung ... 124
4.1.4.3 Die Arbeitslosenversicherung ... 127
4.1.5 Die Treuhandanstalt - Vom Finanzier zum größten Schuldner der Einheit ... 136
4.1.6 Die Politik der Bundesbank ... 141
4.1.7 Zusammenfassung und Bewertung ... 147

4.2 Der Solidarpakt zwischen Bund und Ländern ... 154
4.2.1 Die Neuordnung der bundesstaatlichen Finanzbeziehungen ... 157
4.2.1.1 Modelle der Neuordnung und die Abstimmung unter den Ländern ... 159
4.2.1.2 Die Verhandlungen zwischen Bund und Ländern ... 166
4.2.1.3 Die Entscheidung im Rahmen der Solidarpakt-Klausur ... 169
4.2.2 Die Übernahme der DDR-Altlasten ... 173
4.2.3 Die steuer- und sozialpolitischen Vereinbarungen ... 175
4.2.4 Zusammenfassung und Bewertung ... 178

Kapitel 5:

Fazit und theoretische Einordnung ... 185

Literaturverzeichnis ... 196

Verzeichnis der Tabellen ... 232

Verzeichnis der Schaubilder ... 233

Verzeichnis wichtiger Abürzungen ... 234

Liste der Interviewpartner ... 236

Kapitel 1: Einleitung, Fragestellung und Forschungsstand

1.1 Einleitung und Fragestellung

Die deutsche Einheit stellt in finanzpolitischer Hinsicht eine scharfe Zäsur dar. Eine Verdoppelung der Staatsverschuldung binnen fünf Jahren auf über zwei Billionen DM, zahlreiche Steuer- und Abgabenerhöhungen sowie unaufhörliche Sparappelle der Finanzminister in Bund und Ländern kennzeichnen die Anstrengungen, den „Einigungsschock" (Issing 1993: 1) fiskalisch zu verarbeiten. Die schnelle Einigung zweier gesellschaftlich, ökonomisch und politisch derart ungleicher Staaten wie der Bundesrepublik und der DDR stellte beide Seiten in vielen Bereichen vor Herausforderungen in bislang nicht gekanntem Ausmaß[1]; die Probleme verdichteten sich zur „Vereinigungskrise" (Kocka 1995). Im Rahmen dieser Arbeit stehen die finanziellen Aspekte dieser Krise im Mittelpunkt, die Probleme bei der Finanzierung der deutschen Einheit.

Finanzierungsbedarf ergab sich im Einigungsprozeß in drei Bereichen. Erstens im Zusammenhang mit der „Erblast" der DDR und der formalen Herstellung der Einheit, zweitens verbunden mit dem Institutionentransfer und der grundlegenden Modernisierung der in weiten Teilen hoffnungslos rückständigen Infrastruktur in den neuen Bundesländern und schließlich aus der Notwendigkeit, den ökonomischen Transformationsprozeß voranzutreiben und die damit verbundenen sozialen Härten abzufedern.

Dem erstgenannten Bereich sind beispielsweise die Altschulden des DDR-Haushalts und die Auslandsverbindlichkeiten der DDR zuzuordnen, für die das geeinte Deutschland aufzukommen hatte, aber auch die mit der Währungsunion vom 1. Juli 1990 verbundenen Umstellungskosten oder Entschädigungsleistungen für staatliche Unrechtshandlungen und Enteignungen durch die DDR. Außerdem ist hier noch ein externer Aspekt von Bedeutung, nämlich die Hilfsleistungen an die Adresse der Sowjetunion bzw. deren Nachfolgestaaten, die wohl mindestens zum Teil als Preis für die Zustimmung der Sowjetunion zur deutschen Einheit im Rahmen der 2+4-Verhandlungen interpretiert werden müssen (Andersen 1992a: 228).[2]

1 vgl. für viele: Reihe „Probleme der Einheit", Metropolis-Velag, Marburg

2 Dieser Aspekt wird im Rahmen dieser Arbeit nicht untersucht.

Im Bereich der Modernisierung von Staat und Infrastruktur sind all jene Kosten angefallen, die mit dem umfangreichen Institutionentransfer in die neuen Länder und dem Aufbau einer den alten Bundesländern vergleichbaren Infrastruktur zusammenhängen (Seibel/Benz/Mäding 1993; Oberhauser 1995). Sie reichten vom Aufbau bundesstaatlicher Verwaltungsstrukturen sowie der Integration der neuen Länder in die bundesstaatlichen Finanzbeziehungen bis hin zu Infrastrukturmaßnahmen wie dem Straßen- und Wohnungsbau, der Modernisierung des Schienenverkehrs oder dem Aufbau einer Hochschullandschaft westdeutscher Provenienz (Mayntz 1994).

Und schließlich mußte im Zuge der ökonomischen „Aufholjagd" (Biedenkopf 1992) der neuen Bundesländer der Strukturwandel vorangetrieben werden. Dazu waren zunächst Rahmenbedingungen zu schaffen, die privatwirtschaftliche Investitionen in zukunftsfähige Arbeitsplätze attraktiv machen konnten. Die Bandbreite reichte hier von steuerlichen Investitionsanreizen bis zur Entschuldung von Betrieben oder der Übernahme der Kosten für die Umweltsanierung der Betriebsgelände durch die Treuhandanstalt. Zudem mußten die sozialen Folgen des radikalen Strukturwandels abgefedert werden. Für viele Ostdeutsche war der Weg in die deutsche Einheit gleichbedeutend mit dem Weg in die Arbeitslosigkeit, und die in der DDR erworbenen Qualifikationen waren zum Großteil unter den neuen Arbeitsmarktbedingungen entwertet. Dies stellte sowohl die Leistungsfähigkeit des sozialen Netzes als auch die Beschäftigungspolitik vor ungeheure Herausforderungen (Peters 1992; Heinelt/Bosch/Reissert 1994).

Diese Beispiele zeigen: Der Aufgaben war im Zusammenhang mit der deutschen Einheit kein Mangel, es stellte sich allerdings schon früh die Frage, wer für deren Finanzierung herangezogen werden sollte. Setzten die Architekten der Einheit zunächst auf eine Kombination aus Erträgen der Privatisierung des „ehemals als Volkseigentum bezeichneten Vermögens der DDR" (Lühmann 1995), das anfangs noch auf 600 Mrd. DM geschätzt wurde, und den segensreichen Kräften eines zweiten „Wirtschaftswunders", wenn in der DDR erst einmal der ordnungspolitische Rahmen der Sozialen Marktwirtschaft etabliert wäre, so wurde schnell deutlich, daß beide Annahmen fehlgingen. Die Treuhandanstalt schloß mit einem Defizit von weit über 200 Mrd. DM ab und statt des erhofften dynamischen Wirtschaftsaufschwungs brach die ökonomische Basis der DDR zusammen, ohne daß kurzfristig Neues an ihre Stelle getreten wäre.

Faktisch waren die neuen Bundesländer aus eigener Kraft nicht in der Lage, den wirtschaftlichen und politischen Umbruch zu bewältigen, und so mußte ein umfangreicher und dauerhafter Resourcentransfer in die neuen Länder organisiert werden. Bruttotransfers in einer jährlichen Größenordnung von 200 Milliarden DM, entsprechend 5-6% des westdeutschen Bruttosozialprodukts, vermitteln einen ersten Eindruck von der Größe dieser Aufgabe.

Im Rahmen dieser Arbeit wird das Augenmerk nun darauf gerichtet, wie dieser fiskalische „Einigungsschock" politisch verarbeitet wurde. Gefragt wird also zunächst: Welche Weichenstellungen wurden im Hinblick auf die Finanzierung der deutschen Einheit vorgenommen? Betrachtet werden dabei die einigungsbedingten Budgetbelastungen und finanzpolitischen Maßnahmen der bundesdeutschen staatlichen und „parastaatlichen" (Katzenstein 1987) Institutionen[3]. Besonderes Gewicht wird auf die Rolle der Bundesregierung, die der bestimmende Akteur insbesondere im Verlauf des Einigungsprozesses selbst gewesen ist (Lehmbruch 1990; Hartwich 1992), sowie auf deren Zusammenwirken mit den Bundesländern im Rahmen des politikverflochtenen kooperativen Bundesstaats gelegt (Scharpf/Reissert/Schnabel 1976; Voigt 1995).

Über die Deskription der Maßnahmen zur Finanzierung der Einheit hinaus wird der Prozeß der Politikformulierung beleuchtet, um zu untersuchen, warum gerade dieser Weg zur Finanzierung der deutschen Einheit beschritten wurde. Welche Faktoren haben zu der letztlich verfolgten Politik ihren Anteil beigesteuert, die Politikformulierung strukturiert und geprägt? Schließlich wird der Frage nach Erfolg und Mißerfolg der Politik zur Finanzierung der deutschen Einheit nachgegangen: Konnten die mit den beschlossenen Maßnahmen angestrebten Ziele erreicht werden? Welche Erfolge konnten auf dem eingeschlagenen finanzpolitischen Weg verbucht werden? Welche Defizite sind zu beanstanden?

Nun begibt man sich bei der Bewertung von Politik unweigerlich auf unsicheres Gelände (Mäding 1988), doch hört dabei die Möglichkeit, wissenschaftlich exakt zu beschreiben, zu erklären und zu prüfen keineswegs auf (Schmidt, M.G. 1992a: 176). Es stellt sich allerdings die Frage nach klar definierten Maßstäben und Kriterien, die als Meßlatte bei der Beurteilung dienen können. Im Rahmen dieser Arbeit werden erstens die Ziele der Akteure und der Grad der Zielerreichung durch die eingeleiteten Maßnahmen herangezogen. Aus öffentlichen Äußerungen, Reden vor dem Bundestag, Wahlplattformen oder Ausschußprotokollen lassen sich Selbstverständnis und Zielsetzungen der maßgeblichen Akteure ableiten und mit dem Ergebnis der Politikproduktion vergleichen. Zweitens wird auf den Maßstab zurückgegriffen, wie die Politik im Spannungsfeld zwischen (1) gesetzten politischen Zielen, (2) den unter sachlichen Problemlösungsgesichtspunkten von Fachleuten formulierten Optionen, (3) dem situativen Kontext der jeweiligen Entscheidungssituation und (4) den gesellschaftlichen, politischen und institutionellen Schranken gouvernementalen Handelns abschneidet.

3 Der Einfluß der EG muß anderen Untersuchungen vorbehalten bleiben. Zum einen erhalten die neuen Bundesländer Mittel aus dem EG-Regionalfonds (Biehl 1993), zum anderen beeinflußt EG-Recht den Spielraum nationalstaatlicher Subventionspolitik. Da der Schwerpunkt dieser Arbeit auf der Verarbeitung des Einigungsschocks auf der Ebene der Bundesrepublik liegt, werden die europäischen Aspekte ausgeklammert.

Drittens wird schließlich der Vergleich mit der politischen und ökonomischen Entwicklung in anderen OECD-Ländern herangezogen.

Außerdem wird gefragt, welche verallgemeinerbaren Lehren sich aus den Ergebnissen dieser Untersuchung ableiten lassen. Das sozialwissenschaftliche Großexperiment „Deutsche Einheit" bietet die seltene Gelegenheit, die Gültigkeit bislang gesichert geglaubter Wissensbestände über Politik in der Bundesrepublik unter Ausnahmebedingungen zu untersuchen, so daß der tatsächliche Erklärungsgehalt der für die politische Praxis der alten Bundesrepublik formulierten Theorien vor dem Hintergrund des Einigungsprozesses geprüft werden kann. Zudem stellt sich die Frage nach den Folgen der deutschen Einheit für die Politik in der Bundesrepublik. Bleibt alles beim alten, bei lediglich gewachsener Bevölkerung, größerem Staatsgebiet und einigen Übergangsproblemen, oder bedeutet die Einigung beider deutscher Staaten den Weg in eine „andere Republik" (Guggenberger 1992; Gross 1995). Die Kernfrage lautet hier: Kontinuität oder Diskontinuität im geeinten Deutschland?

Für die systematische Untersuchung, Darstellung und Interpretation der Politik zur Finanzierung der deutschen Einheit im Sinne einer „dichten Beschreibung" (Geertz 1983) bietet der erweiterte politisch-institutionalistische Forschungsansatz den theoretischen Rahmen. Die politisch-institutionalistische Theorie betont die Prägung des auf Staatstätigkeit gerichteten kollektiven und individuellen Wollens, Könnens und Handelns durch institutionelle Bedingungen. Die konkreten Inhalte der Staatstätigkeit werden demnach davon bestimmt, daß die Akteure in einem jeweils spezifischen institutionellen Rahmen Situationsdeutungen der Realität vornehmen, in Problemwahrnehmungen und/oder Zielformulierungen übersetzen und zum Erreichen der Ziele von durch eben diesen Rahmen restringierten Wahlfreiheiten und Entscheidungsalternativen unter den Bedingungen begrenzter Rationalität Gebrauch machen. Besondere Erklärungskraft erlangt dieser Ansatz in einer erweiterten Variante, die auch politische Ideologie und die Machtverteilung zwischen Parteien und sozialen Gruppen sowie verschiedene Barrieren gegen die Durchsetzung von Mehrheitsherrschaft nach dem Westminster-Modell berücksichtigt (Schmidt, M.G. 1993b: 378-390).

Nun ist gerade das politische Institutionensystem der Bundesrepublik reich an derartigen Schranken gegen die Mehrheitsherrschaft. Sie bestimmen die Rahmenbedingungen für das Tun und Lassen der jeweiligen Regierung in einer Weise, daß Peter Katzenstein (1987) die Formel von der „Semisouveränität" des bundesdeutschen Staates geprägt hat. Neben dem bereits angedeuteten starken Einfluß der Bundesländer im politikverflochtenen kooperativen Föderalismus der Bundesrepublik spielen insbesondere der Einfluß der häufig als „Nebenregierung" bezeichneten Deutschen Bundesbank sowie der Beitrag der Träger der Gesetzlichen Sozialversicherung und der Treuhandanstalt zur Finanzierung der Einheit eine wichtige Rolle.

Die parteipolitische Färbung der Regierungskoalition zählt ebenfalls zu jenen Faktoren, die die Staatstätigkeit prägen, weshalb politische Ideologie und Programmatik der Regierungsparteien in Bund und Ländern ebenso in die Untersuchung mit einbezogen werden wie jene wichtiger Oppositionsparteien und Elemente der innerparteilichen Interessenaggregation. Eine zentrale Rolle spielen dabei auch die impliziten Handlungszwänge des Parteienwettbewerbs im Bundesstaat (Lehmbruch 1976, 1990). Besondere Beachtung finden dabei CDU/CSU und SPD, die insbesondere in Zeiten unterschiedlicher parteipolitischer Mehrheitsverhältnisse in Bundestag und Bundesrat in einer „heimlichen" Großen Koalition das Land regieren. Der Einfluß der Opposition im Bundestag auf die Bundespolitik über ihre Bundesratsmehrheit begründet (unter den Nebenbedingungen, daß die Bundesländer parteipolitisch geschlossen votieren und die Bundesregierung dem Kompromiß mit der Opposition den Vorzug vor einer Blockade des Entscheidungsprozesses gibt) einen derart starken Abstimmungs- und Vermittlungszwang zwischen den großen Parteien, daß jüngere Untersuchungen gar von der Bundesrepublik als „Staat Großer Koalitionen" sprechen (Schmidt, M.G. 1994b). Auch im Untersuchungszeitraum dieser Arbeit war eine solche Situation gegeben. Von Mai bis Oktober 1990 und dann wieder ab April 1991 verfügte die im Bundestag oppositionelle SPD über eine Stimmenmehrheit im Bundesrat und damit über die Möglichkeit des Mitregierens.

Über die genannten Variablen hinaus sind noch zwei weitere Aspekte von besonderer Bedeutung. Da ist einerseits die Dynamik des Einigungsprozesses als eine politisch nur bedingt steuerbare Rahmenbedingung zu berücksichtigen, die ihrerseits die politischen Gestaltungsmöglichkeiten mitbestimmt hat, und die deshalb einer eingehenderen Analyse bedarf (Gerhard Lehmbruch sah das politische System in der Bundesrepublik gar im „Ausnahmezustand" [Lehmbruch 1990: 471]). Und da sind auf der anderen Seite sich verändernde ökonomische und finanzpolitische Rahmendaten in Rechnung zu stellen, die die Handlungsspielräume der Finanzpolitik in hohem Maße bestimmen, auf die politisch aber kaum Einfluß genommen werden kann. So wird der finanzielle Handlungsspielraum des „Steuerstaates" (Goldscheidt/Schumpeter 1976; Krätke 1984) von dessen Einnahmen bestimmt, die Höhe dieser Einnahmen schwankt jedoch stark im Konjunkturverlauf. Neben außenwirtschaftlichen Einflüssen wirken sich die Geldpolitik der Deutschen Bundesbank, die von den Tarifparteien verfolgte Lohnpolitik sowie Wechselwirkungen zwischen diesen Faktoren und der staatlichen Finanzpolitik auf die Konjunktur und damit die Höhe der Steuereinnahmen aus.

Liegt ein Forschungsschwerpunkt des politisch-institutionalistischen Ansatzes in der neueren Forschung auf international vergleichenden Studien (Busch 1995; v. Rhein-Kress 1992; Schmidt, M.G. 1993a; Wagschal 1995), so ist diese Arbeit als qualitative Policy-Analyse auf die Untersuchung eines

Einzelfalles gerichtet, nämlich auf die Bundesrepublik Deutschland im Zeitraum von Ende 1989 - dem Beginn des Einigungsprozesses - bis zum Ende der Legislaturperiode des ersten gesamtdeutschen Bundestages im Jahr 1994. Damit verschiebt sich der Schwerpunkt der Untersuchung von der Makro- auf die Mikroebene, und es kommt den einzelnen Akteuren und ihren Handlungsorientierungen im Rahmen dieser qualitativ ausgerichteten Analyse größere Bedeutung zu. Stehen in internationalen Vergleichen die Auswirkung eines bestimmten institutionellen Arrangements auf die Staatstätigkeit bzw. das Politikergebnis im Mittelpunkt, so verschiebt sich der Fokus im Rahmen dieser Untersuchung auf den Einfluß der Institution Bundesbank auf Politikformulierung und Politikergebnis. Dieser Einfluß wird dabei aber nicht eindimensional-determinierend verstanden, vielmehr bilden institutionelle Faktoren einen „stimulierenden, ermöglichenden oder auch restringierenden Handlungs*kontext*" (Scharpf/Mayntz 1995: 43). Gefragt wird danach, wie die autonome Bundesbank als Akteur den Einigungsprozeß beeinflußt hat, welche Politikoptionen durch ihre Interventionen geprägt, ermöglicht oder verhindert wurden. Wie sie ihren gesetzlichen Auftrag, die Sicherung der Geldwertstabilität, in Interaktion mit anderen individuellen (z.B. dem Bundeskanzler) oder kollektiven (z.B. der Bundesregierung) Akteuren wahrgenommen hat.

Um die Analyse der Politik zur Finanzierung der deutschen Einheit auf eine möglichst breite empirische Basis zu stellen, wurden über das Studium und die Verarbeitung der publizierten Literatur und öffentlich zugänglicher Quellen wie Zeitschriften- und Presseveröffentlichungen hinaus noch weitere Quellen herangezogen. An erster Stelle ist dabei eine Reihe von 23 Experteninterviews (vgl. Meuser/Nagel 1994) mit sachkundigen, an hervorgehobener Position am Prozeß der Politikformulierung beteiligten Personen zu nennen. Da im Hinblick auf den vertraulichen Charakter der Gesprächsinhalte zahlreichen Befragten Anonymität zugesichert wurde, werden die Auswertungsergebnisse im Text unter Angabe einer verschlüsselten Referenznummer zitiert (z.B. Interview 06).

Im Hinblick auf den Gesetzgebungsprozeß wurden in den Außenstellen des Bundesarchivs in Potsdam bzw. Berlin-Lichterfelde die Protokolle und Drucksachen der Sitzungen des Ministerrates der DDR, der Volkskammer, sowie der Ausschußberatungen der Volkskammer ausgewertet. Auf seiten der Bundesrepublik konnten über die Verwaltung des Deutschen Bundestages neben den ohnehin zugänglichen Protokollen der Verhandlungen des Bundestages und der zugehörigen Drucksachen auch die Ausschußprotokolle für die 12. Legislaturperiode in die Untersuchung mit einbezogen werden. Eine wichtige Rolle spielten außerdem die zahlreichen Materialien, Verhandlungsunterlagen, internen Positionspapiere usw., die mir zum Teil im Rahmen der Interviews, zum Teil auf schriftliche Anfrage hin in Kopie überlassen wurden.

1.2 Forschungsstand

Der Zusammenbruch der realsozialistischen Regime in Osteuropa glich einem großangelegten Konjunkturprogramm für die sozialwissenschaftliche Forschung. Neue Forschungsfelder eröffneten sich, Antworten auf neue, aber auch auf bereits bekannte Fragen, die sich plötzlich neu gestellt hatten, mußten gesucht werden, Kontroversen entwickelten sich oder erhielten neue Nahrung. Die Beschreibung und Analyse, die Erklärung und Interpretation der bahnbrechenden Umwälzungen stellte die Transformationsforschung vor große Aufgaben.

Der Übergang autoritärer und totalitärer politischer Systeme in pluralistische Demokratien verlief in drei Demokratisierungswellen. Auf eine erste, langgezogene Welle, die ihre Wurzeln in der französischen und amerikanischen Revolution hatte und die sich über das gesamte 19. Jahrhundert bis zum Ende des 1. Weltkrieges hinzog, folgte ein zweiter Demokratisierungsschub unmittelbar nach dem Ende des 2. Weltkrieges, als per Dekret der Siegermächte demokratische politische Systeme in Westdeutschland, Österreich, Italien und Japan verankert wurden. 1974 nahm dann in Portugal die dritte Demokratisierungswelle ihren Anfang, die zunächst Portugal und Spanien erfaßte und sich auch auf zahlreiche Staaten Afrikas, Asiens und Lateinamerikas ausweitete (Schmidt, M.G. 1995b: 311-318).

Gerade als es den Anschein hatte, als sei diese dritte Welle am Verebben, brachen in kürzester Zeit und fast geräuschlos die realsozialistischen Staaten Osteuropas zusammen und eröffneten der „Flut theoretischer, vergleichender und einzelfallorienterter Analysen politischer Systemwechsel" (Merkel 1994: 9/10), die mit diesem dritten Demokratisierungsschub einhergegangen waren, ein weiteres Forschungsfeld. Ins Zentrum rückte jetzt der Aufbruch der Staaten Osteuropas in Richtung auf Demokratie und Marktwirtschaft (v. Beyme 1994; BiOst 1993; Herr/Westpahl 1993).

Eine besondere Stellung nahm unter diesen Staaten die DDR ein. Das Vorhandensein des „Großen Bruders" Bundesrepublik, der das Ziel der Wiedervereinigung über die Jahrzehnte der Teilung zumindest in politischen Sonntagsreden wachgehalten hatte, und die ungeheure Anziehungskraft der ökonomischen Potenz Westdeutschlands auf die DDR-Bürger zeichneten hier eine Entwicklung vor, die - zumindest im Rückblick - geradewegs und innerhalb weniger Monate in die deutsche Einheit führte.

Dieser sozialwissenschaftliche Großversuch, das „Experiment Vereinigung" (Giesen/ Leggewie 1991) hat dabei Fragen insbesondere in zwei Bereichen aufgeworfen. Erstens im Hinblick auf den Einigungsprozeß selbst, und zweitens in Bezug auf die Verarbeitung des Einigungsschocks und die längerfristigen Auswirkungen der Vereinigung auf Politik im geeinten Deutschland.

Was das Verständnis des Einigungsprozesses selbst angeht, so lassen sich drei Diskussionsstränge unterscheiden. Zunächst jener, der nach Alternativen zu der verfolgten Einigungsstrategie fragt. Im Zentrum der politischen Kritik steht dabei der schnelle Beitritt der DDR zur Bundesrepublik und die damit verbundene Übertragung deren politischer, gesellschaftlicher und wirtschaftlicher Ordnung, die häufig als „Anschluß" oder „Kolonialisierung" der DDR empfunden wurde (Dümcke/Vilmar 1995). Als gangbare Alternativen werden hier eine zunächst eigenständige Entwicklung der DDR bei später folgender Einigung (Heine/Westphal 1990) oder der Weg über eine gesamtdeutsche Verfassung, die gleichberechtigt von DDR und Bundesrepublik hätte gestaltet werden können, angeboten (Guggenberger u.a. 1991; Guggenberger/Stein 1991). Im Bereich der Ökonomie werden insbesondere Alternativen zur „Schocktherapie" im Hinblick auf die Systemtransformation der ostdeutschen Wirtschaft diskutiert (AaW 1991 ff.; Hikkel/Priewe 1991; Sinn/Sinn 1993).

Der zweite Diskussionsstrang bemüht sich um Verständnis und die Interpretation des Einigungsprozesses selbst. Hier wird aus unterschiedlichen Perspektiven der Frage nachgegangen, warum der Einigungsprozeß so und nicht anders abgelaufen ist und wo die determinierenden Variablen für diesen Prozeß zu suchen sind (Hartwich 1992; Korte 1994; Lehmbruch 1990, 1991a).

Von großem Nutzen für die Interpretation des Einigungsprozesses sind Veröffentlichungen, die einer dritten Kategorie zuzurechnen sind: dokumentarische Berichte unmittelbar an den Vertragsverhandlungen Beteiligter. Ungeachtet der naturgemäß subjektiven Betrachtungsweise erlauben solche Zeugnisse einen tieferen Blick hinter die Kulissen der Vertragsverhandlungen. Eine Besonderheit des Einigungsprozesses relativ zu den Gegebenheiten unter politischen Routinebedingungen in der Bundesrepublik bestand darin, daß die normalen Entscheidungswege außer Kraft gesetzt waren zugunsten einer in hohem Maße zentralisierten Entscheidungsstruktur, die insbesondere die Richtlinienkompetenz des Bundeskanzlers sich in ungewöhnlich weitreichender Weise entfalten ließ (Lehmbruch 1990: 471/472). Um so interessanter und fruchtbarer gerät der Blick auf die Erinnerungen derer, die dem kleinen Kreis im Zentrum der Entscheidungsfindung angehört haben. So z.B. die Leiter der bundesdeutschen Delegationen in den Verhandlungen mit der DDR zum Staatsvertrag über die Währungs-, Wirtschafts- und Sozialunion sowie über den Einigungsvertrag Hans Tietmeyer (1994) bzw. Wolfgang Schäuble (1991), der außenpolitische Berater des Bundeskanzlers Horst Teltschik (1991) oder auch die weiteren Mitglieder der Verhandlungsdelegationen (in: Waigel/Schell 1994). Für die DDR ist hier insbesondere der Rückblick des letzten Ministerpräsidenten der DDR Lothar de Maiziere (1996) zu nennen.

Im Hinblick auf die Auswirkungen der Vereinigung auf die Bundesrepublik stehen sich zwei Schulen gegenüber. Sehen die einen den Weg in eine „andere Republik" (Guggenberger 1992) und verabschieden sich von der „Bonner Republik" gewohnter Prägung (Carr 1993), so setzen andere Beobachter auf Kontinuität, wenn auch mit einigen Variationen im Detail (Baring 1991; Jesse 1992; Southern 1992).

Die Ergebnisse politikwissenschaftlicher Studien, die insbesondere die Institutionen und deren Entwicklung in den Blick nehmen (Lehmbruch 1991b; 1993; Schmidt, M.G. 1994a) stützen die Kontinuitätsthese, werfen aber die Frage nach der Problemlösungskapazität des politischen Systems und der zukünftigen Entwicklung des bundesdeutschen Föderalismus auf.

Die rasante Talfahrt der DDR-Wirtschaft und die umfangreichen politischen Herausforderungen durch die Einheit nährten skeptische Einschätzungen dahingehend, daß sich die Bundesrepublik mit der Einigung übernommen habe, die ökonomische „Wohlstandsmaschine" (Singer 1992a: 1) überfordert und die Problemlösungskompetenz der politischen Institutionen zwar den ruhigen Zeiten vor der Einigung angemessen gewesen sei, sich allerdings als nicht ausreichend erweisen würde, auch den Vereinigungsschock zu meistern (Hickel/Priewe 1991; Smyser 1992). Diese Position greift dabei zurück auf eine Kontroverse im Hinblick auf die Handlungs- und Reformfähigkeit der Politik in der alten Bundesrepublik vor der Vereinigung und knüpft an die „Immobilismusthese" (Scharpf 1989) an, die kaum substantielle Handlungsspielräume im hochgradig politikverflochtenen Verbundföderalismus bundesrepublikanischer Prägung verortet.

Demgegenüber steht die These einer begrenzten Anpassungselastizität, die zwar keine kühnen Kurswechsel zuläßt, durch die Abfolge von zahlreichen kleineren Schritten aber dennoch eine beachtliche Fähigkeit zur Lösung auch komplexer Probleme entwickeln kann (Hesse/Benz 1990; Schmidt, M.G. 1990b). Demzufolge wäre auch im Hinblick auf die mit dem Prozeß der deutschen Vereinigung verbundenen Probleme das entsprechende politische Verarbeitungsschema zu erwarten: das schrittweise Abarbeiten der einigungsbedingten Probleme. Vor diesem Hintergrund erhält freilich die Frage nach der Verarbeitung des Einigungsschocks eine besondere Qualität. Wie verkraftet ein politisches System, das auf Stetigkeit und nur langsamen, graduellen Wandel ausgerichtet ist, einen derart heftigen externen Schock? Mit guten Gründen läßt sich fragen, ob sich die Steuerungsmöglichkeiten in diesem Fall als den Problemen angemessen erweisen.

Im Zusammenhang mit der wissenschaftlichen Diskussion über die möglichen Auswirkungen des Einigungsschocks auf den Institutionenapparat der Bundesrepublik und das Zusammenwirken der Institutionen im Prozeß der Politikformulierung wurde hauptsächlich die zukünftige Entwicklung des Föderalismus in der Bundesrepublik in den Mittelpunkt des Interesses gerückt. Die These von einem zu erwartenden Zentralisierungsschub entwickelte sich dabei rasch zur herrschenden Meinung (v. Beyme 1993: 350-365; Hesse/Renzsch 1990; Scharpf 1990; Schmidt, M.G. 1992c). Durch den Verzicht auf eine im Interesse starker, weil finanzpolitisch lebensfähiger Bundesländer eigentlich gebotenen Länderneugliederung[4] und die Schaffung fünf strukturschwacher neuer Länder in Ostdeutschland wurde demzufolge eine Chance vertan, die Bundesländer in eine stärkere Position gegenüber dem Bund zu bringen. Ganz im Gegenteil wurde die Konsensbildung im Bundesrat zwischen 16 weitaus heterogeneren Ländern mit einem deutlich größeren Wohlstandsgefälle und stärker divergierenden Interessen, als dies in der Bundesrepublik vor der Vereinigung der Fall war, deutlich erschwert, wenn nicht sogar ein solidarisches Vorgehen der Länder überhaupt unmöglich gemacht. Zudem eröffnete diese Situation dem Bund die Möglichkeit einer dauerhaften Koalition mit den strukturschwachen Ländern, die nach der Vereinigung erstmals eine Mehrheit im Bundesrat innehatten. Gemeinsam mit diesen durch die wachsende Abhängigkeit von Bundeshilfen auf sich fixierten Verbündeten wäre der Bund - dieser These folgend - nun in der Lage, sich in Streitfragen regelmäßig gegen den Widerstand und die Bedenken der starken Länder hinwegzusetzen und würde auf längere Frist die föderalistische Substanz der Bundesrepublik ausgehöhlt (Scharpf 1991: 153/154).

Interessanterweise scheinen sich die Prognosen im Hinblick auf den Zentralisierungsschub im Föderalismus und der unzureichenden Problemlösungsfähigkeit der Politik hierzulande nicht bewahrheitet zu haben. Neuere Studien deuten vielmehr darauf hin, daß sich die Länder gegenüber dem Bund überraschend solidarisch und geschlossen gezeigt haben und ihre Position mindestens verteidigen konnten. Diese Einschätzung wird durch die Ergebnisse der Verhandlungen um die ab 1995 notwendig gewordenen Neuordnung der Finanzbeziehungen zwischen Bund und Ländern (Renzsch 1994, 1995) und den im Zusammenhang mit der Ratifizierung des Maastrichter Vertrages über die Gründung einer Europäischen Union ins Grundgesetz neu eingefügten Artikel 23, der den Ländern bei der Übertragung von Hoheitsrechten auf die Europäische Union ein Mitspracherecht sichert (Batt 1996: 97-109), gestützt. Für die Neuordnung der bundesstaatlichen Finanzbeziehungen wird diese These im Rahmen dieser Arbeit auf den Prüfstand gestellt werden.

Studien über die Verarbeitung des Einigungsschocks auf verschiedenen Politikfeldern deuten außerdem auf eine ganz bemerkenswerte institutionelle Lern- und Anpassungsfähigkeit hin, die offenbar auch mit den Problemen der Einheit ganz passabel zurechtkam (Czada 1994a; Manow 1994; Robischon u.a. 1995). Zwar lief der Anpassungsprozeß mit Verzögerung an, erfolgte in kleinen Schritten und ging nicht ohne Selbstbeschädigungen ab,

---

4 vgl. dazu: Abromeit 1992b, Benz 1992b, Bold 1991, Vesper 1993

doch konnte eine Politikblockade vermieden und der drängende Problemdruck abgearbeitet werden. Im Rahmen der thematischen Ausrichtung dieser Arbeit führt dies zu der Frage, ob sich auf dem Felde der Finanzpolitik ähnliches konstatieren läßt, oder ob die Entwicklung in diesem Bereich eine andere Richtung genommen hat.

Die Vermutung, daß die finanzpolitische Verarbeitung des Einigungsschocks nach ähnlichen Mechanismen funktionieren könnte, wie dies die oben genannten Analysen nahelegen, wird zunächst durch die Historie gestützt. Entsprechend dem komplexen, von Aushandlungs- und Konsultationsprozessen bestimmten Politikstil des föderativen politischen Systems der Bundesrepublik war die Finanzpolitik nur selten durch abrupte Trendbrüche oder kühne Kurswechsel gekennzeichnet. Vielmehr bestimmten „langsam anlaufende, erst nach längerer Wegstrecke als Abweichung sichtbare Kurskorrekturen" die finanzpolitische Praxis (Schmidt, M.G. 1990a: 66).

Dem steht allerdings zweierlei entgegen. Zum ersten die Entwicklung wichtiger finanzpolitischer Kennzahlen, die darauf hindeuten, daß in kürzester Zeit ganz erhebliche Abweichungen vom ursprünglichen finanzpolitischen Kurs zu gewärtigen sind. Erinnert sei hier nur an die eingangs erwähnte Verdoppelung der Staatsverschuldung binnen weniger Jahre. Zum zweiten hat sich die Bundesregierung im Einigungsprozeß weit aus dem gewohnten, inkrementalistischen Handlungskorridor hinausbewegt und war sowohl außen- als auch innenpolitisch zu drastischen Kurswechseln fähig (Lehmbruch 1990, 1991a; Schmidt, M.G. 1992b: 78).

Diese Befunde werfen offenkundig Fragen auf. Zunächst jene nach Kontinuität oder Diskontinuität auf dem Feld der Finanzpolitik im vereinigten Deutschland. Gelten in der Bundesrepublik nach der Einigung andere „Spielregeln" und sind andere Regelmäßigkeiten zu beobachten, als vor der Vereinigung? Waren die finanzpolitischen Handlungsspielräume und Problemlösungsfähigkeiten ausreichend, den mit der deutschen Einheit verbundenen exogenen Schock zu verarbeiten? Wie verhält es sich mit der Erklärungskraft von Modellen bundesdeutscher Politik, die sich bis zur Einigung beider deutscher Staaten großer Beliebtheit erfreuten, im Licht der jüngsten Erkenntnisse? Halten sie auch den Ergebnissen der Analyse des Einigungsprozesses stand?

1.3 Aufbau der Arbeit

Im folgenden zweiten Kapitel wird zunächst der Versuch unternommen, den Einigungsschock genauer zu beschreiben. Dabei werden Höhe und Struktur der Transferleistungen in die neuen Länder ebenso Beachtung finden wie die Auswirkungen dieses fiskalischen Schocks auf die makroökonomische

Performanz der Bundesrepublik Anfang der neunziger Jahre. Offenbar hat die mit der Einigung einhergehende Schocktherapie für die DDR-Wirtschaft die gesamtdeutsche Volkswirtschaft aus der Stabilitätsbalance geworfen (Singer 1992a: 688-690); hier wird dies genauer quantifiziert. Anhand unterschiedlicher Kennzahlen, wie z.B. der Staatsquote, der Staatsverschuldung oder der Teuerungsrate wird sowohl relativ zum Ausgangszeitpunkt 1989, relativ zu den in der alten Bundesrepublik vor der Vereinigung üblichen Gepflogenheiten als auch relativ zu der parallelen Entwicklung im Untersuchungszeitraum im EU- bzw. OECD-Maßstab das Abschneiden der Bundesrepublik untersucht.

Sodann folgen Deskription und Analyse des Prozesses der Problemverarbeitung. Im dritten Kapitel werden zunächst die Weichenstellungen im Einigungsprozeß selbst, im vierten Kapitel dann die Finanzierung der Einheit im geeinten Deutschland von 1990 bis 1994 untersucht. Aus politisch-institutionalistischer Sichtweise werden dabei die bereits eingeführten Variablen zur Erklärung und Beschreibung dieses Prozesses herangezogen. Am Ende des jeweiligen Kapitels erfolgt dann eine zusammenfassende Bewertung der Politik zur Finanzierung der deutschen Einheit im untersuchten Zeitraum. Kapitel 5 bietet schließlich eine zusammenfassende Darstellung der Forschungsergebnisse sowie die Einordnung der gewonnenen Erkenntnisse in theoretische Zusammenhänge.

Ohne die freundliche Hilfe und Kooperationsbereitschaft aller Interviewpartner, der Mitarbeiterinnen und Mitarbeiter der verschiedenen Bibliotheken, Institutionen und Archive, die mir bei der Materialsuche Hilfe geleistet haben und ohne all jene, die mir auf vielfältige Weise zur Seite gestanden haben, wäre diese Arbeit nicht möglich gewesen. Ihnen allen bin ich zu Dank verpflichtet. In ganz besonderem Maße trifft dies für meine Eltern und Steffi zu, ohne deren Beistand und Unterstützung daran gleichfalls nicht zu denken gewesen wäre. Besonderer Dank gilt auch Prof. Manfred G. Schmidt und Prof. Klaus von Beyme, die die Betreuung und Begutachtung dieser Arbeit übernommen haben.

Kapitel 2: Die Bundesrepublik und der „Einigungsschock“

Waren in einigen europäischen Partnerländern (Frankreich, Großbritannien) im Zuge des Einigungsprozesses Befürchtungen laut geworden, das vereinigte Deutschland könnte seine ökonomische Dominanz durch die Addition der beiden Volkswirtschaften der Bundesrepublik und der DDR weiter ausbauen und mittelfristig auch politische Hegemonialbestrebungen in Europa entwickeln, so zeigte sich bald daß diese Ängste unbegründet waren. Ganz im Gegenteil geriet die Bundesrepublik unter der Wucht des „Einigungsschocks“ ins Taumeln. Nicht steigende Wachstumsraten und Wohlstandszugewinne wurden für die wirtschaftliche Entwicklung im vereinigten Deutschland kennzeichnend, sondern steigende Arbeitslosenzahlen und eine geradezu explodierende Staatsverschuldung. Statt in „blühende Landschaften“ (Bundeskanzler Helmut Kohl) entwickelten sich die neuen Bundesländer in weiten Teilen zu entindustrialisierten Landstrichen. Auch die erhoffte „Einigungsdividende“ blieb aus, und die deutsche Einheit entwickelte sich in finanzpolitischer Hinsicht schnell zu einem Transferproblem (Zamek 1992; Flassbeck 1995).

2.1 Höhe und Struktur der Transferleistungen

Aufgrund der tiefgreifenden Transformationskrise der ostdeutschen Wirtschaft und dem Ausbleiben des erhofften selbsttragenden Wirtschaftsaufschwungs wurde aus der zunächst geplanten, kurzfristig angelegten „Anschubfinanzierung“ für die DDR ein dauerhafter Strom von Finanztransfers aus westdeutschen öffentlichen Haushalten in die neuen Bundesländer. Über die Höhe dieser Transfers gab und gibt es allerdings recht unterschiedliche Schätzungen (vgl. Tabelle 2.1).

Die Varianz dieser Schätzungen bewegt sich durchaus im Rahmen der üblichen Abweichungen und Schätzfehler, doch fällt zweierlei ins Auge: Zunächst die geradezu prophetische Qualität des von der EG-Kommission bereits im Februar 1990 vorgelegten Szenarios, das auf Bruttoleistungen von 190 Mrd. DM jährlich basierte. Trotz aller mit dem Einigungsprozeß verbundenen Unwägbarkeiten hatte damit bereits frühzeitig eine realistische Prognose der mit der deutschen Einheit verbundenen finanziellen Herausforderungen vorgelegen (Czada 1995a: 11/12). Zudem fällt auf, in welchem Maße sich die von Ministerpräsident de Maizière und Verhandlungsführer Krause zur Grundlage der Position der DDR in den Verhandlungen über den finanzpolitischen Teil des Einigungsvertrages erhobenen Zahlen als illusorisch erwiesen haben (vgl. Kap. 3.2). Auch die von DDR-Finanzminister Walter Romberg im Juli 1990 vorgelegten, politisch höchst umstrittenen und von der Bundesregierung als „Horrorzahlen" bezeichneten Prognosen waren im Rückblick noch viel zu optimistisch geraten.

Tabelle 2.1: Schätzungen der Bruttotransfers in die neuen Bundesländer[5]

(in Mrd. DM)	1990	1991	1992	1993	1994	1995
EG-Kommission (1990)	190	190	190	190	190	abnehmend
Bundesbank (1995)	-	139	152	168	181	200
Bundeskanzleramt (1993)	-	139	152	177	174	-
Hickel/Priewe (1994: 141)	-	-	200	200	200	-
IW (1995)	-	166	188	210	210	208
nachrichtlich:						
Romberg	-	141,3	143,2	146,3	150,4	-
Krause/de Maizière	-	120	120	120	120	-

Quelle: Czada 1995a: 11, IW 1995: 7, Monatsbericht 7/1995: 48

Fragt man allerdings nach den tatsächlichen Transferleistungen in die neuen Bundesländer, so sind die Bruttotransfers nur bedingt geeignet, ein Bild von der tatsächlichen Inanspruchnahme der westdeutschen öffentlichen Haushalte zu geben. Hier sind einigungsbedingte Entlastungen ebenso in Rechnung zu stellen wie in den neuen Ländern anfallende Einnahmen aus Steuern und Beiträgen. Erst diese *Netto*leistungen spiegeln den tatsächlichen Transfer von Mitteln in die neuen Bundesländer (vgl. Tabelle 2.2).

Eine eindeutige Quantifizierung dieser Leistungen stößt aber auf einige Schwierigkeiten. Die bislang von verschiedenen Seiten vorgelegten Berechnungen differieren stark, sowohl was die Höhe als auch was die Struktur der Transfers angeht. So reicht die Spannweite der Schätzungen für den Nettotransfer im Jahr 1991 von 105,7 Mrd. DM (SVR) bis hin zu 133 Mrd. DM (IW), für das Jahr 1994 von 130,9 Mrd. DM (SVR) bis zu 165,5 Mrd. DM (Forschungsinstitute).

5 Unter Bruttotransfers fallen alle einigungsbedingten Ausgaben der öffentlichen Haushalte (Bund, Länder, Gemeinden, Fonds „Deutsche Einheit", KAF, Sozialversicherungen, z. T. auch THA)

Tabelle 2.2: Schätzungen der Nettotransfers in die neuen Bundesländer

(in Mrd. DM)	1991	1992	1993	1994	1995
Deutsche Bundesbank	106	115	129	139	155
Boss/Rosenschon	129	253	198	165	141
Lichtblau	131	148	169	162	149
Institut der deutschen Wirtschaft	133	151	171	166	158
Sachverständigenrat	105,7	131	135,9	130,9	161
Forschungsinstitute	129,2	151	162,6	165,5	195,5
Bundesministerium der Finanzen	107	115	128	137	153

Quelle: IW 1995: 6, BMF 1994, SVR 1995: 151, Forschungsinstitute: DIW 1993b: 257, 1995b: 316; Boss/Rosenschon 1996: 19, Lichtblau 1995: 53; Monatsbericht 7/1995: 48

Ursache für diese Differenzen sind jeweils unterschiedliche methodische Überlegungen und institutionelle Abgrenzungen bei der Berechnung dieser Größen (Boss/Rosenschon 1996: 10-18; Fuest/Kroker 1993: 10-14).

So spiegeln die einigungsbedingten Ausgaben des Bundes zum Teil lediglich die Vergrößerung des Bundesgebietes wider, die dazu geführt hat, daß nun der Bund seine traditionellen Aufgaben auch in den neuen Bundesländern erfüllen muß. Andere Ausgaben sind in speziellen Maßnahmen begründet, die für eine bestimmte Zeit erforderlich sind um den Umstellungsprozeß in Ostdeutschland zu erleichtern und sozialpolitisch zu flankieren, das Infrastrukturdefizit abzubauen und die Finanzschwäche der ostdeutschen Länder und Gemeinden zu kompensieren (SVR 1992: 144/145). Hier eröffnet sich einiger Interpretationsspielraum bei der Quantifizierung der Transfers. Weiteren Raum für Interpretationen gibt es in methodischer Hinsicht, so etwa bei der bilanztechnischen Zuordnung von Zuschüssen des Bundes, z.B. an die Arbeitslosen- oder Rentenversicherung oder bei Zinssubventionen an KfW bzw. ERP. Einige Untersuchungen beziehen, in Anlehnung an ein Konzept des Sachverständigenrates (SVR 1992: 146), weitere Entlastungen der westlichen Haushalte mit ein, so im Bereich des Abbaus teilungsbedingter Belastungen und Steuervergünstigungen für Berlin und das Zonenrandgebiet oder durch Berücksichtigen von Steuermehreinnahmen durch den einigungsbedingten Wachstumsimpuls für die westdeutsche Wirtschaft (vgl. ifo 1993: 12).

Darüber hinaus existieren unterschiedliche Konzepte zur institutionellen Abgrenzung des öffentlichen Sektors und der unmittelbar mit ihm verbundenen Parafisci (u.a. Haushalte der Renten-, Arbeitslosen- und Krankenversicherung, Fonds „Deutsche Einheit“ und Treuhandanstalt). Hier ist in erster Linie umstritten, ob die von der Treuhandanstalt in den neuen Ländern eingesetzten Mittel zu den staatlichen Transferleistungen zu zählen sind. Beispielsweise beziehen Postlep (1992) oder auch das IW (1995) die Nettoleistungen der Treuhand mit ein, da insbesondere ihre Zahlungen für Sozialpläne, Zinsen aus Altschulden oder Erstattungen an den Kreditabwicklungsfonds weitgehend den Transfers der öffentlichen Haushalte entsprechen. Das Bundesfinanzministerium, die Wirtschaftsforschungsinstitute (DIW 1993b, 1995b) und die Bundesbank (Monatsbericht 7/1995) grenzen diese Leistungen jedoch aus, weil die Treuhandanstalt - formal betrachtet - in der volkswirtschaftlichen Gesamtrechnung zum Unternehmenssektor zählt. Die Auswirkungen auf das Transferergebnis lassen sich beispielhaft an einem Vergleich zwischen den Berechnungen des IW und des BMF für das Jahr 1993 aufzeigen. Die Differenz zwischen den beiden Schätzungen von immerhin 43 Mrd. DM reduziert sich, wenn man alleine die Treuhandtransfers in Höhe von 38 Mrd. DM berücksichtigt, auf 5 Mrd. DM (vgl. Tabelle 2.3). Tabelle 2.3 gibt außerdem Aufschluß über die Zusammensetzung der öffentlichen Transferzahlungen am Beispiel der Transferrechnung des Bundesfinanzministeriums.

Tabelle 2.3: Die Zusammensetzung der Transferleistungen nach Trägern

- Mrd. DM -	1991	1992	1993	1994	1995
I) Bruttotransfers					
Bundeshaushalt	75	89	114	128	152
Fonds „Deutsche Einheit“[1]	31	24	15	5	
EG/EU	4	5	5	6	7
Rentenversicherung	-	5	8	12	13
Bundesanstalt für Arbeit	25	38	39	32	27
Länder/Gemeinden West	5	5	10	14	14
Gesamt:	140	152	167	179	198
II) Rückflüsse					
Steuermehreinnahmen Bund	31	35	37	40	43
Verwaltungsmehreinnahmen Bund	2	2	2	2	2
Gesamt	33	37	39	42	45
III) Nettotransfers (Differenz I und II)	107	115	128	137	153
IV) Transferäquivalent der Treuhand	20	30	38	38	-
V) Nettotransfers insgesamt	127	145	166	175	153

1 Ohne Aufstockungen von Bund und Ländern, um Doppelzählung zu vermeiden

Quelle: BMF 1994, OECD 1995b: 62

Ungeachtet der dargestellten Unterschiede im Detail machen die verschiedenen Berechnungen der Finanztransfers die enorme Größenordnung der mit der deutschen Einheit verbundenen finanzpolitischen Herausforderung deutlich. Auf der Basis des Transfermodells des Instituts der deutschen Wirtschaft, in dessen Rahmen nur solche Transfers Berücksichtigung finden, die tatsächlich in die neuen Länder fließen und ausschließlich dem Aufbau Ost zugute kommen (IW 1995: 6), bedeuteten die Leistungen in die neuen Länder einen „Vereinigungsschock“ in der Größenordnung von zunächst 4,7% des gesamtdeutschen BIP im Jahr 1991, der zunächst auf 5,4% im Jahr 1993 anstieg und dann 1994 erstmals leicht auf 5% zurückging. (vgl. Tabelle 2.4). Die Bedeutung dieser Leistungen für die neuen Länder wird deutlich, wenn man sich vergegenwärtigt, daß die Transfers 1991 über 64% des dort erwirtschafteten BIP ausgemacht haben, hier allerdings mit stärker fallender Tendenz.

Tabelle 2.4: Der Vereinigungsschock: Nettotransfers im Verhältnis zum BIP

Angaben in %	1991	1992	1993	1994
Deutschland	4,7	4,9	5,4	5,0
West	5,0	5,4	6,2	5,6
Ost	64,6	57,5	56,0	48,3

Quelle: Stat. BA, IW, eigene Berechnungen

Die Herkulesaufgabe, kurzfristig Transferleistungen in dieser Größenordnung in einem ansonsten eher auf gemächlichen Wandel hin ausgerichteten Politikprozeß zu ermöglichen, verdient besonderes Interesse und wird im folgenden genauer betrachtet werden müssen. Verglichen mit den hierzulande üblichen Gepflogenheiten in der Finanzpolitik bedeutete dies eine ganz ungewöhnlich drastische Kursänderung.

2.2 Die makroökonmische Performanz im intertemporalen und internationalen Vergleich

Der Einigungsschock hat über das Aufbringen der dargestellten Transfers hinaus auch in anderen Bereichen zu deutlichen Kurswechseln geführt, sowohl relativ zu der Entwicklung in der alten Bundesrepublik als auch relativ zu der Entwicklung wichtiger Kenndaten in den anderen entwickelten Industrieländern der EU bzw. der OECD.

Hier fällt zunächst ins Auge, daß die Bundesrepublik ihren Platz in der Spitzengruppe der wohlhabendsten Nationen abgeben mußte. Gemessen am erwirtschafteten Bruttoinlandsprodukt (BIP) je Einwohner rutschte das geeinte Deutschland innerhalb der EU vom 2. Platz (hinter Luxemburg) 1989 auf den 6. Platz hinter Luxemburg, Frankreich, Dänemark, Belgien und Italien zurück. Bedingt durch die „armen Vettern“ im Osten war das BIP je Einwohner im Jahr 1991 von 35.780 DM auf 34.930 DM zurückgegangen, obwohl durch den Vereinigungsboom in den alten Bundesländern ein Wert von 40.780 DM erreicht wurde, der ansonsten zur Verteidigung des Platzes in der Spitzengruppe ausgereicht hätte (Stat. BA 1992a, 1993a).

Doch auch andere Indikatoren weisen auf den dominierenden Einfluß der Folgen der Vereinigung beider deutscher Staaten auf die makroökonomische Performanz der Bundesrepublik hin. Im folgenden soll dies anhand einer vergleichenden Betrachtung verschiedener makroökonomischer Kenngrößen nachgezeichnet werden.

Schaubild 2.1: Enwicklung des BIP im Vergleich (1989-1995)

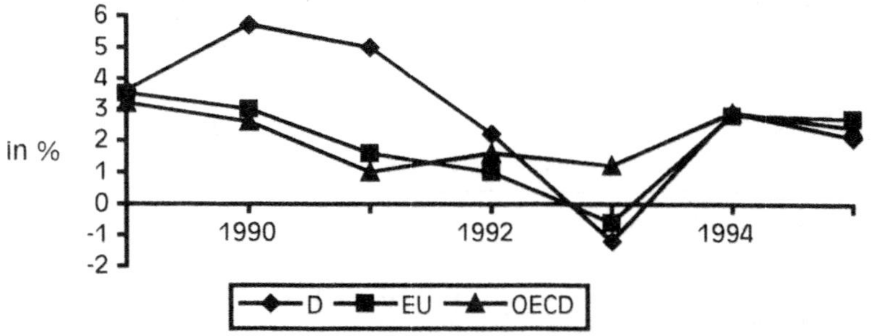

Quelle: OECD 1995b: A4

Im Unterschied zur Entwicklung in den anderen EU- und OECD-Ländern bescherte der zusätzliche, neu zu erschließenden Absatzmarkt in den neuen Ländern den Altbundesländern einen regelrechten Vereinigungsboom. Während der Rest der OECD-Welt am Rande einer Rezession stand, konnte sich die Bundesrepublik durch die einigungsbedingte Sonderkonjunktur von diesem Trend abkoppeln und in den Jahren 1990 bis 1992 deutlich höhere Zuwachsraten erzielen (vgl. Schaubild 2.1). Etwa zwei Drittel des Wachstums des westdeutschen Bruttoinlandsprodukts in diesen Jahren waren der Vereinigung zuzurechnen (Flassbeck 1995: 404/405). 1993 allerdings wurde die Bundesrepublik sowohl von der rezessiven Weltkonjunktur als auch von der sich seit Anfang 1992 verschärfenden Einigungskrise jäh eingeholt, und trotz eines realen Wachstums in den neuen Ländern von 5,8% sank das gesamtdeutsche Bruttoinlandsprodukt um 1,1% (OECD 1995c: 6).

Ganz anders verlief die Entwicklung kurz nach der Einigung in den neuen Ländern. Hier zeigte sich, daß der westdeutsche Boom das Spiegelbild des Kollapses der ostdeutschen Wirtschaft in Folge der deutsch-deutschen Währungsunion war (Heise 1995: 140). Unvermittelt waren die Unternehmen der DDR dem marktwirtschaftlichen Wettbewerb ausgesetzt, dem sie mehr oder weniger hilflos ausgeliefert waren. Aufgrund veralteter Produktionsmethoden mit entsprechend geringer Produktivität, wenig attraktiver Produktlinien und des mit der Währungsunion verbundenen, drastischen Aufwertungseffekts waren ihre Produkte nicht konkurrenzfähig. Die Währungsumstellung zu einem Wechselkurs von 1:1 (gegenüber dem zuvor geltenden, inoffiziellen Verrechnungskurs von 4,4 M : 1 DM) legte schonungslos den Produktivitätsrückstand zu bundesdeutschen Unternehmen bloß. Die durchschnittliche Produktivität der Ostbetriebe erreichte gerade 30% des entsprechenden Wertes im Westen. Ein übriges taten die hohen Lohnsteigerungen im Zuge der Schaffung eines gesamtdeutschen Arbeitsmarktes, Altschulden aus DDR-Zeiten, die nun in DM bedient werden mußten sowie das Wegbrechen von Absatzmärkten sowohl im Außenhandel durch die Auflösung des RGW als auch im Binnenhandel durch die eindeutige Präferenz der Neubundesbürger für westdeutsche Produkte.

Die Folge war der Niedergang der ostdeutschen Wirtschaft in historisch wohl beispiellosen Dimensionen: Das ostdeutsche Bruttoinlandsprodukt fiel von 1989 bis 1991 um über 40%, die Industrieproduktion bis 1992 um 70%, die Beschäftigung bis 1993 um ca. 40% (Hickel/Priewe 1994: S. 22). Erst ab 1992 stieg das ostdeutsche BIP mit einem Zuwachs von 7,8% wieder an, allerdings von einer denkbar niedrigen Basis. Auch nach weiteren Steigerungen von 5,8% und 9,2% in den Jahren 1993 und 1994 machte es nur knapp 8% des gesamtdeutschen BIP aus, dazu noch zu einem wesentlichen Teil getragen durch westdeutsche Transferzahlungen.

Die Rezession erfaßte die Bundesrepublik dann genau in dem Moment, als sich die Weltkonjunktur zu erholen begann, doch verstärkten makroökonomische Koordinationsprobleme die noch rezessiven außenwirtschaftlichen Einflüsse und die ökonomische Transformationskrise in den neuen Ländern (Heine/Herr 1993: 11-18). Fiskalpolitik, Lohnpolitik und Geldpolitik waren in Konflikt geraten, indem die Bundesbank auf die expansiven Tarifabschlüsse der Jahre 1990 bis 1992 und die expansive staatliche Finanzpolitik mit einer restriktiven Geldpolitik reagierte. Sie schraubte die Leitzinsen beharrlich nach oben, bis im Sommer 1992 die Höchststände von 8,75% für den Diskont- und 9,75% für den Lombardsatz erreicht waren.

Tabelle 2.5: Ausgewählte Inflationsraten im Vergleich 1989-1994

Angaben in %	1989	1990	1991	1992	1993	1994
Deutschland (West)	2,8	2,7	3,5	4,0	4,1	3,0
Frankreich	3,6	3,4	3,2	2,4	2,1	1,7
Großbritannien	7,8	9,5	5,9	3,7	1,6	2,5
EU-Durchschnitt	5,3	5,7	5,1	4,2	3,4	3,1
OECD-Durchschnitt	7,3	7,8	7,4	6,1	5,1	5,5

Quelle: OECD 1995a

Tatsächlich konnte die Bundesbank aber nicht verhindern, daß die Inflationsrate auf zwischenzeitlich über 4% anstieg und die Bundesrepublik damit ihre Rolle als besonders preisstabiles Land kurzfristig verloren hatte. Ganz ungewohnt näherte sich Deutschland in dieser Zeit dem Durchschnitt der OECD-Länder an. 1993 lag die Inflationsrate hierzulande über dem Durchschnitt der EU-Mitgliedsstaaten und wiesen Frankreich und Großbritannien, die in der Vergangenheit traditionell eine höhere Preissteigerungsrate verzeichnet hatten, geringere Inflationsraten aus als die Bundesrepublik. Erst 1994 konnte die Inflationsrate wieder auf drei Prozent zurückgeführt werden (vgl. Tab. 2.5).

Zwar hatte sich an den politisch-institutionellen Rahmenbedingungen, die die langfristige Preisstabilität in der Bundesrepublik begünstigen und die maßgeblich dazu beigetragen haben, daß die Bundesrepublik als klassisches Beispiel eines Staates mit einem im internationalen Vergleich beachtlichen Maß an Preisstabilität gilt, nichts geändert[6], doch wurde die langfristige Stabilitätsorientierung durch kurzfristig wirksame Determinanten überdeckt. Neben der bereits erwähnten expansiven Fiskalpolitik und den hohen Lohnabschlüssen haben sich hierbei insbesondere die zur Finanzierung der Einheit beschlossenen Steuererhöhungen und auch der konjunkturelle Preisdruck im Zuge des Vereinigungsbooms in Westdeutschland ausgewirkt. In den neuen Ländern erreichte die Inflationsrate mit 10,1% im Jahr 1993 ihren Höhepunkt. Hier wirkten sich als Sonderfaktoren die Stufentarifverträge zur Angleichung der Löhne in Ost und West, die große Lohnsprünge vorsahen, ebenso aus wie die hohen Preissteigerungsraten bei den in der DDR hochsubventionierten, zum Teil staatlich administrierten Verbraucherpreisen, die ebenfalls schrittweise dem westdeutschen Niveau angeglichen bzw. nicht länger staatlich administriert wurden (SVR 1993: 92/93).

Die Bundesbank reagierte allerdings nicht nur auf die Stabilitätsrisiken im Zusammenhang mit der Verarbeitung des Einigungsschocks, ihre Hochzinspolitik war auch Teil einer Kapitalimportstrategie. Da der größte Teil der Kosten zur Finanzierung der Einheit durch eine dramatisch angestiegene staatliche Kreditaufnahme aufgebracht wurde, konnte die inländische Ersparnis das notwendige Kapital alleine nicht zur Verfügung stellen. Somit mußten ausländischen Anlegern attraktive Zinsen geboten und diesen zudem glaubhaft versichert werden, daß die D-Mark auch in Zukunft und ungeachtet der mit der deutschen Einheit verbundenen Belastungen eine stabile und zuverlässige Anlagewährung sein würde.

Die Bundesbank hielt trotz heftiger Proteste aus In- und Ausland bis Ende 1992 an dieser Politik der hohen Zinsen fest und lockerte erst dann schrittweise die Zinsschraube (vgl. Kap. 4.1.6, Schaubild 4.3). Insbesondere die europäischen Partnerländer beklagten das hohe Zinsniveau. Im eigenen Land ohne Inflationsprobleme und in der Rezession befindlich, wären aus ihrer Sicht niedrige Zinsen wünschenswert gewesen, um den Weg aus der Rezession zu beschleunigen. Aufgrund der Rolle der DM als Leitwährung in

6 Busch (1995) identifiziert im OECD-Ländervergleich als entscheidende Variablen (1) den Autonomiegrad der Zentralbank, (2) die Härte der Verteilungskämpfe, gemessen an der Streikhäufigkeit, und (3) den Schwierigkeitsgrad der Fiskalpolitik (Scharpf 1987: 265).

Europa setzte die Bundesbank mit ihrem hohen Zinsniveau ein Datum, das europaweit die Zinsen hochhielt und zu der Kritik führte, die Bundesbank zöge über künstlich hohe Zinsen die Partner im EWS zur Finanzierung der deutschen Einheit heran (PA 62/1993: 7/8). Nichtsdestotrotz blieb die Bundesbank ihrem Kurs treu und schaffte es auch, den Einigungsschock zumindest auf der monetären Seite innerhalb des Untersuchungszeitraumes zu verarbeiten. Ab 1995 war die gesamtdeutsche Inflationsrate wieder unter der 2%-Marke und damit in bundesrepublikanischer Stabilitätstradition (Monatsbericht 4/1996: 7*).

Scheint also in bezug auf die Preisstabilität nach fünf Jahren deutscher Einheit die Rückkehr zur Normalität gelungen zu sein, erlebte die politische Ökonomie der Bundesrepublik auf anderen Feldern einen nachhaltigen Kurswechsel. Aufgrund der Anpassungskrise in den neuen Ländern verschob sich das Verhältnis von Staat und Ökonomie deutlich. Da ein selbsttragender und damit sich auch selbst finanzierender Aufschwung in den neuen Ländern ausblieb, fiel dem Staat eine stärkere Rolle zu. Staatliche Programme und Infrastrukturmaßnahmen stellten lange den einzigen nennenswerten Nachfragefaktor auf den ostdeutschen Märkten dar. Die individuelle Einkommenssituation der ostdeutschen Bürger hing zu einem erheblichen Teil von staatlichen Zahlungen ab, sei es auf dem Wege von Sozialleistungen, durch die Teilnahme an Arbeitsbeschaffungsmaßnahmen oder in Form von Lohnzahlungen durch von der Treuhand künstlich am Leben erhaltener Unternehmen. Ihren Niederschlag fand diese Gewichtsverschiebung zugunsten des Staates in einer von 1989 bis 1995 von 45,8% auf 50,5% gestiegenen Staatsquote (BMF Finanzbericht 1996: 302).

Dies bedeutete einen drastische Umkehr relativ zur bislang verfolgten Politik der amtierenden Bundesregierung. 1982 mit der angebotsorientierten Programmatik angetreten, den Staatseinfluß in der Wirtschaft zu reduzieren und Staatsquote, Steuerbelastung und Staatsverschuldung zu senken, konnte diese zunächst tatsächlich Erfolge aufweisen und begünstigt durch den anhaltenden weltweiten Wirtschaftsaufschwung der achtziger Jahre die Staatsquote von 48,7% im Jahr 1983 bis auf 45,8% 1989 senken. Nach der deutschen Einheit überstieg diese bereits 1991 mit einem Wert von knapp 49% dieses Ausgangsniveau, um 1993 die 50%-Marke zu überbieten. Wie stark die durch den Einigungsschock bedingte Abweichung relativ zu der ansonsten prognostizierbaren Entwicklung war, verdeutlicht Schaubild 2.2.

Hier ist der für die „alte“ Bundesrepublik auf der Basis eines im Zusammenhang mit der Untersuchung des Einflusses der parteipolitischen Zusammensetzung von Regierungen auf die Staatstätigkeit entwickelten Modells (Schmidt, M.G. 1992: 106/107, Schmidt, M.G. 1994: 17) unter unveränderten Bedingungen zu erwartende Entwicklungspfad der Staatsquote der tatsächlich beobachteten Staatsquote in den Jahren 1989 bis 1995 gegenübergestellt. Dies macht die ganze Wucht des Einigungsschocks deutlich, der die Bundesrepublik um bis zu 6,5 Prozentpunkte von dem unter Fortschreibung der bis 1989 gültigen Bedingungen zu erwartenden Pfad abgebracht hat.

Schaubild 2.2: Der Einigungsschock auf die Staatsquote[7]

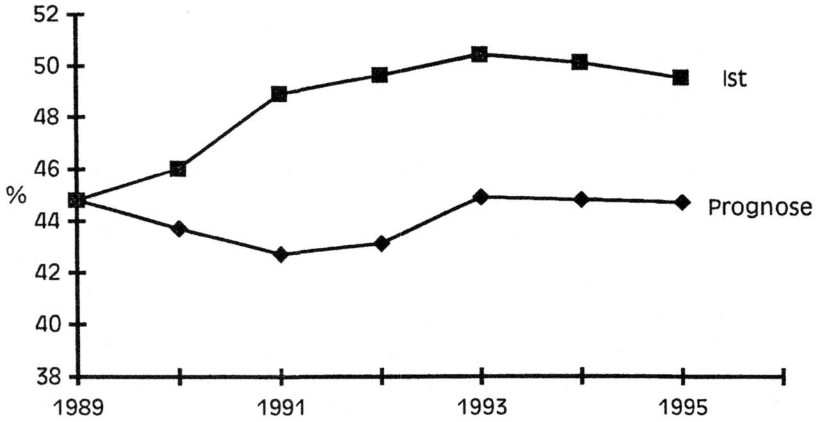

So signifikant der Kurswechsel relativ zu dem im nationalen Maßstab Erwartbaren auch gewesen ist, im internationalen Vergleich fügte sich die Bundesrepublik in einen auch in den EU-Staaten sowie darüber hinaus in der OECD erkennbaren Trend zur Steigerung der Staatsquote. Zwar liegt die Bundesrepublik über den durchschnittlichen Steigerungsraten der Länder beider Organisationen, doch zeigen „Ausreißer" wie Schweden und Japan, daß im gleichen Zeitraum nationale Sondereinflüsse in einigen Staaten ein noch weitaus stärkeres Ansteigen der Staatsquote zur Folge hatten (vgl. Tabelle 2.6).

---

7 Das Modell integriert die Größen „zeitverzögerte Staatsquote aus d. Vorjahr (Staatsquote $_{t-1}$)" (BA 1987, 1991, Stat. Jahrbuch 1995), „jährliches Wachstum des realen BIP (BIP)" (Alber 1987, BMAS 1995b), sowie „parteipolitische Zusammensetzung der Bundesregierung" (Dummy-Variable) für die Jahre 1951 bis 1989. Die Mehrfachregressionsanalyse führt zu dem folgenden Ergebnis:

$$\text{Staatsquote} = 10{,}26 + 0{,}81(\text{Staatsquote}_{t-1}) - 0{,}39\ \text{BIP} - 1{,}04\ (\text{CDU-Kanzler})$$
$$t = 10 \quad t = 39{,}3 \quad t = -8{,}9 \quad t = -4$$
$$\text{D.W.} = 1{,}7 \qquad R^2 = 0{,}99 \qquad N = 39\ (1951\text{-}1989)$$

Für die Darstellung in Schaubild 2.2 wurde das Regressionsmodell mit den aktuell verfügbaren Daten (Quellen s. o. bei den jeweiligen Variablen) für die Jahre 1990 bis 1995 weitergerechnet und den tatsächlich beobachteten Werten gegenübergestellt.

Ein erheblicher Anteil an dieser sich in der Staatsquote widerspiegelnden gestiegenen staatlichen Aktivität entfiel dabei auf soziale Leistungen. In dem Maße, wie der Deindustrialisierungsprozeß in den neuen Ländern seinen Lauf nahm, stiegen die Anforderungen an die sozialen Sicherungssysteme.

Tabelle 2.6: Entwicklung von Staatsquote und Schuldenquote im Vergleich (1989 und 1995)

Differenz in Prozenpunkten	Staatsquote[1]	Staatsschuldenquote[2]
Deutschland	4,7	15,9
Schweden	9,9	36,1
USA	1	9,1
Japan	6,2	18,3
EU (noch 12 Mitglieder)	3,4	12,6
OECD[3]	3,2	14,4

1 Staatsausgaben in % des BIP
2 Bruttoschuld des Staates in % des BIP
3 Nur USA, JAP, D, F, I, UK, CAN, AUS, AUT, B, DK, FIN, GR, IRL, NL, NOR, PO, SPA, SWE

Quelle: OECD 1995a, b; BMF-Finanzbericht 1996: 302, 304

So erhöhte sich der Umfang der sozialen Leistungen von 682 Mrd. DM im Jahr 1989 auf 1110 Mrd. DM im Jahr 1994, im gleichen Zeitraum stieg die Sozialleistungsquote insgesamt von 30,7% auf 33,3% (BMAS 1995b: 7.1, 7.2). Bemerkenswert war hier über den quantitativen Aspekt hinaus ein deutlicher Kurswechsel in der Beschäftigungspolitik. Ordnen international vergleichende Studien im Hinblick auf die Beschäftigungspolitik die Bundesrepublik in den achtziger Jahren in die Gruppe der stabilitätsorientierten Marktwirtschaften ein, die, im Gegensatz beispielsweise zu beschäftigungspolitisch aktiven Wohlfahrtsstaaten Skandinaviens, zur Bekämpfung der Arbeitslosigkeit weniger auf aktive arbeitsmarktpolitische Maßnahmen, als auf staatliche Stabilitätspolitik setzen (Huckemann/v. Suntum 1994: 8), so änderte sich das Niveau der Ausgaben im Bereich „Beschäftigung" im Zusammenhang mit der Transformationskrise der ostdeutschen Wirtschaft schlagartig. Wurden 1989 für solche Maßnahmen noch 55 Mrd. DM aufgewendet, brachten Bund und Bundesanstalt für Arbeit schnell mehr als das doppelte dieses Betrages auf. So entfielen auf die Arbeitsmarktpolitik 1990 60,5 Mrd. DM, 1991 90 Mrd. DM, 1992 109 Mrd. DM und 1993 sowie 1994 rund 125 Mrd. DM (BMAS 1994a: 178, 1995a: 121).

Für das Gebiet der neuen Länder wurden dabei von Bund und Bundesanstalt für Arbeit 1990 bis 1995 insgesamt 256 Mrd. DM bereitgestellt. Die Ausgaben für Arbeitsmarktpolitik stiegen dort von 2,5 Mrd. im Jahr 1990 bis auf 61 Mrd. 1993 stark an, um sich dann in einer Größenordnung von 50 Mrd. DM in den Jahren 1994 und 1995 einzupendeln (SVR 1995: 119).

Besondere Bedeutung kam dabei dem verstärkten Einsatz von Maßnahmen aktiver Beschäftigungspolitik zu. In der Praxis der alten Bundesrepublik nur zurückhaltend eingesetzt, entwickelte sich dieses Instrument rasch zu einer zentralen beschäftigungspolitischen Säule in Ostdeutschland, interessanterweise auch mit Rückwirkungen für die Arbeitsmarktpolitik in den alten Ländern (vgl. Kap. 4.1.4.3). Die Ausgaben für aktive Arbeitsmarktpolitik betrugen 1990 noch 17 Mrd. DM, kletterten 1991 bereits auf 57 Mrd. DM und erreichten 1993 mit über 62 Mrd. DM ihren Höhepunkt. Über zwei Drittel dieser Mittel flossen in die neuen Länder (BMAS 1994a: 34).

Für den Sozialbereich insgesamt verdeutlicht ein Vergleich zwischen der bei Fortschreiben der Entwicklung der Sozialleistungsquote in der alten Bundesrepublik unter unveränderten Bedingungen zu erwarteten Quote mit der tatsächlich beobachteten die Stärke des Vereinigungsschocks (vgl. Schaubild 2.3).

Schaubild 2.3: Der Einigungsschock auf die Sozialleistungsquote[8]

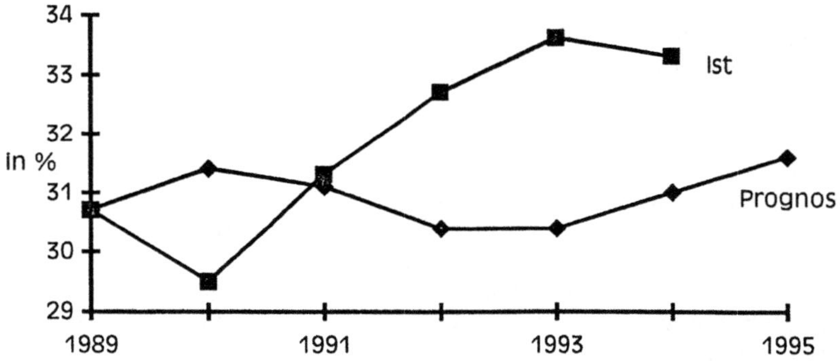

Auch hier läßt sich die Stärke des Einigungsschocks quantifizieren, der in diesem Bereich aber mit Zeitverzögerung eingesetzt hat. Ging die Sozialleistungsquote im Jahr 1990 zunächst von 30,7% im Vorjahr auf 29,5%

8 Das Modell integriert die Größen „zeitverzögerte Sozialleistungsquote a. d. Vorjahr (SLQ_{t-1})" (Alber 1987, BMAS 1995b), „jährliches Wachstum des realen BIP (BIP)" (Alber 1987, BMAS 1995b), „parteipolitische Zusammensetzung der Bundesregierung" (Dummy-Variable), sowie „Alter" (Anteil der Personen von 60 Jahren und älter an der Gesamt(wohn)bevölkerung, Alber 1987, Stat. BA 1995) für die Jahre 1951 bis 1989. Die Mehrfachregression führt hier zu dem folgenden Ergebnis:

$$SLQ = 5{,}6 + 0{,}74\,(SLQ_{t-1}) - 0{,}28\,(BIP) + 0{,}18\,(Alter) - 0{,}69\,(CDU\text{-}Kanzler)$$
$$t = 4{,}9 \quad t = 18{,}2 \quad t = -8 \quad t = 1{,}9 \quad t = -3{,}7$$
$$D.W. = 0{,}64 \qquad R^2{:}\ 0{,}99 \qquad N = 39\ (1951\text{-}1989)$$

Für die Darstellung in Schaubild 2.3 wurde das Regressionsmodell mit den aktuell verfügbaren Daten (Quellen s. o. bei den jeweiligen Variablen) für die Jahre 1990 bis 1995 weitergerechnet und den tatsächlich beobachteten Werten gegenübergestellt.

zurück und blieb damit unter dem prognostizierten Wert (vgl. Schaubild 2.3), so stieg sie ab 1991 stark an und erreichte mit 33,6% im Jahr 1993 ihren Höhepunkt. Die Sonderentwicklung des Jahres 1990 war auf ein moderates Ansteigen der Sozialleistungen im Vergleich zum Vorjahr aufgrund der Reformen im Gesundheitswesen und administrativer Anlaufschwierigkeiten in Ostdeutschland ebenso zurückzuführen wie auf den starken Anstieg des westdeutschen BIP infolge der einigungsbedingten Sonderkonjunktur, der den Anteil der sozialen Leistungen am BIP verringert hat.

Ab 1991 machte sich dann die Transformationskrise in den neuen Ländern bemerkbar, die sozialen Transfers in die neuen Ländern liefen an und die Sozialleistungsquote stieg deutlich über den prognostizierten Wert. 1993 markiert im Hinblick auf die Sozialleistungsquote das Jahr, in dem sich der Einigungsschock mit einer Abweichung von 3,2 Prozentpunkten von dem erwarteten Wert am stärksten ausgewirkt hat.

War bisher von einer Gewichtsverschiebung in der politischen Ökonomie zugunsten des Staates die Rede, so ist dies eng verknüpft mit der Frage nach der Finanzierung der damit verbundenen zusätzlichen Ausgaben. Auffallend ist hier ein finanzpolitischer policy-mix, der hauptsächlich auf die Instrumente „Staatsverschuldung" und „Steuererhöhungen" gesetzt hat.

Am deutlichsten geriet der Kurswechsel in Folge des Einigungsschocks auf dem Feld der Staatsfinanzen. Als zentrales Finanzierungsinstrument wurde zur Finanzierung der einigungsbedingten Belastungen eine erhöhte Staatsverschuldung eingesetzt. Umfangreiche Belastungen wurden aus den regulären Haushalten ausgegliedert und in Nebenhaushalten untergebracht. Hinzu kamen erhebliche Defizite der Haushalte der Sozialversicherungen und Gebietskörperschaften, so daß sich im Ergebnis die Verschuldung der öffentlichen Hand seit 1989 mehr als verdoppelt hat. Lagen die Verbindlichkeiten 1989 noch bei 930 Mrd. DM, erreichten sie 1995 eine Höhe von 2.020 Mrd. DM (Tabelle 2.7).

Tabelle 2.7: Entwicklung der öffentlichen Verschuldung (Haushaltssaldo, Schuldenstand 1989-1995)

	1989	1990	1991	1992	1993	1994	1995
Haushaltssaldo[1] (in % des BIP)	+0,1	-2,1	-3,3	-2,9	-3,3	-2,6	-3,1[2]
Schuldenstand (in Mrd. DM)	930	1050	1165	1330	1500	1645	2020

[1] Öffentlicher Gesamthaushalt

[2] Ohne Übernahme der Treuhand und Wohnungsbau-Altschulden durch den Bund

Quelle: BMF Finanzbericht 1996

Auch in Relation zu der durch die Vereinigung gestiegenen Einwohnerzahl bleibt die Steigerung eindrucksvoll. Im Jahr 1989 betrug die Verschuldung des öffentlichen Gesamthaushalts je Einwohner noch ca. 15.000 DM, im Jahr 1995 war sie auf ca. 26.000 DM angestiegen. Obwohl im gleichen Zeitraum der öffentlichen Hand durch die mehrfache Erhöhung verschiedener Steuern bzw. der Beitragssätze zur Sozialversicherung auch zusätzliche Einnahmen zugeführt wurden und die gesamtwirtschaftliche Steuer- und Abgabenquote von 1990 bis 1993 bereits von 38,5% auf 42,2% gestiegen war, konnte der steile Anstieg der Staatsverschuldung kaum gebremst werden.

Ausgedrückt in der Entwicklung der Staatsschuldenquote bedeutete dies einen Anstieg von 41,6% im Jahr 1989 auf 57,5% 1995. Mit diesen Werten droht die Bundesrepublik die im Vertrag von Maastricht festgelegten Konvergenzkriterien für die Teilnahme an der Europäischen Währungsunion zu verfehlen. Dies ist um so bemerkenswerter, als die Kriterien nicht zuletzt auf deutschen Druck hin in das Vertragswerk aufgenommen wurden. Diese Steigerung des Schuldenstandes des öffentlichen Gesamthaushalts entspricht einem Anstieg der Staatsschuldenquote von 1989 bis 1995 von knapp über 38% in 6 Jahren und liegt damit über dem Wert für den Sechsjahreszeitraum von 1978 bis 1983, als die sozial-liberale Bundesregierung unter Führung von Bundeskanzler Helmut Schmidt die weltweite Rezession in Folge des zweiten Ölpreisschocks zu verarbeiten hatte. In diesem Zeitraum in den Jahren vor dem Regierungswechsel wuchs der Schuldenstand um 36,5% und die Klage über die in ihren Augen unsolide Haushaltspolitik der sozialliberalen Koalition gehörte zu den zentralen Kritikpunkten der oppositionellen CDU/CSU-Fraktion im Deutschen Bundestag an der Regierung.

Analog zur Entwicklung der Staatsquote läßt sich im internationalen Vergleich allerdings festhalten, daß die Entwicklung der öffentlichen Verschuldung seit der deutschen Einheit sich durchaus in den Trend der Entwicklung der EU- bzw. OECD-Länder fügt. Auch hier war ein deutlicher Anstieg der Staatsschuldenquote im Zeitraum von 1989 bis 1995 zu beobachten, der zum Teil sogar erheblich höher ausfiel als in der Bundesrepublik (Griechenland +49,1 Prozentpunkte, Frankreich +18,5 Prozentpunkte, Schweden, Japan vgl. Tab. 2.6). Mit einer Steigerungsrate von 15,9 Punkten lag die Entwicklung in der Bundesrepublik nur knapp über dem entsprechenden Durchschnittswert im EU- bzw. OECD-Vergleich. Im internen Ranking der 12 EU-Staaten vor der Norderweiterung 1995 konnte die Bundesrepublik sogar ihre Position um einen Platz verbessern und an Frankreich vorbeiziehen, dessen Staatsschuldenquote mittlerweile auf 59,5% im Jahr 1995 angestiegen war. Hatte die Bundesrepublik in diesem Zeitraum mit der Verarbeitung des Einigungsschocks zu kämpfen, stellten rezessionsbedingte Steuerausfälle und die Kosten steigernder Arbeitslosigkeit auch die anderen Staaten vor schwierige Aufgaben, worauf auch dort häufig mit einer Erhöhung der Staatsverschuldung reagiert wurde.

In der Bundesrepublik stieg die Verschuldung deutlich schneller, als nach den Ergebnissen des Regressionsmodells vorherzusehen war. Überstieg die tatsächliche Verschuldung den prognostizierten Wert 1991 um 133 Mrd. DM, stieg diese Differenz bis 1995 auf 550 Mrd. DM oder 27% der gesamten tatsächlich aufgelaufenen Staatsschulden im öffentlichen Gesamthaushalt (vgl. Schaubild 2.4).

Besonderes Interesse verdient bei der vorläufigen Bilanz dieser Entwicklung, die man unter der Formel „mehr Staat bei stark angestiegener Verschuldung" zusammenfassen kann, der Umstand, daß dies Konsequenz der Politik einer konservativ-liberalen Bundesregierung ist, die 1982/83 mit genau entgegengesetzter Zielrichtung das Steuer übernommen hatte.[9]

Schaubild 2.4: Der Einigungsschock auf die Staatsverschuldung: Wachstum des Schuldenstands im öffentlichen Gesamthaushalt[10]

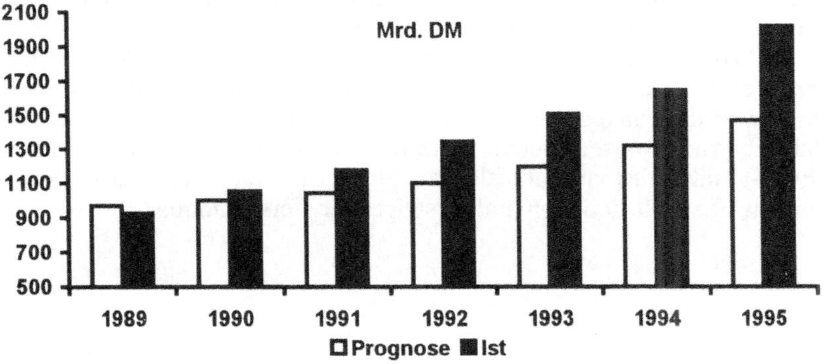

Aus der von der Bundesregierung favorisierten angebotstheoretischen Sicht stehen die dargestellten Steigerungsraten der Steuer- und Abgaben-

9 Überliefert ist ein Zitat des Bundeskanzlers aus seiner Zeit als Oppositionsführer im Bundestag, als er der amtierenden Regierung Schmidt angesichts einer Staatsquote, die sich 1982 der 49% -Marke näherte, vorwarf, eine Staatsquote über 50% markiere den Übergang einer marktwirtschaftlichen Ordnung zum Sozialismus. Ironie der Geschichte, daß die Bundesrepublik 1994 unter seiner Führung diesen Wert übertraf.

10 Das Modell integriert die Größen „zeitverzögertes Wachstum der Verschuldung des öffentlichen Gesamthaushalts aus dem Vorjahr (WSV_{t-1})" (SVR 1994, BMF-Finanzberichte 1996), „jährliches Wachstum des realen BIP (BIP)" (Alber 1987, BMAS 1995b), sowie „parteipolitische Zusammensetzung der Bundesregierung" (Dummy-Variable) für die Jahre 1951 bis 1989. Hier ergibt sich folgendes Regressionsmodell:

$$WSV = 2{,}89 + 0{,}98\,(WSV_{t-1}) - 0{,}35\,(BIP) - 0{,}43\,(\text{CDU-Kanzler})$$
$$t = 3{,}0 \quad t = 33{,}7 \quad t = -3{,}74 \quad t = -0{,}76$$
$$D.W. = 0{,}4 \qquad R^2 = 0{,}98 \qquad N = 39\ (1951\text{-}1989)$$

Analog dem bereits dargestellten Verfahren (vgl. Fn. 7, 8) wurde auch hier für die Darstellung in Schaubild 2.4 dieses Modell mit den aktuell verfügbaren Daten (Quellen s. o. bei den jeweiligen Variablen) für die Jahre 1990 bis 1995 fortgeschrieben und mit dem tatsächlich beobachteten Wachstum der Verschuldung verglichen. Für die graphische Darstellung wurden die Wachstumsraten in absolute Schuldenstände umgerechnet.

quote, der Staats- und der Staatsschuldenquote sowie des Niveaus der Sozialleistungen einer positiven Wirtschafts- und Beschäftigungsentwicklung entgegen.

Überdies erstaunt die Heftigkeit der Abweichungen von den auf der Basis der Erfahrungen in der Bundesrepublik vor der Vereinigung längerfristig erwartbaren Trends. Ganz entgegen der auf Stetigkeit und inkrementalen Wandel gerichteten Praxis in der Bundesrepublik vor der Vereinigung sind deutliche Trendwenden zu beobachten - noch dazu in eine Richtung, die in auffälligem Gegensatz zur wirtschafts- und finanzpolitischen Linie der amtierenden Bundesregierung steht. Eine Ausnahme bildete die Entwicklung der Inflationsrate. Hier war es der Bundesbank gelungen, ab 1995 wieder in geldpolitisch ruhiges Fahrwasser zu kommen und die Inflationsrate auf einen traditionell niedrigen Wert zurückzuführen.

Außerdem hat der Einigungsschock die Position der Bundesrepublik im Vergleich mit anderen Staaten verändert, allerdings bei weitem nicht in dem Maße, wie dies angesichts der Heftigkeit des Kurswechsels im nationalen Maßstab zu erwarten gewesen wäre. Rezessionsbedingt tendierten die OECD-Länder fast ausnahmslos zu einer Erhöhung der Staatsquote, zu höheren Haushaltsdefiziten und zu steigender Verschuldung.

Kapitel 3: Die „Stunde der Exekutive“: Weichenstellungen im Einigungsprozeß

Die Beschreibung und Erklärung der im Einigungsprozeß beschlossenen Maßnahmen zur Finanzierung der deutschen Einheit stehen im Zentrum dieses Kapitels. Untersucht wird dabei sowohl der Prozeß der Politikformulierung als auch das aus diesem Prozeß resultierende Politikergebnis, das einer zusammenfassenden Bewertung unterzogen wird. Als Erklärungsfaktoren werden die bereits in der Einleitung vorgestellten politisch-institutionellen Variablen herangezogen, die noch durch zwei weitere beachtenswerte Aspekte Ergänzung finden.

Da sind zum einen die besonderen politischen und gesellschaftlichen Rahmenbedingungen, die den Prozeß der Politikformulierung in der „Wendezeit“ 1989/90 geprägt haben. Und da ist zum anderen die spezifische Verhandlungskonstellation der Gespräche zum Vertrag über die Währungs-, Wirtschafts- und Sozialunion (1. Staatsvertrag) vom 18. Mai 1990 und zum Einigungsvertrag vom 28. August 1990. Beide Aspekte haben über die politisch-institutionellen Faktoren hinaus den situativen Kontext der Politikformulierung bestimmt und damit auch Einfluß auf das Ergebnis dieses Prozesses gehabt.

3.1 Der Vertrag über die Währungs-, Wirtschafts- und Sozialunion

3.1.1 Verhandlungsverlauf und Finanzbestimmungen

Kennzeichnend für die Rahmenbedingungen der politischen Entscheidungen im Einigungsprozeß war ein hoher Problemdruck, dem eine ebenso große Informationsunsicherheit gegenüberstand.

Die mit der Öffnung des „Eisernen Vorhangs“ an der ungarisch-österreichischen Grenze beginnende und sich nach der Öffnung der Mauer am 9. November 1989 rasch beschleunigende Erosion der DDR stellte die Akteure auf beiden Seiten vor ungeahnte Herausforderungen. Die Menschen in der DDR zeigten ihre Unzufriedenheit mit den ökonomischen und politischen Verhältnissen in dem Maße, in dem die staatliche Repression nachließ. Massenproteste in allen größeren Städten der DDR und Massenabwanderungen in die Bundesrepublik destabilisierten die SED-Herrschaft binnen kürzester Zeit. Auch die unter der Regierung Modrow eingeleiteten wirtschaftlichen und politischen Reformbemühungen fanden keine Gnade vor der Mehrzahl der Bürger in der DDR. Die Massenkundgebungen und die Übersiedlungswelle hielten an und erreichten im November 1989 einen vorläufigen Höhepunkt. 450.000 Menschen nahmen an der fast schon traditionellen Montagsdemonstration in Leipzig teil, über 133.000 Menschen kehrten der DDR den Rücken (Wendt 1991: 386-395).

In der Bundesrepublik mischten sich bald sorgenvolle Untertöne in die Freude über die „friedliche Revolution" in der DDR, hatte man doch keinerlei Vorstellung darüber, wie man sich in dieser Situation verhalten sollte. Außenpolitisch stellte sich die bange Frage[11], wie die Partnerstaaten in NATO und EU, insbesondere aber die Sowjetunion auf die Vorgänge in der DDR regieren würden. Zwar rechnete man nicht ernsthaft damit, daß sich ein Massaker wie jenes unter den friedlich für Demokratie und Menschenrechte demonstrierenden Menschen auf dem „Platz des himmlischen Friedens" in Peking in der DDR wiederholen könnte. Genauso unwahrscheinlich erschien aber auch, daß sich die DDR ohne weiteres würde aus dem Einflußbereich der Sowjetunion lösen können.

Gleichzeitig wurde die hohe Übersiedlerzahl zu einem innenpolitischen Problem in der Bundesrepublik. Die Aufnahmekapazität der Schulen, Turnhallen und anderen öffentlichen Gebäuden, die die Kommunen als Notaufnahmelager zur Verfügung stellten, erreichte rasch ihre Grenze. Soziale Verdrängungsängste insbesondere auf dem Wohnungs- und Arbeitsmarkt verbreiteten sich in der bundesdeutschen Bevölkerung und mahnten die Bundesregierung zum Handeln (Hondrich/Koch-Arzberger 1992: 105-113).

Auf Seite der Entscheidungsträger sah man sich dem Zerfall der DDR allerdings zunächst ratlos gegenüber. Abgesehen von dem Bekenntnis zur deutschen Einheit im Rahmen der Rituale „politischer Sonntagsreden" hatten sich alle Parteien von der Wiedervereinigung als Ziel der praktischen Politik verabschiedet. Auch Bundeskanzler Helmut Kohl machte dabei keine Ausnahme. Freimütig hatte auch er eingeräumt, er werde die Wiedervereinigung wohl nicht mehr erleben (Marsh 1995: 292), und der Empfang Erich Honeckers 1987 in Bonn mit allen protokollarischen Ehren war Ausdruck der „sichtbar gewordenen Gleichberechtigung der DDR mit der Bundesrepublik" (Zimmer 1992: 217).

Dies hatte zur Folge, daß keinerlei konzeptionelle Überlegungen vorlagen, die als Entscheidungshilfen in dieser Situation hätten dienen können.

---

11 Zur außenpolitischen Gestaltung des Einigungsprozesses vgl. u.a. Albrecht 1992, Kaiser 1991, Munske 1994, Teltschik 1991.

Verschärft wurde die Unsicherheit noch dadurch, daß man rasch feststellen mußte, daß die eigenen Kenntnisse und Informationen über die Gegebenheiten in der DDR höchst unzureichend waren. Weder konnten die Nachrichtendienste entscheidendes Hintergrundmaterial liefern, noch hatte das zuständige „Bundesministerium für innerdeutsche Beziehungen" dringend notwendige Informationen und Konzepte parat.[12]

In dieser Situation der Unsicherheit und Orientierungslosigkeit, die einerseits von der Herausforderung geprägt war, eine politische Lösung für die im Zerfall begriffene DDR und den Massenxodus von DDR-Bürgern zu finden und die andererseits durch eben diese Protest- und Abwanderungswelle unter enormem Zeitdruck stand, gab der Bundeskanzler der Diskussion eine entscheidende Richtung (Hartwich 1992: 254). Indem er der DDR mit seinem 10-Punkte-Plan vom 28. November 1989[13] die langfristige Perspektive einer Konföderation mit der Möglichkeit der staatlichen Einheit eröffnete und gleichzeitig die internationale Einbettung dieses Prozesses betonte, entsprach er dem präsenten Bedürfnis nach Orientierung und übernahm - bei aller Kritik, die dieses Konzept auf sich zog - die Meinungsführerschaft im Einigungsprozeß, die er bis zu dessen Abschluß auch nicht mehr abgeben sollte (Korte 1994: 88-90).

In der Folgezeit wurde aber schon bald deutlich, daß die Perspektive einer Konföderation der zunehmenden Destabilisierung der DDR nicht Einhalt gebieten konnte. Im Gegenteil erreichte sie im Januar 1990 mit der Stürmung und Besetzung der Stasi-Zentrale in Berlin und einem starken Anstieg der Übersiedlerzahlen, die im Dezember leicht gesunken waren, einen erneuten Höhepunkt (Wendt 1991). Die öffentliche Diskussion, mit welchem Ziel, nach welchem Modell und unter welchen Rahmenbedingungen die DDR reformiert werden sollte, verschärfte sich und wurde auf zwei Ebenen geführt.

Auf der einen Seite war die grundsätzliche Frage strittig, ob das bundesrepublikanische Modell der „Sozialen Marktwirtschaft" auf die DDR übertragen werden sollte - implizit war damit auch die DDR als eigenständiger Staat zur Disposition gestellt - oder ob eine souveräne DDR in eigenständiger Entscheidung einen „Dritten Weg" zwischen Sozialismus und Kapitalismus suchen und einschlagen sollte (Herr/Westphal 1990). Auf der anderen Seite - der nachgelagerten Ebene der Strategiewahl - mußten Konzepte formuliert werden, wie die letztlich gewählte Option konkret ausgestaltet und umgesetzt werden sollten.

---

12 Dieser Umstand wird dem Ministerium für innerdeutsche Beziehungen immer wieder zum Vorwurf gemacht. Man bedenke aber die politischen Implikationen, die es gehabt hätte, wären in den siebziger oder achtziger Jahren während der Blockkonfrontation Pläne des Ministeriums für den Zerfall der DDR und konkrete Schritte zu einer Einigung beider Staaten publik geworden!

13 abgedruckt in: Deutschland-Archiv 12/1989, S. 1336

Die Anziehungskraft des „Dritte-Weg-Modells“, das hauptsächlich von kapitalismuskritischen Intellektuellen und Teilen der Bürgerbewegung der DDR favorisiert wurde, blieb dabei aber weit hinter jener einer Adaption der Wirtschafts- und Gesellschaftsordnung der Bundesrepublik zurück. Die soziale Marktwirtschaft galt vielen als Erfolgsmodell, das seine Leistungsfähigkeit bereits unter Beweis gestellt hatte und das zudem als ganz konkrete Alternative greifbar war, während alle Vorstellungen eines „Dritten Weges“ sehr unbestimmt im allgemeinen blieben. Letztlich sollte „der Umbau der ehemaligen DDR dem Ziel (gelten), schnell die Strukturen des politischen und wirtschaftlichen Systems Westdeutschland zu kopieren“ (Priewe/ Hickel 1991: 77). Die weitere Diskussion konzentrierte sich dann auch auf die Frage, wie dieses Ziel zu erreichen sei und es konkurrierten dabei hauptsächlich zwei Modelle:

Dem von der SPD-Finanzpolitikerin Ingrid Matthäus-Maier unterbreiteten Vorschlag, der DDR unverzüglich eine deutsch-deutsche Währungsunion als „Signal zum Bleiben“ und zur Beschleunigung des Umbaus der DDR-Wirtschaft anzubieten[14] (Die Zeit v. 19.1.1990: 23; Matthäus-Maier 1990), stand das Konzept gegenüber, zunächst die DDR durch schrittweise Reformen an das Leistungsniveau der Bundesrepublik heranzuführen und erst dann eine gemeinsame Währung einzuführen.

Diese zweite Alternative wurde von der Mehrzahl der Ökonomen ebenso favorisiert wie von der Bundesbank und dem Sachverständigenrat zur Begutachtung der gesamtwirtschaftlichen Entwicklung (für viele: Frankfurter Institut 1990: 31-34; SVR 1990: 306-308; Marsh 1995: 266-268). Der damalige Bundeswirtschaftsminister Haussmann legte am 8. Februar 1990 ein ausformuliertes Konzept vor, das die Verwirklichung einer deutsch-deutschen Währungs- und Wirtschaftsunion in drei Stufen an den Zeitpunkt der Vollendung des europäischen Binnenmarktes zum 1.1.1993 gekoppelt hatte und eine Kombination von Reformschritten in der DDR und öffentlichen Finanzhilfen aus der Bundesrepublik vorsah. Am selben Tag veröffentlichte auch eine Gruppe von Wissenschaftlern aus Ost- und Westberlin einen in Stufen angelegten Reformplan (DIW 1990c).

Wie immer man die Realisierungschancen derartiger Stufenpläne unter den spezifischen Bedingungen des Einigungsprozesses und der politisch-institutionellen Rahmenbedingungen in der Bundesrepublik auch bewerten mag (vgl. Lehmbruch 1990: 474/475), der Bundeskanzler ging einen ande-

---

14 Zwar wurden schon früher verschiedene Anläufe in diese Richtung gemacht, diese wurden jedoch bereits in der internen Diskussion verworfen und erreichten nicht die Öffentlichkeit. So schlug das Direktoriumsmitglied der Deutschen Bundesbank, Claus Köhler, bereits am 22. November 1989 im Zentralbankrat einen Plan zur „Schrittweisen Ersetzung der DDR-Mark durch die D-Mark“ vor (Marsh 1995: 267), und auch Wolfgang Schäuble (in einem Gesprächskreis zur Deutschlandpolitik im Kanzleramt am 13. Dezember 1989) und der Wissenschaftliche Beirat beim BMWi schlugen eine schnelle Währungsunion vor (Teltschik 1991:79/80; Schäuble 1991:21/22, Wissenschaftlicher Beirat beim BMWi 1989).

ren Weg und schlug völlig überraschend am 6. Februar 1990 der DDR-Regierung Verhandlungen über die sofortige Einführung der DM in der DDR vor. Nachdem Kohl noch am Tag zuvor die schrittweise Annäherung beider Wirtschaftssysteme im Rahmen einer Sitzung mit DDR-Experten im Kanzleramt als praktikabelste Vorgehensweise bezeichnet hatte, änderte er seine Meinung innerhalb weniger Stunden. Den Ausschlag gab wohl ein Treffen zur Vorbereitung des Wahlkampfes zur Volkskammerwahl am 18. März mit ostdeutschen Politikern, die der CDU nahestanden.[15] Sie machten dem Bundeskanzler deutlich, daß nur durch eine möglichst schnelle Einführung der D-Mark in der DDR die Abwanderungswelle in den Westen aufgehalten werde könne. Die Entscheidung fiel dann am 6. Februar um zehn Uhr im engsten Kreis. Der Bundeskanzler beriet sich mit seinem Kanzleramtsminister Rudolf Seiters und dem für auswärtige und innerdeutsche Beziehungen im Kanzleramt zuständigen Abteilungsleiter Horst Teltschik und beschloß, der DDR „unverzüglich" Verhandlungen über die Einführung der D-Mark in der DDR anzubieten: „Ich habe keine Alternative. Wenn wir die Wirtschafts- und Währungsunion nicht durchführen, gehen wir das Risiko ein, daß im Sommer 500.000 Menschen aus der DDR herüberkommen" (zit. nach Marsh 1995: 273).

Neben dem Hauptmotiv, dem Aufhalten der Übersiedlerwelle, bot dieses Angebot an die DDR aus der Sicht der Bundesregierung aber noch weitere Vorteile. So stärkte es die Ost-CDU im Volkskammerwahlkampf und konnte durch das Herstellen einer Analogie mit dem Wirtschaftswunder in der Bundesrepublik nach der Währungsreform im Jahr 1948 eine positive Zukunftsperspektive im Osten wie im Westen eröffnen.

Die Form der Entscheidungsfindung, ein Entschluß des Bundeskanzlers nach Beratungen im kleinsten Kreis, war symptomatisch für den gesamten Einigungsprozeß, in dessen Verlauf alle zentralen Weichenstellungen auf diesem Wege erfolgten. Der spezifisch bundesrepublikanische Entscheidungsstil, der durch komplexe Verhandlungs- und Konsultationsprozesse auf verschiedenen bundesstaatlichen Ebenen unter Berücksichtigung zahlreicher mächtiger Selbstverwaltungsorgane, Spitzenverbände und Nebenregierungen gekennzeichnet ist, war für die Dauer des Einigungsprozesses außer Kraft gesetzt: „Der Bundeskanzler trieb die Dinge voran, indem er andere Akteure vor vollendete Tatsachen stellte, unter bewußter Umgehung vertraut gewordener Konsultationsroutinen und Aushandlungsmechanismen" (Lehmbruch 1991a: 587).

Unmittelbar nach dem überraschenden Angebot des Bundeskanzlers wurde mit den Vorarbeiten für konkrete Verhandlungen begonnen. Federführend war dabei das Bundesfinanzministerium, wo ungeachtet der öffent-

15 An dem Treffen nahmen die Spitzenkandidaten der Allianz für Deutschland Teil: der spätere Ministerpräsident der DDR, Lothar de Maizière (CDU), Wolfgang Schnur (DA) und Wilhelm Ebeling (DSU).

lichen Absage des Finanzministers an alle Pläne für eine schnelle Währungsunion auf Beamtenebene seit Mitte Januar am Konzept einer Währungsunion gearbeitet wurde (Haller 1994: 150/151). Auf einer Klausurtagung der Abteilungsleiter des Finanzministeriums am 30. Januar 1990 in der Landesvertretung Bayerns in Bonn fand das Konzept einer Währungsunion bereits breite Zustimmung. Bemerkenswerterweise wurde auf dieser Tagung auch schon der weitere Weg zur Herstellung der deutschen Einheit über Art. 23 GG diskutiert. In der Verwirklichung der Wirtschafts- und Währungsunion wurde ein erster Schritt zur Herstellung der staatlichen Einheit gesehen. Konzept und Fahrplan zur deutschen Einheit waren also schon zu diesem Zeitpunkt umrissen - wenn auch der Zeitraum noch unbestimmt blieb (Köhler 1994: 119/120).

Öffentlich war an eine forcierte Diskussion in Richtung auf eine schnelle Einigung allerdings noch nicht zu denken. Zunächst mußten die Verhandlungen für die Wirtschafts- und Währungsunion mit der DDR vorbereitet werden. Dazu wurde eine „Expertenkommission zur Vorbereitung einer Währungsunion und Wirtschaftsgemeinschaft zwischen der Bundesrepublik Deutschland und der Deutschen Demokratischen Republik“ ins Leben gerufen, die am 20. Februar 1990 ihre Arbeit aufnahm. Auf bundesdeutscher Seite wurde dieses Expertenrunde von Horst Köhler, Staatssekretär im Bundesfinanzministerium, geleitet, die DDR-Delegation wurde von Walter Romberg geführt, der als Vertreter des Runden Tisches in der Funktion eines Ministers ohne Geschäftsbereich in die Regierung Modrow eingetreten war.

Ziel der Arbeit dieser Kommission war nun allerdings nicht, noch vor der Volkskammerwahl zu treffende Vereinbarungen mit der Regierung Modrow vorzubereiten. In dieser Hinsicht war die Haltung der Bundesregierung unmißverständlich. Mit einer demokratisch nicht legitimierten DDR-Führung, der noch dazu vorgeworfen wurde, das Tempo der Reformen in der DDR zu verschleppen, sollten keinerlei ernsthafte Verhandlungen mehr geführt werden (Teltschik 1991: 145).

Vielmehr sollten diese Gespräche zwei Zielsetzungen dienen. Erstens mußte eine empirische Basis für die Verhandlungen zur Währungsunion geschaffen werden. Die in der Bundesrepublik verfügbaren Daten über die ökonomische und fiskalische Situation der DDR waren unzureichend und mit erheblichen Unsicherheiten belastet (Ditges 1994: 3-37). Klarheit sollte insbesondere über die Verschuldung der Staatsbetriebe, die Staats- und Außenverschuldung der DDR sowie über den Geldumlauf erreicht werden. Zweitens mußte auch der Rahmen für die die Währungsunion begleitenden Reformen in der DDR abgesteckt werden. Für die Bundesregierung waren umfassende ordnungspolitische Reformen - sprich die weitgehende Übernahme der bundesrepublikanischen Wirtschaftsordnung - mit dem Angebot einer Währungsunion untrennbar verknüpft. Hier waren Konflikte vorprogrammiert, wollten doch die Vertreter der DDR Elemente aus ihrem System beibehalten - sie fühlten sich auch politisch an das Positionspapier des Runden Tisches vom 13./14. Januar 1990 gebunden - und waren weit davon entfernt, ihre Vorstellungen an der Stringenz marktwirtschaftlicher Systembedingungen zu messen (Sarrazin 1994: 194-198).

Im Ergebnis konnte sich die bundesdeutsche Delegation durchsetzen. Der Abschlußbericht, den die Expertenkommission am 13. März vorlegte (abgedruckt in Köhler 1994: 129-134), entsprach weitestgehend den westdeutschen Erwartungen: Die Konditionalität von Währungsunion und Wirtschaftsreform war ebenso verankert wie ein detailliertes Programm für die Verhandlungen zur geplanten „Währungsunion und Wirtschaftsgemeinschaft", das fast alle zentralen Reformmaßnahmen enthielt. Außerdem war auch ein als befriedigend erachtetes Datenmaterial zur volkswirtschaftlichen Situation der DDR erarbeitet worden, das als Grundlage für die späteren Verhandlungen herangezogen werden sollte.

Nach der Volkskammerwahl vom 18. März waren dann die Weichen für ein zügiges Vorantreiben der Verhandlungen gestellt. Mit der neu gewählten DDR-Regierung unter der Führung von Ministerpräsident Lothar de Maizière (CDU) hatte die Bundesregierung nicht nur einen demokratisch legitimierten und damit akzeptierten Verhandlungspartner, auch die ideologische Barriere, die zwischen der Bundesregierung und der Regierung Modrow bestanden hatte, war nun überwunden. Die Koalitionsvereinbarung der Regierungsparteien (CDU, SPD, DSU, DA, BfD) war ein deutliches Bekenntnis zur Einheit Deutschlands, zu Demokratie und Marktwirtschaft. Im gleichen Sinne äußerte sich Ministerpräsident de Maizière in seiner ersten Regierungserklärung am 19.4.1990. So stellte der Ministerpräsident fest: „Das 'Ja' zur Einheit ist gesprochen!" (VK-Prot. v. 19.4.1990: 41-51).

Wie schon bei der Vorstellung des 10-Punkte-Plans und bei dem Angebot der Währungsunion an die DDR gab der Bundeskanzler auch jetzt Richtung und Geschwindigkeit der Ereignisse vor. Er forcierte nun das Tempo und sprach sich bereits zwei Tage nach der Volkskammerwahl für die Realisierung der Wirtschafts- und Währungsunion bereits zum Sommer 1990 aus. Auch dieser Schritt war Ergebnis einer Entscheidung im kleinsten Kreis. Sowohl bei diesem Entschluß als auch bei den am 25. April beginnenden Verhandlungen über den 1. Staatsvertrag blieben die Parlamente ebenso ausgeschlossen wie auch andere, im politischen Tagesgeschäft bedeutsame Akteure. Sie wurden lediglich von Zeit zu Zeit über den Fortgang der Gespräche informiert.

Den von den Regierungschefs der Bundesrepublik und der DDR bestimmten Delegationsleitern - für die Bundesrepublik Hans Tietmeyer, der erst kurz zuvor vom Bundesfinanzministerium ins Direktorium der Bundesbank gewechselt war, für die DDR Günther Krause, der Parlamentarische Staatssekretär beim Ministerpräsidenten - standen hohe Beamte der beteiligten Ressorts, zumeist auf Staatssekretärsebene, zur Seite. Mit der Berufung von Hans Tietmeyer zum Delegationsleiter hatte die Bundesregierung nicht nur einen Verhandlungsführer bestimmt, dessen Loyalität sie sich sicher war (Schäuble 1991: 98), sondern wohl gleichzeitig die Absicht verfolgt, auch die Bundesbank in den Verhandlungsprozeß einzubinden, was aus deren Sicht aber nur unzureichend gelang (vgl. Kap. 3.1.3).

Ziel dieser in Ost-Berlin beginnenden Verhandlungen war nach übereinstimmender Auffassung beider Regierungen die möglichst schnelle Einigung über einen Vertragsentwurf zur Regelung der Währungsumstellung und der Übernahme der sozialen Marktwirtschaft in der DDR. Über dieses Einvernehmen im Groben hinaus gab es aber auch deutlich unterschiedliche Interessen und Standpunkte der beiden Verhandlungspartner. Stand für die bundesrepublikanische Delegation ordnungspolitische Stringenz und damit die möglichst unveränderte Übertragung des bundesdeutschen Status quo im Vordergrund, wollten die DDR-Unterhändler verständlicherweise die den Bürgern der DDR abverlangte Umstellung möglichst in Grenzen halten und auch in der Währungsunion ein Stück DDR bewahren, was insbesondere die „sozialen Errungenschaften" der DDR betraf (Interviews 09, 19).

Bei allem Selbstbewußtsein, das die Volkskammerabgeordneten und die Regierungskoalition in der DDR aus ihrer neu gewonnenen demokratischen Legitimation zogen, waren die Kräfteverhältnisse in den Verhandlungen sehr ungleich zwischen den Delegationen verteilt. War schon der Status des „gescheiterten Juniorpartners", der ein bewährtes Erfolgsrezept übernehmen will, nicht geeignet, eine starke Verhandlungsposition zu begründen, waren auch die Verhandlungsteilnehmer selbst kaum in der Lage, ihren westdeutschen Pendants in der Sache Paroli zu bieten (Interview 05). Die Vertreter der DDR mußten sich in kürzester Zeit in das komplexe Rechtssystem der Bundesrepublik einfinden, in völlig neuen Kategorien und Systemzusammenhängen denken und mußten dennoch in kürzester Zeit Entscheidungen treffen, deren Folgewirkungen kaum abzusehen waren. Zudem fehlte ihnen die Verhandlungserfahrung der westdeutschen Beamten, so daß die Mitglieder der Delegation der DDR dem geballten Sachverstand der erfahrenen Fachbeamten aus dem Westen nur wenig entgegenzusetzen hatten (Interviews 13, 21).

Ein bezeichnendes Licht werfen Überlegungen Hans Tietmeyers auf diesen Umstand, der nach sondierenden Gesprächen im Vorfeld des Verhandlungsbeginns zu dem Schluß kam, „daß bei den nunmehr beginnenden offiziellen Gesprächen und Verhandlungen noch viel Arbeit geleistet werden müsse, um die auf DDR-Seite vorherrschenden Vorstellungen zu desillusionieren", und der sich im Verlauf der Gespräche angesichts des eklatanten inhaltlichen Übergewichts der bundesdeutschen Delegation immer bemühen mußte, den Eindruck eines „Diktats aus Bonn" zu vermeiden oder doch zumindest abzuschwächen (Tietmeyer 1994: 74-76). Doch auch eine noch so taktvolle Verhandlungsführung konnte nicht darüber hinwegtäuschen, daß es in allen Kernfragen letztlich darum ging, das bundesdeutsche Modell zu übertragen und die vorformulierten und in Bonn beschlossenen Positionen im Staatsvertrag zu verankern.

Bei der Ausarbeitung der bundesdeutschen Position nahm das Bundesfinanzministerium eine Schlüsselstellung ein. Die Beamten fertigten in abteilungs- bzw. ressortübergreifender Abstimmung Vertragsentwürfe an, die als Verhandlungsgrundlage dienten und sowohl Inhalt wie auch Verlauf der Gespräche bereits vorstrukturierten. Zwar gab es durchaus Verhandlungsspielräume, doch bei welchen Themen und in welchem Umfang sie bestanden lag nicht im Ermessen der DDR-Führung. Ihr fehlten die Möglichkeiten, eine eigene stringente und konsistente Position aufzubauen und als Verhandlungsgrundlage durchzusetzen. So blieb nur die Konzentration auf einige wenige Punkte, denen aus Sicht der Regierungskoalition und der Menschen in der DDR besondere Bedeutung beigemessen wurde. Doch auch bei solchen Streitfragen fiel die Entscheidung letztlich im „Küchenkabinett" des Bundeskanzlers im engsten Beraterkreis. Die Delegation der DDR fand sich dann in der unangenehmen Situation wieder, die bundesdeutsche Position im eigenen Lager zu vermitteln und zustimmungsfähig zu machen. Bei der aus Bonner Sicht zufriedenstellenden Erfüllung dieser Aufgabe machte insbesondere der Delegationsleiter Günther Krause auf sich aufmerksam (Interviews 09, 14).

Durchsetzen konnte sich die Delegation der DDR lediglich bei kosmetischen Korrekturen, etwa der Benennung des Staatsvertrages. So wurde auf ihren Wunsch hin die „Sozialunion" mit in den Titel des Vertragswerks aufgenommen, das fortan unter der Bezeichnung „Vertrag über die Schaffung einer Währungs-, Wirtschafts- und Sozialunion" (WWSU) firmierte. Bei allen zentralen Fragestellungen - zum Beispiel auch im Hinblick auf die für die Finanzierung der WWSU wichtigen Punkte - fielen dagegen die Entscheidungen in der Bundesrepublik.

So auch bei einer zentralen Stellgröße sowohl für die zu erwartenden, finanztechnisch bedingten Umstellungskosten als auch im Hinblick auf die Wucht des Einigungsschocks auf die ostdeutsche Wirtschaft: bei der Festlegung des Umtauschkurses von DDR-Mark zu D-Mark. Bei dieser Umstellung sollten vier Ziele möglichst gleichrangig verfolgt werden (Nölling 1991: 21), die zum Teil in Konkurrenz zueinander standen:

1. die Inflationsrisiken gering zu halten,
2. die Wettbewerbsfähigkeit der DDR-Betriebe möglichst wenig zu schwächen,
3. die Folgekosten für die öffentlichen Haushalte zu begrenzen und
4. die Sozialverträglichkeit und Akzeptanz des Umstellungskurses zu gewährleisten.

Waren die ostdeutschen Einkommensbezieher und Sparer an einer Umstellung möglichst im Verhältnis von 1:1 interessiert, um sich eine maximale reale Kaufkraft zu sichern, so hätte ein solcher Umtauschkurs aufgrund des in der DDR aufgestauten Geldüberhangs erhebliche Inflationsrisiken geborgen und zudem die Unternehmen stark belastet, deren Schulden in voller Höhe in DM umgestellt worden wären. Es mußte also zwischen einer günstigen Umtauschquote für die Sparer und einer Entlastung der Betriebe abgewogen werden. Alternativ hätte der Staat einspringen, die Unternehmen entschulden und deren Verbindlichkeiten als Ausgleichsforderungen übernehmen können. Diese Variante kollidierte jedoch sowohl mit dem Inflationsziel als auch mit dem Bestreben, die Inanspruchnahme der öffentlichen Hand möglichst gering zu halten.

Aufgrund der weitreichenden Auswirkungen, die mit der Festlegung des Umtauschkurses verbunden waren und vor dem Hintergrund des beschriebenen Zielkonflikts entwickelte sich diese Frage zu einem zentralen Streitpunkt nicht nur in den Verhandlungen zum 1. Staatsvertrag, sondern auch in der öffentlichen Diskussion. Hatten noch im Volkskammerwahlkampf zahlreiche Politiker, darunter auch der Bundeskanzler selbst, Hoffnungen auf einen Umtausch im Verhältnis 1:1 gemacht, rieten zahlreiche Experten hiervon ab. Sie schlugen einen aus Sicht der Bürger der DDR ungünstigeren Umtauschkurs vor, der allerdings den volkswirtschaftlichen Realitäten Rechnung tragen und die Wettbewerbsfähigkeit der ostdeutschen Betriebe sicherstellen sollte.

Unter den zahlreichen Ratschlägen im Hinblick auf die zu wählende Umtauschrelation, die ein breites Spektrum von 1:1 bis hin zu 1:6 abdeckten (Küchle/Müller 1990; Nölling 1991: 21/22), war die Empfehlung der Deutschen Bundesbank die politisch bedeutsamste. Der Bitte der Bundesregierung, einen Vorschlag für die Modalitäten der Währungsumstellung vorzulegen folgend, sprach sich die Bundesbank in der Empfehlung des Zentralbankrates vom 29. März 1990 für eine Umstellung aller Strom- und Bestandsgrößen im Verhältnis 1:2 aus. Lediglich Sparguthaben sollten bis zu einer Höhe von 2000 Mark der DDR pro Person ausgenommen sein und im Verhältnis 1:1 getauscht werden können (PA 28/90: 2).

Dieser Vorschlag löste in der DDR einen Sturm der Entrüstung aus und führte zu zahlreichen Demonstrationen für einen generellen Umstellungskurs von 1:1, an denen in verschiedenen Städten insgesamt über 150.000 Menschen teilnahmen (Korte 1994: 172). Die Verhandlungsposition der DDR-Regierung entsprach diesen Erwartungen, folgte den bereits in der Koalitionsvereinbarung vereinbarten Grundsätzen und forderte in den deutsch-deutschen Verhandlungen unter anderem den Umtausch aller Löhne, Renten und Sparguthaben im Verhältnis 1:1, einen Ausgleich für mit wegfallenden staatlichen Subventionen steigende Preise und die Streichung aller betrieblicher Altschulden.

Die Entscheidung über die Umtauschregelung fiel allerdings außerhalb der Delegationsverhandlungen im Bundeskanzleramt in Bonn. In einem „Nachtgespräch" vom 30. April auf den 1. Mai sicherte sich Tietmeyer zunächst die Zustimmung von Günther Krause und Staatsbankpräsident Prof. Stoll zu einem Eckpunktepapier, das er - in Abstimmung mit dem Bundeskanzler, vorbereitet hatte. Auf bundesdeutscher Seite wurde der Entwurf, die spätere 12-Punkte-Erkärung beider Regierungen, am Abend des 1. Mai in der Koalitionsrunde in Anwesenheit des Bundesbankpräsidenten beraten und akzeptiert. Günther Krause wurde noch in der Nacht von den Ergebnissen der Bonner Koalitionsrunde informiert und bewegte im Verlauf des folgenden Vormittags auch das Kabinett der Regierung der DDR zur Zustimmung (Tietmeyer 1994: 83-86).

Damit standen die nachfolgenden Rahmenbedingungen für den Umtausch fest:

- Umtausch 1:1 von 2000 DDR-Mark für Kinder bis zum vollendeten 14. Lebensjahr
- Umtausch 1:1 von 4000 DDR-Mark für Personen im Alter vom 15. bis zum vollendeten 59. Lebensjahr
- Umtausch 1:1 von 6000 DDR-Mark für Personen ab dem 60. Lebensjahr
- Umtausch 3:1 für Guthaben von natürlichen oder juristischen Personen, die außerhalb der DDR leben und deren Guthaben nach dem 31. Dezember 1989 entstanden sind. (Quelle: Bulletin Nr. 63 v. 18.5.1990: 529).

Hier zeigte sich erneut, wie wenig Chancen die DDR hatte, zentrale Standpunkte in den Verhandlungen durchzusetzen. Als einziger Teilerfolg kann die entgegen den Vorstellungen der Bundesbank beschlossene Umstellung der Stromgrößen im Verhältnis von 1:1 verbucht werden, auch wenn der Forderung nach einem Ausgleich für wegfallenden Subventionen nicht entsprochen wurde. Ausschlaggebend dürfte hier allerdings in erster Linie der Druck der öffentlichen Meinung und die Massenproteste in der DDR gegen einen niedrigeren Umtauschsatz gewesen sein, weniger die Verhandlungsmacht der DDR-Delegation. Ansonsten dominierte die bundesdeutsche Seite. Weder wurden die betrieblichen Altschulden gestrichen - hier setzte sich mit der Umbewertung im Verhältnis 1:2 die Bundesbank durch - noch war an einen generellen Umtausch der Sparguthaben im Verhältnis 1:1 zu denken. Festgelegt wurde vielmehr ein Umtauschsatz von 1:2 mit den oben dargestellten Ausnahmen.

Nun standen die Rahmenbedingungen für die weitere Entwicklung in der DDR fest. Durch die schnelle Währungsunion und den gewählten Umtauschkurs wurde der Weg des schnellen, harten und friktionsreichen Umbaus der DDR mit entsprechend hohen kurzfristigen Anpassungskosten eingeschlagen. Mit der letztlich beschlossenen Umtauschregelung wurde den Interessen der Bürger in der DDR und der westdeutschen öffentlichen Haushalte weit, jenen der Unternehmen dagegen nur in geringem Maße entgegengekommen. Während die Entlastung der Unternehmen nur gering ausfiel, erweckte die für die Bürger der DDR günstigen Umtauschbedingungen gar den Eindruck, die Bundesregierung habe die Geldpolitik als sozialpolitisches Instrument eingesetzt (Hartwig 1990: 219).[16]

Mit diesen Umtauschmodalitäten ergaben sich aus dem Akt der Währungsumstellung durch dabei entstehende Ausgleichsforderungen Kosten für die öffentlichen Haushalte in der Größenordnung von 25 Mrd. DM (Priewe/ Hickel 1991: 103). Der weitere Finanzierungsbedarf blieb aber sowohl zwischen den Verhandlungsdelegationen als auch zwischen den Parteien heftig umstritten. Grundlegend war in diesem Zusammenhang die Kontroverse über die ökonomischen Auswirkungen der WWSU in der DDR. Je nach Situationsdeutung und Zukunftserwartung klafften die Schätzungen über den Umfang der zur finanziellen Abstützung des Umbauprozesses der DDR-Wirtschaft notwendigen Mittel weit auseinander.

Die Kritiker einer schnellen Währungsunion wiesen insbesondere auf die hohen Anpassungskosten dieser Einigungsstrategie hin. Sie erwarteten durch den schlagartigen Konkurrenzdruck, dem die ostdeutschen Unternehmen mit einer Währungsunion ausgesetzt werden würden, einen dramatischen Rückgang von Produktion und Beschäftigung in der DDR. Produktivitätsrückstand und Modernitätsdefizit der ostdeutschen Wirtschaft würden quasi „über Nacht" offengelegt und müßte die Masse der Betriebe in den Ruin treiben.

Nötig sei deshalb ein breiter Strom von Transferleistungen in die DDR um zum einen die sozialen Folgen dieser Transformationskrise abzufedern und zum anderen den DDR-Haushalt mit den Herausforderungen angemessenen Mitteln auszustatten. Benötigt würden insbesondere Investitionen im Infrastrukturbereich sowie eine struktur- und industriepolitische Strategie, um den Strukturwandel zu gestalten und neue Arbeitsplätze zu schaffen. Für die Finanzierung dieser Transfers auf westdeutscher Seite wurde ein tragfähiges Finanzierungskonzept angemahnt (Bäcker/Steffen 1990).

Die Bundesregierung machte sich dagegen - wie man anmerken muß, nicht ohne Rückendeckung aus der Wissenschaft[17] - eine andere Sicht der Dinge zu eigen und sah keine Belastungen auf die öffentlichen Haushalte zukommen. Bundeskanzler Helmut Kohl setzte darauf, daß sich die schnelle Währungsunion selbst finanzieren würde. Im „Wirtschaftswunder-Szenario" der Bundesregierung sollte in der DDR durch die Währungsunion und die ungehemmte Entfaltung der „Marktkräfte" ein dem Wirtschaftswunder der

---

16 Auch Ministerpräsident de Maizière neigt im nachhinein der Auffassung zu, der Umstellungskurs habe eigentlich ein „Geschenk" an die ostdeutschen Sparer dargestellt (Interview).

17 vgl. für viele: Barthel 1990: 173; IW 1990a, 1990b, 1990c; Jungblut 1990; Küchle/Müller 1990; v. Suntum 1990; Willgerodt 1990

fünfziger Jahre in der Bundesrepublik vergleichbarer Aufschwung einsetzen, der der DDR über steigende Steuereinnahmen die Mittel zur Bewältigung der anstehenden Herausforderungen verschafften und durch üppig fließende Beitragseinnahmen auch das Sozialversicherungssystem nach einer kurzen Anlaufphase reibungslos funktionieren lassen sollte.

Finanzierungsbedarf bestand unter dieser Prämisse lediglich im Bereich der Übernahme der Altschulden der DDR, der finanztechnischen Belastungen durch die Währungsumstellung selbst, sowie einer Anschubfinanzierung für den Republikhaushalt und die Sozialversicherungen in der DDR. Zudem wurde betont, daß diesen Kosten auch Einsparmöglichkeiten bei teilungsbedingten Ausgaben (z.B. bei der Zonenrandförderung oder der Berlinhilfe) sowie Einnahmen aus erwarteten Privatisierungserlösen der Treuhandanstalt gegenüberstehen würden. Bezeichnend für die Gewichtsverteilung in den deutsch-deutschen Verhandlungen, aber auch im Hinblick auf die Stärke der Bundesregierung im Prozeß der Politikformulierung auf westdeutscher Seite, konnte diese eine ihrer Problemanalyse und Situationsdeutung entsprechende Finanzierungsstrategie im Staatsvertrag verankern, die auf staatliche Programme zur Unterstützung des Strukturwandels ebenso verzichtete wie auf Vorsorgeelemente für eventuelle zukünftige Lasten, sondern lediglich eine Kombination aus finanztechnisch bedingten Kosten der Währungsumstellung und einer Anschubfinanzierung für die neuen Bundesländer und die Sozialversicherungsträger vorsah.

Die Bundesländer wurden gegen Ende des Verhandlungsprozesses allerdings etwas stärker mit einbezogen. Einerseits wollte der Bund die Länder an den Kosten der Einheit beteiligen, andererseits war seit der Volkskammerwahl im März 1990 deutlich geworden, daß die Regierung der DDR eine schnelle politische Einigung Deutschlands auf dem Weg des Beitritts neu zu gründender Ost-Bundesländer zum Geltungsbereich des Grundgesetzes nach Art. 23 GG anstrebte. Auch für die Integration dieser neuen Länder brauchte die Bundesregierung die Zusammenarbeit mit den Altbundesländern.

Die Finanzbestimmungen des Vertrages über die Währungs-, Wirtschafts- und Sozialunion wurden deshalb auf einer Konferenz der Regierungschefs von Bund und Ländern - ohne Beteiligung der DDR-Seite - beschlossen, die sich am 16. Mai, also unmittelbar vor der Verabschiedung des 1. Staatsvertrages, auf folgende Konzeption einigten:

- Die mit der WWSU entstehenden Verbindlichkeiten wurden in ein Sondervermögen, den „Ausgleichsfonds Währungsumstellung" überführt. Die Zinszahlungen übernahmen bis 1993 der Bund und die zur Privatisierung des „volkseigenen Vermögens" der DDR gegründete Treuhandanstalt aus deren Privatisierungserlösen. Ab 1994 sollten dann Bund und neue Länder für Zins- und Tilgungsleistungen aufkommen.

- Der Bund übernahm die Anschubfinanzierung für die Sozialversicherungen in der DDR. In einem Nachtragshaushalt stellte er dazu im Juni 1990 2,75 Mrd. DM bereit.
- Die Finanzhilfen für den DDR-Republikhaushalt bzw. nach Vollendung der Einheit für die neuen Bundesländer wurden durch den Fonds „Deutsche Einheit“ bereitgestellt. Finanzausstattung und Konzeption des Fonds ergab sich dabei aus der bekannt optimistischen Prognose, die die Bundesregierung und offiziell auch die B-Länder[18] im Hinblick auf die zukünftige Entwicklung in der DDR bzw. den neu zu gründenden Bundesländern gestellt hatten. Die Berechnung der Finanzausstattung orientierte sich an den Finanzzuweisungen, die die DDR zum Haushaltsausgleich erhalten sollte. Dafür waren bisher für 1990 22 Mrd. DM und 1991 35 Mrd. DM vorgesehen. In Erwartung des schnell einsetzenden Wirtschaftsaufschwungs und der damit steigenden Steuereinnahmen war eine starke Degression der Leistungen des Fonds vorgesehen (vgl. Schaubild 3.1), so daß die Zahlungen 1992 noch 28 Mrd. DM, 1993 noch 20 Mrd. DM und 1994 lediglich noch 10 Mrd. DM betragen sollten. Insgesamt hatte der Fonds einen Umfang von 115 Mrd. DM, die zum größten Teil über eine Kreditaufnahme am Kapitalmarkt aufgebracht werden sollten. 20 Mrd. DM steuerte der Bund aus Haushaltskürzungen und -umschichtungen bei, die restlichen 95 Mrd. DM wurden von Bund und Ländern je zur Hälfte kreditfinanziert.
- Die Länder ließen sich als Gegenleistung für deren Beteiligung am Fonds „Deutsche Einheit“ die Festschreibung der Umsatzsteuerverteilung zwischen Bund und Ländern für die Jahre 1991 und 1992 auf 65% (Bund) zu 35% (Länder) ebenso zusichern wie den Ausschluß der neuen Länder aus dem System des Länderfinanzausgleichs bis einschließlich 1994.

Mit dieser Kombination aus Finanzierung der finanztechnisch bedingten Kosten der Währungsumstellung durch den Ausgleichsfonds und der Anschubfinanzierung für die Sozialversicherungen und die neuen Länder sollte die Finanzierung der deutschen Einheit, soweit es die öffentliche Hand betrifft, abschließend geregelt sein.

Im Rahmen der parlamentarischen Ratifizierung des Staatsvertrages in Bundestag und Volkskammer spielten die ökonomischen Auswirkungen des Einigungsschocks und die Konsequenzen für das Konzept zur Finanzierung der Einheit nur eine Nebenrolle. Zwar wurde von einigen Rednern darauf hingewiesen, daß der Staatsvertrag der Komplexität des Übergangs der DDR

18 In der Zeit der sozial-liberalen Bundesregierung hat sich im politischen Sprachgebrauch die Unterscheidung zwischen A-Ländern, die von der SPD regiert werden, und CDU-geführten B-Ländern herausgebildet. Auch nach dem Regierungswechsel auf Bundesebene hat sich dieser Sprachgebrauch erhalten.

zur Marktwirtschaft bei dem bekannt großen Produktivitäts- und Wohlstandsgefälle nicht gerecht würde und auch die finanziellen Vereinbarungen unzureichend seien. Beherrscht wurde die Debatte aber von anderen Themen. In der Volkskammer von der Aussprache über die Grundlinien der Gestaltung des Einigungsprozesses, der insbesondere von der SED-Nachfolgepartei PDS als „Anschluß“ und „Unterwerfung“ der DDR betrachtet wurde (Abg. Dr. Keller, PDS). Im Bundestag von der Diskussion über Grundfragen der Einigung und die außenpolitischen Konsequenzen, insbesondere im Hinblick auf die Staaten Osteuropas. Insgesamt entsteht der Eindruck, daß unter der Wucht und Dynamik der Ereignisse, die „großen“, symbolbehafteten Fragen ins Zentrum der Diskussion gerückt wurden, die eher auf einer fachlichen Ebene angesiedelten Fragen der ökonomischen Konsequenzen des Einigungsschocks und der Finanzierung der Einheit dagegen in den Hintergrund gerieten. Lediglich in den zu Protokoll gegebenen persönlichen Erklärungen einiger Bundestagsabgeordneter, die dem Staatsvertrag ihre Zustimmung versagten, zeigt sich deutlich die Kritik und wird zum Teil sehr hellsichtig auf die zukünftigen Probleme hingewiesen[19]. An ein Scheitern des Vertrages im Ratifikationsprozeß war indes nicht zu denken und sowohl in der Volkskammer als auch im Bundestag fanden sich breite Mehrheiten für den Staatsvertrag über die Währungs-, Wirtschafts- und Sozialunion.

3.1.2 Die Rolle der Bundesländer

Im Zusammenhang mit der Finanzierung der Einheit mußte nicht zuletzt eine Lösung für die Verteilung der mit dem 1. Staatsvertrag auf die Bundesrepublik zukommenden finanziellen Belastungen gefunden werden. Außerdem zeichnete sich - der Weg zur schnellen politischen Einheit Deutschlands war beim Abschluß der Verhandlungen ja bereits vorgezeichnet - das Problem der Eingliederung der neu entstehenden Bundesländer in das bundesstaatliche Finanzgefüge ab. Aufgrund der extrem unterschiedlichen Finanzkraft zwischen alten und neuen Ländern barg insbesondere die Einbeziehung der neuen Länder in den horizontalen Länderfinanzausgleich einigen Zündstoff.

Verteilungsfragen zu lösen gehört nun aber gerade nicht zu den Stärken des bundesstaatlich verflochtenen politischen Systems der Bundesrepublik. In der politischen Praxis der alten Bundesrepublik waren Umverteilungen zumeist nur in pareto-optimaler Form, d.h. unter Berücksichtigung des Prinzips der Besitzstandswahrung und verbunden mit einer Aufstockung der

19 vgl. dazu Protokolle der Sitzungen des Bundestages (217. Sitzung v. 21.6.1990), der Volkskammer (8. Sitzung v. 21.5.), sowie Protokolle der vorbereitenden Sitzungen des Haushalts- und Finanzausschusses.

Verteilungsmasse möglich (Scharpf u.a. 1976: 227/228, Scharpf 1985: 329). Diese relativ konfliktarme Verteilungsstrategie schied für die Finanzierung der Einheit jedoch aus. Hier ging es darum, zusätzliche Belastungen bei kurzfristig konstanten Mitteln zu übernehmen.

Vor diesem Hintergrund gerieten die Verhandlungen über die Finanzbestimmungen im 1. Staatsvertrag zu einem zähen Ringen zwischen den Vertretern des Bundes und der alten Bundesländer. Die Delegation der DDR-Regierung wurde dabei über die gefaßten Beschlüsse lediglich informiert, nicht aber an dem Entscheidungsprozeß selbst beteiligt.

Beklagten die alten Bundesländer zu Beginn des Jahres 1990 noch ihr Ausgeschlossensein von den Verhandlungen mit der DDR und das eigenmächtige Vorgehen des Bundeskanzlers (Mäding 1992: 188), wuchs ihnen nach der Volkskammerwahl vom 18.3.1990, als sich eine schnelle Einigung abzuzeichnen begann, eine gewichtigere Rolle zu. Es war nun klargeworden, daß für ein weiteres Vorantreiben des Einigungsprozesses und die Integration der damaligen DDR die Mitwirkung der Länder unerläßlich war. Auf den ersten Blick hatte die Bundesregierung bei den nun beginnenden Verhandlungen mit den Ländern den Vorteil, daß die CDU-geführten Bundesländer die Mehrheit im Bundesrat innehatten und sie bei dieser Konstellation eher mit der Unterstützung ihrer Einigungspolitik in der Länderkammer rechnen konnte. Es zeigte sich jedoch bald, daß die Länder in diesem Falle weniger parteipolitische Konflikte akzentuierten, sondern vielmehr - in Finanzfragen durchaus an der Tagesordnung - Länderinteressen in den Vordergrund rückten.

Bereits im Februar 1990 wurden in den Finanzministerien der Länder Baden-Württemberg und Niedersachsen Berechnungen angestellt, welche Belastungen bei einer Einbeziehung der neuen Bundesländer in den Länderfinanzausgleich auf die alten Länder zukommen würden. Unter der Annahme eines in der bestehenden Form fortgeltenden horizontalen Finanzausgleichs und eines geschätzten Steueraufkommens in Höhe von 50% der durchschnittlichen Pro-Kopf-Steuereinnahmen der alten Länder wurde die voraussichtliche Höhe der jährlichen Transfers in die neuen Länder auf 10 bis 20 Mrd. DM geschätzt. Zum Vergleich: Das gesamte Ausgleichsvolumen unter den alten Ländern betrug 1989 lediglich 3,5 Mrd. DM (BMF-Finanzbericht 1995: 154). Die alten Länder schlossen angesichts dieser Zahlen eine Teilnahme der neuen Länder am Länderfinanzausgleich kategorisch aus, da in der Folge alle alten Länder - damit auch die finanzschwachen - belastet würden. Darüber hinaus ist aber der horizontale Länderfinanzausgleich vom Grundsatz her als Spitzenausgleich konzipiert, dessen Anwendung die prinzipielle Vergleichbarkeit der Bundesländer zur Voraussetzung hat und der damit überfordert schien, gleichzeitig einen Ausgleich zwischen armen und reichen alten Bundesländern auf der einen und alten und neuen Bundesländern auf der anderen Seite zu schaffen (Geske 1991: 34/35).

Statt dessen plädierten die Länder für eine Fondslösung als Finanzierungsinstrument. Insbesondere die niedersächsische Finanzministerin und spätere Treuhandpräsidentin Birgit Breuel und ihr bayrischer Kollege Gerold Tandler machten sich für eine solche Lösung stark. Breuel veröffentlichte am 8. Mai 1990 ein ausformuliertes Konzept eines „Deutschlandfonds“ zur Finanzierung der Kosten für die Vereinigung mit einem Umfang von 100 Mrd. DM. Die Mittel aus dem Fonds sollten ausschließlich dazu dienen, die Defizite im DDR-Haushalt sowie für mindestens 5 Jahre in den Haushalten der neuen Bundesländer zu decken. Erst danach könnten die neuen Länder in den Länderfinanzausgleich integriert werden. Zur Tilgung des Fonds war vorgesehen, daß der Bund die durch Einsparungen im Verteidigungshaushalt und bei den teilungsbedingten Kosten freiwerdenden Mittel sowie den 7 Mrd. DM übersteigenden Betrag des jährlichen Bundesbankgewinns zu diesem Zweck verwenden sollte. Darüber hinaus sollten Bund, Länder und Gemeinden im Verhältnis der bestehenden Gesamtsteuerverteilung (48,3%; 37,2%; 14,5%) aus dem originären Steueraufkommen einen jährlichen Betrag von insgesamt 3 Mrd. DM übernehmen (Presseinformation des niedersächsischen Finanzministeriums Nr. 49/90). Aus Ländersicht bot eine solche Fondslösung einige Vorteile:

- Die neuen Länder konnten damit für eine Übergangszeit aus dem Länderfinanzausgleich herausgehalten werden. Damit wäre eine Überlastung des bestehenden Finanzausgleichs vermieden und Zeit für die - erfahrungsgemäß langwierigen und konfliktträchtigen (vgl. Renzsch 1991) - Verhandlungen über eine Reform der bundesstaatlichen Finanzbeziehungen, die für die Einbeziehung der neuen Länder nötig war, gewonnen.
- Die klare Beschränkung auf einen einmaligen Beitrag zu dem Fonds machte die Risiken aus Ländersicht überschaubar. Unübersehbare zukünftige Haushaltsrisiken könnten vermieden, das Risiko auf den Bund und die neuen Länder überwälzt werden.
- Die Kreditfinanzierung des Fonds vermied Einschnitte in die laufenden Haushalte und verlagerte die Belastungen in die Zukunft.
- Eine Aushöhlung des Föderalismus dergestalt, daß der Bund alleine die Finanzierung der neuen Länder übernimmt, diese aber aufgrund der finanziellen Abhängigkeit auch politisch an Eigenständigkeit verlieren, würde verhindert.

Eine gänzlich andere Vorstellung von der Verteilung der Lasten des Einigungsprozesses hatte der Bundesfinanzminister. Theo Waigel präsentierte anläßlich der Finanzministerkonferenz vom 20. April 1990 das Finanzierungskonzept des Bundes. Es sah vor, daß Bund, Länder und DDR jeweils ein Drittel des Haushaltsdefizits der DDR decken sollten. Bei den ohnehin notwendigen Verhandlungen zur Neuverteilung der Umsatzsteuer zwischen

Bund und Ländern sollten die Länder für zwei Jahre auf Umsatzsteuerpunkte als „Solidarbeitrag" verzichten, der über den Bundeshaushalt in die neuen Länder fließen würde. Auf wie viele Prozentpunkte ihres Umsatzsteueraufkommens die Länder verzichten sollten, wurde noch nicht diskutiert. Waigel wies aber auf Schätzungen des Defizits im DDR-Haushalt in der Größenordnung von 20 bis 40 Mrd. DM für das zweite Halbjahr 1990 und 40 bis 60 Mrd. DM für das Jahr 1991 hin (BT-Drs. 11/8164: 7). Damit bewegte sich der Länderanteil bei der vorgeschlagenen Drittelung der Lasten zwischen DDR, Bund und Ländern für 1991 bei ca. 20 Mrd. DM und damit ebenfalls im Bereich der Berechnungen der Landesfinanzminister für den Fall der sofortigen Einbeziehung der neuen Ländern in den Finanzausgleich. Aus der Sicht des Bundes bot sich dieses Konzept aus folgenden Gründen an:

- Er wäre nicht Hauptfinanzier der Einheit, sondern lediglich mit einem Drittel der anfallenden Belastungen beteiligt.
- Die Verhandlungsposition des Bundes gegenüber den Ländern wäre in den anstehenden Verhandlungen um die Verteilung der Umsatzsteuer gestärkt. Mit dem Argument, lediglich den Beitrag der Länder an den Kosten der deutschen Einheit einzufordern, könnte der Bund glaubhaft auf eine deutliche Verschiebung zu seinen Gunsten drängen.
- Der Bund könnte außerdem seine politische Machtposition gegenüber den Ländern stärken. Dadurch, daß die Leistungen an die DDR bzw. die neuen Länder über den Bundeshaushalt ausgeschüttet werden, hätte der Bund auch politischen Einfluß auf die Verwendung der Mittel. Die neuen Länder würden gleichsam an den „goldenen Zügel" genommen und damit an politischer Eigenständigkeit verlieren.

Nach zahlreichen, im Vergleich zu sonstigen Gelegenheiten äußerst hart geführten Verhandlungen auf Beamtenebene (Interviews 17, 24), die allerdings ohne Erfolg blieben, mußte die endgültige Entscheidung auf einem Treffen der Finanzminister von Bund und Ländern am 15. Mai in Bonn fallen. Da die Unterzeichnung des 1. Staatsvertrages unmittelbar bevorstand und am 16. Mai die Konferenz der Regierungschefs von Bund und Ländern auch Einvernehmen über das Finanzierungskonzept erzielen mußten, blieb kein Spielraum mehr für weitere Gespräche.

Im Zuge der Finanzministerkonferenz konfrontierten die Länder den Bundesfinanzminister mit ihrem vorher nochmals abgestimmten, gemeinsamen Standpunkt und drängten vehement auf eine Fondslösung und den Ausschluß der neuen Länder aus dem Länderfinanzausgleich während einer Übergangszeit. Das endgültige Konzept zur Gründung des Fonds „Deutsche Einheit" wurde dann von dem bayrischen Finanzminister Tandler (CSU) vorgetragen, nachdem sich die B-Länder in gemeinsamer Klausur mit dem Bund nochmals beraten hatten. Spätestens jetzt, unter dem Druck der eigenen Parteifreunde, akzeptierte der Bundesfinanzminister den Standpunkt der Länder und schloß sich dem Fondsmodell an (Interviews 17, 20).

Damit hatten sich die Länder in den für sie zentralen Punkten durchsetzen können. Es blieb aber nicht ihr einziger Erfolg, daß die Fondslösung der vom Bundesfinanzminister favorisierten umsatzsteuerfinanzierten Variante vorgezogen wurde und die neuen Länder bis zum 31.12.1994 aus dem Länderfinanzausgleich ausgeschlossen blieben. Auch in der Frage der Neuverhandlung der Umsatzsteuerverteilung konnten die Länder einen Erfolg verbuchen. Der Bund mußte von seiner Forderung, die Verteilungsrelation von 65% (Bund) zu 35% (Länder) auf 71% zu 29% zu seinen Gunsten zu verändern, Abstand nehmen. Dies hätte den Ländern immerhin Mindereinnahmen von ca. 10 Mrd. DM jährlich verursacht (Geske 1991: 35). Es wurde dagegen vereinbart, die Umsatzsteuerverteilung in der bestehenden Form bis Ende 1992 zu verlängern.

Darüber hinaus gelang es den Ländern auch, die Verantwortung für kommende Belastungen dem Bund zu übertragen, indem sie sich bei den Beratungen des 1. Staatsvertrages im Bundesrat durch die Bundesregierung zusichern ließen, daß mit dem Länderanteil am Fonds „Deutsche Einheit“ der Beitrag der Bundesländer zur Finanzierung der deutschen Einheit abgegolten sei (BT-Drs. 11/7351, S. 5, 8).

Dieser Verhandlungserfolg der Länder wurde dabei hauptsächlich durch drei Faktoren ermöglicht. Ihr geschlossenes Auftreten gegenüber dem Bund über parteipolitische Differenzen hinweg hat dazu ebenso beigetragen wie der Zeit- und Erfolgsdruck, unter dem die Verhandlungen standen und die Tatsache, daß noch keine Ost-Bundesländer existierten, die ihre eigenen Interessen hätten vertreten können (Abromeit 1992: 86).

Obgleich die einzelnen Landesregierungen je nach parteipolitischer Ausrichtung gänzlich unterschiedliche Auffassungen im Hinblick auf zentrale Fragen der Einigungspolitik vertraten und auch in bezug auf die Höhe der notwendigen Mittel zur finanziellen Abstützung des Einigungsprozesses gravierende Meinungsunterschiede zwischen CDU- und SPD-geführten Bundesländern vorhanden waren, fanden die Länder zu einer einheitlichen Linie und konnten so dem Bund gestärkt gegenübertreten. Entscheidend war dabei das Interesse aller Länder nach einer berechenbaren, verkraftbaren und kurzfristig tragfähigen Lösung. Deshalb war ein vorausschauendes, alle Eventualitäten berücksichtigendes Vorgehen, wie z.B. die Erarbeitung eines komplexen und umfassenden Finanzierungskonzepts nicht gefragt. Das kurzfristig drängende Problem des finanziellen Beitrags der Bundesländer zur deutschen Einheit sollte in einer für alle Länder akzeptablen Weise „vom Tisch“. Die SPD-geführten Bundesländer stellten also ihre Bedenken, daß die Fondsmittel bei weitem nicht ausreichen würden und die Degression viel zu groß sei, zurück, weil auch ihnen an einer Risikobegrenzung für ihre Haushalte gelegen war und sie darüber hinaus auch keinen Anlaß sahen,

Fehleinschätzungen von Bundesregierung und den Kollegen aus den CDU-geführten Bundesländern durch eigenen finanzielle Opfer zu korrigieren.

Die Position der Länder wurde noch dadurch gestärkt, daß der Bund das Einvernehmen mit den Ländern und konkrete Zusagen über deren finanzielle Beteiligungen brauchte und der Termin für die Unterzeichnung des 1. Staatsvertrages bereits feststand. Um den Abschluß der Verhandlungen nicht zu gefährden, sah sich der Bund gezwungen die Verhandlungsposition der Länder in weiten Teilen zu akzeptieren. So souverän und selbständig die Bundesregierung in anderen Bereichen der Vereinigungspolitik agieren konnte, im Bereich der Finanzierung der Einheit blieben die Strukturen bundesstaatlicher Finanzverflechtung wirksam, so daß auch das letztlich verabschiedete Finanzpaket von den Erfordernissen föderalistischer Aushandlungsmechanismen, insbesondere den Prinzipien der Konfliktminimierung und der Besitzstandswahrung gefolgt ist.

Die Höhe des Beitrags der Länder zum Fonds „Deutsche Einheit" bewegte sich in dem nach eigenen Schätzungen prognostizierten Rahmen und war somit für diese akzeptabel. Kurzfristig konnten mit der Festschreibung der Umsatzsteuerverteilung und der Kreditfinanzierung der Fondsmittel bestehende Besitzstände gewahrt werden, indem eine Belastung der laufenden Haushalte vermieden und die Lasten in die Zukunft verlagert wurden. Mit dem Ausschluß der neuen Länder aus dem Länderfinanzausgleich sowie dem Festschreiben der Umsatzsteuerverteilung konnte die äußerst konfliktträchtige Materie der Neuregelung der Finanzbeziehungen zwischen Bund und Ländern zunächst vertagt werden.

Die Landtagswahlen in Nordrhein-Westfalen und Niedersachsen, die am 13. Mai 1990 neue Mehrheitsverhältnisse im Bundesrat mit sich gebracht hatten - durch den Regierungswechsel in Niedersachsen stellten nun die SPD-regierten Länder die Mehrheit in der Länderkammer - hatten noch keine Auswirkungen auf die Verabschiedung des 1. Staatsvertrages. Einerseits hatte, wie oben ausgeführt, auch die Mehrheit der CDU-regierten Länder die landespolitischen Interessen in den Vordergrund gestellt, so daß sich das Verlangen nach Neuverhandlungen aufgrund finanzpolitischer Aspekte in Grenzen hielt. Andererseits war aber auch der zeitliche Rahmen für ein erneutes Verhandlungsverfahren zu eng gesteckt. Bereits drei Tage nach der Wahl fand das entscheidende Ministerpräsidententreffen statt, wiederum zwei Tage später wurde der 1. Staatsvertrag verabschiedet. In so kurzer Zeit war noch nicht einmal die Regierungsbildung zu schaffen, ganz zu schweigen von Neuverhandlungen über ein komplexes Kompromißpaket.

3.1.3 Die Dynamik des Parteienwettbewerbs

Der Zusammenbruch der DDR und die damit verbundene Chance zur deutschen Einheit traf die Bundesrepublik unerwartet und noch dazu zu Beginn des Wahlkampfes zur Bundestagswahl 1990. Insbesondere in Wahlkampfzeiten gewinnt die dem bundesrepublikanischen Parteienwettbewerb (Lehmbruch 1976) eigene Handlungslogik Einfluß auf Handeln und Strategieentscheidungen der politischen Akteure. Das war auch im Vorfeld dieser Bundestagswahl nicht anders und so lassen sich die Schlüsselentscheidungen bei der Gestaltung des Einigungsprozesses in hohem Maße in den Kategorien des Parteienwettbewerbs erklären.

Die Ausgangssituation im Herbst 1989 war dadurch gekennzeichnet, daß die Chancen für eine Wiederwahl der Regierungskoalition aus CDU/CSU und F.D.P. mit Bundeskanzler Helmut Kohl als Regierungschef eher schlecht standen. Die SPD hatte sich mit dem Programm „Fortschritt 90" und Kanzlerkandidat Oskar Lafontaine als moderne Partei darstellen können, der die Lösung der Zukunftsprobleme eher zuzutrauen war, als der ausgelaugt wirkenden amtierenden Bundesregierung. Entsprechend schlecht war auch das Abschneiden des Kanzlers in den einschlägigen Meinungsumfragen, der Herausforderer Oskar Lafontaine lag bis in das Frühjahr 1990 hinein in der Wählergunst deutlich in Führung (v. Beyme 1993: 115).

In diese Ausgangssituation fiel die sich schnell verschärfende innere Krise der DDR und ließ die politischen Akteure in der Bundesrepublik zunächst ratlos. Damit hatte niemand gerechnet, für diesen Fall gab es keinerlei vorbereitete Pläne oder Strategien. Helmut Kohl erkannte jedoch seine Chance, aus der innenpolitischen Defensive herauszukommen und versuchte mit dem 28. November 1989 im Bundestag vorgestellten 10-Punkte-Plan zu einer Konföderation der beiden deutschen Staaten, das Heft in die Hand zu nehmen. Mit diesem - weder innenpolitisch noch außenpolitisch abgestimmten - Vorpreschen bewies der Bundeskanzler Führungsstärke und festigte seine Position sowohl gegenüber innerparteilichen Kritikern als auch gegenüber dem Herausforderer Oskar Lafontaine. Als sich dann nach der Volkskammerwahl im März 1990 sogar die Chance zur Deutschen Einheit bot, stellte er sich an die Spitze der Einigungsbewegung und arbeitete auf eine möglichst schnelle politische Vereinigung beider deutscher Staaten hin.

Die SPD dagegen stand der schnellen Einigung skeptisch gegenüber. Erstens brachten die Ereignisse die sorgfältig geplante Wahlkampfstrategie durcheinander. Konnte man noch vor kurzem die Themen in der innenpolitischen Auseinandersetzung diktieren und auf diesen Feldern dominieren, so mußte man nun reagieren und war unversehens in die Defensive geraten.

Zweitens setzte die SPD anfangs noch auf die im Westen verbreitete Grundstimmung, die Einheit stehe nicht auf der politischen Tagesordnung, was sich bald darauf als fatal erweisen sollte. Als sich der Zusammenbruch der DDR immer schneller vollzog und sich die Möglichkeit der Einigung abzeichnete, kippte die Stimmung in der Bevölkerung und billigten auch viele SPD-Politiker - allen voran Altbundeskanzler Willy Brandt - den schnellen Einigungskurs der Bundesregierung. Damit waren die Ausgangspositionen für den nun ganz unter dem Zeichen der deutschen Einheit stehend Wahlkampf bezogen. Auf der einen Seite der zupackende „Kanzler der Einheit", der das Tempo der Vereinigung zunächst aufgriff und dann forcierte, und auf der anderen Seite die zögerlichen, in sich gespaltenen Sozialdemokraten, die Art und Tempo der Einigung überwiegend skeptisch beurteilten.

Doch nicht nur die grundsätzliche Weichenstellung der Bundesregierung, die Dynamik des Einigungsprozesses zu beschleunigen, war von der Handlungslogik des Parteienwettbewerbs bestimmt, auch „die materiellen Entscheidungen (wurden) ganz von den eigentümlichen Selektionskriterien und Zeithorizonten des Parteienwettbewerbs beherrscht" (Lehmbruch 1990: 471). Einerseits spielten im Kalkül der Bundesregierung Überlegungen im Hinblick auf den Machterhalt und ihre eigene relative Position in der Wählergunst im Vergleich zur Opposition eine zentrale Rolle, andererseits verkürzte sich der Zeithorizont ihrer Planungen auf die Frist bis zum Tag der Bundestagswahl. Längerfristige Auswirkungen dieser Entscheidungen oder auch etwaige Nebenwirkungen wurden als hinderlich ausgeblendet.

Orientierung boten der Bundesregierung in dieser Phase aus der Bundesrepublik althergebrachte Konfliktmuster und parteiideologische Grundüberzeugungen. Die CDU versteht sich als Partei des Wirtschaftswunders und einer erfolgreichen angebotsorientierten „Wende" 1982/83. Was lag also näher, als das Erfolgsrezept der Vergangenheit auf die jetzige Lage zu übertragen, noch dazu in einer Situation großer Unsicherheit, in der auch von Seiten der ökonomischen Politikberatung keine eindeutigen Empfehlungen eingeholt werden konnten. „Aus den widerstreitenden Projektionen der wirtschaftswissenschaftlichen Politikberatung wurden kurzerhand diejenigen herausgegriffen, die am ehesten geeignet schienen, die gewählte strategische Option zu rationalisieren" (Lehmbruch 1992: 26).

Handlungsleitend wurde deshalb eine stark vereinfachte Vorstellung von „sozialer Marktwirtschaft", die großes Vertrauen in die Marktkräfte setzte. Zunächst wurde eine Parallele zur Situation in den westlichen Besatzungszonen im Sommer 1948 hergestellt und das Problem des wirtschaftlichen Aufbaus in der DDR analog zu den damaligen Verhältnissen als in erster Linie ordnungspolitisches und währungspolitisches Problem definiert. Die zunächst hauptsächlich unter dem Druck der Massenübersiedlungswelle eingeschlagene Strategie einer schnellen Währungs-, Wirtschafts- und Sozialunion mit der DDR ließ sich aus dieser Sicht der Dinge auch theoretisch begründen. Zwar ist die dieser Problemsicht zugrundeliegende Interpretation des Wiederaufbaus in Westdeutschland stark vereinfacht und in vielen Punkten fragwürdig (vgl. dazu Abelshauser 1983),wobei insbesondere die Parallele zur Währungsreform 1948 völlig abwegig ist (Busch 1991: 201-203), doch bot diese Situationsdeutung auch pragmatische Vorteile: „Man konnte mit dieser holzschnittartige Ideologie die Problemlast zeitweise von der Politik weg verlagern und - vom sogenannten „Ordnungsrahmen" abgesehen - die Aufgabe der wirtschaftlichen Rekonstruktion der ehemaligen DDR im wesentlichen dem Markt zuweisen" (Lehmbruch 1991a: 588).

Über diese pragmatischen Aspekte hinaus entsprach diese Situationsdeutung und die Entscheidung für die schnelle Wirtschafts- und Währungsunion aber auch der spezifischen Handlungslogik des Parteienwettbewerbs. Eine klare, leicht zu vermittelnde Option wurden den weniger eindeutigen, zögerlich wirkenden Einwänden des Herausforderers Lafontaine gegenübergestellt. Der Konsensbedarf dieser Option war gering, sie konnte direkt zwischen den Regierungen in Bonn und Ost-Berlin ausgehandelt und mit den Mehrheiten der Regierungsparteien in Bundestag und Bundesrat verabschiedet werden. Und schließlich widersprach dieser Weg nicht dem Ziel der Stimmenmaximierung bei der Bundestagswahl. Ganz im Gegenteil hatte die Regierung Führungsstärke und Handlungsfähigkeit in unsicheren Zeiten unter Beweis gestellt.

Die von Bundesbank, Sachverständigenrat und anderen ökonomischen Politikberatern vorgeschlagenen und von der Opposition geforderten Einigungsstrategien der langsamen, schrittweisen Integration beider deutscher Staaten scheiterten auch an ihrer Unvereinbarkeit mit dieser Handlungslogik. Diese Vorschläge liefen auf langfristige, komplexe Strategien der zwischenzeitlichen Stabilisierung der DDR zum Zweck einer eingehenden ökonomischen und finanzpolitischen Bestandsaufnahme mit entsprechend hohem Konsensbedarf hinaus, die in der konkreten Situation nicht in Frage kommen konnten.

Diese Weichenstellungen sowie die ihnen zugrundeliegende Situationsdeutung hatte weitreichende Folgen für die Konzeption der Finanzierung der Einheit. Das Konzept der Bundesregierung basierte auf einer Problemverlagerung auf die Marktkräfte und der Erwartung eines raschen, sich selbst tragenden wirtschaftlichen Aufschwungs analog dem „Wirtschaftswunder" der Bundesrepublik in den fünfziger Jahren. In diesem Szenario kommen auf die staatlichen Finanzierungsträger nur geringe Belastungen zu. Die in der damaligen DDR in dieser Aufschwungphase erwirtschafteten Steuereinnahmen und Sozialversicherungsbeiträge sollten nach einer kurzen Anlaufphase die Ausgaben decken, so daß Bund und westdeutsche Länder lediglich die Anschubfinanzierung bereitstellen müßten. Entsprechend dieser Einschätzung - aber gemessen am tatsächlichen Bedarf völlig unzureichend - sind die Finanzbestimmungen im 1. Staatsvertrag dann auch ausgefallen und wurden die vom Bund zu tragenden Belastungen in Erwartung bald steigender Steuereinnahmen in Nachtragshaushalten über eine erhöhte Kreditaufnahme aufgebracht.

Neben der These, die diese Konzeption auf einen vereinfachten und übersteigerten Marktoptimismus auf seiten der Bundesregierung zurückführt, wird aber noch ein weiteres Erklärungsmodell diskutiert: „Genausogut ist denkbar, daß dieses Finanzpaket von Anfang an als sachlich unzureichend, aber politisch stabilisierend angesehen wurde. Es bot sich ja die Chance, die immensen Prognoseunsicherheiten zu nutzen und durch Kumulation optimistischer Prämissen die Wirtschaftsentwicklung als günstig und den Finanzbedarf als gering einzuschätzen" (Mäding 1992: 190).

Eine solche Strategie würde einerseits im Hinblick auf die 2+4-Verhandlungen Stabilität im geeinten Deutschland versprechen und die Hoffnung der Sowjetunion auf finanzielle Unterstützung nähren, mithin also die Verhandlungen erleichtern. Andererseits könnte innenpolitisch ein höheres Maß an Zustimmung zur WWSU erwartet werden, als wenn Kosten und Belastungen zu sehr in den Vordergrund gerückt würden. Diese Interpretation ist stark von einer in der Tradition der „ökonomischen Theorie der Politik" stehenden und den Annahmen eines „rational-choice"-Ansatzes verpflichteten Sichtweise geprägt (vgl. z.B. Downs 1957; Kunz 1994), würdigt jedoch die folgenden Aspekte nicht ausreichend.

Zwar haben derartige taktische Erwägungen bei der Strategieentscheidung der Bundesregierung zweifellos eine Rolle gespielt, doch waren sie wohl kaum die alleine entscheidenden. Erstens ignoriert diese Interpretation die Bedeutung, die die ideologische Komponente bei der Situationsdeutung der Bundesregierung hatte. Auch die Durchsetzung ideologischer Überzeugungen und zentraler Programmpunkte ihrer Partei bzw. deren Wählerschaft ist für Regierungen handlungsleitend und der Charme des von der Bundesregierung beschrittenen Weges lag gerade darin, daß er beiden Überlegungen gerecht wurde (Busch 1991: 197). Dieser Weg erhöhte die Chancen auf Wiederwahl und gab der Regierung Gelegenheit, zentrale wirtschaftspolitische Programmpunkte durchzusetzen. Die soziale Marktwirtschaft hatte sich bereits in den alten Bundesländern bewährt und wurde deshalb als Grundlage für einen raschen Aufschwung angesehen. Außerdem war die Rolle, die dem Staat in diesem Konzept zugedacht war, mit der angebotsorientierten und auf längerfristige Senkung der Staats- und Abgabenquote gerichteten Wirtschaftspolitik der Bonner Koalition vereinbar. Ein groß angelegtes staatliches Finanzierungsprogramm hätte dagegen einen finanzpolitischen Kontinuitätsbruch bedeutet[20].

Zweitens würde diese Interpretation der Absichten der Bundesregierung bei dieser ein Bewußtsein über die „tatsächliche" Lage voraussetzen. Sollte

20 Umgekehrt erklärt sich auch die Forderung der SPD nach staatlichen Finanzierungshilfen und einer forcierten Arbeitsmarkt- und Industriepolitik aus der programmatischen Orientierung dieser Partei, die traditionell stärker auf staatliche Politiksteuerung setzt.

das Finanzierungskonzept der Bundesregierung rein taktisch motiviert gewesen sein, so hätte sie nach dem Vollzug der Einheit und der gewonnenen Bundestagswahl wohl anders reagiert, als dies geschehen ist. Um ihre Wiederwahl 1994 nicht zu gefährden und erneut Handlungsfähigkeit zu beweisen, hätte die Bundesregierung vielmehr versuchen müssen, den mit der Einheit verbundenen Belastungen gerecht zu werden, ohne daß dies nach einer Kapitulation vor der zutreffenden Einschätzung Lafontaines im Hinblick auf die Kosten der Einheit ausgesehen hätte. Die tatsächlich verfolgte Politik deutet jedoch nicht darauf hin, daß den strategischen Überlegungen der Bundesregierung eine realistische Einschätzung der Kosten der Einheit zugrundelag (vgl. Kap. 4.1).

Darüber hinaus darf nicht vergessen werden, daß die Bundesregierung mit ihren Erwartungen über die weitere Entwicklung in den neuen Bundesländern ja nicht völlig alleine stand, sondern im Gegenteil auch Bestätigung für ihren Kurs aus dem Bereich der Wissenschaft verbuchen konnte (vgl. Kap. 3.1.1). Auch die Steuerschätzung vom 17.5.1990, die durch den Vereinigungsboom für die Jahre 1990 bis 1994 hohe zusätzliche Steuereinnahmen erwartete, hatte diese Einschätzung gestützt (Höhnen 1991: 309).

Der „Geburtsfehler“ der Finanzbestimmungen im Vertrag über die Währungs-, Wirtschafts- und Sozialunion bestand jedenfalls darin, daß die Bundesregierung mit der Entscheidung für die schnelle Währungsunion den Weg der schnellen Einigung bei starken Friktionen und damit hohen Anpassungskosten eingeschlagen, diese hohen Anpassungskosten aber schlicht wegdefiniert hat. Zu kritisieren ist dabei nicht der Weg als solcher, dazu gab es wohl tatsächlich keine realistische Alternative (Priewe/Hickel 1991: 87-92). Der dem „Wirtschaftswunder-II-Szenario“ der Bundesregierung zugrundeliegende, geradezu naive Marktoptimismus verhinderte allerdings eine realistische Abschätzung der ökonomischen Folgen des Einigungsschocks und der Kosten der Einheit. Damit blieben die Finanzbestimmungen des 1. Staatsvertrags weit hinter den tatsächlichen Erfordernissen zurück. Begünstigt durch die Handlungslogik des Parteienwettbewerbs und die ideologischen und programmatischen Grundorientierungen seiner Regierung setzte der Bundeskanzler ganz auf optimistische Aufschwungerwartungen und verweigerte sich den Problemen der Einheit.

3.1.4 Die Bundesbank und das Primat der Politik

Die Deutsche Bundesbank, aufgrund ihrer weitgehenden Autonomie in geldpolitischen Fragen respektvoll auch als „Neben“ oder gar „Kontra“-Regierung bezeichnet (Sturm 1990: 262-264), mußte im Verlauf der Verhandlungen zum 1. Staatsvertrag gleich mehrfach schmerzhaft die Grenzen ihrer Macht erfahren. Auch sie blieb von wichtigen Entscheidungen ausgeschlossen, wenngleich der tatsächliche Einfluß der Bank auf die Gestaltung der Währungsunion in der Literatur etwas unterschätzt zu werden scheint (vgl. Hartwich 1992).

Offiziell sprach sich die Bundesbank immer gegen eine schnelle Währungsunion mit der DDR aus, zu groß war die Unsicherheit über die Entwicklungen in der DDR, zu groß schienen auch die damit verbundenen währungspolitischen Risiken. Bundesbankpräsident Karl-Otto Pöhl antwortete, auf die Möglichkeit einer Währungsunion angesprochen, noch Ende Januar 1990: „Das sind sehr phantastische Ideen“ (Interview in „Die Zeit“ vom 26.1.1990).

Innerhalb des Zentralbankrates gab es allerdings auch einige Befürworter einer schnellen Währungsunion. Bereits in der ersten Sitzung des Zentralbankrates nach der Öffnung der Mauer im November 1989 legte Präsidiumsmitglied Claus Köhler eine Plan für die schrittweise Ersetzung der DDR-Mark durch die D-Mark vor. Die Realisierungschancen wurden allerdings als gering angesehen und die Diskussion konzentrierte sich fortan hauptsächlich auf Fragen der begrenzten Konvertibilität der DDR-Währung und währungspolitische Optionen unterhalb einer Währungsunion (Nölling 1991: 15).

Die Entscheidung des Bundeskanzlers Anfang Februar 1990, der DDR unverzüglich Verhandlungen über die Einführung der D-Mark anzubieten, fiel auch für die Bundesbank völlig überraschend. Bundesbankpräsident Karl-Otto Pöhl hielt sich gemeinsam mit Helmut Schlesinger am Tag der Entscheidung, dem 6. Februar, zu Gesprächen mit Vertretern der Staatsbank der DDR in Berlin auf und äußerte noch gegenüber Pressevertretern, er sei sich mit Horst Kaminsky, dem Präsidenten der Staatsbank der DDR einig, daß es verfrüht sei, einen so weitreichenden Schritt bereits jetzt ins Auge zu fassen (Marsh: 1995: 270). Erst nach der Rückkehr ins Hotel erfuhr er von dem Angebot des Bundeskanzlers. Der solcherart brüskierte Bundesbankpräsident stellte am 9. Februar im Rahmen einer Pressekonferenz klar, daß er diese Entscheidung der Bundesregierung als neues Datum akzeptiere, daß dies aber eine politische Entscheidung der Bundesregierung sei, die diese alleine zu verantworten habe (PA 12/1990: 1).

Doch nicht alleine im Hinblick auf Zeitpunkt und Art des Angebots der Bundesregierung an die Regierung der DDR mußte die Bundesbank das Primat der Politik akzeptieren, sondern auch bei der Festlegung der Umstellungsmodalitäten. Zwar wurde sie gebeten, eine Empfehlung bezüglich des Umtauschkurses von D-Mark und Mark der DDR zu geben, doch setzte sich die Bundesregierung letztendlich in wichtigen Punkten über diese Empfehlung hinweg.

Der am 29. März 1990 im Zentralbankrat beschlossene Vorschlag der Bundesbank empfahl die generelle Währungsumstellung im Verhältnis von 2 Mark der DDR zu 1 DM. Lediglich für Sparguthaben sollte eine Ausnahmeregelung greifen, die es erlaubt hätte, pro Kopf bis zu 2000 DDR-Mark im Verhältnis 1:1 zu tauschen (PA 28/1990: 2). Schon mit diesem Vorschlag kam die Bundesbank der Bundesregierung erstaunlich weit entgegen. Die Umsetzung dieses Konzepts hätte eine Ausweitung der Geldmenge M 3 um 149 Mrd. DM oder 12% bedeutet, der auf der DDR-Seite ein Bruttosozialprodukt von gerade ca. 9,5% des BSP der Bundesrepublik gegenüberstand. Mithin implizierte bereits dieses Konzept ein um 2,5% über das Maß einer potentialorientierten Geldversorgung hinausgehendes Geldmengenwachstum mit allen damit verbundenen Konsequenzen für die Preisstabilität. Nichtsdestotrotz setzte sich die Bundesregierung über diese Empfehlung hinweg und vereinbarte in den Verhandlungen mit der DDR die oben beschriebenen Umstellungsmodalitäten (vgl. Kap. 3.1.1), die - im Vergleich zum Bundesbankvorschlag - nochmals mit einer zusätzlichen Geldschöpfung von ca. 16 Mrd. DM verbunden waren (Nölling 1991: 26).

Doch erhält die These von der Entmachtung der Bundesbank im Einigungsprozeß noch durch weitere Punkte Nahrung. So wurde die Bundesbank bei den Verhandlungen des Bundes und der Länder über den Fonds „Deutsche Einheit“ ebenso vor vollendete Tatsachen gestellt wie bei der Entscheidung, der DDR-Regierung eine Kreditermächtigung in Höhe von 15 Mrd. M einzuräumen, die bei einem Umstellungskurs von 2:1 zu einer Geldschöpfung von 7,5 Mrd. DM geführt hat. Die Währungshüter erfuhren von der Gründung des Fonds erst, als die Berichte darüber auch schon in den Tageszeitungen veröffentlicht wurden und die Verhandlungen abgeschlossen waren (Marsh 1995: 281/282).

Die - ansonsten sehr auf Diskretion bedachten - Mitglieder des Zentralbankrates fühlten sich denn auch schmerzhaft übergangen und einige unter ihnen übten öffentlich harsche Kritik an dem Vorgehen der Bundesregierung. So forderte der Präsident der Hamburger Landeszentralbank, Wilhelm Nölling, die Bundesregierung auf, endlich aufzuhören „so zu tun, als ob die Autonomie der Bundesbank für den Prozeß der Wiedervereinigung außer Kraft gesetzt worden wäre“ (Hamburger Abendblatt v. 23.5.1990). Nölling befürchtete, daß das Ansehen der Bundesbank und das Vertrauen in die D-Mark untergraben werden könnte, wenn die Bundesregierung die Bundesbank weiterhin übergehe. Ähnlich kritisch äußerte sich auch der Präsident der niedersächsischen Landeszentralbank, Helmut Hesse (Handelsblatt v. 28.5.1990).

Bundesbankpräsident Pöhl sah sich daraufhin veranlaßt, zunächst in der folgenden Sitzung des Zentralbankrates am 31. Mai diejenigen Mitglieder, die sich durch öffentliche Äußerungen hervorgetan hatten, in einer für den Umgangston in diesem Gremium außerordentlich deutlichen Art zurechtzuweisen (Marsh 1995: 283) und nutzte eine Rede vor der Frankfurter Gesellschaft für Handel, Industrie und Wissenschaft dazu, Gerüchten über eine Konfrontation zwischen Bundesbank und Bundesregierung entgegenzutreten. Er betonte, die Bundesbank sei an den Verhandlungen zum 1. Staatsvertrag von Anfang an intensiv beteiligt gewesen und sei auch mit dem Ergebnis der Verhandlungen sehr zufrieden, weil alle ihre Forderungen weitgehend erfüllt wurden (PA 45/1990: 2-4). In erster Linie sollte diese Erklärung offensichtlich der Beruhigung der Finanzmärkte dienen, die sehr sensibel auf Spannungen zwischen Bundesbank und Bundesregierung reagierten und zeugten von dem Bemühen, das internationale Vertrauen in die Stabilität der D-Mark zu wahren. In gewisser Weise war die Bundesbank aber auch tatsächlich ständig in die Verhandlungen zwischen der DDR und der Bundesrepublik eingebunden, nämlich in Person des Direktoriumsmitglieds Hans Tietmeyer.

Tietmeyer, der als CDU-Mitglied und ehemaliger Staatssekretär im Bundesfinanzministerium das besondere Vertrauen des Bundeskanzlers besaß und erst Anfang 1990 ins Direktorium der Bundesbank gewechselt war, leitete die bundesdeutsche Verhandlungsdelegation. Zu diesem Zweck wurde er im Rahmen des im Bundesbankgesetz vorgesehenen Beratungsauftrages als persönlicher Berater des Bundeskanzlers von der Bundesbank freigestellt. Mit Ausnahme der allerersten Entscheidung über das Angebot über die Währungsunion an die DDR wurde zudem auch die Bundesbankspitze sowohl ständig über den Gang der Dinge unterrichtet als auch in beratender Funktion in den Entscheidungsprozeß eingebunden. So nahmen Bundesbankpräsident Karl-Otto Pöhl oder dessen Stellvertreter, Helmut Schlesinger, an allen wichtigen Sitzungen teil. Auch bei der Kabinettsitzung zur Festlegung der Umtauschmodalitäten war Pöhl anwesend.

Allerdings waren sich die Repräsentanten der Bundesbank über die beschränkten Möglichkeiten ihrer Einflußnahme im Einigungsprozeß im klaren. Dies war nicht „ihr Spiel", sondern das der Bundesregierung! Zwar konnten sie ihrem gesetzlichen Beratungsauftrag in währungspolitischen Fragen nachkommen, nicht aber der Bundesregierung die Entscheidungsgewalt aus der Hand nehmen. Und in deren Kalkül nahmen währungspolitische Fragen zwar einen großen Raum ein, gleichwohl waren sie nur ein Teil der zu berücksichtigenden Faktoren. Nach eigenem Bekunden wurde zum Beispiel Hans Tietmeyer schon bei Gesprächen mit Politikern aus Ost- und Westdeutschland im Vorfeld der Verhandlungen zum 1. Staatsvertrag deutlich, daß der Vorschlag der Bundesbank politisch keine Chance zur Durchsetzung hatte (Tietmeyer 1994: 70/71).

So beriet die Bundesbankspitze den Bundeskanzler und sein Kabinett bei der Konzeption der Währungsunion, wies auf Risiken und Folgewirkungen der jeweiligen Konzepte hin und trug die Beschlüsse der Regierung dann loyal mit - schon um das Ansehen der deutschen Währung nicht in Mitleidenschaft zu ziehen. Nicht vergessen werden sollte dabei aber, daß viele Ratschläge der Bundesbank Berücksichtigung fanden. In wesentlichen Teilen wurde ihr Vorschlag zu den Umstellungsmodalitäten übernommen und die Bundesregierung folgte auch ihrer Empfehlung, die ostdeutschen Unternehmen nicht zu entschulden.[21]

Damit war nun allerdings nicht die Institution Bundesbank, sondern lediglich die Bundesbankspitze bzw. eines ihrer Direktoriumsmitglieder an jeder Phase der Verhandlungen mit der DDR direkt beteiligt. Der Zentralbankrat, insbesondere die Landeszentralbankpräsidenten, waren dagegen faktisch ohne Einfluß. Sie waren gezwungen, auf den routinemäßigen Sitzungen des Zentralbankrates Entscheidungen im Nachhinein zu sanktionieren bzw. zu akzeptieren, die im Extremfall von einem einzigen Direktoriumsmitglied - dem Verhandlungsführer Hans Tietmeyer - vorbereitet wurden. Das sonst entscheidende Votum des Zentralbankrates war ohne Auswirkung auf die tatsächlich vorgenommenen Weichenstellungen.[22]

Die starke Position Tietmeyers, des „Neulings“ im Direktorium, und das ungewohnte Gefühl der Ohnmacht führte schließlich unter den selbstbewußten Landeszentralbankpräsidenten, die sich plötzlich zu Statisten degradiert sahen, zu erheblichem Unmut, der sich in Spannungen im Zentralbankrat und den dargestellten öffentlichen Äußerungen entladen hat. Daraus jedoch auf eine völlige Entmachtung der Bundesbank im Einigungsprozeß zu schließen, erscheint allerdings nicht angemessen.

Die Bundesbank war in dieser Phase einerseits mit politisch gesetzten Rahmenbedingungen konfrontiert, die sie hinnehmen mußte (wie beispielsweise die Entscheidung für die schnelle Währungsunion), und wurde andererseits in ihren internen Abläufen von einer entdifferenzierten und zentralisierten Entscheidungsstruktur dominiert, die ja den Einigungsprozeß insgesamt geprägt hat. Während die Bundesbankspitze in beratender Funktion an den Entscheidungen der Bundesregierung beteiligt war, blieb die routinemäßige Entscheidungsfindung innerhalb der Bank im Zentralbankrat auf der Strecke. Die eigentlich entmachteten waren somit die Landeszentralbankpräsidenten.

Faßt man die Rolle der Deutschen Bundesbank im Verhandlungsprozeß zum 1. Staatsvertrag zusammen, so bleibt festzuhalten, daß sie gleich mehrfach das Primat der Politik anerkennen mußte. Mißt man dieses Ergebnis an dem der Bundesbank in der Literatur weithin zugemessenen Status einer Neben- oder gar Gegenregierung, so muß konstatiert werden, daß sie

21 Dies betonte Helmut Schlesinger bei der Unterrichtung des Finanzausschusses des Bundestages am 9. Mai 1990. Ausschlaggebend für die Ablehnung einer Entschuldung war auf seiten der Bundesbank die Überlegung, daß die ostdeutschen Betriebe lernen sollten, mit Fremdkapital zu arbeiten und Zins und Tilgung zu erwirtschaften. Zudem sollten hohe staatliche Ausgleichsforderungen vermieden werden. Auf Nachfrage betonte Schlesinger außerdem, das Direktorium der Bundesbank sei zu jedem Zeitpunkt informiert gewesen und habe dem Umstellungskonzept der Bundesregierung zugestimmt (Protokoll der Finanzausschussitzung Nr. 75, S. 21/22)

22 Entscheidendes Beschlußgremium der Bundesbank ist der Zentralbankrat, entschieden wird durch Mehrheitsentscheid, bei dem auch der Präsident nur über eine Stimme verfügt.

in dieser Phase der Einigungspolitik diesem Anspruch nicht gerecht werden konnte, obwohl zentrale währungspolitische Weichenstellungen vollzogen wurden, die den gesetzlichen Auftrag der Bank, die Sicherung der Währungsstabilität in hohem Maße betroffen haben. Allerdings war die Bundesbankspitze mit Ausnahme der Grundentscheidung für eine schnelle Währungsunion in beratender Funktion an allen zentralen Entscheidungen beteiligt. Das eigentlich entmachtete Organ war der Zentralbankrat, das unter Normalbedingungen entscheidende Entschließungsorgan der Bundesbank.

Auch innerhalb der Bundesbank waren also in dieser Phase die routinemäßigen Entscheidungsprozeduren einer zentralisierten Struktur gewichen, wie sie auch andernorts den Einigungsprozeß geprägt hat. Ob damit die „Autonomie-Konzeption" der Bundesbank aber insgesamt gescheitert ist (Hartwich 1992: 272), sei einem abschließenden Urteil nach Würdigung des gesamten Untersuchungszeitraumes vorbehalten (vgl. Kap. 4.1.6). Gleichwohl stellt sich die Frage, wie weit die Unabhängigkeit der Bundesbank tatsächlich reicht (Sturm 1995).

3.2 Der Einigungsvertrag

3.2.1 Verhandlungsverlauf und Finanzbestimmungen

Wie schon bei den Verhandlungen zum 1. Staatsvertrag war auch während der Gespräche zum Einigungsvertrag eine Kombination von hohem Entscheidungsdruck und geringer Informationsdichte gegeben, wenn auch mit etwas anderen Akzenten. Der Entscheidungsdruck bestimmte sich einerseits aus der sich immer schneller zuspitzenden Krise der DDR und andererseits aus den politisch gesetzten Zeitvorgaben.

Ökonomisch wie politisch näherte sich die DDR ihrem Ende. Die Regierung hatte mit einem rapide fortschreitenden Autoritätsverlust zu kämpfen, weil viele Betriebe ihre Abgaben nicht mehr abführten stand sie sogar vor der Zahlungsunfähigkeit. Täglich wurde die Liquiditätssituation der DDR in einer „Ständigen Arbeitsgruppe Liquidität" im Finanzministerium überprüft, um nicht unvermittelt vor der Zahlungsunfähigkeit zu stehen. „Monatskassenpläne" wurden zum kurzfristigen Krisenmanagement eingeführt und ersetzten die normale Haushaltsplanung (Interview 09). Außerdem zeigten sich die ersten Auswirkungen der WWSU. Die ostdeutschen Betriebe waren dem Wettbewerbsdruck, dem sie nach dem 1. Juli mit dem Inkrafttreten des 1. Staatsvertrags übergangslos ausgesetzt worden waren, nicht gewachsen. Obwohl die Treuhandanstalt mit Liquiditätshilfen kurzfristig gegenzusteuern versuchte, konnten viele Betriebe den Anforderungen nicht standhalten. So sank die Industrieproduktion der DDR im Juli 1990 um 42% und schnellte die Arbeitslosenquote gleichzeitig steil nach oben (SVR 1990: 63, 67).

Der konkrete Zeitplan für die Verhandlungen wurde von der Absicht der Bundesregierung bestimmt, noch vor dem Ende der Legislaturperiode zu einem geregelten Beitritt der DDR zur Bundesrepublik zu kommen. Angesichts des für die Ratifizierung notwendigen Zeitraumes und des sich mit näherrückendem Wahltermin verschärfenden Bundestagswahlkampfes mußten die deutsch-deutschen Verhandlungen zügig vorangetrieben werden.

Erschwert wurde eine rasche Verhandlungsführung allerdings durch die hohe Zahl der beteiligten Verhandlungspartner. Anders als bei der Währungs-, Wirtschafts- und Sozialunion, die wesentlich zwischen den Expertenkommissionen ausgehandelt wurde und bei denen die Federführung innerhalb der Bundesregierung eindeutig beim Finanzministerium lag, gerieten die Verhandlungen zum Einigungsvertrag zu einem „Spiel mit vielen Bällen" (Schäuble 1991: 101).

Zunächst mußten auf beiden Seiten fast alle Ressorts an den Verhandlungen beteiligt werden, was zumeist durch die Anwesenheit der betreffenden Staatssekretäre gewährleistet wurde. Federführend war auf seiten der Bundesrepublik das Innenministerium. Die Delegation wurde von Innenminister Wolfgang Schäuble geleitet, der sich im Verlauf der Verhandlungen zum zentralen Akteur im Hinblick auf die Gestaltung des Vertrages entwikkeln sollte. Für die DDR leitete, wie schon beim 1. Staatsvertrag, Minister Günther Krause die Delegation.

Außerdem drängten die Länder auf angemessene Beteiligung an den Verhandlungen. Die Ministerpräsidenten der Bundesländer hatten deutlich gemacht, daß sie - anders als bei den Verhandlungen zur WWSU - auf einer frühzeitigen und angemessenen Beteiligung an den Vertragsverhandlungen bestehen würden. Die Beteiligung der Länder erfolgte durch die Chefs der Staats- bzw. Senatskanzleien. Darüber hinaus wurde zugestanden, je Land eine zusätzlichen Fachbeamten in die Delegation zu entsenden. Die Interessen der neu zu gründenden Länder auf dem Gebiet der DDR sollten durch 10 Abgeordnete der Volkskammer wahrgenommen werden, die die DDR-Delegation noch ergänzt haben.[23]

Noch komplexer wurden die Verhandlungen auf bundesdeutscher Seite durch das Einbeziehen auch der größten Oppositionspartei im Bundestag, der SPD, die zudem über die Mehrheit der Stimmen in der Länderkammer verfügen konnte. Anders als im 1. Staatsvertrag waren mit dem Einigungsvertrag auch Änderungen des Grundgesetzes notwendig, so daß für die Verabschiedung des Vertrags eine verfassungsändernde Zweidrittelmehrheit in Bundestag und Bundesrat erforderlich war, für die die Zustimmung der SPD sichergestellt werden mußte. Auf DDR-Seite waren parteipolitische Auseinandersetzungen bedingt durch die dort regierende Große Koalition aus CDU, DSU, DA, SPD und dem liberalen Bündnis BfD auch innerhalb der Regierung virulent. Zu der Kofliktebene Bundesrepublik-DDR traten also eine parteipolitische und jene zwischen Bund und Ländern hinzu, was einen umfassenden Abstimmungs und Einigungsbedarf mit sich brachte und gleichzeitig die Konsensfindung erschwerte. Folgende Aufstellung gibt einen Überblick über die wichtigsten Konfliktebenen in den Verhandlungen zum Einigungsvertrag (Korte 1994: 194):

- Bundesregierung - DDR-Regierung
- Bundesregierung - Regierungen der Bundesländer
- Bundesregierung - Oppositionsparteien im Bundestag
- innerhalb der Bundesregierung
- zwischen den Regierungen der Bundesländer untereinander
- DDR-Regierung - Oppositionsparteien in der Volkskammer
- innerhalb der DDR-Regierung

23 Auch ein Vertreter der EU-Kommission war beratend an allen Verhandlungen beteiligt.

Um die Gespräche trotz dieser schwierigen Konstellation erfolgreich gestalten zu können, verständigten sich die beiden Delegationsleiter untereinander auf eine höchst straffe und rigide Verhandlungsführung. Vereinbart wurde zunächst, daß alleine der Delegationsleiter für die Position der jeweiligen Abordnung sprechen sollte. Eventuell auftretenden strittige Fragen sollten in internen Beratungen geklärt werden, um die deutsch-deutschen Verhandlungen nicht mit Streitigkeiten innerhalb der beiden Delegationen zu belasten (Schäuble 1991: 118/119). Unterstützt wurde diese Vereinbarung auch durch die technische Ausstattung der Verhandlungsräume. Nur für den jeweiligen Delegationsleiter wurde ein festes Mikrophon installiert, wer sich als Delegationsmitglied zu Wort melden wollte, mußte so zwangsläufig darauf warten, daß ihm das Wort erteilt und ein bewegliches Mikrophon gereicht wurde. Die Verhandlungsführer waren so immer in der Lage, den Diskussionsverlauf zu kontrollieren.

Disziplinierend wirkte sich außerdem die bei einem Scheitern der Verhandlungen mögliche Option eines ungeregelten Beitritts der DDR zur Bundesrepublik nach Art. 23 GG durch einen einfachen Volkskammerbeschluß aus. Einen entsprechenden Anlauf hatte die DSU mit einem Antrag zum sofortigen Beitritt am 17. Juni 1990 in der Volkskammer bereits unternommen.

Nachdem die grundsätzliche Entscheidung für einen Beitritt nach Art. 23 GG und gegen eine Vereinigung nach Art. 146 GG gefallen war, die mit einer vom „ganzen Deutschen Volk" zu bestätigenden neuen Verfassung verbunden gewesen wäre[24], blieb die Frage zu klären, ob der Beitritt der DDR durch ein einfaches Überleitungsgesetz oder durch einen bilateralen Staatsvertrag geregelt werden sollte. Hier war es zunächst Lothar de Maizière, der für die DDR-Regierung für die Staatsvertragslösung eintrat. Er verstand es als den ihm erteilten Wählerauftrag, die DDR schnell, sicher und auf eine Weise in die deutsche Einheit zu führen, die es den Bürgern der DDR ermöglichen sollte, mit Würde und erhobenen Hauptes diesen Weg zu gehen (Interview 19). Aus diesem Grund strebte er Verhandlungen zwischen zwei gleichberechtigten Partnern an, in deren Verlauf die Vertreter der DDR ausreichend Gelegenheit haben sollten, eigenen Positionen zu vertreten und damit erhaltenswerte „Errungenschaften der DDR" in den gemeinsamen Staat hinüberretten zu können.

Auch für die Bundesregierung bot das Verfahren der Staatsvertragsverhandlungen Vorteile. Zunächst jenen, daß Länder und SPD-Opposition im Bundestag zwar an den Verhandlungen beteiligt werden konnten, Federführung und Gestaltungsmacht aber weitgehend in Händen des Verhandlungsführers Wolfgang Schäuble lagen. Für Bundestag und Bundesrat verkürzte sich zudem der Handlungsspielraum im Ratifizierungsverfahren auf ein „Ja"

24 Zur Verfassungsdiskussion vgl. für viele: v. Arnim 1994; Batt 1996; Guggenberger u.a. 1991; Guggenberger/Stein 1991; Jäckel 1994: 127-146

oder „Nein“ zu dem gesamten Vertragspaket. Ganz richtig kalkulierte die Bundesregierung hier ein, daß es sich - noch dazu im Bundestagswahlkampf zur ersten Wahl eines gesamtdeutschen Parlaments - die SPD nicht mehr erlauben konnte, den Einigungsvertrag dann noch gänzlich abzulehnen.

Gerade durch die Vielzahl der beteiligten Akteure und die unterschiedlichen Interessenlagen kam dem Geschick der Verhandlungsführer bei der Leitung der Gespräche entscheidende Bedeutung zu. Die Einbeziehung der mehrheitlich SPD-regierten Bundesländer in die Verhandlungen konnte dazu genutzt werden, Interessendivergenzen mit der Bundestagsfraktion der SPD auszunutzen, um so eine starke und eindeutige Verhandlungsposition der Opposition zu verhindern. Nach einer ersten Besprechung mit den Chefs der Staatskanzleien der Länder resümierte Schäuble zufrieden, daß die Interessenlage hinreichend differenziert sei, um bei einer geschickten Verhandlungsführung nicht an einer Einheits- und Mehrheitsfront aufzulaufen (Schäuble 1991: 117). So konnte durch dieses Verfahren der Einfluß der parlamentarischen Opposition verringert, aber gleichzeitig sichergestellt werden, daß die spätere Ratifizierung gewährleistet sein würde.

Gestärkt wurde die Rolle der Bundesregierung noch dadurch, daß sie gewissermaßen auf beiden Seiten des Verhandlungstisches saß. Die Verhandlungsposition der DDR-Seite wurde über an die DDR-Regierung ausgeliehene Berater aus dem Westen sowie durch die enge Abstimmung mit der Ost-CDU über Ministerpräsident de Maizière und den Delegationsleiter Krause in weiten Teilen mitbestimmt. Zwar gab es natürlich auch Kontakte zwischen der West-SPD und den sozialdemokratisch geführten Ministerien der DDR-Regierung, doch waren hier die Einflußmöglichkeiten wesentlich geringer, da die maßgebliche politische Kraft in der DDR-Regierung wie auch in der Verhandlungsdelegation die CDU war. Mit der Entlassung der sozialdemokratischen Minister aus der Regierung und dem Bruch der großen Koalition in der Volkskammer Anfang August war der SPD diese Artikulationsmöglichkeit in den Verhandlungen dann vollständig genommen.

Ab der zweiten Verhandlungsrunde hatte sich das Verfahren eingespielt, daß außerhalb der offiziellen Verhandlungen durch die beiden Verhandlungsführer politische Übereinstimmung zwischen den beiden Regierungen herbeigeführt wurde (vgl. Schäuble 1991: 169). In den Verhandlungsrunden selbst waren Verlauf und Ergebnisse dadurch schon vorstrukturiert und so verlief die tatsächliche Verhandlungsfront nicht zwischen den Regierungen bzw. Delegationen der DDR und der Bundesrepublik, sondern zwischen der Bundesratsmehrheit der SPD-geführten alten Länder und der Bundesregierung bzw. innerhalb der DDR-Delegation zwischen SPD und CDU.

Kontroversen traten regelmäßig nur dann auf, wenn die Länder eigene Positionen in die Verhandlungen einbrachten oder sich die Haltung der DDR-SPD bzw. des Runden Tisches zu eigen machten, wie z.B. bei der

Regelung offener Vermögensfragen oder den Bestimmungen zum Schwangerschaftsabbruch.[25] Dies barg auch einigen Zündstoff für die Auseinandersetzung innerhalb der Regierung der DDR. Als Verhandlungsführer Krause einen Vertragsentwurf im Namen der DDR-Regierung in die Verhandlungen einführte, der zahlreiche innerhalb der Regierungskoalition in der DDR abgestimmte Positionen, unter anderem in bezug auf das Treuhandvermögen, Steuerfragen, den Finanzausgleich und Fragen des Finanzvermögens nicht nur nicht mehr enthielt, sondern in Teilen gar konterkarierte, kam es schließlich zum Eklat. Ministerpräsident de Maizière forderte die SPD-Minister in seinem Kabinett auf, diese neuen Positionen zu akzeptieren, oder aber zurückzutreten. Damit war das Ende der großen Koalition in der Volkskammer besiegelt (Interviews 09, 10, 13, 19).

Nach der Aufnahme der Verhandlungen am 6. Juli 1990 in Berlin hatte sich schnell herausgestellt, daß sich der Bereich der Finanzen zu einem der am heftigsten umstrittenen Komplexe des Einigungsprozesses entwickeln würde. Zu unterschiedlich und von den verschiedenen Interessenlagen der Akteure geprägt waren die Ausgangspositionen der Verhandlungspartner.

Für den Bund war zunächst wichtig, die Diskussion über die Kosten der Einheit und die unzureichende Vorsorge, die bisher mit den Finanzbestimmungen des 1. Staatsvertrages getroffen war, aus den Verhandlungen herauszuhalten. Die nach außen in der öffentlichen Diskussion verfolgte Linie, die Einheit sei problemlos durch die „Vereinigungsdividende" zu finanzieren, bestimmte auch die Position der Bundesregierung in den Verhandlungen selbst. Angestrebt wurde eine weitestgehende Übertragung der Finanzverfassung des Grundgesetzes auf die neuen Bundesländer, die für eine Übergangszeit durch Sonderregelungen der prekären Situation der DDR angepaßt werden sollte. Im Prinzip lautete die Kernthese, die Vereinbarungen im 1. Staatsvertrag, insbesondere die Einrichtung des Fonds „Deutsche Einheit" seien ausreichend, die Anschubfinanzierung für die neuen Länder zu ermöglichen.

Allerdings wollte der Bund es tunlichst vermeiden, zum Hauptfinanzier der Einigung zu werden und alleine das Risiko von unter Umständen notwendigen weiteren Leistungen für die neuen Länder zu übernehmen. Deshalb beanspruchte der Bund 50% der Mittel des Fonds „Deutsche Einheit" zur Wahrnehmung eigener Aufgaben in den neuen Ländern für sich selbst und wollte überdies die alten Bundesländer über die Umsatzsteuerverteilung mit 4-5 Mrd. DM jährlich zur Unterstützung der neuen Länder heranziehen.

Damit zog der Bund den erbitterten Widerstand der alten Länder auf sich, denen in erster Linie daran gelegen war, weitere, über ihren Beitrag zum Fonds „Deutsche Einheit" hinausgehende Belastungen ihrer Haushalte

25 Eine Ausnahme bildete die Hauptstadtfrage. Hier war die DDR-Delegation eindeutig auf Berlin als Hauptstadt und Regierungssitz festgelegt, während die West-Länder, insbesondere Nordrhein-Westfalen, für die Beibehaltung Bonns als Regierungssitz plädierten.

abzuwenden. Sie drängten folglich auf die Einhaltung der Zusicherung der Bundesregierung im Zusammenhang mit der Verabschiedung des 1. Staatsvertrags, daß mit der Errichtung des Fonds „Deutsche Einheit" die Beteiligung der Länder an den Kosten der Einheit abschließend geregelt sei. Außerdem beharrten die Länder entschieden auf dem bereits im 1. Staatsvertrag vereinbarten Ausschluß der neuen Länder aus dem Länderfinanzausgleich bis zum 31.12.1994.

Der Forderungskatalog der DDR-Regierung ließ dagegen keinen Zweifel, daß ein größeres finanzielles Entgegenkommen der bundesdeutschen Seite erwartet wurde. Ministerpräsident de Maizière machte schon zu Beginn der Verhandlungen deutlich, daß der Fonds „Deutsche Einheit" keineswegs ausreichen würde, die neuen Länder auf eine tragfähige finanzielle Grundlage zu stellen und forderte umfangreichere Hilfen aus dem Westen. Auch beanspruchte die DDR-Seite die sofortige Einbeziehung der neuen Länder in den Länderfinanzausgleich und darüber hinaus die Zuweisung der gesamten Steuereinnahmen auf dem Gebiet der neuen Bundesländer an deren Haushalte (Fiedler 1990: 1263/1264).

Nachdem in der ersten Runde die Finanzfragen nur kurz angesprochen wurden, prallten die unterschiedlichen Auffassungen dann in der zweiten Runde heftig aufeinander. Es zeigte sich allerdings rasch, daß zu diesem Zeitpunkt eine Einigung noch nicht zu erzielen war, so daß die Finanzbestimmungen - wie auch schon beim 1. Staatsvertrag - erst am Ende der Verhandlungen vereinbart werden konnten.

Tabelle 3.1: Zeitlicher Verlauf der Verhandlungen zum Einigungsvertrag

6. Juli :	Eröffnung der ersten Verhandlungsrunde in Berlin
20. Juli:	Vorlage eines Zwischenberichts durch die Ressorts
1. August:	Beginn der zweiten Verhandlungsrunde in Berlin
6. August:	Fertigstellung eines Vertragsentwurfs
20. August:	Beginn der dritten Verhandlungsrunde in Bonn
24. August:	Abschluß der Verhandlungen

Dissens gab es dabei sowohl zwischen den beiden Delegationen, etwa über die Höhe und Struktur der Finanzhilfen für die neuen Bundesländer oder die von der DDR geforderte sofortige Einbeziehung der neuen Länder in den Länderfinanzausgleich, als auch innerhalb der bundesdeutschen Delegation zwischen Bund und Ländern. Hier war zunächst umstritten, wie die mit der deutschen Einheit verbundenen Belastungen auf die bundesstaatlichen Ebenen verteilt werden sollten. Aber auch das künftige Gesicht der bundesstaatlichen Finanzbeziehungen (Länderfinanzausgleich, Verteilung der Gemeinschaftssteuern) mußte letztlich zwischen Bund und Altbundesländern ausgehandelt werden, da noch keine neuen Bundesländer existierten, die ihre Interessen selbst hätten vertreten können.

Überlagert wurde dies durch die heftige öffentliche Diskussion im Vorwahlkampf zur Bundestagswahl über die Höhe der notwendigen Transferleistungen in die neuen Bundesländer. Dieser parteipolitische Konflikt wurde zu Beginn der Verhandlungen noch durch die DDR-Delegation an den Verhandlungstisch getragen. Schließlich war es Ministerpräsident de Maiziere (CDU), der in der ersten Verhandlungsrunde gemahnt hatte, die bisher durch den Fonds „Deutsche Einheit" bereitgestellten Mittel seien keinesfalls ausreichend. Unter dem wachsenden Druck der Bundesregierung vollzog er dann jedoch eine deutliche Richtungsänderung.

Obwohl das DDR-Finanzministerium unter dem sozialdemokratischen Finanzminister Romberg mit fundierten Berechnungen, die sich im nachhinein als erstaunlich zutreffende Prognose erwiesen (Dokumentiert in Romberg 1990, vgl. Tab. 2.1, Tab. 3.2), den Nachweis erbringen konnte, daß die vorgesehenen Finanzbestimmungen den Bedarf in den neuen Ländern keineswegs gerecht würden, entließ er Romberg aus der Regierung. Zwar teilte de Maizière dessen Bedenken in der Sache, doch setzte er andere Prioritäten. Als zentralen Wählerauftrag verstand er es, die DDR mit Würde und erhobenen Hauptes in den neuen, gemeinsamen Staat einzubringen. Deshalb wollte er den Verhandlungserfolg auf keinen Fall gefährden. Finanzfragen hatten demgegenüber nachgeordnete Bedeutung. Mit diesem Problem sollten sich nach vollzogener Einigung andere befassen (Interview 19).

Da auch die SPD-geführten Länder kein Interesse daran hatten, den Streit um zusätzliche Mittel für die neuen Länder zu forcieren - schließlich wollten sie jedes Risiko, über das vereinbarte Maß hinaus zur Kasse gebeten zu werden, vermeiden - setzte sich am Verhandlungstisch die Einigungs- und Finanzierungsstrategie der Bundesregierung durch. Die Länder blieben allerdings erfolgreich in ihrem Bemühen, die auf sie entfallenden Belastungen in einem überschaubaren Rahmen zu halten.

Die letztlich vereinbarten Finanzbestimmungen im Einigungsvertrag waren somit in erster Linie von Kontinuität geprägt. Grundsätzlich wurde die Finanzverfassung des Grundgesetzes auf die neuen Bundesländer übertragen. Um der besonderen Situation in der DDR bzw. den neuen Bundesländern Rechnung zu tragen, wurden aber einige Übergangsregelungen vereinbart, ohne jedoch den im Vertrag über die Währungs- Wirtschafts- und Sozialunion eingeschlagenen Weg zu verlassen. Bestätigt wurde deshalb zunächst, was im 1. Staatsvertrag an finanzpolitischen Regelungen vereinbart worden war, insbesondere der Ausschluß der neuen Länder aus dem Länderfinanzausgleich und von den Bundesergänzungszuweisungen bis zum 31.12.1994. Bis zu diesem Datum sollte der Länderfinanzausgleich lediglich innerhalb der Gruppe der alten und der neuen Bundesländer stattfinden.[26]

26 Das Land Berlin blieb davon ausgenommen, hier galten auch in weiteren Bereichen Sonderbestimmungen (vgl. dazu Fiedler 1990: 1269)

Als Ausgleich sollte den neuen Ländern die Zuweisungen des Fonds „Deutsche Einheit" dienen, der bis Ende 1994 insgesamt 115 Mrd. DM ausschütten sollte (vgl. Schaubild 3.1). Zur Wahrnehmung zentraler öffentlicher Aufgaben auf dem Gebiet der neuen Bundesländer beanspruchte der Bund allerdings einen Anteil von 15% an den jährlichen Ausschüttungen des Fonds für sich selbst.

Übergangsregelungen wurden für die vertikale und horizontale Umsatzsteuerverteilung (Art. 106, 107 GG) sowie für die Verteilung des Gemeindeanteils an der Einkommensteuer vereinbart. Im Hinblick auf die Festlegung des Länderanteils an der Umsatzsteuer (vertikale Verteilung), die normalerweise auf der Basis einer Deckungsquotenberechnung erfolgt, wurde beschlossen, bis 1994 die sich aus der Deckungsquotenberechnung zwischen Bund und alten Ländern ergebende Verteilung auch auf die neuen Bundesländer zu übertragen und bis zum Ende des Übergangszeitraums konstant zu halten. Bei der horizontalen Verteilung des gesamtdeutschen Länderanteils an der Umsatzsteuer wurden die neuen Länder nicht wie die alten nach der jeweiligen Einwohnerzahl berücksichtigt. Sie erhielten lediglich einen reduzierten Anteil zugesprochen, der von 55% des durchschnittlichen Pro-Kopf-Anteils der alten Länder 1991 schrittweise über 60% 1992 und 65% 1993 bis auf 70% 1994 ansteigen sollte.

Um eine ausreichende Finanzausstattung der Kommunen zu gewährleisten wurde ferner vereinbart, den Gemeindeanteil an der Einkommensteuer nicht wie in den alten Ländern nach der Einkommensteuerleistung der Einwohner, sondern nach der Einwohnerzahl zu berechnen. Außerdem mußten die Länder die Kommunen mit 20% an ihrem Steueraufkommen und zu 40% an ihren Zuweisungen aus dem Fonds „Deutsche Einheit" beteiligen. Den zahlreichen Unwägbarkeiten der künftigen wirtschaftlichen Entwicklung in den neuen Bundesländern wurde schließlich durch eine Revisionsklausel Rechnung getragen, die die Möglichkeit eröffnete, bei „grundlegender Änderung der Gegebenheiten" (Art. 7 Abs. 6 EV) die Finanzierungsregelungen erneut zwischen Bund und Ländern zu verhandeln.

Wie schon die im Zuge der WWSU entstandenen Ausgleichsforderungen wurden auch die Altschulden des DDR-Republikhaushalts und die Auslandsschulden der DDR in ein Sondervermögen überführt und damit aus dem Bundeshaushalt ausgegliedert. Alle drei Verbindlichkeiten wurden in einem „Kreditabwicklungsfonds" (KAF) zusammengefaßt. Ursprünglich sollten Bund, neue Länder und erwartete Privatisierungserlöse der Treuhand für diese Belastungen ab 1994 zu je einem Drittel geradestehen. Im Zuge der „Solidarpaktverhandlungen" wurde 1993 jedoch beschlossen, den KAF, mittlerweile mit einem Umfang von ca. 100 Mrd. DM, zum 1.1.1995 dem zur Übernahme der Gesamtverbindlichkeiten der einigungsbedingten Sondervermögen eingerichteten Erblastentilgungsfonds zuzuschlagen, für dessen Tilgung alleine der Bund die Verantwortung trägt (vgl. Kap. 4.2.2).

Wie schon der Vertrag über die Währungs-, Wirtschafts- und Sozialunion passierte auch der Einigungsvertrag die Parlamente im nun folgenden Ratifikationsverfahren ohne Probleme. In zeitgleich stattfindenden Abstimmungen wurde er am 20. September 1990 im Bundestag mit einer Mehrheit von 442 zu 47 Stimmen (bei 3 Enthaltungen) und in der Volkskammer mit 299 zu 80 Stimmen (bei 1 Enthaltung) angenommen.

Die jeweiligen Oppositionsparteien in Bundestag und Volkskammer nutzen allerdings die parlamentarischen Beratungen dazu, ihre Kritik am Verhandlungsergebnis schon im Hinblick auf die bevorstehende Bundestagswahl zu artikulieren. In den Beratungen des Haushalts- und des Finanzausschusses des Bundestags dominierte der Vorwurf der Verharmlosung mit dem Einigungsvertrag verbundener finanzpolitischer Risiken durch die Bundesregierung. Quer durch alle Verhandlungen[27] klagten Abgeordnete von SPD und den GRÜNEN, die Bundesregierung verschleiere aus wahlkampftaktischen Gründen die tatsächlichen Kosten der Einheit, habe kein solides Finanzierungskonzept und verstecke die finanziellen Belastungen in Sondervermögen außerhalb des Bundeshaushalts. Elementare haushaltspolitische Grundsätze der Haushaltsklarheit und Haushaltswahrheit würden dadurch verletzt (Drs. 11/7756, 11/7766).

Obwohl die Regierungskoalition diese Kritik mit der lapidaren Erwiderung, die unmittelbaren Kosten der Einheit seien solide finanziert und dem Hinweis auf die Unkalkulierbarkeit zukünftiger Haushaltsrisiken schwerlich entkräftet haben dürfte, stimmten die Sozialdemokraten dem Einigungsvertrag insgesamt dennoch zu, um die deutsche Einheit nicht an diesem Punkt scheitern zu lassen. Lediglich die Fraktion der GRÜNEN stimmte gegen den Einigungsvertrag.

Die Zustimmung des Bundesrates zum Einigungsvertrag erfolgte einstimmig. Nachdem die im Vergleich zu den Verhandlungen zum 1. Staatsvertrag intensive Beteiligung der Länder an den Verhandlungen diesen die Möglichkeit eröffnet hatte, den Vertrag mitzugestalten, wäre es schwer nachvollziehbar gewesen, hätten sie das Vertragswerk nun scheitern lassen. Auch die Tatsache, daß die Länder ihr Ziel der finanzpolitischen Risikominimierung erreicht hatten, hat ihnen die Zustimmung sicherlich erleichtert.

In der Volkskammer griffen die Vertreter der SPD zahlreiche inhaltliche Kritikpunkte auf, unter anderem auch im Hinblick auf die unzureichenden Finanzbestimmungen, während Bündnis 90/DIE GRÜNEN und PDS das Vertragswerk grundsätzlich ablehnten. Insbesondere wurde der Regierung vorgeworfen, sich in den Vertragsverhandlungen mit „unglaublicher Mißachtung“ über Gesetze, Entschließungen und Empfehlungen der Volkskammer hinweggesetzt (Abg. Grabe, Bündnis 90/DIE GRÜNEN), und einen

27 Hier insbesondere die 85. bis 87. Sitzung des Haushaltsausschusses des Bundestags vom 6.9., 12.9. und 19.9.1990, Plenardebatte vom 20.9.1990 (Sten.Ber. 11/17801-17898), vgl. auch Bericht des Haushaltsausschusses (BT-Drs. 11/7932)

„Unterwerfungsanschluß allein nach den Vorstellungen Kohls“ (Abg. Gysi, PDS) akzeptiert zu haben (Sten.-Ber-VK., 35. Tagung v. 13.9.1990). Konsequenterweise stimmten beide Fraktionen gegen den Vertag, was dessen Ratifizierung allerdings nicht verhindern konnte.

3.2.2 Bund, alte Länder und der Streit um die Kosten der Einheit

Bund und alte Länder suchten - wie schon bei der Verabschiedung des 1. Staatsvertrags - auch bei den Verhandlungen zum Einigungsvertrag in Finanzierungsfragen den Konflikt. Zu unterschiedlich waren die Interessen der Akteure gelagert, als daß eine schnelle Einigung in diesem Punkt möglich gewesen wäre. Daran änderten auch die besonderen Rahmenbedingungen dieser Verhandlungen nichts. Für die alten Länder ging es um nichts weniger als um die Sicherung ihrer zukünftigen Finanzausstattung. Ihre Verhandlungsposition war deshalb ebenso eindeutig wie kompromißlos: Mit dem im 1. Staatsvertrag vereinbarten Länderanteil am Fonds „Deutsche Einheit“ war ihr Beitrag zur Finanzierung der deutschen Einheit abschließend geleistet. Ganz im Gegensatz hierzu war dem Bund daran gelegen, die Länder über diese Verpflichtung hinaus an den mit der Einheit verbundenen finanziellen Belastungen zu beteiligen.

Konkret sollte dies nach den Vorstellungen des Bundesfinanzministers über die Umsatzsteuerverteilung geschehen. Waigel wollte den Länderanteil an der Umsatzsteuer vom Zeitpunkt des Beitritts an in ganz Deutschland nach einem einheitlichen Schlüssel, der Einwohnerzahl, auf die einzelnen Länder verteilen. Aufgrund der geringeren Kaufkraft und damit einem geringerem Umsatzsteueraufkommen in den neuen Ländern hätte ein solches Vorgehen aber nach Berechnungen des baden-württembergischen Finanzministeriums einen Umschichtungseffekt von 4-5 Mrd. DM pro Jahr zugunsten der neuen Länder bedeutet.

Dies rief umgehend scharfe Proteste von Länderseite hervor. Sowohl der amtierende Vorsitzende der Finanzministerkonferenz, der saarländische Finanzminister Hans Kasper (SPD) als auch der baden-württembergische Finanzminister Guntram Palm (CDU) als Vorsitzender des Arbeitskreises Umsatzsteuerverteilung protestierten, auch im Namen ihrer Länderkollegen, gegen dieses Vorhaben. Guntram Palm stellte in einem Schreiben am 5. Juli 1990 an den Bundesfinanzminister unmißverständlich fest: „Ich halte diese weitere Beteiligung der Länder an den Kosten der Einheit weder mit den Absprachen der Regierungschefs des Bundes und der Länder vom 16. Mai 1990 zur Finanzierung der Kosten der deutschen Einheit, noch mit dem Gesetz zu dem Vertrag vom 18. Mai 1990 über die Schaffung einer Währungs-, Wirtschafts- und Sozialunion für vereinbar“. Diese Konfrontation setzte sich zunächst auch bei den Beratungen auf der Arbeitsebene zwischen den Fachbeamten aus Bund und Ländern fort. Bei der folgenden Besprechung am 11.7.1990 im Bundesfinanzministerium konkretisierten die Länder zunächst intern ihre Position gegenüber dem Bund, die von der Grundlage ausging, sämtliche Leistungen des westdeutschen bundesstaatlichen Finanzausgleichs würden durch den Fonds „Deutsche Einheit“ überflüssig gemacht. Insbesondere sollten die neuen Länder:

- keine Bundesergänzungszuweisungen erhalten,
- nicht am Länderfinanzausgleich teilnehmen,
- nur insofern am Bereich der Mischfinanzierungen teilhaben, als dies nicht zu Lasten der alten Länder geht, und
- nicht an der Verteilung des Länderanteils an der Umsatzsteuer teilnehmen. Statt dessen sollten zwei getrennte Verteilungsmassen für alte und neue Länder gebildet werden.

Die Vertreter Bayerns gingen sogar so weit, für ihr Bundesland definitiv zu erklären, daß sie nicht zu weiteren Leistungen bereit seien. Wenn der Bund dies aber wolle, sei der gesamte Fonds „Deutsche Einheit“ zur Disposition gestellt. Hier zeigte sich einmal mehr, daß die Bundesländer ihre Verhandlungsposition in den Gesprächen mit dem Bund in Finanzfragen weniger an der Forcierung parteipolitischer Konflikte, als an der Wahrung ihrer Länderinteressen orientieren.

Abgelehnt wurde ferner die Forderung des Bundes, 50% der jährlichen Ausschüttungen des Fonds „Deutsche Einheit“ für die Erfüllung zentralstaatlicher Aufgaben auf dem Gebiet der neuen Länder zu erhalten. Die Länder drängten hier auf eine Regelung, die sich an der Höhe des jährlichen Defizits in den neuen Ländern orientieren und eine jährlich zu bestimmende, variable Verteilung der Fondsmittel im Verhältnis des von Bund und neuen Ländern übernommenen Defizitanteils beinhalten sollte.

Der Bund bekräftigte dagegen die zuvor erhobenen Forderungen und machte deutlich, daß es aus verfassungspolitischen Gründen geboten sei, die neuen Länder nicht aus der Umsatzsteuerverteilung auszuschließen. Außerdem sollten den alten Ländern keine ungerechtfertigten Vorteile durch die Einigung entstehen. Hier hatte der Bund insbesondere Mehreinnahmen im Blick, die für die alten Länder aufgrund der Modalitäten zur Abführung der Mehrwertsteuer zu erwarten waren. Da die Unternehmen in den neuen Ländern zunächst in erheblichem Umfang Ausrüstungsinvestitionen und Zulieferungen aus den alten Ländern beziehen müßten, würde die Mehrwertsteuer im Westen anfallen, während die neuen Länder aufgrund des Vorsteuerabzuges leer ausgehen müßten.

Zwar konnte im Zuge dieser ersten Verhandlungsrunde nicht mehr erreicht werden, als die Unvereinbarkeit der jeweiligen Positionen zu konstatieren, doch zeichneten sich schon bald die Konturen einer möglichen Kompromißlinie ab. In der folgenden Verhandlungsrunde mit den Fachbeamten von Bund, Ländern und der DDR am folgenden Tag, dem 12. Juli, rückten die Beamten des BMF von ihrer starren Haltung ab und es konnte zumindest Einigkeit darüber erzielt werden, daß versucht werden sollte, auf der Basis noch zu bestimmender makroökonomischer Daten (notfalls Schätzungen) zwei getrennte Umsatzsteuerverteilungsmassen für alte und neue Bundesländer zu schaffen, um eine möglichst gerechte Zuordnung nach dem Endverbrauch zu ermöglichen. Dieser Ansatz wurde weiter verfolgt und findet sich auch als mögliche Kompromißformel im Zwischenbericht der Arbeitsgruppe Haushalts- und Finanzwesen. Umstritten blieben allerdings sämtliche Details über Gestaltung und Aufteilung dieser beiden Verteilungsmassen.

Für die Länder wurden Berechnungen des baden-württembergischen Finanzministeriums zur Leitlinie (Interview 23). Auf Basis von Konjunkturprognosen des DIW wurde ein am Endverbrauch orientiertes Umsatzsteueraufkommen für das Gebiet der DDR von ca. 20 Mrd. DM im Jahr 1991 ermittelt. Auf die Einwohnerzahl bezogen, hätte dies ungefähr 50% des westdeutschen Pro-Kopf-Aufkommens entsprochen. Diese Zahl markierte die Verhandlungsposition der Länder, die die neuen Bundesländer zunächst nur mit 50% an der Verteilung der Umsatzsteuer beteiligen wollten.

Für die weitere Entwicklung wurden zwei Modelle diskutiert. Erstens eine fortlaufende Anhebung in Höhe der künftigen Zuwachsrate des BIP auf dem Gebiet der neuen Länder und zweitens eine stufenweise Anhebung des Ost-Anteils auf der Grundlage von Annahmen über die Entwicklung des Umsatzsteueraufkommens, mit dem Ziel, ab 1995 auch eine volle Einbeziehung der neuen Länder in die Verteilung nach der Einwohnerzahl zu erreichen.

Diese zweite Variante wurde dann vom Bund aufgegriffen und von Wolfgang Schäuble in der zweiten Verhandlungsrunde zur Beilegung des Umsatzsteuerkonflikts vorgeschlagen. 1991 sollten die neuen Länder zunächst so gestellt werden, als betrage der Umsatzsteueranteil pro Kopf 60% des West-Niveaus. Mit jährlichen Steigerungen von 10% sollte dann bis 1995 die Angleichung an die alten Länder gewährleistet sein. Um die Einnahmeausfälle der neuen Bundesländern zu kompensieren, erklärte er sich für den Bund bereit, statt 50% lediglich 20% der jährlichen Mittel aus dem Fonds „Deutsche Einheit" für die Wahrnehmung zentralstaatlicher Aufgaben zu beanspruchen (Schäuble 1991: 181). Nun war es an den Finanzministern und Finanzsenatoren der Länder, dieses neue Angebot zu prüfen.

Den Ländern ging dieses Angebot jedoch nicht weit genug, und so mußten die Verhandlungen zwischen Bundesfinanzminister Waigel und den Länderfinanzministern auf der Finanzministerkonferenz vom 9. August ergebnislos abgebrochen werden. Am Ende der Beratungen lagen zwei Vorschläge zur Verteilung des Länderanteils an der Umsatzsteuer vor, über die hinaus sich keine Seite zu weiteren Zugeständnissen in der Lage sah. Zwar

war der Bund den Ländern noch ein Stück entgegengekommen und hatte die Staffelung der Einwohnerwertung auf 55% im Jahr 1991, 60% 1992, 65% 1993 und 70% 1994 revidiert und im Gegenzug auf weitere 5% der jährlichen Mittel aus dem Fonds „Deutsche Einheit" zugunsten der neuen Länder verzichtet, um den mit der für sie ungünstigeren Staffelung verbundenen Einnahmeausfall zu kompensieren. Dies hätte aber immer noch Umverteilungseffekte zu Lasten der alten Länder von 840 Mio. DM im Jahr 1991, 1,1 Mrd. DM 1992, 1,4 Mrd. DM 1993 und 1,7 Mrd. DM im Jahr 1994 bedeutet.

Für die Ländermehrheit[28] war dagegen höchstens ein Umverteilungsvolumen in der 1991 erreichten Größenordnung akzeptabel. Ihr Vorschlag beruhte auf einer im voraus festgelegten Staffelung von 55% für das Jahr 1991 sowie 60% für 1992 und entsprach in diesem Punkt dem Angebot des Bundes. 1993 und 1994 sollte jedoch die Staffelung so gestaltet werden, daß der Umverteilungseffekt rückwirkend für 1992, sowie für 1993 und 1994 auf dem Niveau von 1991 gehalten würde.

Nachdem im Rahmen dieser Gesprächsrunde erneut keine Einigung erzielt werden konnte, verständigte man sich darauf, daß dieser Bereich, falls keine Seite überraschenderweise noch zu weiteren Zugeständnissen bereit sein würde, auf der Ebene der Regierungschefs von Bund und Ländern geklärt werden müßte. Ein Einschwenken der Ländermehrheit auf das zuletzt unterbreitete Kompromißangebot des Bundes wurde jedoch immer wahrscheinlicher. Dabei haben mindestens vier Faktoren eine zentrale Rolle gespielt.

Erstens hatten sich die Positionen bereits stark angenähert und der Bund war dabei den Ländern auch ein gutes Stück entgegengekommen. Statt eines Umverteilungsvolumens von 4-5 Mrd. DM pro Jahr ging es nunmehr nur noch eine Größenordnung von ca. 1,7 Mrd. DM, verteilt auf die Jahre 1992-1994.

Zweitens machte sich nun auch wieder die parteipolitische Konfliktlinie im Bundesrat bemerkbar und unterstützte eine Einigung. Spielten die CDU-regierten Länder zu Beginn der Verhandlungen eine sehr aktive Rolle, hielten sie sich ab dieser Verhandlungsrunde - mit Ausnahme von Bayern - mit Vorschlägen und Bewertungen auffallend zurück. Vielmehr machten sie deutlich, es sei nunmehr Sache der Bundesrats*mehrheit*, Vorschläge zu unterbreiten, und nicht mehr Sache der B-Länder.

Drittens nahm auch der Druck, der in der Öffentlichkeit auf den Ländern lastete, nach dieser erneut gescheiterten Verhandlungsrunde stark zu. Vorwürfe, die Länder entzögen sich aus egoistischen Motiven ihren Ver-

---

28 Bremen und das Saarland hatten in der Finanzministerkonferenz gegen den Ländervorschlag gestimmt. Sie hielten in einer Protokollerklärung fest, daß ihre Haushaltsnotlage keine wie auch immer gearteten Transferleistungen in die neuen Länder möglich und akzeptabel machten.

pflichtungen zu föderalistischer Solidarität mit den neuen Ländern, begleiteten die Verhandlungen von Anbeginn. Dieser Druck nahm jetzt noch zu.

Und viertens hing schließlich das Damoklesschwert eines „ungeregelten“ Beitritts der neuen Länder zur Bundesrepublik nach Art. 23 GG im Falle eines Scheiterns der Verhandlungen über den Einigungsvertrag über den Ländern. In diesem Fall würde der Geltungsbereich des Grundgesetzes auf die DDR ausgedehnt und die neuen Länder wären automatisch vollwertig in die bundesstaatlichen Finanzbeziehungen integriert. Eine Möglichkeit, die die Konsensbereitschaft der Länder wohl mit entscheidend unterstützt hat.

Die nachfolgende Finanzministerkonferenz vom 28. August stand dann auch im Zeichen der Konsensfindung. Die Länderfinanzminister empfahlen ihren Ministerpräsidenten die Zustimmung zu der vom Bund vorgeschlagenen Staffelung von 55%/60%/65%/70% unter bestimmten Bedingungen. Insbesondere drängten sie auf eine Besitzstandsgarantie im Bereich der Mischfinanzierung bei Gemeinschaftsaufgaben des Bundes und der Länder (Prot. d. FMK v. 28.8.1990; BR-Drs. 600/90).

Diesem Anliegen wurde der Bund zwar nicht in vollem Umfang gerecht - schließlich obliegen zukünftige Haushaltsbeschlüsse dem Gesetzgeber und können somit nicht von der Bundesregierung garantiert werden - gab den Ländern aber eine Zusicherung, daß der Bund grundsätzlich nicht die Absicht habe, den alten Ländern zur Verfügung stehende Mittel zu kürzen, insbesondere gelte dies für die Gemeinschaftsaufgaben „Hochschulbau“ und „Agrarstruktur“. Lediglich bei der Gemeinschaftsaufgabe „Regionale Wirtschaftsförderung“ wurde eine Neubewertung der regionalen Prioritäten in Gesamtdeutschland angekündigt (BT-Drs. 11/7841: 5, 7). Damit war der Weg frei für die endgültige Einigung und die Länder akzeptierten die vom Bund vorgeschlagene Staffelungen bei der Umsatzsteuerverteilung.

Die Hauptlast und das Hauptrisiko im Hinblick auf die Finanzierung der Einheit lag damit beim Bund. Es war den alten Länder weitgehend gelungen, ihre finanziellen Interessen zu wahren. So konnten sie auf der einen Seite die Höhe der auf sie zukommenden Belastungen vergleichsweise gering halten und auf der anderen Seite auch stabile haushaltspolitische Rahmenbedingungen zumindest bis 1995 schaffen. Verbleibende finanzpolitische Risiken wurden vom Bund und den neuen Ländern getragen.

3.2.3 Parteienwettbewerb im Vorfeld der Bundestagswahl 1990

In den Monaten nach Inkrafttreten der WWSU am 1.7.1990, als zunehmend deutlicher wurde, daß der wirtschaftliche Anpassungsprozeß mit stärkeren Friktionen verbunden sein, länger dauern und teurer werden würde, als von der Bundesregierung angenommen, wirkte der Parteienwettbewerb einer Kurskorrektur entscheidend entgegen - und dies auf zwei Ebenen.

Zunächst wurde auf der den Vertragsverhandlungen vorgelagerten Ebene der Strategiewahl der beteiligten Akteure ein deutliches Umsteuern verhindert. Ihre Ausgangspositionen hatten die Parteien bereits in den Anfängen des Einigungsprozesses bezogen, ein radikaler Kurswechsel wäre nun nur noch unter erheblichem Gesichtsverlust bei Strafe sinkender Wählergunst möglich gewesen. Beide Lager setzten deshalb auf Kontinuität ihrer Positionen.

Auf der Ebene der Einigungsvertragsverhandlungen selbst unterstützte die Handlungslogik des Parteienwettbewerbs die Konfrontation des sozialdemokratischen Finanzministers Walter Romberg mit Bundesfinanzminister Theo Waigel (CSU), wie auch den Streit innerhalb der DDR-Regierung mit Regierungschef Lothar de Maizière (CDU) um die Kosten der Einheit und die Finanzausstattung der neuen Bundesländer.

Parallel zu den Verhandlungen über den Einigungsvertrag und mit näherrückendem Wahltermin verdrängte die deutsche Einheit alle anderen bis dahin bestimmenden Inhalte der parteipolitischen Auseinandersetzung und wurde zum einzig relevanten Wahlkampfthema (Gibowski/Kaase 1991: 10). Damit wurde zwar der besonderen Bedeutung dieses historischen Prozesses Rechnung getragen, doch implizierte dies auch, daß die für Wahlkämpfe typischen Handlungsmuster und Rituale Wirkung zeigten. Es folgte eine „entpolitisierte Selbstinszenierung" (Hönemann/Moors 1994: 12) der Volksparteien, die keine politischen Botschaften in den Mittelpunkt stellten, sondern allgemeine Hoffnungen und Ängste der Bürger angesprochen haben, die durch die jeweilige Wahlkampfstrategie kanalisiert und in Wählerstimmen umgewandelt werden sollten. Eine sachgerechte, der Vielschichtigkeit der Probleme angemessene Diskussion über mögliche Situationsdeutungen und Politikoptionen mußte nach dieser Logik zu Wahlkampfzeiten in den Hintergrund treten zugunsten einer bloß symbolischen Inszenierung der Parteien. Dies erleichterte zwar dem Bürger die individuelle Orientierung angesichts der komplexen Problemlagen, wurde aber der Realität nicht gerecht, sondern transformierte diese in einfache Deutungsmuster, die wiederum von den Grundüberzeugungen und der Programmatik der Parteien bestimmt waren.

War schon die bisher verfolgte Einigungsstrategie des Bundeskanzlers und deren Darstellung in der Öffentlichkeit von einer radikalen Problemvereinfachung geprägt, die sich im wirtschaftspolitischen und fiskalischen Bereich in dem stark betonten Marktoptimismus und der Problemverlagerung von der Politik auf die „heilsamen Selbststeuerungskräfte des Marktes" äußerte, so zielte die Wahlkampfstrategie der CDU auf eine weitere Konzentration der Wahlkampfaussagen auf wenige Symbole (Radunski 1990: 57/58).

Ganz im Mittelpunkt stand dabei die Person Helmut Kohls und dessen Deutschlandpolitik. Durch eine optimistische Grundhaltung quer durch alle Wahlaussagen sollte den Bürgern in dieser von großen Unsicherheiten und historischen Umbrüchen geprägten Zeit zunächst einmal Zukunftsangst genommen und Orientierung geboten werden. Außerdem wurde die Person des Bundeskanzlers als „Konstrukteur der Einheit“ deutlich in den Vordergrund gestellt, die CDU als Partei blieb im Wahlkampf weitgehend im Hintergrund. Durch die Verknüpfung jedes beliebigen Politikfelds mit dem Themenkreis „Deutsche Einheit“ sollte weiterhin erreicht werden, daß erstens dieses Thema auch tatsächlich das die Wahlkampfauseinandersetzung bestimmende bleiben sollte und sich zweitens der „Einheitsbonus“ des Bundeskanzlers auch auf diesen Feldern positiv für die Union auswirken konnte. Als politisches Argumentationsmuster wurde eine „Chancen-statt-Risiko-Diskussion“ bestimmend, die jegliche Kritiker der Politik des Bundeskanzlers aufforderte, nicht kleinkrämerisch mögliche Risiken zu betonen, sondern die Chancen der Entwicklungen zu sehen und - wie der Bundeskanzler - zu nutzen.

Die Strategie Oskar Lafontaines und der SPD zielte darauf, sich eindeutig zur deutschen Einheit zu bekennen und diese auch zu begrüßen, sich aber als besonnener und glaubwürdiger Mahner wider eine unkritische und wichtige Probleme verdrängende Euphorie zu profilieren, die zu erzeugen der CDU vorgeworfen wurde. Lafontaine setzte auf die Botschaft: Wir freuen uns über die deutsche Einheit, sehen aber auch die damit verbundenen Probleme und beschönigen bzw. verdrängen diese nicht. Im Zentrum der Kritik standen dabei seit der Diskussion um die Währungs-, Wirtschafts- und Sozialunion im wesentlichen die gleichen Punkte: der aus Sicht der SPD überhastete „Crash-Kurs“ zur schnellen Währungsunion, ohne im mindesten die damit verbundenen Friktionen zu bedenken, das Fehlen jeglicher strukturpolitischer sowie arbeitsmarktpolitischer Maßnahmen, um den Umbruch in der ostdeutschen Wirtschaft abzufedern, die „unsolide“ Finanzierung der Einheit durch in Nebenhaushalten „versteckte“ Schulden und die systematische Verschleierung der „wahren“ Kosten der Einheit (Hönemann/Moors 1994: 158-190).

Diese konträren Strategien beherrschten während der Verhandlungen zum Einigungsvertrag die öffentliche Diskussion und übertrugen sich daher auch auf die Positionen der Unterhändler, deren Handlungsspielraum sich im Rahmen der jeweiligen parteitaktischen Positionierung bewegen mußte.

War das Problem der Finanzierung der Einheit eines der in der Öffentlichkeit am heftigsten umstrittenen Themen der Einigungspolitik, so zeigte sich dies interessanterweise nicht auf der Ebene der Vertragsverhandlungen selbst. Hier traten Finanzierungsfragen in der Brisanz zugunsten anderer Punkte, wie z B. der Hauptstadtfrage, der künftigen gesamtdeutschen Regelung von Schwangerschaftsabbrüchen (§ 218 StGB) oder der Regelung von

Eigentumsfragen in der DDR enteigneten Grundbesitzes deutlich in den Hintergrund und blieben einem Fachpublikum überlassen (Jesse 1991:131).

Eine Schlüsselrolle nahm im Streit um die Kosten der Einheit und deren Finanzierung der sozialdemokratische Finanzminister der DDR Walter Romberg ein. Die SPD-geführten alten Bundesländer konnten kein ernsthaftes Interesse an einer Kostendiskussion haben, die nur die Gefahr mit sich gebracht hätte, daß sie stärker als bislang zur Kasse gebeten werden könnten. Durch ihr Beharren auf der im Zusammenhang mit der Verabschiedung des 1. Staatsvertrags gegebenen Zusicherung des Bundes, mit dem Länderbeitrag zum Fonds „Deutsche Einheit" sei deren Beitrag zur Finanzierung der Einheit abschließend geregelt, war jedes weitere finanzielle Risiko beim Bund angesiedelt.

Also mußte die Regierung der DDR selbst um die künftige Finanzausstattung in Ostdeutschland kämpfen, in vorderster Linie naturgemäß der Finanzminister. Befand sich Romberg zu Beginn der Verhandlungen dabei noch im Einvernehmen mit Ministerpräsident de Maiziere, brach der Konflikt um Finanzierungsbedarf und Finanzierungsinstrumente innerhalb der DDR-Regierung in dem Maße auf, in dem sich die Parteienkonkurrenz im Vorfeld der Bundestagswahl verschärfte und die Regierungsmitglieder ins Gravitationsfeld der westdeutschen Parteiinteressen gerieten. Strittig waren dabei hauptsächlich zwei Punkte: die Höhe der in den neuen Bundesländer erforderlichen Finanzmittel und die künftige Struktur der bundesstaatlichen Finanzverteilung.

Das dem Finanzministerium der DDR angegliederte „Forschungsinstitut beim Ministerium der Finanzen" legte am 10. August 1990 eine detaillierte Prognose über die Entwicklung der finanzpolitischen Eckdaten in den neuen Bundesländern bis 1994 vor, die in der Folgezeit die Position des Finanzministers bestimmte. Diese Prognose basierte auf dem im 1. Staatsvertrag festgelegten Haushaltsrahmen für die DDR, der um bereits feststehende „unabweisbare Mehrausgaben für das 2. Halbjahr 1990" in Höhe von 20 Mrd. DM ergänzt wurde. Für die Folgejahre wurde von einem moderaten durchschnittlichen Ausgabenwachstum von jährlich 2% ausgegangen, so daß sich die Ausgaben auf dem Gebiet der neuen Länder von 1991 bis 1994 von 140 auf ca. 150 Mrd. DM ergab (vgl. Tab. 3.3). Bei einem Leistungsvolumen in der angegebenen Größenordnung wurde aufgrund der bis dahin getroffenen Vereinbarungen eine Verschuldung der neuen Länder von 89,4 Mrd. DM innerhalb von nur vier Jahren vorausgesagt. Damit hätten die neuen Bundesländer mit einer Pro-Kopf-Verschuldung von ca. 5500 DM schon nach vier Jahren den Durchschnittswert der alten Länder erreicht. Allerdings mit dem Unterschied, daß diese den entsprechende Schuldenstand in dem Zeitraum von 1949 bis 1989 erreicht und dabei modernste Infrastrukturen aufgebaut hatten, von denen in den neuen Ländern nicht die Rede sein konnte (Milbradt 1993).

Für den Finanzminister der DDR bedeutete dies die Notwendigkeit, in den Verhandlungen mit Nachdruck auf ein ausreichendes Finanzierungskonzept für die neuen Ländern zu bestehen. Rombergs Vorstellungen, die Überschuldung der neuen Länder zu verhindern eröffneten ein weiteres Konfliktfeld. So forderte er, die in den neuen Ländern anfallenden Steuereinnahmen für eine Übergangszeit in voller Höhe in deren Haushalten zu belassen. Nach Rombergs Vorstellungen ließe sich das drohende 90 Mrd.-Defizit bis 1994 auf 21 Mrd. DM reduzieren, wenn die in den neuen Ländern aufkommende Umsatz- sowie die Lohn und Einkommensteuer in diesem Ländern verbleiben würde (Romberg 1990: 3).

Tabelle 3.2: Gegenüberstellung der finanzpolitischen Prognosen von Finanzminister Romberg und Günther Krause (Mrd. DM)

	1991		1992		1993		1994	
	Romberg	Krause	Romberg	Krause	Romberg	Krause	Romberg	Krause
Ausgaben	141,3	120	143,2	120	146,3	120	150,4	120
davon Länder und Gemeinden in der DDR	73,8	66	75,7	66	77,7	66	80,2	66
Finanzierungsdefizit	36,7	18	51,6	25	56,3	23	62,3	25
davon Länder und Gemeinden in der DDR	14,1	9	19,5	11	24,7	11	31,1	13

Quelle: Romberg 1990: 3-8, Poß 1990: 2

So nachvollziehbar und sachgerecht insbesondere die Berechnungen des Forschungsinstituts beim MdF waren, so wenig kompatibel waren sie - und noch weniger die Konsequenzen, die Walter Romberg daraus ziehen wollte - mit der Finanzierungsstrategie der Bundesregierung. Diese gründete ja auf der Position, die im 1. Staatsvertrag getroffenen Regelungen, insbesondere der Fonds „Deutsche Einheit", seien geeignet, den neuen Ländern eine ausreichende Finanzausstattung zu garantieren. Sowohl die Höhe des von Romberg prognostizierten Finanzierungsbedarfs in den neuen Ländern als auch die anschließende Folgerung, andere Finanzierungsinstrumente zu schaffen ließ sich nur schwerlich mit dieser Botschaft vereinen.

Folglich setzte die Bundesregierung ihre Parteifreunde im Osten massiv unter Druck, um zu verhindern, daß die „Romberg-Zahlen" zur offiziellen Verhandlungsposition der DDR in den Vertragsverhandlungen werden würden. Zu diesem Zweck machte die Bundesregierung ihren Einfluß auf die CDU-Regierungsmitglieder in der DDR geltend und nutzte die guten Kontakte zwischen Wolfgang Schäuble und Günter Krause, um diese Frage in ihrem Sinne zu regeln. Die Regierung der DDR wurde auf ein Zahlenwerk festgelegt, das von gänzlich anderen Grundannahmen ausging als Romberg, die allerdings bereits zum damaligen Zeitpunkt als unrealistisch zu erkennen waren. Die Notwendigkeit der „unabweisbaren Mehrausgaben für das 2. Halbjahr 1990“ wurde verneint und ein Ausgabenrahmen von 120 Mrd. DM für die Jahre 1991 bis 1994 festgeschrieben, wie er im 1. Staatsvertrag für das Jahr 1990 festgelegt worden war (vgl. Tabelle 3.3).

Zwar war sowohl Günther Krause als auch Lothar de Maizière - wahrscheinlich auch den Fachbeamten im BMF - klar, daß dies eine extrem unrealistische Annahme war[29], aber auf dieser Basis ließ sich in der Prognose eine solide Haushaltsentwicklung in den neuen Ländern errechnen und kein aktueller Mehrbedarf festmachen. Damit entfiel auch die Notwendigkeit, über alternative Finanzierungskonzepte zu diskutieren, womit auch Rombergs ungeliebte Vorschläge obsolet waren.

De Maizière beugte sich dem Druck der westlichen Schwesterpartei, um die Vertragsverhandlungen insgesamt nicht zu gefährden und bestellte Finanzminister Romberg am 14. August ein, damit dieser die Nachforderungen der Ressorts revidieren und sich den von Krause und de Maizière vorgelegten Haushaltsrahmendaten anschließen sollte. Als Romberg de Maizière telefonisch mitteilte, daß er nichts zurücknehmen könne, da seine eigenen Positionen nun einmal seiner Überzeugung entsprächen, ließ der Ministerpräsident über seinen Staatssekretär Reichenbach übermitteln, daß er Romberg als „ab morgen entlassen“ ansehe (Interviews 09, 19, Suhr 1991: 30).

Damit war die Sicherung einer soliden finanziellen Basis für die neu zu gründenden Bundesländer durch den Einigungsvertrag der aus Westdeutschland importierten Parteienkonkurrenz zum Opfer gefallen. Die Restriktionen, die die spezifische Handlungslogik des Parteienwettbewerbs den Akteuren auferlegte - in der konkreten Situation durch das Herannahen des Termins zur ersten gesamtdeutschen Bundestagswahl noch verschärft - ließen keinen Raum für die Konzeption einer der Komplexität der Sache angemessenen Finanzierungsstrategie. Ganz im Gegenteil verengte sich der

---

29 Für diese Einschätzung spricht neben den Ergebnissen der Interviews 09, 10, 13 und 19, daß im Bundesfinanzministerium bereits an aufgestockten Leistungen für die neuen Länder gearbeitet wurde: Am 13. August, dem Tag, an dem Romberg de Maizière über den Mehrbedarf aus den verschiedenen Ressorts unterrichtet hatte, fand im Bonner Finanzministerium eine Besprechung mit dem Thema „Probleme der Durchführung des Staatshaushaltes der DDR“ statt, in deren Verlauf man sich aufgrund der wirtschaftlichen Entwicklung in der DDR auf die zusätzliche Bereitstellung von 12,5 Mrd. DM verständigte (Suhr 1991: 30). Außerdem ging eine „Modellrechnung des BMF zur Haushaltssituation der DDR-Länder einschl. ihrer Gemeinden“, die wenige Tage nach Abschluß der Verhandlungen, am 28. August, publiziert wurde, alternativ von einem Haushaltsvolumen von 140 oder 150 Mrd. DM für 1991 aus (Dokumentiert in : SPW 69/1990: 4), also just von jenen Annahmen, die Finanzminister Romberg seinen Überlegungen zugrundegelegt hatte.

Streit um die Finanzierung der Einheit noch weiter, so daß in den letzten Wahlkampfwochen alleine die Frage, ob zukünftig Steuererhöhungen zur Finanzierung der deutschen Einheit notwendig sein würden, die Diskussion bestimmte.

Als erfolgreichere Wahlkampfstrategie erwies sich letztlich die auf Optimismus und positive Zukunftsperspektiven ausgerichtete Strategie der CDU, die dem „multidimensionalen Sicherheitssyndrom" der Wahlbürger ebenso entgegenkam wie derem „überwältigenden Bedürfnis nach Kalkulierbarkeit von Politik" (Sarcinelli 1987: 61-63) und Wohlstandssicherung (Küchler 1994: 447) und der Union damit auch den Sieg bei der Bundestagswahl brachte. Die eigentlich notwendige finanzpolitische Kurskorrektur mußte damit allerdings der „Lähmung politischen Denkens und Umsteuerns im Vorfeld der emotional stark aufgewerteten ersten gesamtdeutschen Wahl" (Mäding 1992: 192) zum Opfer fallen.

Ein Umsteuern im Hinblick auf die Finanzierung der Einheit verbot sich damit nicht nur während der Verhandlungen zum Einigungsvertrag, sondern auch im darauffolgenden Zeitraum bis zur Bundestagswahl. So kurz vor dem Urnengang konnte die Bundesregierung nicht von zentralen Aussagen ihrer Einigungspolitik abrücken, ohne ihren sich bereits abzeichnenden Wahlsieg zu gefährden. Jede Kursänderung wäre in dieser Situation dem Eingeständnis gleichgekommen, daß Oskar Lafontaine, der Kanzlerkandidat der SPD, mit seiner Einschätzung der Kosten der Einheit und der damit verbundenen Schwierigkeiten recht behalten hätte. Zudem hätte sich ein Finanzierungskonzept, das Anspruch auf umfassende Regelung der Finanzprobleme und längerfristige Ausrichtung erhoben hätte, mit der Komplexität der realen Situation in einer Weise auseinandersetzen müssen, die in hochemotionalisierten Wahlkampfzeiten schlicht ausgeschlossen ist. Darüber hinaus hätte auch der hohe Konsensbedarf bei der Entwicklung und Implementierung eines solchen Konzepts unter den politisch-institutionellen Bedingungen der Bundesrepublik - insbesondere bei einer von der Opposition geführten Bundesratsmehrheit - entgegengestanden.

3.3 Zusammenfassung und Bewertung

Mit der Verabschiedung des Einigungsvertrages in Bundestag, Bundesrat und Volkskammer war es gelungen, in kürzester Zeit den Beitritt der DDR zur Bundesrepublik zu organisieren. Die Verhandlungen zum Staatsvertrag über die Währungs-, Wirtschafts- und Sozialunion sowie jene über den Einigungsvertrag wiesen dabei einen ganz eigentümlichen Charakter auf und vollzogen sich abseits des etablierten institutionellen Rahmens und der eingespielten westdeutschen Verhandlungs- und Politikroutinen. Sie waren geprägt von einer entdifferenzierten und zentralisierten Struktur der Politikformulierung, die die Bundesregierung, insbesondere aber den Bundeskanzler, ins Zentrum der Entscheidungsfindung stellte. Er war es auch, der es bei den entscheidenden Fragen verstand, die dem Amt innewohnenden, mit der Richtlinienkompetenz verbundenen latenten Machtressourcen auszuschöpfen (Lehmbruch 1991a: 588; Hartwich 1991).

Die Situationsdeutung und Strategiewahl des Bundeskanzlers wurde in hohem Maße von der spezifischen Handlungslogik des Parteienwettbewerbs geprägt, die sowohl die Einigungsstrategie als auch das Finanzierungskonzept mitbestimmte. Die Entscheidung für eine schnelle Währungsunion brachte die entscheidende Dynamik in den Einigungsprozeß und hatte weitreichende Implikationen. Der damit einhergehende hohe Entscheidungsdruck in einer Situation großer Unsicherheit bedingte eine Strategie der radikalen Problemvereinfachung. Dabei war es erneut der Parteienwettbewerb, der die Selektionskriterien für die Interpretation der Realität und die anstehenden Entscheidungen lieferte.

Orientierung bot der Bundesregierung hier in erster Linie der Bezug auf programmatische und ideologische Grundüberzeugungen der Regierungsparteien. Für die CDU, nach ihrem Selbstverständnis die Partei des Wirtschaftswunders und einer erfolgreichen angebotsorientierten Wirtschaftspolitik seit der „Wende“ 1982/83, bot sich hier insbesondere der Rückgriff auf die offenbar erfolgreichen wirtschaftspolitischen Konzepte der Vergangenheit an. In diesem Punkt durchaus einig mit dem Koalitionspartner F.D.P wurde somit der Währungsunion und dem ordnungspolitischen Rahmen der Sozialen Marktwirtschaft eine Schlüsselrolle im Hinblick auf die ökonomische Aufholjagd der DDR zugewiesen und kein weiterer politischer Steuerungsbedarf gesehen.[30]

Damit war auch das Konzept zur Finanzierung der deutschen Einheit bereits determiniert. Berücksichtigt wurde lediglich die Notwendigkeit einer Anschubfinanzierung sowie die Übernahme der Altschulden der DDR und der im Zuge der Währungsumstellung entstandenen Verbindlichkeiten.

So umstritten dieses Konzept und die zugrundeliegende Problemanalyse auch waren, die spezifische Verhandlungssituation bei den Verhandlungen zum 1. Staatsvertrag und zum Einigungsvertrag ermöglichte es der Bundesregierung, sich ungewöhnlich weitgehend mit ihren Vorstellungen durchzusetzen. Die Verhandlungen auf der Ebene von Expertenkommissionen der Regierungen begründete ein „Kontaktprivileg“ (Lehmbruch 1990: 472) der Exekutive im Einigungsprozeß und führte zu einer Entmachtung der Parlamente sowie zu einer Suspendierung des für die Bundesrepublik typischen,

30 Nicht umsonst spielte bei den Beratungen zum 1. Staatsvertrag und zum Einigungsvertrag immer wieder ein Artikel Ludwig Erhards eine wichtige Rolle, den dieser 1953 im Hinblick auf die mit einer Wiedervereinigung verbundene Zusammenführung der unterschiedlichen Wirtschaftssysteme in Ost- und Westdeutschland geschrieben hatte (Klemm 1994: 137).

auf Aushandeln und Kompromißfindung gerichteten Entscheidungsprozesses: Die Ergebnisse der Verhandlungsrunden konnten im Ratifizierungsprozeß nur bestätigt oder im ganzen abgelehnt werden. Keine maßgebliche politische Kraft wollte aber für das Scheitern der deutschen Einheit verantwortlich sein, wodurch der Handlungsspielraum insbesondere der SPD-Fraktionen in Bundestag und Volkskammer gegen Null ging. Auch die aus der Regierung de Maizière ausgetretene sozialdemokratische Fraktion in der Volkskammer stimmte deshalb den Verträgen - bei aller Kritik im Detail - zu. Die Zustimmung der sozialdemokratischen Bundesratsmehrheit zum Einigungsvertrag wurde über die Einbindung in die bundesdeutsche Verhandlungskommission gesichert, die weitaus geringere Einflußmöglichkeiten bot als der reguläre Politikformulierungsprozeß im kooperativen Bundesstaat.

Innerhalb der Verhandlungen lag die Gestaltungsmacht in allen wesentlichen Fragen bei der Bundesregierung, Schlüsselentscheidungen traf der Bundeskanzler im kleinsten Kreis. War die bundesdeutsche Opposition durch dieses Verfahren faktisch ausgeschaltet, so hatte auch die Delegation der DDR eine sehr schwache Verhandlungsposition. An Verhandlungs- und Sachkompetenz den bundesdeutschen Verhandlungspartnern ohnehin nicht gewachsen, war auch die Position des kleineren, gescheiterten und beitrittswilligen Staates nicht dazu geeignet, eine starkes Gewicht der Delegation der DDR in den Verhandlungen selbst zu begründen.

Hinzu kam, daß die Bundesregierung über Berater auch in den SPD-geführten Ministerien ständig über Informationen aus den DDR-Ministerien verfügte, damit Verhandlungspositionen bereits im Entstehen mit beeinflussen und so einen weiteren Vorteil für sich verbuchen konnte. Und schließlich saß die Bundesregierung über die Person des Leiters der DDR-Delegation praktisch an beiden Seiten des Verhandlungstisches. Günther Krause leitete die Verhandlungen in enger Abstimmung mit Wolfgang Schäuble und verstand seine Rolle eher als Vermittler der Positionen der Bundesregierung im eigenen Lager, denn als Sachwalter von DDR-Interessen (Interview 09). Seine rigide Verhandlungsführung ließ es außerdem nicht zu, daß sich Zweifel an dem Finanzierungskonzept innerhalb der DDR-Delegation in den Verhandlungen artikulieren konnten. Warnungen, insbesondere von Finanzminister Romberg, die Finanzregelungen seien dem Bedarf in keiner Weise angemessen, fanden somit keine Berücksichtigung, sondern wurden nur mit dem lakonischen Hinweis, er könne als „Ossi" die Dynamik eines marktwirtschaftlichen Aufschwungs überhaupt nicht ermessen, bedacht (Interviews 14, 19, 21). Da auch Ministerpräsident de Maizière im Lauf der Verhandlungen auf die Linie der Bundesregierung einschwenkte, um den schnellen Weg zur Einheit nicht zu gefährden, konnte sich die Bundesregierung vollständig mit ihrem Finanzierungskonzept durchsetzen.

Im Hinblick auf dieses Konzept wurde allerdings Kritik in drei Bereichen laut. Erstens wurde der unzureichende Umfang der Mittel für die neuen Länder bemängelt, zweitens Konstruktionsfehler in bezug auf die Finanzbestimmungen im Einigungsvertrag konstatiert und drittens die einseitige Verteilung der Belastungen auf die verschiedenen bundesstaatlichen Ebenen beklagt.

Was den Umfang der für die neuen Bundesländer bereitgestellten Mittel angeht wurde der Bundesregierung vorgeworfen, sie habe den Finanzbedarf der neuen Bundesländer von Anfang an systematisch unterschätzt (Milbradt 1991a: 60). Hier spiegelte sich die ungeheure Unterschätzung der mit der Währungs-, Wirtschafts- und Sozialunion, mit dem kompletten Umbau von Gesellschaft und Ökonomie der DDR verbundenen sozialen und ökonomischen Schwierigkeiten. Aufgrund der Erwartung eines raschen wirtschaftlichen Aufschwungs und schnell steigender Steuereinnahmen der Gebietskörperschaften in den neuen Ländern lagen den Verhandlungen völlig unrealistische Steuereinnahmeerwartungen zugrunde. Hinweise darauf, daß die Kumulation optimistischer Prognosen eventuell fehlleiten könnte, wie z.B. der Zusammenbruch der DDR-Wirtschaft nach dem Inkrafttreten der WWSU am 1. Juli 1990 oder die Berechnungen des Forschungsinstituts beim Ministerium der Finanzen in Ost-Berlin wurden schlicht ignoriert. Tatsächlich erzielten die neuen Bundesländer 1991 gerade 11,5% der Pro-Kopf-Steuereinnahmen der alten Länder (DIW 1991c: 547).

Schaubild 3.1: Der Fonds „Deutsche Einheit“: Ursprüngliches Konzept und Nachbesserungen

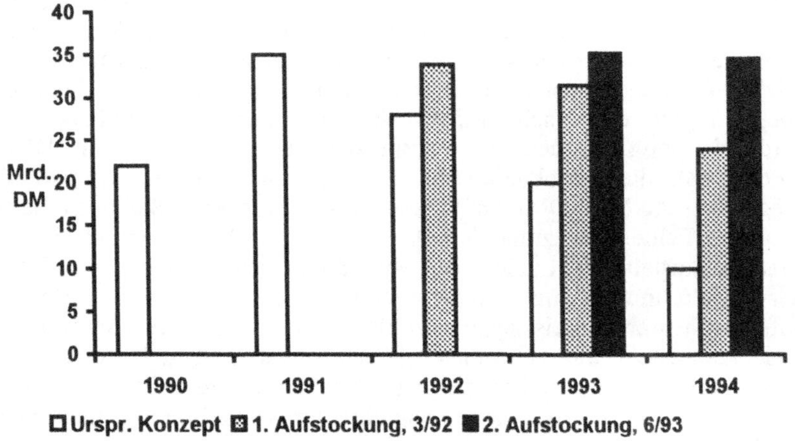

Die Fehleinschätzung der Bundesregierung im Hinblick auf die zukünftige Entwicklung in den neuen Ländern führte dann - so der zweite Kritikpunkt - zu „grundlegenden Konstruktionsfehlern“ (Karrenberg 1991: 298) im Einigungsvertrag.

Der erste Fehler, der in diesem Zusammenhang genannt wurde, ist der Aufbau des Fonds „Deutsche Einheit“ (Geske 1991; Milbradt 1991a). Tatsächlich wurde insbesondere die starke Degression der Ausschüttungen des Fonds den realen Erfordernissen nicht gerecht. Aufgrund ausbleibender Zuwächse bei den Steuereinnahmen und des schnell abnehmenden Leistungsniveaus standen die neuen Länder vor der „programmierten öffentlichen Armut“ (Priewe/Hickel 1991: 139). Verschärft wurde deren Finanzsituation noch durch die zusätzliche Belastung der Übernahme finanzieller Altlasten. So mußten die neuen Bundesländer Verbraucherpreissubventionen für Mieten, Energie und Verkehr in Höhe von ca. 30 Mrd. DM, die Kommunen den mit Schulden von ungefähr 50 Mrd. DM belasteten volkseigenen Wohnungsbestand übernehmen (Höhnen 1991: 311; Milbradt 1992: 27/28). Diesen Problemen Rechnung tragend, waren deshalb in der Folgezeit zwei Nachbesserungen im Hinblick auf die Höhe der Ausschüttungen des Fonds notwendig (vgl. Schaubild 3.1).

Dabei wuchs das Volumen des Fonds von 115 Mrd. DM zunächst auf 146,3 Mrd. DM, mit der zweiten Nachbesserung im Zusammenhang mit dem Solidarpakt schließlich auf über 160 Mrd. DM. Im Nachhinein wurde durch diese Korrekturen die Degression der Fondsausschüttungen aufgehoben und bewegten sich die Mittel für die neuen Länder Jahr für Jahr in der Größenordnung von 35 Mrd. DM.

Viel Kritik zog auch der von der Bundesregierung gewählte finanzpolitische policy-mix auf sich (AaW 1991: 222-252; Schlesinger u.a. 1991; SVR 1991: 130-136). Von dem zunächst verfolgten Konzept, die Belastungen der Einheit aus Haushaltsumschichtungen, der bald anfallenden Vereinigungsdividende und den Privatisierungserlösen der Treuhand zu bezahlen, mußte schnell Abschied genommen werden. Vielmehr waren im Jahr der staatlichen Einigung drei Nachtragshaushalte mit einem Gesamtumfang von 33 Mrd. DM nötig, um den Einigungsprozeß finanziell abzustützen (Höhnen 1991: 308), die Nettokreditaufnahme des Bundes betrug 51 Mrd. DM (gegenüber 9,6 Mrd. DM 1989). Besonders schwer wog dabei auch die dramatische Fehleinschätzung der zu erwartenden Privatisierungserlöse der Treuhandanstalt. Nicht zuletzt mit Hilfe dieser Erlöse sollte ja ein Großteil der im Zusammenhang mit der Vereinigung entstandenen Belastungen aufgebracht werden. Als schon bald klarwurde, daß die Treuhand ihre Aufgabe keineswegs mit Gewinnen aus der Privatisierung der ostdeutschen Wirtschaft beenden, sondern vielmehr Schulden in dreistelliger Milliardenhöhe hinterlassen würde, war ein wichtiger Pfeiler im Finanzierungskonzept des Einigungsvertrages weggefallen.

Die Länder waren über die Parteigrenzen hinweg fest entschlossen, keine weiteren Belastungen hinzunehmen, den Weg zu einnahmeverbessernden

Maßnahmen hatte man sich durch die Selbstbeschränkung im Wahlkampf und das vehement vertretene optimistische Szenario der zukünftigen Entwicklung selbst verbaut. Auch Einsparungsmöglichkeiten boten sich kurzfristig nicht. Sparmaßnahmen und Subventionsabbau treffen gerade in der Bundesrepublik auf viele Gegner und die Durchsetzungskosten einer solchen Politik sind entsprechend hoch (Mäding 1983: 26-28). Nun wäre es mit einer Strategie, die die mit der deutschen Einheit verbundenen Belastungen offensiv aufgegriffen und die Notwendigkeit einer gemeinsamen nationalen Anstrengung zu deren Bewältigung betont hätte, vielleicht möglich gewesen, ein politisches Klima zu schaffen, in dem auch Einsparungen in größerem Umfang auf Akzeptanz bei den Betroffenen gestoßen wäre. Auch diese Möglichkeit war jedoch durch das betont optimistische Szenario der Bundesregierung verstellt. Da keine Belastungen aufgezeigt wurden, war auch niemand zu Opfern bereit![31]

Handlungsspielraum blieb der Bundesregierung alleine auf der Seite der Kreditaufnahme, doch mit der folgerichtig eingeleiteten Verschuldungspolitik setzte sie sich einiger Kritik aus. Auf der einen Seite wurde die Höhe der staatlichen Verschuldung von Beobachtern mit Skepsis betrachtet, die negative gesamtwirtschaftliche Rückwirkungen einer hohen staatlichen Kreditaufnahme befürchteten. Insbesondere Bundesbank und Sachverständigenrat (1990: 136/137) machten deutlich, daß sie eine solche Finanzierungsstrategie allenfalls als kurzfristig erforderliche Übergangsmaßnahme akzeptabel fänden. Die Bundesbank verlieh ihrer Kritik mit der Leitzinserhöhung vom November 1990 zusätzlichen Nachdruck.[32]

Auf der anderen Seite wurde aber auch die Art der Schuldenfinanzierung über eine „Flucht aus dem Budget" in eine „undurchsichtige Fondswirtschaft" (Sturm 1992: 42/43) kritisiert. Insgesamt wurden im Zusammenhang mit der deutschen Einheit nicht weniger als 10 Sondervermögen konstruiert. Diese Sondervermögen sind außerhalb des normalen Bundeshaushaltes angesiedelt und somit parlamentarischer Haushaltskontrolle entzogen (Mackscheidt 1990: 391-394). Unklar war außerdem, wann und in welchem Umfang die einzelnen Gebietskörperschaften für die Belastungen aus diesen Sondervermögen würden einzustehen haben. Fiskalische Vorsorge war somit kaum möglich (Hüther 1991: 221/222).

So nachvollziehbar diese Kritik aus stabilitätspolitischer Sicht auch ist, bot sich der Bundesregierung allerdings unter den gegebenen Umständen

31 Insbesondere Altbundeskanzler Helmut Schmidt warf der Bundesregierung vor, die „Einigungseuphorie" nicht dazu genutzt zu haben, die Bürger auf die Schwierigkeiten des Einigungsprozesses hinzuweisen und deren nach seiner Auffassung damals durchaus vorhandene Bereitschaft für die Einheit auch Opfer zu bringen, politisch aufzugreifen und auch einzufordern (Schmidt 1991).

32 Einige Kritiker warfen gar die Frage auf, ob die von der Bundesregierung in Anspruch genommene Neuverschuldung überhaupt mit der Kreditaufnahmebeschränkung in Art. 115 GG vereinbar sei (Krause-Junk 1990: 607-610; Wenzel 1990: 610-616).

keine andere Option, als auf diese Form der Finanzierung auszuweichen. Wie gezeigt, waren alternative Finanzierungsinstrumente aus verschiedenen Gründen blockiert, so daß nur der Weg über eine gesteigerte Verschuldung blieb.

Der dritte vieldiskutierte Bereich der Politik zur Finanzierung der Einheit - neben der unzureichenden Höhe der Transfers und der Konstruktionsfehler des Einigungsvertrages - war schließlich die bundesstaatliche Lastenverteilung. Hier wurde insbesondere den alten Bundesländern vorgeworfen, sie hätten eine egoistische Politik der Besitzstandswahrung verfolgt, damit die neuen Bundesländer benachteiligt und den Aufbau in der ehemaligen DDR erschwert (Andersen 1992a: 239). Im Mittelpunkt der Kritik standen dabei hauptsächlich die Ausgrenzung der neuen Länder aus dem Länderfinanzausgleich sowie die kompromißlose Haltung der alten Länder im Hinblick auf die Beteiligung der ostdeutschen Bundesländer an der horizontalen Verteilung des Länderanteils an der Umsatzsteuer. Hier wurde den alten Ländern vorgeworfen, durch die vereinbarte Staffelung die neuen Länder für ihre Strukturschwäche noch zu bestrafen, anstatt ihnen in bundesstaatlicher Solidarität unter die Arme zu greifen.

Man mag allerdings bezweifeln, ob moralische Begriffe die geeigneten Kategorien sind, Bund-Länder-Verhandlungen über die bundesstaatlichen Finanzbeziehungen zu beurteilen. Letztlich geht es dabei um den Ausgleich von klar definierten Interessen. Für die alten Länder steht bei Finanzverhandlungen regelmäßig nicht weniger auf dem Spiel als die Sicherung der eigenen Politikfähigkeit. Anders als der Bund, der über zahlreiche Möglichkeiten im Hinblick auf die Schaffung finanzpolitischer Handlungsspielräume verfügt (z.B. durch das Einrichten von Sondervermögen), bestimmt sich die Finanzausstattung der Länder aus den mit Bund und zwischen den Ländern vereinbarten Regelungen über die bundesstaatlichen Finanzbeziehungen. Ob nun der als Spitzenausgleich zwischen relativ homogenen Ländern konzipierte Länderfinanzausgleich das angemessene Instrument zur Finanzierung der neuen Länder gewesen wäre, kann mit guten Gründen bezweifelt werden (Priewe/Hickel 1991: 139-142; v. Waldenfels 1991: 67/68; Fuest/Lichtblau 1991: 59-62).

Ähnliches gilt für den Streit um die Umsatzsteuerverteilung, der in der Öffentlichkeit große Beachtung gefunden und maßgeblich zum Bild der egoistischen und knauserigen Länder beigetragen hat (vgl. z.B. FAZ v. 28.08.1990). Für die Länder stellte dieser Aspekt der Einigungsvertragsverhandlungen schlicht eine Neuauflage der gewohnten, auf Beamtenebene professionalisierten Finanzverhandlungen zwischen Bund und Ländern dar. Die spezifische Verhandlungssituation begünstigte dabei ihre Position, so daß es ihnen gelang, insbesondere ihr Interesse nach Risikobegrenzung gegenüber dem Bund durchzusetzen. Unter diesem Gesichtspunkt ist eine gewisse Unzufriedenheit auf seiten des Bundes durchaus zu verstehen. Doch hätte ein Nachgeben der Länder ja nichts grundsätzliches am Konzept zur Finanzierung der Einheit geändert, die Finanzausstattung der neuen Länder war dadurch ja nicht betroffen. Fraglich war nur die Lastenteilung zwischen Bund und Ländern und mit der Kompensation der Umsatzsteuerausfälle für die neuen Länder durch den Verzicht auf Ausschüttungsanteile des Fonds „Deutsche Einheit" übernahm der Bund zusätzlich 5 Mrd. DM. Angesichts der Dimension der Probleme bei der Finanzierung der Einheit scheint das öffentliche Interesse an dieser Frage deren Bedeutung überstiegen zu haben.

Aber für die Länder ging es noch um mehr, als um ihre Finanzen. Für sie war außerdem wichtig, eine Schwächung des Föderalismus insgesamt zu verhindern. Schon seit längerem drohte ein schleichender Bedeutungsverlust der Länder durch Kompetenzübertragung auf die Europäische Gemeinschaft auf der einen Seite und durch die zunehmende Abhängigkeit der finanzschwachen Länder vom Bund auf der anderen (Scharpf 1991). Deshalb wollten sie die Einigungsvertragsverhandlungen auch zu einer Stärkung des Föderalismus nutzen (Thaysen 1990). Vor diesem Hintergrund haben die alten Bundesländer einem entschiedenen Eintreten für die Interessen der Ländergesamtheit den Vorzug vor einem finanziellen Ausbluten der finanzschwachen alten Länder durch „solidarische Hilfe" für Ostdeutschland eingeräumt.

Dabei war diese Haltung unabhängig von den Mehrheitsverhältnissen im Bundesrat. Im Rahmen der Verhandlungen zum 1. Staatsvertrag haben die Ministerpräsidenten und Finanzminister der CDU-regierten Länder die finanzpolitische Interessenvertretung der Länder wahrgenommen, bis diese Aufgabe nach dem Mehrheitswechsel im Bundesrat von den Repräsentanten der SPD übernommen wurde. Durch diese gesicherte Mitgestaltungsmöglichkeit der Länder folgten die zwischen Bund und Ländern vereinbarten Finanzbestimmungen trotz der ungewöhnlichen institutionellen Form der Verhandlungen aus bundesstaatlichen Aushandlungsprozessen wohlvertrauten Konfliktminimierungsmechanismen (Scharpf u.a. 1976). Sie waren bestimmt von Konfliktvertagung in der Frage der Einbeziehung der neuen Länder in die bundesstaatlichen Finanzbeziehungen und sicherten den alten Ländern bis 1995 weitgehend ihre Besitzstände. Man vereinbarte damit letztlich „ein mehrheitsfähiges Provisorium anstelle einer systematischen und ausgewogenen Dauerlösung, für die sich keine parlamentarische Mehrheit gefunden hätte" (Hesse/Renzsch 1990: 570).

Der Streit um die finanzpolitische Lastenverteilung zwischen Bund und Ländern weist dabei exemplarisch auf Leistungen und Defizite des institutionellen Verhandlungsrahmens hin. Mit Hilfe dieser Form von Verhandlungen auf Regierungsebene konnte zwar der Einigungsvertrag zügig ausgehandelt und auf seiten der Bundesrepublik durch die Einbindung der Länder und der SPD-Opposition mehrheitsfähig gemacht werden. Doch war die Leistungsfähigkeit dieses Verhandlungssystems stark eingeschränkt, wenn es um komplexe und innerhalb der Delegationen umstrittene Themen ging. Dazu waren die Vertreter der jeweiligen Gruppen bei einiger Manövrierfähigkeit im Detail zu stark an grundlegende Positionen gebunden. Zu stark war auf der Seite der Bundesrepublik auch die wechselseitige Vetoposition der jeweiligen Gruppierung durch das Erfordernis der Verabschiedung mit Zweidrittelmehrheit in Bundestag und Bundesrat.

Insgesamt läßt sich für die Politik zur Finanzierung der deutschen Einheit in dieser Phase konstatieren, daß die Finanzbestimmungen im Einigungsvertrag angesichts der tatsächlichen Erfordernisse nur unzureichend ausgefallen sind. Die gewagte Parallele zur Währungsreform in Westdeutschland im Jahr 1948 und eine fast schon naive, holzschnittartig verkürzte Marktideologie ersetzten eine der Komplexität der Situation angemessene Finanzierungsstrategie (Landfried 1995).

Dies war auf der einen Seite hilfreich, weil dadurch eine Überforderung der Akteure angesichts der ungeheuren Komplexität der Situation verhindert werden und die staatliche Einigung zügig vollzogen werden konnte. Andererseits entwickelten sich die Finanzbestimmungen im Einigungsvertrag eher zu originären Problemerzeugern, als daß sie Teil zur Lösung der Finanzierungsprobleme gewesen wären. Von dem selbstgesteckten Ziel, die deutsche Einheit solide zu finanzieren, war die Bundesregierung zu diesem Zeitpunkt jedenfalls noch weit entfernt. Um so stärker rückt deshalb die Frage nach der Verarbeitung dieser Probleme im geeinten Deutschland in den Mittelpunkt.

Kapitel 4: Die Politik zur Finanzierung der Einheit im geeinten Deutschland

Nachdem die Vereinigung beider deutscher Staaten vollzogen war, fiel das politische System der Bundesrepublik wieder in die Normallage zurück. Die Politikformulierung vollzog sich nicht länger in der stark zentralisierten und entdifferenzierten Form, die für den Einigungsprozeß charakteristisch war, sondern erfolgte wieder im Rahmen der komplexen Aushandlungs- und Konsensfindungsmechanismen, die schon in der alten Bundesrepublik bestimmend waren.

Dies rückt die Frage nach der Verarbeitung des Einigungsschocks unter den politisch-institutionellen Bedingungen bundesdeutscher Routinepolitik ins Zentrum der Betrachtung. Haben sich die Problemlösungskapazitäten dieses Systems als ausreichend erwiesen? Wie verlief der Prozeß der Problemverarbeitung? Die Herausforderungen jedenfalls waren gewaltig. Praktisch „aus dem Stand" mußten Transferleistungen in Höhe von ca. 5% des westdeutschen Bruttoinlandsprodukts mobilisiert und die finanziellen Altlasten der DDR übernommen werden. Zudem stellte die Eingliederung der neuen Länder in das System der bundesstaatlichen Finanzbeziehungen Bund und Länder vor erhebliche Probleme. In einem ersten Schritt wird nun in Kapitel 4.1 die Finanzpolitik des Bundes im Zusammenhang mit der Finanzierung der Einheit untersucht, bevor dann in Kapitel 4.2 die Solidarpakt-Verhandlungen zur Verarbeitung des Einigungsschocks im Bund-Länder-Verhältnis im Mittelpunkt stehen.

4.1 Die Verarbeitung des „Einigungsschocks": Schrittweise Anpassung an tatsächliche Anforderungen

4.1.1 Finanzpolitisches Krisenmanagement zwischen Transferbedarf und Konsolidierungsversuchen

Die Finanzpolitik reagierte auf die mit der deutschen Einheit verbundenen fiskalischen Herausforderungen mit Verzögerung und in mehreren Anpassungsschritten begrenzter Reichweite. Nachdem die Regierungskoalition aus CDU/CSU und F.D.P. als klarer Sieger aus der Bundestagswahl vom 2. Dezember.1990 hervorgegangen war, konnte die Politikblockade im Vorfeld der Bundestagswahl überwunden und in einem ersten Schritt der drängendste Handlungsbedarf aufgearbeitet werden. Zwar hielt der Bundeskanzler in seiner Regierungserklärung zunächst noch an dem bisher verfolgten Konzept zur Finanzierung der Einheit fest (Sten.-Ber.-BT 12/71-73; 12/340-345), doch erfolgen schon bald Korrekturen auch bei zentralen Positionen. Insbesondere wurde nicht länger daran festgehalten, die Einheit sei mit den bereits getroffenen Beschlüssen finanzierbar und Steuererhöhungen seien nicht notwendig (Mäding 1992: 194, Anm. 2). Auch die Diskussion um staatliche Wirtschafts- und Investitionsförderungsprogramme belebte sich neu. Vor dem Hintergrund des bislang ausgebliebenen Aufschwungs in den neuen Ländern war deutlich geworden, daß die Marktkräfte alleine nicht in dem notwendigen Umfang für neue Unternehmen und Arbeitsplätze würden sorgen können. Zudem mußte die soziale Flankierung des Umbruchs in der früheren DDR durch das Sozialversicherungssystem gesichert werden. Insbesondere der Arbeitslosenversicherung kam dabei die Aufgabe zu, die Folgen der Massenarbeitslosigkeit aufzufangen. 1991 war dazu ein West-Ost-Transfer in Höhe von 21 Mrd. DM notwendig (SVR 1995: 119).

Tabelle 4.1: Das Gemeinschaftswerk „Aufschwung Ost"

- in Mrd. DM -	1991	1992
Kommunales Investitionsprogramm	5,0	-
Arbeitsbeschaffungsmaßnahmen	2,5	3
Verkehr	1,4	4,2
Wohnungs- und Städtebau	1,1	1,1
Förderung privater Unternehmensinvestitionen	0,4	0,65
Sonderprogramm „Regionale Wirtschaftsförderung"	0,6	0,6
Werfthilfen Ost	0,13	0,4
Umweltschutzsofortmaßnahmen	0,4	0,4
Hochschulen Ost	0,2	0,2
Instandsetzung im Gebäudebestand des Bundes	0,27	0,05
Sonstiges	-	1,4
Summe	***12***	***12***

Quelle: BMF 1991a

Deshalb einigte sich das Bundeskabinett im Februar 1991 auf eine Kurskorrektur, die nach Absprache mit den Ministerpräsidenten der Länder in die finanz- und steuerpolitischen Beschlüsse der Bundesregierung vom 8.3.1991 mündete. Im Zentrum dieser Beschlüsse standen Finanz- und Wirtschaftshilfen für die neuen Bundesländer sowie Maßnahmen zur Einnahmeverbesserung der öffentlichen Haushalte.

Der Umbau der Wirtschaft sollte durch das Programm „Gemeinschaftswerk Aufschwung Ost" aktiv unterstützt werden. Dieses auf zwei Jahre befristete Programm sah für 1991 und 1992 eine Vielzahl von Einzelmaßnahmen zur Förderung öffentlicher und privater Investitionstätigkeit in den neuen Bundesländern vor, die in einem Umfang von insgesamt 24 Mrd. DM unterstützt wurden (vgl. Tabelle 4.1).

Außerdem wurde die Finanzausstattung der Länder und Gemeinden in Ostdeutschland verbessert. Für 1991 konnten sie um ca. 10 Mrd. DM höhere Einnahmen verbuchen. Dazu verzichtete der Bund zunächst auf den ihm zustehenden Anteil in Höhe von 15%. der jährlichen Ausschüttungen des Fonds „Deutsche Einheit" (Umfang der Mehreinnahmen für die neuen Länder für 1991: 5,25 Mrd. DM). Darüber hinaus waren nun aber auch die alten Bundesländer zu finanziellen Zugeständnissen bereit und stimmten der vollen Einbeziehung der neuen Länder in die Verteilung des Länderanteils an der Umsatzsteuer zu; die vereinbarte Staffelung war damit hinfällig. Dies bescherte den neuen Ländern im Jahr 1991 zusätzliche Einnahmen von 4,8 Mrd. DM.

Finanziert wurden diese Leistungen hauptsächlich durch Steuer- bzw. Beitragserhöhungen sowie durch eine gesteigerte Neuverschuldung der öffentlichen Haushalte. Im Mittelpunkt der in dieser Phase vorgenommenen steuer- und finanzpolitischen Weichenstellungen standen folgende Maßnahmen (SVR 1991: 146/147):

- Einführung eines „Solidaritätszuschlags" zur Lohn-, Einkommens- und Körperschaftssteuer in Höhe von 7,5% der Steuerschuld, der im Zeitraum vom 1.7.1991 bis zum 30.6.1992 erhoben werden sollte,
- Erhöhung der Mineralöl-, Tabak- und Versicherungssteuer,
- Verpflichtung der Bundespost zu einer Sonderablieferung zugunsten des Bundeshaushalts in Höhe von 4 Mrd. DM,
- Erhöhung der Mehrwertsteuer von 14% auf 15% im Zuge der Steuerharmonisierung innerhalb der EG ab 1.1.1993,
- Erhöhung der Sozialversicherungsbeiträge um Netto 1,5%.

Mit Hilfe dieser einnahmeverbessernden Maßnahmen konnten die einigungsbedingten Lasten allerdings nur zum Teil abgedeckt werden. Ein erheblicher Teil wurde auch über eine gesteigerte Kreditaufnahme aufgebracht, die für den öffentlichen Gesamthaushalt 1991 120 Mrd. DM betrug. Damit blieb sie zwar unter den Prognosen, die sich auf 130 Mrd. DM bis 180 Mrd. DM beliefen (Vesper 1995: 372), bei einer Größenordnung von über 3% des BIP erreichte das Defizit allerdings dennoch eine kritische Marke. Zum Vergleich: Im letzten Jahr vor der deutschen Einheit, im Jahr 1989, erwirtschafteten die öffentlichen Haushalte einen Überschuß in Höhe von 0,1% des BIP (OECD 1995b: A33). Das Unterschreiten der prognostizierten Verschuldung hatte seine Ursache allerdings nicht in bewußten finanzpolitischen Entscheidungen, sondern war eine Folge der durch die einigungsbedingte Sonderkonjunktur in den alten Ländern gestiegenen Steuereinnahmen in Westdeutschland, einer ungewöhnlich hohen Abführung der Bundesbank an den Bundeshaushalt in Höhe von 14,5 Mrd. DM sowie administrativer Anlaufschwierigkeiten in den Verwaltungen der neuen Länder, die die bereitgestellten Mittel nicht in dem Maße abrufen konnten, wie diese zur Verfügung standen (Krähmer 1990, Geske 1996).

Ungeachtet dieser Maßnahmen wollte die Bundesregierung jedoch an ihrem angebotsorientierten wirtschaftspolitischen Kurs festhalten. Um dies zu bekräftigen und ein Zeichen für solide Haushaltsführung zu setzen, sollte der oben beschriebene policy-mix aus Steuer- und Beitragserhöhungen sowie erhöhter Kreditaufnahme noch um ein weiteres Finanzierungsinstrument erweitert werden. Harte Einsparmaßnahmen und ein entschlossener Subventionsabbau in den alten Bundesländern wurden angekündigt, die eine finanzielle Entlastung von 33 Mrd. DM in drei Jahren von 1992 bis 1994 erbringen sollten, davon 10 Mrd. DM bereits im Haushalt 1992. Um dieser Ankündigung politisches Gewicht zu verleihen, knüpfte Bundeswirtschaftsminister Möllemann an deren Durchsetzung gar seinen weiteren Verbleib im Amt.

Diese Maßnahmen bedeuteten zwar ohne Frage einen deutlichen Kurswechsel und ein Absetzen von bis zur Bundestagswahl verfochtenen Positionen, stellten aber keine grundsätzliche Kehrtwende dar. Die Bundesregierung hielt nach wie vor an den Prämissen ihrer Strategie zur Finanzierung der deutschen Einheit fest. Auch die dieser Strategie zugrunde liegenden Situationsanalysen und Deutungsmuster in bezug auf die Entwicklung in den neuen Länder blieben konstant. In dieser Sicht der Dinge stellten die vorgenommenen Korrekturen lediglich Anpassungen an Anlaufschwierigkeiten des Wirtschaftsaufschwungs dar und stellten nicht das Finanzierungskonzept insgesamt in Frage.

Daß es überhaupt zu diesem Kurswechsel kam, ist wohl hauptsächlich zwei Umständen geschuldet. Erstens dem durch den Verlauf der ökonomischen Entwicklung in den neuen Ländern unabweisbar entstandenen akuten Finanzbedarf, der nicht länger übergangen werden konnte, und zweitens durch den innerparteilichen Druck der ostdeutschen CDU-Landesverbände und der CDU-geführten Landesregierungen.

Bereits im Herbst 1990 war klar geworden, daß die Degression der Ausschüttungen des Fonds „Deutsche Einheit“ stärker sein würde, als das Wachstum eigener Steuereinnahmen der neuen Bundesländer. Eine aktualisierte Steuerschätzung ging nur noch von einem Steueraufkommen in Höhe von 20% des Durchschnitts der alten Länder aus, so daß der Finanzplanungsrat im November 1990 von einem Defizit der ostdeutschen Gebietskörperschaften in einer Größenordnung von ca. 25 Mrd. DM ausging. Diese Schätzung mußte jedoch bereits im Januar/Februar 1991 im Zuge der Aufstellung der ersten Länderhaushalte nach oben korrigiert werden. Die Defizite wurden nun - ohne Einbeziehung der Schulden im Kreditabwicklungsfonds und in der Wohnungswirtschaft - auf rund 50 Mrd. DM veranschlagt. Damit hätten die neuen Länder bereits im ersten Jahr der Vereinigung die Hälfte der Pro-Kopf-Verschuldung der Altbundesländer erreicht. Die Gemeinden im Osten hätten in dieser Hinsicht sogar schon gleichauf mit den Westkommunen gelegen (Milbradt 1993: 279/280). Angesichts der Tatsache, daß diese Verschuldungshöhe im Westen im Verlauf von 40 Jahren erreicht wurde und mit dem Ausbau einer modernen öffentlichen Infrastruktur einherging, die im Osten ja noch in den Kinderschuhen steckte, lag für die Regierungschefs der neuen Bundesländer auf der Hand, daß ein Defizit in dieser Größenordnung nicht zu verkraften war.

Ähnliches galt für die Sozialversicherungen. Hier wurde für die Arbeitslosenversicherung - auf die neuen Länder bezogen - für das Jahr 1991 eine Finanzierungslücke von 25 Mrd. DM erwartet, die nur durch Zuschüsse aus dem Bundeshaushalt und/oder einen massiven Transfer von West nach Ost aufgefangen werden konnte. Damit war der finanzpolitische Handlungsbedarf klar umrissen und wurde nach Überwindung der Politikblockade im Vorfeld der Bundestagswahl auch durch die Regierungschefs der neuen Länder bzw. deren Finanzminister an Bundesregierung und alte Länder herangetragen.

Begünstigt wurde die Berücksichtigung der Interessen der neuen Länder durch die Tatsache, daß vier der fünf beigetretenen Bundesländer von CDU-geführten Landesregierungen regiert wurden. Auch die Überzeugungsarbeit in der eigenen Partei und der innerparteiliche Druck, den die Ministerpräsidenten und Finanzminister entfaltet haben, hat seinen Teil dazu beigetragen, daß der Bund sich den Forderungen der neuen Länder gegenüber aufgeschlossen gezeigt hat (Mäding 1992: 194, Interview 05). Eine Schlüsselrolle bei der innerparteilichen Meinungsbildung in der CDU spielte dabei die beim Bundesvorstand angesiedelte Arbeitsgruppe „Deutsche Einheit“, die konkrete Vorschläge zur Finanzierung der Einheit erarbeitete, darunter auch die Einführung des Solidaritätszuschlags (Interview 03).

Gleichzeitig war der Handlungsspielraum für eine finanzpolitische Totalrevision und das Entwickeln einer umfassenden Finanzierungsstrategie nur sehr gering. Hier haben insbesondere der Parteienwettbewerb, ideologisch-programmatische Überzeugungen der Regierungsparteien (Kap. 4.1.3) und die bundesstaatlichen Aushandlungszwänge mit den Ländern (Kap. 4.1.2) eine Rolle gespielt.

Insgesamt gesehen haben die steuer- und finanzpolitischen Maßnahmen der Bundesregierung vom Frühjahr 1991 also keineswegs einen grundlegenden Strategiewandel im Hinblick auf die Finanzierung der deutschen Einheit markiert. Sie waren vielmehr eine begrenzte Kurskorrektur als unmittelbare Reaktion auf den Problemstau, der sich aufgrund der unzureichenden Finanzbestimmungen des Einigungsvertrags und der Politikblockade im Vorfeld der Bundestagswahl gebildet hatte.

Allerdings hat sich mit dieser ersten Anpassung ein Handlungsmuster etabliert, das auch für die Finanzpolitik in der Folgezeit bestimmend werden sollte, die von häufigen, kurzatmigen Kurskorrekturen bestimmt wurde, ohne damit den Herausforderungen auch tatsächlich gerecht zu werden. Nicht nur in den Augen des Sachverständigenrates schlingerte die Finanzpolitik in eine „schwere Glaubwürdigkeitskrise" (SVR 1991: 130).

Die Bundesregierung setzte weiter auf eine moderat angebotspolitische Konsolidierungsstrategie, die auf eine Kombination von Ausgabendisziplin und Einsparungsmaßnahmen beruhte. In der Fortschreibung der Finanzplanung des Bundes wurde so regelmäßig von einem moderaten Ausgabenwachstum und einer in den Folgejahren stark abnehmenden Neuverschuldung ausgegangen. Die aktuell gestiegenen Ausgaben und die sprunghaft angestiegene Neuverschuldung wurden als kurzfristiger Schock interpretiert, der nicht die mittelfristige Konsolidierung in Frage stellen würde. Damit sollte nicht zuletzt auch ein Stabilitätssignal an die internationalen Finanzmärkte gesendet werden, um einen Zinsaufschlag auf deutsche Anleihen als „Risikoprämie" zu vermeiden und Spekulationen entgegenzutreten, die Bundesrepublik sei womöglich den aktuellen Herausforderungen nicht gewachsen (BMF 1991b: 8/9).

Die tatsächlichen finanziellen Belastungen, die auf die öffentlichen Haushalte zukamen, waren allerdings mit den politisch gesteckten Zielen eines moderaten Ausgabenwachstums nicht in Einklang zu bringen. Die realen Herausforderungen überstiegen regelmäßig die in der Haushaltsplanung vorgesehenen. Grundlage der von der Bundesregierung in dieser Phase vorgelegten Finanzplanung war eine Kumulation optimistischer Annahmen über die zukünftige wirtschaftliche und haushaltspolitische Entwicklung in der Bundesrepublik, die finanzpolitische Risiken regelmäßig ausgeblendete. Es dominierte offenbar die Hoffnung, daß „es gut geht" (Hüther 1992: 221).

Tabelle 4.2: Finanzplanung des Bundes - Ausgaben in Mrd. DM

	1990	1991	1992	1993	1994	1995	1996	1997	1998
Finanzplan 1990-1994	396	400	403	412	421				
Finanzplan 1991-1995		410	423	429	439	449			
Finanzplan 1992-1996			425	436	452	452	465		
Finanzplan 1993-1997				458	478	479	489	500	
Finanzplan 1994-1998					480	485	480	483	490
Finanzplan 1995-1999						478	452	458	470
Ist	380	402	425	458	480	465			

Quelle: BMF-Finanzberichte

So wurde der Finanzplanung 1990-1994, die im März 1991 im Rahmen der Verabschiedung des Bundeshaushalts für 1991 vorgelegt wurde, ein jährlicher Anstieg der Ausgaben des Bundes in Höhe von 1,7% zugrundegelegt, so daß das Budget von 400 Mrd. DM 1991 auf 421 Mrd. DM im Jahr 1994 ansteigen sollte. Doch bereits fünf Monate später, im August 1991 mußten diese Planungen revidiert werden. Nachdem das Budget des Bundes von 1991 auf 1992 nun um 3% (statt 1,7%) zunehmen sollte, wurde auch für die mittlere Frist der Ausgabenbedarf nach oben korrigiert. Die Finanzplanung ging nun für die Jahre 1992 bis 1995 von einem jährlichen Wachstum in Höhe von 2,5% aus (vgl. Tab. 4.2).

Infolge dieser neuen Entwicklung präsentierte der Bundesfinanzminister im Rahmen der Haushaltsberatungen ein Konzept, das dieser Ausgabensteigerung und der damit einhergehenden hohen erwarteten Neuverschuldung des Bundes in Höhe von 67 Mrd. DM im Jahr 1991 und 51 Mrd. DM im Jahr 1992 in erster Linie durch einen harten Sparkurs begegnen wollte (vgl. Tab. 4.3). Mit Hilfe strengster Ausgabendisziplin sollte die jährliche Nettokreditaufnahme bis 1995 halbiert und der Ausgabenanstieg des Bundeshaushalts strikt auf 2,3% pro Jahr begrenzt werden (BMF Finanzbericht 1992: 11-13). Zusätzliche finanzielle Entlastung erhoffte sich die Bundesregierung von dem bereits angesprochenen Subventionsabbau in Höhe von 33 Mrd. DM, wovon schon 1992 10 Mrd. DM haushaltswirksam werden sollten. Eine Revision der finanzpolitischen Strategie oder weitere Maßnahmen, wie z.B. Steuererhöhungen oder Kürzungen bei Leistungsgesetzen wurden ausdrücklich ausgeschlossen.

Tabelle 4.3: Finanzplanung des Bundes - Nettokreditaufnahme in Mrd. DM

	1990	1991	1992	1993	1994	1995	1996	1997	1998
Finanzplan 1990-1994	67	70	49	41	31				
Finanzplan 1991-1995		67	51	46	31	26			
Finanzplan 1992-1996			41	39	30	27	23		
Finanzplan 1993-1997				68	68	67	48	38	
Finanzplan 1994-1998					70	70	60	44	28
Finanzplan 1995-1999						49	60	49	41
Ist	48	53	39	67	51	51			

Quelle: BMF-Finanzberichte

Viele Beobachter zweifelten indes an dem vorgelegten Konzept und hielten die zugrundeliegende Situationsanalyse sowie dessen Ausrichtung für unrealistisch. Sie erwarteten einerseits höhere Ausgaben, weil die Transferzahlungen in die neuen Bundesländer noch längere Zeit auf dem Niveau von 1991 bleiben müßten, vermißten andererseits eine finanzpolitische Vorsorge für die ab 1995 auf den Bund zukommenden erheblichen Verbindlichkeiten aus den Sondervermögen und trauten der Bundesregierung schließlich nicht zu, die angekündigten Einsparungen konsequent durchzusetzen. Das Festhalten des Finanzministers an den optimistischen, aber als unrealistisch erachteten Erwartungen im Hinblick auf die Kosten der Einheit und die künftige Haushaltsentwicklung brachten ihm den Vorwurf ein, er wolle den Haushalt „gesundrechnen" (Wolf 1992: 3) und betreibe keine vorausschauende Haushaltspolitik, sondern „Flickschusterei" (Handschuch 1991a: 26).

Die vorherrschende Skepsis in bezug auf die Finanzpolitik des Bundes fand schon bald Bestätigung, als es zunächst Bundeswirtschaftsminister Möllemann nicht gelungen war, im Haushalt 1992 die angekündigten Einsparungen in Höhe von 10 Mrd. DM auch tatsächlich vorzunehmen und die Haushaltsplanung bereits im September 1991 korrigiert werden mußte. Zwar konnte der Bundeswirtschaftsminister ein Einsparvolumen in Höhe von 8,8 Mrd. DM erreichen und zumindest haushaltsmäßig für das Jahr 1992 ausweisen, davon wurden allerdings nur 3,6 Mrd. DM auch tatsächlich kassenwirksam (SVR 1991: 149).

Kaum war der Haushalt 1992 verabschiedet, erfolgte nach der parlamentarischen Sommerpause im Herbst 1991 der nächste finanzpolitische Anpassungsschub. Erneut wurde deutlich, daß der Finanzbedarf zur Finanzierung der Einheit noch nicht im notwendigen Umfang Eingang in die Finanzplanung gefunden hatte. Nachdem sich herausgestellt hatte, daß sich die finanzielle Situation der ostdeutschen Gebietskörperschaften aufgrund der degressiven Ausschüttungen des Fonds „Deutsche Einheit" und erneut hinter den Erwartungen zurückbleibender eigener Steuereinnahmen ab dem Haushaltsjahr 1992 wieder dramatisch verschärfen würde, und sich außerdem auch bei der BA für 1992 eine Deckungslücke in Milliardenhöhe abzeichnete, mußte erneut nachgebessert werden.

Am 2. September beschloß die Bundesregierung - nach Abstimmung mit den Ländern - die Abschaffung der Strukturhilfe für die alten Bundesländer zugunsten einer Aufstockung des Fonds „Deutsche Einheit". Danach sollte in den Jahren 1992 bis 1994 das Gesamtvolumen der bisherigen Strukturhilfemittel von 2,45 Mrd. DM um 3,45 Mrd. DM Bundesmittel ergänzt werden und in vollem Umfang den neuen Ländern zugute kommen. Damit konnten diese in dem angesprochenen Zeitraum über jährliche Mehreinnahmen von 5,9 Mrd. DM verfügen. Als Überbrückungshilfe wurden den alten Ländern einmalig 600 Mio. DM für das Jahr 1991 eingeräumt. Mitte Oktober wurden der BA über einen Nachtragshaushalt außerdem 5 Mrd. DM für die Verstärkung ihrer Rücklagen für das Jahr 1992 zur Verfügung gestellt, da sich abzeichnete, daß diese trotz der Beitragserhöhung mit einem erheblichen Defizit abschließen würde.

Mitte 1992 war die Politik zur Finanzierung der deutschen Einheit dann an einem Wendepunkt angelangt. Zunächst räumte Bundeskanzler Helmut Kohl bei der Verabschiedung des Haushaltsentwurfs für 1993 Fehleinschätzungen im Hinblick auf die Kosten der Einheit ein und stellte für die Finanzierung der neuen Bundesländer dauerhafte Transferzahlungen in der Größenordnung von 150 Mrd. DM im Jahr in Aussicht. Darüber hinaus berücksichtigte die Finanzplanung erstmals zukünftige Etatrisiken, insbesondere Ausgleichszahlungen für die Zeit nach dem Auslaufen des Fonds „Deutsche Einheit" (3,5 Mrd. DM) sowie Mittel für die Übernahme der Altschulden der Treuhand (13 Mrd. DM), zur Sicherung des gesamtdeutschen Länderfinanzausgleichs ab 1995 (15 Mrd. DM) wie auch zur Gewährleistung von Exportbürgschaften vor allem gegenüber den GUS-Staaten (6 Mrd. DM) (BMF Finanzbericht 1993: 11-13).

Um ein langfristiges Konzept zur Finanzierung der Einheit und für einen Wirtschaftsaufschwung in den neuen Länder erarbeiten zu können, lud der Bundeskanzler außerdem Gewerkschaften, Arbeitgeberverbände und die SPD zu Gesprächen über einen „Solidarpakt" für Ostdeutschland ein. Damit wurden erstmals Umfang und dauerhafter Charakter der Transferleistungen von seiten der Bundesregierung anerkannt und Bestrebungen entwickelt, eine dauerhafte Perspektive für die Finanzierung der Einheit zu entwickeln. So deutlich sich diese Aussagen auch von früheren Positionen abgesetzt haben, dominierte Kontinuität, was die Konsolidierungsstrategie der Bundesregierung anging. Auch weiterhin wurde keine Notwendigkeit für zusätzliche Maßnahmen gesehen und der Haushalt für 1993 setzte ebenso auf die bekannten Eckpunkte wie die Finanzplanung 1992-1994.

Bei einem Ausgabevolumen von 436 Mrd. DM sollte die Neuverschuldung bei 39 Mrd. DM liegen, mithin um 2,5 Mrd. DM unter der des Vorjahres, und bis 1996 stufenweise auf 22 Mrd. DM zurückgeführt werden. Ermöglichen sollten dies zum einen aufgrund des Vereinigungsbooms in den alten Bundesländern kräftig gestiegenen Steuereinnahmen, zum anderen der angepeilte Sparkurs, der das Ausgabenwachstum auf durchschnittlich 2,3% begrenzen sollte.

Ähnlich wie im vorangegangenen Jahr gerieten auch diese Planungen schnell unter Druck. Bereits im politischen „Sommerloch" während der Parlamentsferien entzündete sich eine lebhafte, öffentlich geführte Debatte innerhalb der Regierungsparteien über die Notwendigkeit zusätzlicher Einnahmen zur Finanzierung der Einheit. Zunehmend wuchsen auch im eigenen Lager die Zweifel, ob die optimistischen Haushaltsansätze tatsächlich Bestand haben könnten, und so wurden die verschiedensten Finanzierungsmodelle in die Diskussion gebracht. Die Bandbreite reichte von Autobahnvignetten nach schweizer Vorbild (Verkehrsminister Krause, CDU), Zwangsanleihen für Besserverdienende (Innenminister Schäuble, CDU), bis hin zu einer steuerbefreiten „Deutschland-Anleihe" (Finanzminister Waigel, CSU). Zwischenzeitlich wurde die Notwendigkeit von einnahmeverbessernden Maßnahmen immer wieder von Bundeskanzler und F.D.P. kategorisch abgelehnt.

Ruhe kehrte in dieses „finanzpolitische Kuddelmuddel" (Handelsblatt v. 3.9.1992) erst Ende Oktober 1992 anläßlich des CDU-Parteitages in Düsseldorf ein, als der CDU-Bundesvorsitzende und Bundeskanzler Helmut Kohl schließlich doch ankündigte, zur Bewältigung der DDR-Altlasten seien ab 1995 Steuererhöhungen unvermeidbar. Damit war auch auf der Einnahmeseite ein grundlegender Positionswechsel erfolgt.

Gleichzeitig erfolgte aber schon eine Korrektur der Finanzplanung für die kurze Frist. Aufgrund einer sich anbahnenden Konjunkturschwäche und damit einem geringeren Wirtschaftswachstum, als bei der Erstellung des Bundeshaushalts für 1993 angenommen, drohte das Steueraufkommen im Jahr 1993 deutlich hinter dem Haushaltsansatz zurückzubleiben. Außerdem nahm auch die Entwicklung bei der Arbeitslosenversicherung einen anderen Verlauf, als gehofft. Auch hier zeichnete sich ein deutliches Defizit ab, so daß der Bund zur Defizitdeckung einspringen mußte. Insgesamt drohte für 1993 ein zusätzliches Etatdefizit in Höhe von weit über 20 Mrd. DM .

Die Bundesregierung reagierte auf diese Entwicklung mit einem finanzpolitischen policy-mix aus Umschichtungen, Kürzungen und höherer Neuverschuldung. Per Kabinettsbeschluß vom 3. November 1992 wurde ein Sparpaket geschnürt, das von Minderausgaben beim Kindergeld und Erziehungsgeld, über Kürzungen bei der Kultur- und Sportförderung, bis hin zu Abstrichen bei den Sanierungsmaßnahmen für das Uranabbaugebiet in Wismar reichte. Insgesamt sollten so 7 Mrd. DM eingespart werden. Das Defizit in der Arbeitslosenversicherung sollte durch eine Verschiebung von 2,4 Mrd. DM von der Renten- in die Arbeitslosenversicherung abgedeckt werden, um den Bund aus der Verantwortung zu nehmen, und die Neuverschuldung sollte um 6 Mrd. DM auf insgesamt 45 Mrd. DM ansteigen (die tatsächliche Neuverschuldung des Bundes belief sich 1993 letztlich auf 67 Mrd. DM, vgl. Tab. 4.3). Gleichzeitig kündigte der Bundeskanzler weitere Einschnitte im Zuge der Solidarpaktverhandlungen an.

Da das Sparpaket ganz kurzfristig und „ mit der heißen Nadel gestrickt" vorgelegt wurde, ohne mit den direkt Betroffenen abgestimmt zu sein, regte sich allerdings sofort heftiger Widerstand gegen diese Maßnahmen. Die betroffenen Verbände stellten dabei insbesondere die Kürzungen der Leistungen für Arbeitslose, die geplante Abschaffung der Arbeitnehmer-Sparzulage sowie die Erhöhung der Versicherungssteuer in den Mittelpunkt ihrer Kritik. Aber auch innerhalb der Regierungsparteien wurde Unmut über die geplanten Sparmaßnahmen laut (FAZ v. 4.11.1992).

Und der Widerstand war erfolgreich. Sowohl im Bundeshaushalt 1993 als auch im Nachtragshaushalt, der am 4. März 1993 durch das Bundeskabinett verabschiedet wurde, war von den geplanten Maßnahmen nichts mehr übriggeblieben. Weil gleichzeitig niedrigere Steuereinnahmen, ein Zuschuß zur Arbeitslosenversicherung von 5 Mrd. DM und eine Investitionspauschale für ostdeutsche Kommunen in Höhe von 1,5 Mrd. DM zu berücksichtigen waren, wurde auf die konfliktarme Alternative einer Erhöhung der Neuverschuldung auf nun 51 Mrd. DM ausgewichen (ursprünglicher Ansatz: 39 Mrd. DM, vgl. Tab. 4.3). Die Einsparvorschläge sollten in einem „Föderalen Konsolidierungskonzept" (FKK) im Rahmen der Solidarpaktverhandlungen wieder aufgegriffen werden.[33]

Immer stärker rückten nun die Verhandlungen um den geplanten Solidarpakt zwischen Bund und Ländern in den Mittelpunkt der Diskussion. Der Solidarpakt sollte den Durchbruch bringen, um den erneuten Problemstau, der sich im Zusammenhang mit der deutschen Einheit gebildet hatte, in den Griff zu bekommen. Es galt, in drei Bereichen zu Ergebnissen zu kommen: in bezug auf (1) die Übernahme der im Zuge des Einigungsprozesses aufgelaufenen Schulden aus Kreditabwicklungsfonds, Treuhandanstalt und ostdeutscher Wohnungswirtschaft, (2) die Reform der bundesstaatlichen Finanzbeziehungen mit dem Ziel der vollen Einbeziehung der neuen Länder ab 1.1.1995 und (3) die Finanzierung dieser Maßnahmen durch Einsparungen und/oder Einnahmeverbesserungen im Rahmen des FKP.

So wenig Erfolgschancen diesen Verhandlungen aufgrund der Komplexität der anstehenden Fragen und der immensen Divergenzen im Hinblick auf Interessen und Positionen der beteiligten Akteure gemeinhin zugebilligt wurden, gelang es im Zuge der dreitägigen Solidarpakt-Klausur vom 11.-13. März 1993 im Bundeskanzleramt dennoch, in zwei Bereichen überzeugende und auch längerfristig tragbare Lösungen zu beschließen (zum Solidarpakt vgl. Kap. 4.2). Die Sicherung der Finanzausstattung der ostdeutschen Gebietskörperschaften sowie deren vollständige Eingliederung in die bundesstaatlichen Finanzbeziehungen ab 1.1.1995 konnte ebenso sichergestellt werden wie eine Lösung für die Frage der Übernahme der im Einigungsprozeß aufgelaufenen Schulden von Kreditabwicklungsfonds, Treuhandanstalt und ostdeutscher Wohnungswirtschaft gefunden wurde.

Anders dagegen der Bereich der Finanzierung der anstehenden Belastungen. Um die hohe Neuverschuldung mittelfristig wieder zurückführen zu können, sollte eine Kombination aus Einsparungen und Einnahmeverbesserungen die Finanzsituation insbesondere des Bundes deutlich verbessern. Hier lagen jedoch Regierung und SPD zu weit in ihren Positionen auseinander, als daß schon auf der Klausurtagung ein komplettes Maßnahmenpaket hätte geschnürt werden können. Man beschränkte sich deshalb auf die Vereinbarung von Eckpunkten (vgl. Kap. 4.2.3).

Zwar waren mit dem Solidarpakt erstmals im Prozeß der Finanzierung der Einheit Einsparungen in nennenswertem Umfang möglich geworden, doch glichen die durch Zusatzeinnahmen und Sparmaßnahmen freigewordenen Mittel den Finanzierungsbedarf keineswegs aus, so daß erneut die Erhöhung der Neuverschuldung für den notwendigen Handlungsspielraum

33 Aufgrund der mehrdeutigen Abkürzung sprach man bald vom Föderalen Konsolidierungs*programm* (FKP)

sorgen mußte. Unmittelbar nach der Solidarpakt-Klausur korrigierte Bundesfinanzminister Waigel die Neuverschuldung des Bundes gegenüber dem vor der Tagung geplanten Nachtragshaushalt erneut um 3 Mrd. DM nach oben, auf nunmehr 54 Mrd. DM. Als sich kurz darauf ein Defizit der Bundesanstalt für Arbeit von 18 Mrd. DM sowie hohe konjunkturbedingte Steuerausfälle abzeichneten, wurde schließlich mit einer Nettoneuverschuldung des Bundes in Höhe von 68 Mrd. DM gerechnet (gegenüber 39 Mrd. DM in der ursprünglichen Haushaltsplanung, vgl. Tab. 4.3).

Die Bundesregierung hielt deshalb weiterhin an ihren Plänen fest, zu weiteren Kürzungen im Sozialbereich zu kommen. In Vorbereitung des Bundeshaushaltes für 1994 präsentierte das Kabinett im Juli 1993 den Entwurf für ein Spar-, Konsolidierungs- und Wachstumsprogramm (SKWPG), das schon im Haushalt 1994 für eine Entlastung in Höhe von 21 Mrd. DM sorgen sollte. In den Folgejahren sollte dieser Betrag auf über 28 Mrd. DM ansteigen. Kernpunkte dieses Programms waren (BT-Drs. 12/5502, 12/5510):

- Einsparungen beim Staatsverbrauch durch Einfrieren des Personalkostenanstiegs („Nullrunde" für Beamten im Jahr 1994) und durch Subventionsabbau bei Landwirtschaft, Kohle und Wirtschaftsförderung;
- Leistungskürzungen bei der Bundesanstalt für Arbeit: Absenkungen bei den Lohnersatzleistungen, Arbeitsbeschaffungsmaßnahmen und Unterhaltsgeld, Kürzungen bei Maßnahmen der aktiven Arbeitsmarktpolitik;
- Kürzungen bei Sozialleistungen: Kindergeld und Erziehungsgeld sollten stärker einkommensabhängig gestaltet werden, beim BAFöG und der Sozialhilfe sollten die Anpassungen an höhere Lebenshaltungskosten zeitweilig ausgesetzt werden;
- Zusätzliche Steuereinnahmen: Unter dem Etikett „Maßnahmen zur Verbesserung der Steuergerechtigkeit" sollten Steuervorteile in einigen Bereichen abgebaut werden. Dieser Teil des SKWPG fiel allerdings mit einem Entlastungsvolumen von 1,4 Mrd. DM für das Jahr 1994 nur gering aus.

In der sicheren Erwartung, daß dieses Maßnahmenpaket nicht auf Gegenliebe bei der sozialdemokratischen Opposition stoßen und diese über ihre Mehrheit im Bundesrat versuchen würde, insbesondere die Kürzungen im Sozialbereich zu verhindern, trennte die Bundesregierung ihre Vorhaben in drei eigenständige Gesetzentwürfe: In den 1. Gesetzentwurf zur Umsetzung des Spar-, Konsolidierungs- und Wachstumsprogramms (1. SKWPG), in dem alle durch den Bundesrat nicht zustimmungspflichtigen Maßnahmen zusammengefaßt waren, den 2. Gesetzentwurf zur Umsetzung des Spar-, Konsolidierungs- und Wachstumsprogramms (2. SKWPG), der alle Maßnahmen enthielt, die der Zustimmung des Bundesrates bedurften, und schließlich den Entwurf eines Gesetzes zur Bekämpfung des Mißbrauchs und zur Bereinigung des Steuerrechts (StMBG), das jährliche Einsparungen in der Höhe von 2,5 Mrd. DM durch Maßnahmen der Haushaltskonsolidierung, Mißbrauchsbekämpfung und Steuervereinfachung erbringen sollte (vgl. Kap. 4.1.3).

Diese Einsparungen durch das SKWPG stellten die Basis für die Konzeption des Haushalts 1994 und der Finanzplanung 1993-1997 dar. Trotz der Rückschläge in den vorangegangenen Jahren, in denen sich die Finanzplanung regelmäßig als von zu optimistischen Annahmen geprägt erwiesen hatte, folgte auch dieser Haushaltsentwurf dem gleichen Muster. Durch die Umsetzung des SKWPG sollte das Haushaltsvolumen im Jahr 1994 nur um 2,6% wachsen und die Neuverschuldung auf 68,5 Mrd. DM begrenzt werden. Bei einem prognostizierten Wachstum des BIP von 3%-4% im selben Jahr zielte die Finanzplanung der Bundesregierung also sogar auf eine Senkung des Bundesanteils an der Staatsquote. Deutlich sollten damit die Konsolidierungsbemühungen der Bundesregierung unterstrichen werden (BMF Finanzbericht 1994: 15-16).

Zwar konnte das SKWPG erwartungsgemäß in der vorgesehen Form nicht verabschiedet werden, weil die SPD im Vermittlungsausschuß einige Änderungen durchsetzen konnte (vgl. Kap. 4.1.3). Doch blieben - im Unterschied zu den vergangenen Jahren - die Ausgaben des Bundes dennoch innerhalb des Haushaltsansatzes für 1994 (vgl. Tab. 4.2). Nachdem mit dem Solidarpakt die Notwendigkeit von dauerhaften Transfers in die neuen Länder von der Bundesregierung anerkannt und eine klare Aufgaben- und Lastenverteilung zwischen Bund und Ländern vereinbart worden war, war die Grundlage für eine vollständige Haushaltsplanung gegeben, die den tatsächlichen Herausforderungen Rechnung tragen konnte. Damit konnten die auf den Bund zukommenden Ausgaben vollständig erfaßt werden, womit die Notwendigkeit von wiederholten Korrekturen des geplanten Ausgabevolumens entfallen war. Auch wenn die Haushaltsplanung des Bundes nach wie vor auf optimistischen Wachstums- und damit Steuereinnahmeerwartungen basierte und immer noch eine relativ hohe Neuverschuldung vorsah, schien die Finanzpolitik damit wieder in ruhigeres Fahrwasser geraten zu sein.

Auch die Struktur des Bundeshaushalts hatte sich 1995 den neuen Notwendigkeiten angepaßt (vgl. Schaubild 4.1). In einem schrittweisen Prozeß wurden von Jahr zu Jahr Mittel umgeschichtet, um den mit der deutschen Einheit verbundenen fiskalischen Problemen gerecht zu werden. Gleichzeitig erfolgte in vielen Bereichen, wie z.B. im Fall der Wirtschaftsförderung, eine regionale Konzentration der Mittel auf die neuen Bundesländer.

Die Ausgaben für Soziale Sicherung und Zinszahlung/Kreditbeschaffung, in geringerem Maße auch jene für Wirtschaftsförderung und Verkehrs- und Nachrichtenwesen, gewannen an Gewicht, während die anderen Haushaltsbereiche an Bedeutung verloren.

Schaubild 4.1: Die Ausgabenstruktur des Bundeshaushalts im Vergleich

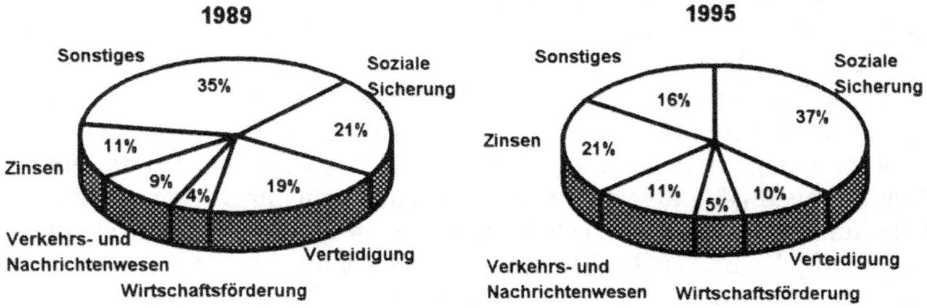

Quelle: BMF-Finanzberichte 1989, 1995

Insbesondere der Verteidigungshaushalt wurde deutlich zurückgeführt. Sanken die für diesen Zweck aufgewendeten Mittel absolut betrachtet zwischen 1989 und 1995 um 6,7 Mrd. DM, so wird das Ausmaß der Gewichtsverschiebung deutlicher, wenn man den Anteil am Gesamthaushalt in Betracht zieht. Hier gingen die Verteidigungsausgaben von 19% der gesamten Haushaltsmittel auf 10% zurück. Im gleichen Zeitraum stieg der Anteil der Ausgaben für Soziale Sicherung von 21% auf 37% und jener der Aufwendungen für Zinszahlungen und Kreditbeschaffungskosten (einschl. Fonds „Deutsche Einheit", Erblastentilgungsfonds und der Aufwendungen für die Nachfolgeorganisationen der Treuhandanstalt) von 11% auf 21%. Insbesondere dieser letztgenannte Aspekt verheißt aufgrund der Bindung von über 20% der gesamten Haushaltsmittel einen deutlich verringerten finanzpolitischen Handlungsspielraum in der Zukunft.

Kurz vor Ende der Legislaturperiode wurde im September 1994 mit der Verabschiedung des „Entschädigungs- und Ausgleichsleistungsgesetzes" die Frage der Entschädigung in der DDR Enteigneter geregelt. Auch dieses Problem hatte zu heftigen Meinungsverschiedenheiten zwischen Regierung und Opposition geführt und war erst nach einem Vermittlungsverfahren zur Entscheidung zu bringen. Nachdem in allen wesentlichen Fragen Einigung erzielt werden konnte, war zum Ende dieser Kontroverse noch die Lastenverteilung zwischen Bund und neuen Ländern umstritten. Die neuen Länder sahen sich aufgrund ihrer schwierigen Haushaltssituation nicht in der Lage, einen Beitrag zu den Entschädigungsleistungen zu erbringen, und der letztlich vereinbarte Kompromiß (BT-Drs. 12/8413) weist dem Bund die alleinige Verantwortung zu.

Kernpunkt dieses Gesetzes ist die Schaffung eines weiteren Sondervermögens, des Entschädigungsfonds. Dieser Fonds mit einem Umfang von 18 Mrd. DM erhält seine Mittel aus dem Finanzvermögen des Bundes und leistet Entschädigungen in Form von Schuldverschreibungen des Bundes, die ab 2004 in Staffeln ausgezahlt und verzinst werden.

Zum Ende der Legislaturperiode war der Einigungsschock damit in finanzpolitischer Hinsicht verarbeitet. Dies nun nicht in dem Sinne, daß keine Leistungen für die neuen Länder mehr notwendig seien oder die durch die deutsche Einheit begründeten finanzpolitischen Probleme sämtlich gelöst wären, sondern im Sinne einer Anpassung der Finanzpolitik an die neuen Herausforderungen, die mit dem exogenen Schock der Einheit verbunden waren. Diese Anpassungsleistung erfolgte allerdings nicht in Form eines stringenten, in sich geschlossenen Finanzierungskonzeptes, sondern in einem schrittweisen Prozeß inkrementalistischer Veränderungen.

Dies ist um so beachtlicher, wenn man die Ausgangssituation berücksichtigt. Obwohl die Finanzbestimmungen im Einigungsvertrag auf offenkundig unzutreffenden Annahmen beruhten, in ihrem Umfang unzureichend waren und zahlreiche Belastungen zunächst negiert wurden, gelang die Anpassung binnen einer Legislaturperiode. Reagierte die Bundesregierung in den Jahren 1991 bis Mitte 1992 lediglich nacheilend auf reale Entwicklungen, die ihren Prognosen nicht folgen wollten, deutete sich Mitte 1992 ein Wendepunkt an. Mit dem Anerkennen der Notwendigkeit eines dauerhaften Transferstromes in die neuen Bundesländer und dem Aufgeben der Selbstfesselung der Politik durch den erklärten Verzicht auf einnahmeverbessernde Maßnahmen erfolgte ein weiterer Schritt auf dem Weg zur erfolgreichen Problemverarbeitung. Mit dem Solidarpakt konnte dann 1993 auch für die komplexen Probleme der Neuordnung der bundesstaatlichen Finanzbeziehungen und der Frage der im Einigungsprozeß aufgelaufenen Schulden in den Sondervermögen eine Lösung gefunden werden (vgl. Kap. 4.2). Nachdem damit die tatsächlich anstehenden Belastungen in die Finanzplanung Eingang gefunden hatten und auch die Lastenverteilung zwischen Bund und Ländern geregelt war, hatte die Finanzpolitik wieder verläßliche Grundlagen, so daß sich die tatsächliche Ausgabenentwicklung 1994 erstmals wieder im Rahmen der ursprünglichen Ansätze bewegt hat.

Kurzfristigen finanzpolitischen Handlungsspielraum eröffnete sich die Bundesregierung wiederholt durch eine Erweiterung des Rahmens für die staatliche Kreditaufnahme. Angesichts der Widerstände gegen Einsparungen (vgl. Kap. 4.1.3) und die Selbstbindung, auf Steuererhöhungen so weit als möglich zu verzichten, bot sich kaum eine Alternative und so wurde die geplante Neuverschuldung mehrfach nach oben korrigiert, wenn dieser Spielraum auch nur selten in vollem Umfang genutzt wurde (vgl. Tabelle 4.3). Hinzu kamen strukturelle Umschichtungen im Bundeshaushalt, wobei hauptsächlich der Verteidigungshaushalt als „Steinbruch“ für die neu zu finanzierenden Ausgaben diente.

4.1.2 Die Finanzierung der Einheit und die Bundesländer

Nach dem formalen Vollzug der deutschen Einheit nahmen sich die vom Grundgesetz dafür vorgesehenen bundesstaatlichen Organe und die in der Praxis des bundesrepublikanischen Föderalismus entstandenen Entscheidungsmechanismen der Regelung föderaler Finanzfragen an. Im Bundesrat ergaben sich durch die Integration der fünf neuen Länder jedoch wichtige Veränderungen. Zwar hatten sich die alten Länder bei der Anpassung der Stimmengewichtung[34] eine deutliche Mehrheit über die ostdeutschen Länder gesichert (45:23 einschl. Berlin) und blieb auch die parteipolitische Balance gewahrt, doch verschoben sich die Mehrheitsverhältnisse in ökonomischer Hinsicht grundlegend. Nach der Vereinigung haben die finanzschwachen Bundesländer eine deutliche Mehrheit gegenüber den finanzstarken Ländern: nach 19:22 vor dem Beitritt nun 39:25 Stimmen (ohne Berlin).[35] Damit wurde die Palette der möglichen mehrheitsfähigen Interessenkonstellationen im Bundesrat um einen gerade auf dem Feld der föderalen Finanzbeziehungen wichtigen Aspekt erweitert. Gleichzeitig gab dies jedoch Anlaß zu Befürchtungen, diese Mehrheit der finanzschwachen Länder könnte in der Konsequenz eine Schwächung der Länder und einen Zentralisierungsschub zugunsten des Bundes bewirken, der sich durch massive Finanzhilfen auch politischen Einfluß auf die Ländermehrheit sichern könnte (Scharpf 1991, Abromeit 1992: 81-92).

Zunächst wuchs jedoch der Druck der Öffentlichkeit und der Ministerpräsidenten der neuen Länder auf ihre westdeutschen Kollegen, ihre unnachgiebige Haltung im Hinblick auf ihren finanziellen Beitrag zur Finanzierung der deutschen Einheit aufzugeben und sich stärker für die ostdeutschen Bundesländer zu engagieren. Die teilweise harsche Kritik an der Rolle der alten Länder im Einigungsprozeß („Versammlung von Egozentrikern", FAZ v. 28.8.1990; „Charakterdarsteller des Geizes" Die Zeit v. 1.3.1991) läßt sich dabei auf die Formel „Besitzstandswahrung versus föderalistische Solidarität" reduzieren.

Diese Kritik greift jedoch in einem entscheidenden Punkt zu kurz: Wie schon im Hinblick auf die bundesstaatliche Lastenverteilung des Einigungsvertrags angemerkt, geht es beim Ringen um die Finanzausstattung aller

34 Diese mit der Integration der neuen Länderverbundene „Stimmenspreitzung" wurde im Rahmen der EV-Verhandlungen vereinbart und war zwischen den alten Ländern sehr umstritten (Albert 1992). Der damalige hessische Minsterpräsident Walter Wallmann soll bei der internen Abstimmung unter den Ländern der Neuregelung nur aufgrund der Tatsache zugestimmt haben, daß er sich über die Einwohnerzahl seines Bundeslandes nicht im klaren war und in der irrigen Annahme seine Zustimmung gab, Hessen würde künftig über eine Stimme mehr verfügen (Interview 14). Eine pikante Anekdote, die anschaulich zeigt, unter welchem Zeitdruck dieser Vertrag ausgehandelt worden war.

35 Als reiche Länder gelten dabei die zuletzt im Länderfinanzausgleich ausgleichsflichtigen Bundesländer Baden-Württemberg, Bayern, Hamburg, Hessen und Nordrhein-Westfalen.

Länder - alter wie neuer, reicher wie armer - nur vordergründig um die Wahrung von Besitzständen. Dahinter steht die Sicherung einer handlungsfähigen und eigenständigen Landespolitik. Gerade für die Länder und noch in stärkerem Maße für ihre Kommunen gilt der Grundsatz, daß die Finanzausstattung über die politischen Gestaltungsspielräume entscheidet. Da ein Großteil der Haushalte über die Erfüllung - Ländern wie Kommunen vorgeschriebener - gesetzlicher Pflichtleistungen der politischen Gestaltung entzogen sind (Färber 1992: 219), bestimmen die darüber hinaus verfügbaren freien Haushaltsspitzen über die landespolitischen Möglichkeiten. Damit entscheidet die Finanzausstattung nicht nur über das politische Überleben der jeweiligen Landesregierung, sondern mittel- und längerfristig auch über das Überleben eines starken Föderalismus insgesamt. Dieser Umstand trägt viel zur Erklärung der kompromißlosen Haltung bei, die die Länder bei Finanzverhandlungen an den Tag zu legen pflegen.

Entsprechend mißtrauisch und unwillig haben die alten Länder ihre neuen Pendants zunächst aufgenommen, stellten sie doch eine Bedrohung des sehr fragilen Gleichgewichts im bundesdeutschen Föderalismus vor der Einigung dar und wirkten in vielen Bereichen noch problemverschärfend. War der Finanzausgleich schon unter den alten Ländern umstritten und reformbedürftig - es waren just zum Zeitpunkt der Einigung Klagen Bremens und des Saarlands beim Bundesverfassungsgericht anhängig - so stellte die Integration der neuen Länder in die bundesstaatlichen Finanzbeziehungen eine zusätzliche Hürde dar, die zu nehmen zunächst allzu illusorisch schien.[36] Nichtsdestotrotz war die Entwicklung im Untersuchungszeitraum von einem Annäherungsprozeß zwischen neuen und alten Bundesländern geprägt, an dessen Ende deren vollständige Integration in den Kreis der Länder stand - sowohl in fiskalischen Kategorien wie der Einbeziehung in den Länderfinanzausgleich als auch in politischen Kategorien der Akzeptanz der neuen Länder als Ländergruppe mit spezifischen, aber legitimen Interessen.

Als im Zuge der Aufstellung der ersten Länderhaushalte in Ostdeutschland die mangelhafte Finanzausstattung der neuen Länder offen zu Tage trat, drängten die Ministerpräsidenten auf Nachbesserungen. Da nun die Auseinandersetzung um die künftig zu erwartenden Defizite in den neuen Ländern nicht mehr Gegenstand einer parteipolitisch aufgeladenen Diskussion auf unsicherer Datengrundlage und im Vorfeld der Bundestagswahl war, sondern es um den Ausgleich tatsächlich zu erwartender Fehlbeträge auf Basis der Haushaltsrechnung in den fünf neuen Bundesländern ging, konnte dieses Problem nicht mehr länger übergangen werden. Die alten Länder wurden aufgefordert, der sofortigen vollen Einbeziehung der neuen

36 Nicht zuletzt aus Zweifel an der finanziellen Überlebensfähigkeit der neuen wie einiger finanzschwacher alter Länder hatten kurz nach der Einigung Vorschläge zur Länderneugliederung Hochkonjunktur (Benz 1992b; Schmidt, M.G. 1993c).

Bundesländer in die Umsatzsteuerverteilung rein nach der Einwohnerzahl zuzustimmen. Durch die Abschaffung der ursprünglich im Einigungsvertrag festgelegten Staffelung sollten die neuen Länder nun mit 100% statt mit 55% in der Pro-Kopf-Verteilung der Umsatzsteuer gewertet werden, was ihnen Mehreinnahmen von ca. 5 Mrd. DM im Jahr 1991 erbringen sollte. An die Adresse des Bundes wurden drei Forderungen gerichtet:

- der Verzicht auf den 15%igen Anteil des Bundes an den jährlichen Ausschüttungen des Fonds „Deutsche Einheit";
- die Umlenkung der für die alten Länder vorgesehenen Strukturhilfemittel ab 1991 in die eigenen Haushalte;
- der Abbau der Subventionsleistungen in Höhe von ca. 35 Mrd. DM pro Jahr, die die neuen Ländern aufbringen mußten, oder - soweit diese als sozial erforderlich eingeschätzt würden - deren Übernahme durch den Bund (Milbradt 1992: 281/282).

Die alten Länder erinnerten zwar zunächst erneut daran, daß laut Einigungsvertrag ihr Anteil an den Kosten der Einheit mit dem Länderbeitrag zum Fonds „Deutsche Einheit" abschließend geregelt sei und argumentierten weiter, daß der Bund von dem raschen Wachstum des Umsatzsteueraufkommens in Folge des Einigungsbooms in weit stärkerem Maß profitiere als die Länder, doch als Finanzminister Waigel kurz nach dem Jahreswechsel vorrechnete, daß sich alleine die umsatzsteuerbedingten Mehreinnahmen der alten Länder auf ca. 5,8 Mrd. DM im Jahr 1991 belaufen würden (FAZ v. 10.1.1991), waren zumindest führende CDU-Landespolitiker zu Zugeständnissen bereit.

Die Ministerpräsidenten der SPD-geführten Länder taten sich dagegen mit finanziellen Transfers an die neuen Bundesländer schwer. Einerseits sollten die „Fehlentscheidungen" der im Amt bestätigten Bundesregierung im Bewußtsein der Öffentlichkeit bleiben. Die SPD wollte der Regierung nicht aus der durch den Verzicht auf Steuererhöhungen resultierenden, „mutwillig herbeigeführten Finanzlücke" (Hamburgs Finanzsenator Krupp, SPD, in: FAZ v. 15.1.1991) heraushelfen. Andererseits mag noch ein zweiter parteipolitischer Aspekt eine Rolle gespielt haben: West-Ost-Umverteilungen hatten auch immer den Charakter von Umschichtungen von SPD-regierten zu CDU-regierten Ländern. Nach den Wahlniederlagen der CDU in Rheinland-Pfalz und Anfang 1992 in Baden-Württemberg war die SPD außer in Bayern in allen alten Bundesländern an der Regierung beteiligt.

Unter dem Druck der unleugbar katastrophalen Haushaltssituation in den neuen Ländern und internen Bemühungen Brandenburgs, den Kollegen aus den SPD-geführten Altbundesländern die Ernsthaftigkeit der Situation vor Augen zu führen, kam es schließlich am 28. Februar 1991 nach harten Verhandlungen zu einem gemeinsamen Beschluß der Ministerpräsidenten mit dem Bundeskanzler, der den neuen Ländern im Ergebnis zumindest für

1991 eine einem finanzschwachen alten Bundesland vergleichbare Finanzausstattung zusicherte. Dazu verzichtete der Bund auf seinen Anteil am Fonds „Deutsche Einheit“ (5,2 Mrd. 1991) und akzeptierten die alten Länder die Einbeziehung der neuen Länder in die Umsatzsteuerverteilung zu 100% je Einwohner. Ein Zugeständnis, das für die alten Länder insofern erträglich war, als es sie in der vermuteten Größenordnung ihrer durch die Einheit bedingten zusätzlichen Steuereinnahmen belastete, der Kompromiß also faktisch auf eine Besitzstandswahrung hinausgelaufen sein dürfte.

Die von den neuen Ländern geforderte Umlenkung der Strukturhilfemittel bereits ab 1991 konnte kurzfristig nicht erreicht werden, hier war erst bei der anstehenden Neuregelung 1992 ein Umsteuern möglich. Allerdings stellte der Bund den ostdeutschen Ländern und Gemeinden Mittel im Rahmen des Programms „Aufschwung Ost“ in Aussicht, wurde den Gemeinden ein Investitionsfinanzierungsprogramm mit einem Umfang von 5 Mrd. DM zugesichert und der Problemfall „Wohnungsbauschulden“ wurde durch ein bis 1993 laufendes Schuldenmoratorium zumindest aufgeschoben.

In engem Zusammenhang mit diesen Bund-Länder-Verhandlungen zur Sicherung der Finanzausstattung der neuen Länder standen die Kurskorrekturen der Bundesregierung im Hinblick auf die Finanzierung der Einheit, die sich mit den steuer- und finanzpolitischen Beschlüssen des Bundeskabinetts vom 8. März 1991 konkretisiert haben. Einerseits wurden die mit den Ministerpräsidenten getroffenen Vereinbarungen umgesetzt, etwa mit der Einrichtung des „Gemeinschaftswerks Aufschwung Ost“ mit einem Transfervolumen von jeweils 12 Mrd. DM in den Jahren 1991 und 1992. Andererseits mußte der Bund auf Steuererhöhungen zurückgreifen, um die Transfers in die neuen Länder finanzieren zu können. Art, Umfang und Struktur der geplanten Steuererhöhungen rief die SPD auf den Plan, die nun die mit ihrer Mehrheit im Bundesrat verbundenen Einflußmöglichkeiten geltend machen wollte. Insbesondere die für 1993 vorgesehene Anhebung der Mehrwertsteuer auf 15% bei gleichzeitiger Entlastung der Unternehmen wurde entschieden abgelehnt. Das mit der Ablehnung des Gesetzentwurfs im Bundesrat eingeleitete Vermittlungsverfahren zum „Steueränderungsgesetz 1992“, in dem diese Maßnahmen verabschiedet werden sollten, zogen sich bis 13. Februar 1992 hin. Letztendlich gab den Ausschlag, daß Brandenburg als das einzige SPD-regierte unter den neuen Bundesländern aus der parteipolitischen Geschlossenheit der A-Länder ausscherte und den eigenen landespolitischen finanziellen Notwendigkeiten folgend für den Entwurf der Bundesregierung stimmte. Dies geschah jedoch nur um den Preis einiger Zugeständnisse. So wurde der Länderanteil an der Umsatzsteuer für 1993 und 1994 auf den für die Länder günstigeren Verteilungsschlüssel von 63% : 37% (Länder : Bund) erhöht und garantierte die Bundesregierung, daß die Mehreinnahmen aus der Mehrwertsteuererhöhung in vollem Umfang den neuen Ländern zugute kommen sollten (Hüther 1992: 220).

Daß Brandenburg trotz der parteipolitischen Brisanz dem Steueränderungsgesetz zu einer Mehrheit verhalf und sich die finanzpolitischen Eigeninteressen als stärker erwiesen hatten als die Parteiraison unterstützt jene Interpretationen, die dem bundesdeutschen Föderalismus nach der Vereinigung heftigere Verteilungskonflikte, komplexere Interessenkongruenzen und eine schwierigere Entscheidungsfindung im Bundesrat prophezeiten (Singer 1992a). Die Bewährungsprobe für den Föderalismus stellte die im Zuge der vom Einigungsvertrag für den 1.1.1995 vorgesehenen Einbeziehung der neuen Länder in den Länderfinanzausgleich notwendige Neuregelung der bundesstaatlichen Finanzbeziehungen dar.

Daß das langwierige Ringen um eine gemeinsame Position der Länder gegenüber dem Bund von Erfolg gekrönt war und die Länder sich mit dieser Position in den Solidarpaktverhandlungen auch haben durchsetzen können (vgl. Kap. 4.2), stellt dabei eine entscheidende Wegmarke dar. Einmal weil das Ergebnis der Solidarpakt-Klausur den Föderalismus gestärkt und den befürchteten Zentralisierungsschub verhindert hat. Aber ein anderer Aspekt ist ebenso beachtenswert: Die gemeinsame erfolgreiche Kraftanstrengung hat die Länder über das reine Verhandlungsergebnis hinaus zusammengeschweißt und die neuen Länder im Laufe dieses Prozesses erst vollständig in den Kreis der Länder aufgenommen. Fortan waren die neuen Länder aus Sicht der alten als neu hinzugekommene Ländergruppe mit spezifischen, aber legitimen Interessen voll akzeptiert und in formelle wie informelle Arbeitsstrukturen in der vielschichtigen föderalen Politikpraxis integriert. Die neuen Länder wiederum hatten sich aus ihrer Fixierung auf den Bund gelöst und sich mit dem Gedanken angefreundet, die alten Ländern auch als Partner zu sehen. Diese neue Ländersolidarität bewährte sich dann schon bei den Verhandlungen mit dem Bund um das Entschädigungsgesetz, als es den Ländern gelang, die finanzielle Verantwortung für die Entschädigungsleistungen dem Bund zuzuweisen.

4.1.3 Parteienkonkurrenz und erzwungene Große Koalition

Welche Rolle spielte nun aber der Wettbewerb zwischen den politischen Parteien, der sich bereits für die Interpretation der finanzpolitischen Weichenstellungen im Einigungsprozeß selbst als überaus hilfreich erwiesen hat, bei der Finanzierung der deutschen Einheit in der Zeit von 1990 bis 1994? Nach der Bundestagswahl ebbte die harte und unversöhnliche Wahlkampfkonfrontation ab, und es entwickelte sich eine eigentümliche Kombination von politisch-ideologischen Kontroversen entlang bekannter Konfliktlinien und dem durch die Mehrheit der SPD-regierten Bundesländer im Bundesrat notwendigen Aushandlungs- und Vermittlungszwang zwischen Bundesregierung und SPD-Opposition.

Das einer Bundesratsmehrheit innewohnende Machtpotential und die damit verbundenen Möglichkeiten, die Politik der amtierenden Regierung mitzugestalten, sind in der Bundesrepublik beachtlich, so daß die Regierungspraxis bei unterschiedlichen parteipolitischen Mehrheiten in Bundestag und Länderkammer als permanente große Koalition beschrieben werden kann.[37] Die SPD setzte auch alles daran, ihren Einfluß in Verhandlungen mit der Regierung möglichst weitgehend geltend zu machen.

Zunächst dominierte allerdings noch die Konfrontation. Unmittelbar nach der Bundestagswahl schmerzten einerseits noch die im Wahlkampf wechselseitig geschlagenen Wunden und konnte sich die Bundesregierung andererseits noch auf die bei den Landtagswahlen in den neuen Ländern im Oktober 1990 errungene CDU-Mehrheit im Bundesrat stützen, so daß noch kein Abstimmungsbedarf mit der Opposition bestand.

In programmatischer Hinsicht setzte die Bundesregierung auf Kontinuität. Als wirtschafts- und finanzpolitische Leitlinie setzte sie weiterhin auf den moderat angebotspolitischen Kurs, der bereits seit der Regierungsübernahme 1982/83 verfolgt wurde. Senkung der Verschuldung der öffentlichen Haushalte, dabei Priorität von Einsparungen - insbesondere im konsumptiven, also auch dem Sozialbereich - vor Steuererhöhungen und Umlenkung eingesparter Mittel in investive Bereiche kennzeichnen die Eckpunkte dieser Politik. Auch in bezug auf die Bewältigung der mit der deutschen Einigung verbundenen Herausforderungen bestimmten die aus dem Bundestagswahlkampf bekannten Aussagen die Positionen der Koalition. Noch in der Regierungserklärung wurde daran festgehalten, die Einheit sei mit den gefaßten Beschlüssen zu finanzieren und Steuererhöhungen werde es keinesfalls geben (Sten. Ber. BT 12/71-73, 12/340-345).

Die finanzpolitischen Realitäten in den neuen Ländern entwickelten sich allerdings in eine dem politischen Willen der Bundesregierung entgegengesetzte Richtung. Durch die nun vorliegenden Länderhaushalte, unabweisbare Zahlungsverpflichtungen der Parafisci, insbesondere der Sozialversicherungen, und die unbefriedigende wirtschaftliche Entwicklung artikulierte sich ein nicht abzuweisender Handlungsbedarf. Im Unterschied zu vorangegangenen Kontroversen über die Kosten der Einheit, bei denen alle Seiten mehr mit Erwartungen als mit gesicherten Erkenntnissen argumentiert hatten, handelte es sich nun um ganz reale Haushaltsbelastungen, die finanziert werden mußten. Zusätzlich setzten die ostdeutschen CDU-Ministerpräsidenten ihre Parteifreunde in der Bundesregierung innerparteilich unter Druck, schnell die notwendigen Entscheidungen zu treffen, den neuen Ländern eine ausreichende Finanzausstattung zu gewährleisten.

Aus diesem Dilemma zwischen politisch-ideologischen Zielen und politisch-realen Handlungserfordernissen befreite sich die Bundesregierung mit

37 Manfred G. Schmidt prägte hierfür die Formel vom „Grand Coalition State" (Schmidt, M.G. 1994b: 15)

der ersten finanz- und steuerpolitischen Kurskorrektur vom 26. Februar 1991. Die Struktur dieser Beschlüsse folgt dem beschriebenen moderat angebotsorientierten Kurs, Reichweite und Zeitpunkt folgten dabei in auffälliger Weise den Spielregeln des Parteienwettbewerbs. Nach der gewonnen Wahl konnte das Ziel „Machterhalt" im Kalkül der Bundesregierung zurücktreten und sich das Augenmerk wieder auf die Gestaltung von Politik richten. Den wiedergewonnenen Handlungsspielraum nutzte die Regierung zu diesem finanzpolitischen Maßnahmenbündel.

Die Reichweite dieser Beschlüsse blieb dabei eng begrenzt. Weder wurde die Fehleinschätzung der mit der Einheit verbundenen Kosten und Probleme eingestanden, noch der Versuch unternommen, nach einer eingehenden Bestandsaufnahme ein tragfähiges mittel- bis langfristig ausgerichtetes Finanzierungskonzept zu entwickeln. Die verabschiedeten finanzpolitischen Maßnahmen richteten sich - mit Ausnahme des auf zwei Jahre angelegten „Gemeinschaftswerk Aufschwung Ost" und der geplanten Mehrwertsteuererhöhung - am unmittelbaren Finanzbedarf des Jahres 1991 aus. Ungeachtet der Frage, ob die Bundesregierung weiterhin von der Tragfähigkeit ihrer Finanzierungsstrategie überzeugt war und sich aus ihrer Sicht lediglich der Aufschwung etwas verzögert hatte, oder ob in internen Beratungen der tatsächlich Finanzierungsbedarf bereits realistisch eingeschätzt wurde, hätte die Bundesregierung schon alleine aus Gründen der politischen Glaubwürdigkeit kaum noch weitergehende Maßnahmen ergreifen können.

Konnte schon der Griff zu Steuererhöhungen als später Beweis für die Richtigkeit der Position des Herausforderers Lafontaine gewertet werden, so wäre eine Totalrevision der Finanzpolitik wohl wie eine Kapitulation vor der Opposition wahrgenommen worden. Um diesem Eindruck entgegenzutreten wurden die Steuererhöhungen zunächst nicht mit der Finanzierung der deutschen Einheit, sondern mit den auf die Bundesrepublik im Rahmen des Golfkrieges zukommenden Belastungen in Höhe von 16 Mrd. DM in Verbindung gebracht (BMF 1991a: 12). In der Öffentlichkeit setzte sich jedoch schnell die Auffassung durch, diese Argumentation sei lediglich als Versuch zu werten, die erfolgte Richtungsänderung in der Regierungspolitik auf nicht vorherzusehende, äußere Einflüsse zurückzuführen, um nicht zu deutlich von im Bundestagswahlkampf verfochtenen Positionen abweichen zu müssen - eine Sichtweise, die vor allem dann plausibel ist, wenn man sich das Gesamtpaket vor Augen führt, das am 8. März im Bundeskabinett beschlossen wurde (Handschuch 1991a: 16; Andersen 1992: 240/241). So setzte sich die Bundesregierung dem Vorwurf der „Steuerlüge" aus und bezahlte mit dem Verlust der erst im Oktober 1990 gewonnenen Bundesratsmehrheit nach dem Erfolg der SPD bei der Landtagswahl im April 1991 in Rheinland-Pfalz einen hohen politischen Preis.

Ab diesem Zeitpunkt verfügte die SPD über die Stimmenmehrheit im Bundesrat und damit über die Möglichkeit, ihre politischen Vorstellungen mit Nachdruck in die Debatte einzubringen. Die Oppositionsstrategie der SPD zielte zunächst darauf, das „Versagen“ der Koalition, insbesondere des Bundeskanzlers bei der Einschätzung der Kosten der Einheit und der wirtschaftlichen Entwicklung in den neuen Bundesländern herauszustellen und darauf hinzuweisen, daß die eigenen Prognosen, besonders jene Oskar Lafontaines im Bundestagswahlkampf, sich als richtig erwiesen hätten.

Überdies kritisierte die Opposition das Ausmaß der Schuldenfinanzierung der Einheit und die aus ihrer Sicht unsozialen Verteilungswirkungen der Steuerpolitik der Bundesregierung. Insbesondere die geplante Erhöhung der Mehrwertsteuer ab dem 1.1.1993 wurde von der SPD strikt abgelehnt. Da eine Änderung des Mehrwertsteuersatzes im Bundesrat zustimmungspflichtig ist, wurde das Steueränderungsgesetz 1992 zum Gegenstand einer Kraftprobe zwischen Regierung und Opposition. Das Vermittlungsverfahren zog sich bis in den Februar 1992 hin, und die SPD konnte einige Zugeständnisse für sich verbuchen, die Mehrwertsteuererhöhung allerdings nicht völlig abwenden (vgl. Kap. 4.1.2).

Ausgerechnet Brandenburg als einziges SPD-regierte neue Bundesland war aus den geschlossenen Reihen der A-Länder ausgeschert und stimmte dem Gesetzentwurf der Bundesregierung zu. Ministerpräsident Stolpe gab offensichtlich landespolitischen Interessen den Vorzug vor parteipolitischer Loyalität. Brandenburg war wie alle neuen Länder dringend auf eine deutliche Verbesserung der eigenen Finanzsituation angewiesen und gegen entsprechendes Entgegenkommen der Bundesregierung schließlich zu diesem Schritt bereit. Immerhin brachte das Steueränderungsgesetz 1992 in Verbindung mit der im selben Verhandlungspaket enthaltenen Aufstockung des Fonds „Deutsche Einheit“ (Gesetz zur Umlenkung der Strukturhilfe und zur Aufstockung des Fonds „Deutsche Einheit“) um 5,9 Mrd. DM für 1992 deutliche Einnahmeverbesserungen.

Neben dem Druck der leeren Landeskasse spielten aber auch atmosphärische Störungen zwischen Bundes-SPD und den ostdeutschen Landesverbänden eine Rolle. Im konkreten Fall wurde der Parteispitze und der Bundestagsfraktion übelgenommen, daß die Festlegung auf die Ablehnung der Mehrwertsteuererhöhung ohne Konsultation der betroffenen Länder, um deren finanzpolitisches Überleben es schließlich ging, beschlossen wurde. Ganz allgemein fühlten sich in dieser Phase der Einigungspolitik die Repräsentanten der SPD in den neuen Ländern von der Bundespartei in ihren spezifisch ostdeutschen Belangen nicht ernst genug genommen. Die emotionale Distanz, mit der die rein westdeutsch orientierte und aufgewachsene „Enkelgeneration“, die die Führungspositionen in der SPD innehatte, dem Einigungsprozeß gegenüberstand war in den neuen Ländern aufmerksam registriert worden und wurde ebenso beklagt wie das Fehlen eines gewachsenen Verständnisses für die Probleme und Interessen der ostdeutschen SPD. Diese Dissonanz zwischen ostdeutscher und westdeutscher SPD hat es der brandenburgischen Landesregierung sicherlich erleichtert, sich in diesem Fall gegen die Position der eigenen Partei zu wenden, deren westdeutsche Repräsentanten lange brauchten, den Brandenburgern ihr als „Verrat" empfundenes Vorgehen nachzusehen (Interviews 08, 13).

In jedem Fall lenkt das Verhalten Brandenburgs die Aufmerksamkeit auf eine Restriktion, mit der die Opposition bei der Instrumentalisierung des Bundesrates für ihre Politik zu rechnen hat, nämlich die im konkreten Fall oftmals auftretenden Interessendivergenzen zwischen Bundestagsfraktion und Landesregierungen. Nur wenn es gelingt, die Interessen auf den beiden Ebenen zu harmonisieren, läßt sich der Bundesrat von der Opposition im Bundestag wirkungsvoll als Korrektiv zur Politik der Regierungskoalition im Bund nutzen.

Über diese steuerpolitische Kontroverse hinaus war die Diskussion über die Finanzierung der Einheit seit deren formalem Vollzug in den Rhythmus der alljährlichen Haushaltsberatungen eingebunden. Die Positionen hatten sich dabei seit dem Bundestagswahlkampf kaum verändert, und das der ersten finanzpolitischen Kurskorrektur zugrundeliegende Handlungs- und Argumentationsmuster prägte auch die Haushaltsberatungen zum Bundeshaushalt 1992. Die Bundesregierung setzte auf Kontinuität ihrer Strategie und betonte, die Finanzierung der Einheit sei mit den beschlossenen Maßnahmen sichergestellt. Sie verband diese Aussage mit der wohl gleichermaßen an Finanzmärkte wie Wähler gerichteten Botschaft, die Finanzpolitik sei solide, der Haushalt „fest im Griff" und auf Konsolidierungskurs (BMF Finanzbericht 1992; BMF Finanznachrichten 32/92, 36/92). Die Opposition hielt dagegen, der Haushalt sei unsolide finanziert und berücksichtige nicht die immensen absehbaren Belastungen aus den Nebenhaushalten (Sten.Ber.BT 12/62: 5279-5282).

Diese Konfrontationslinie hinderte die Regierung erneut an einer grundlegenden Neuorientierung in der Finanzpolitik. Als sich Ende 1991 umfangreiche Defizite der ostdeutschen Gebietskörperschaften sowie der Bundesanstalt für Arbeit für das Jahr 1992 andeuteten, war somit wieder nur eine inkrementalistische Korrektur möglich: Die Aufstockung des Fonds „Deutsche Einheit" um 5,9 Mrd. DM, sowie die Verstärkung der Rücklagen der BA um 5 Mrd. DM.

Im Zusammenhang mit dem Abschluß des Vermittlungsverfahrens zum „Steueränderungsgesetz 1992" bot die SPD der Bundesregierung dann im Februar/März 1992 die konstruktive Mitarbeit bei der Lösung der zentralen Probleme an. Dies geschah weniger aus uneigennütziger Hilfsbereitschaft, die Koalition in ihrem Bemühen zu unterstützen, die anstehenden Probleme in den Griff zu bekommen. Vielmehr machte die stärkste Oppositionspartei damit ihren Anspruch geltend, über ihre Mehrheit im Bundesrat auch zukünftig die Bundespolitik mitzubestimmen. Die daraufhin stattfindenden Gespräche blieben jedoch ohne konkrete Ergebnisse (FAZ. 29.5.1992), was aufgrund der gegensätzlichen Interessenlage allerdings auch nicht überraschen konnte. So stark die SPD daran interessiert war, die „Überforderung" der Bundesregierung bei der Finanzierung der deutschen Einheit aufzuzeigen, so stark war deren Absicht, eben diesen Eindruck zu vermeiden und die eigenständige Handlungsbereitschaft unter Beweis zu stellen.

Das Jahr 1992 entwickelte sich aber immer mehr zum Höhepunkt der Einigungskrise, so daß die Bundesregierung immer stärker unter Druck geriet. Der fortgesetzte Deindustrialisierungsprozeß in Ostdeutschland, weiter steigende Arbeitslosenzahlen, die härtesten Arbeitskämpfe seit vielen Jahren, eine ungewöhnlich hohe Inflationsrate um 4% und anhaltend hohe Defizite der öffentlichen Haushalte führten dazu, daß die Stabilitätsbeteuerungen des Bundeskanzlers und Bundesfinanzministers immer weniger überzeugend wirkten. In Meinungsumfragen unter Führungskräften mußte die Bundesregierung und auch die Person des Bundeskanzlers selbst einen dramatischen Vertrauensverlust hinnehmen (SZ v. 29.06.1992), die Bundesbank drängte massiv auf einen Kurswechsel und verlieh ihrer Kritik durch weitere Leitzinserhöhungen deutlichen Nachdruck und auch innerhalb der Regierungsparteien wurde der Widerstand stärker. Insbesondere die ostdeutschen Abgeordneten in der CDU- und der F.D.P.-Fraktion im Bundestag meldeten sich immer selbstbewußter zu Wort. Sie drängten auf ein Ende des „Schönredens" und darauf, die bestehenden Probleme auch zur Kenntnis zu nehmen und den neuen Ländern wirkungsvolle Hilfe zukommen zu lassen. Für den Fall, daß ostdeutsche Interessen weiterhin nur unzureichende Berücksichtigung in der Regierungspolitik fänden, drohten die CDU-Abgeordneten mit der Ablehnung des Bundeshaushalts und der Gründung einer eigenständigen ostdeutschen Gruppe innerhalb der CDU-Fraktion (Interviews 05, 15).

Derart unter Druck gesetzt, entschied sich der Bundeskanzler Mitte 1992 für einen Befreiungsschlag aus der strategischen Falle, in die sich die Bundesregierung mit ihrer über-optimistischen Situationsdeutung seit dem Bundestagswahlkampf manövriert hatte. Der Düsseldorfer Parteitag der CDU und die Beratungen zum Bundeshaushalt 1993 markierten die Stationen des Kurswechsels. Zunächst räumte Helmut Kohl im Zuge der Haushaltsdiskussion ein, sich in der Frage der mit der deutschen Einheit verbundenen Kosten und Probleme geirrt zu haben und lud SPD-Opposition, Bundesländer und die Tarifparteien zu Gesprächen für einen „Solidarpakt für Ostdeutschland" ein. Hielt er zunächst noch an der Aussage fest, der eingeschlagene Weg zur Finanzierung der Einheit sei solide und ausreichend befestigt, erfolgte dann nach der heftigen koalitionsinternen Debatte über die Möglichkeit und Notwendigkeit von Steuererhöhungen während der Parlamentsferien ein Kurswechsel auch auf der Einnahmeseite. Auf dem Düsseldorfer CDU-Parteitag kündigte Kohl an, zur Bewältigung der DDR-Altlasten seien ab 1995 auch Steuererhöhungen notwendig.

Damit war die Bundesregierung in die Offensive gegangen. Mit der bislang verfolgten Strategie hatte es die Opposition leicht, mit jeder Prognose, die sich als falsch herausgestellt hatte, mit jeder durch den Problemdruck erzwungenen finanzpolitischen Nachbesserung die Fehleinschätzungen der Bundesregierung anzuprangern. Mit dem Solidarpakt-Konzept hat der Bundeskanzler - wie schon zuvor im Einigungsprozeß - die Initiative an sich gerissen und gleichzeitig die SPD mit in die Verantwortung genommen. Damit trug Helmut Kohl einerseits der Tatsache Rechnung, daß durch die SPD-Mehrheit im Bundesrat im Grunde ohnehin nur eine durch die Mehrheitsverhältnisse erzwungene Große Koalition über nennenswerte Handlungsspielräume verfügte. Andererseits brachte er die Opposition auch in Zugzwang, eigene Vorstellungen zu formulieren und in einen konkreten Verhandlungsprozeß einzubringen und nahm sie für den Erfolg der Politik zur Finanzierung der deutschen Einheit in die Pflicht. Bei einem erfolgreichen Abschluß der Verhandlungen würde der Initiator und Leiter der Gespräche, der Bundeskanzler, einen erheblichen Prestigegewinn verzeichnen können, die Opposition könnte den Kompromiß, da sie ihn selbst mitgetragen hat, nicht grundsätzlich kritisieren.

Um das Heft in der Hand zu behalten, brachte die Bundesregierung im Herbst 1993 eine Reihe von Vorhaben in die Diskussion, die ihre Vorstellungen von dem einzuschlagenden Konsolidierungskurs konkretisierten. Aus einer zunächst kursierenden „Streichliste“, die eine Fülle von Einsparmaßnahmen in allen Bereichen vorsah und die auch innerhalb der Regierungsparteien, insbesondere bei den Sozialpolitikern der jeweiligen Fraktion, höchst umstritten war (Interview 15), entwickelte sich der Gesetzentwurf zum Föderalen Konsolidierungskonzept (dem späteren FKP), das auch die Vorschläge des Bundes zur Neuregelung der Bund-Länder-Finanzbeziehungen enthielt und die Grundlage für die Solidarpakt-Verhandlungen wurde. Außerdem hatte die Bundesregierung bereits im Oktober 1992 den Entwurf für ein „Standortsicherungsgesetz“ präsentiert, das die wirtschaftliche Dynamik durch einen aufkommensneutralen Umbau des Steuersystems im Bereich der Besteuerung von Unternehmen stärken sollte (SVR 1992: 160). Dazu wollte die Bundesregierung im wesentlichen Senkungen der Körperschaftssteuer und des Spitzensatzes bei der Einkommensteuer durchsetzen und über verschlechterte Abschreibungsbedingungen gegenfinanzieren.

Die SPD versagte diesen Plänen jedoch ihre Zustimmung im Bundesrat und rief den Vermittlungsausschuß an. Auf Kritik stieß dabei sowohl die Senkung der Steuersätze für Unternehmen wie auch die Art und Weise der Gegenfinanzierung über verschlechterte Abschreibungsbedingungen, weil dadurch nach Auffassung der Opposition dringend erforderliche Investitionsanreize wegfielen (BT-Drs. 12/4487). Im Ergebnis fiel nach der Schlichtung im Vermittlungsausschuß im Juni 1993 die Senkung der Steuersätze geringer aus. Bei Gewerbeeinkünften von Personenunternehmen wurde der Spitzensatz bei der Einkommensteuer statt von 53% auf 44% lediglich auf 47% abgesenkt, der Körperschaftssteuersatz auf einbehaltene Gewinne statt von 50% auf 44% nur auf 45% vermindert. Gleichzeitig scheiterte die geplante Verschlechterung von Abschreibungsbedingungen am Widerstand der SPD, so daß die Reform letztlich nicht mehr aufkommensneutral war, sondern - auf Intervention der SPD - die Unternehmen faktisch entlastet hat (Hickel/Priewe 1994: 158-161).

Nach dem erfolgreichen Abschluß der Solidarpakt-Klausur im März 1993 (vgl. Kap. 4.2) und dem Kompromiß bei der Verabschiedung des Standortsicherungsgesetzes im Juni 1993 schalteten beide Lager wieder auf Konfrontation, um sich aber schon bald erneut im Vermittlungsausschuß bei der Kompromißbildung wiederzufinden. Zunächst griff die Bundesregierung diejenigen Vorhaben wieder auf, die im Solidarpakt nicht zustimmungsfähig gewesen waren und kleidete sie in drei Gesetzesvorlagen.

Um den beabsichtigten Konsolidierungskurs einzuschlagen, sollte mit Hilfe des „Spar-, Konsolidierungs- und Wachstumsprogramms (1. u. 2. SKWPG) sowie des Gesetzes zur Bekämpfung des Mißbrauchs und zur Bereinigung des Steuerrechts (StMBG) die Kreditaufnahme gesenkt und das Wachstum der Staatsausgaben 1994 auf 2,6% begrenzt werden (vgl. Kap. 4.1.1).

Die Struktur dieser Maßnahmen zeugte von Kontinuität in der programmatischen Zielrichtung der Koalition: Die Haushaltskonsolidierung sollte wesentlich über Einsparungen im sozialen Bereich und moderate Steuererhöhungen erfolgen. Gleichzeitige Steuersenkungen an anderer Stelle konnten die negativen gesamtwirtschaftlichen Rückwirkungen zwar nicht mindern, sollten aber zumindest als Signal wirken, daß die Bundesregierung grundsätzlich an ihrem angebotspolitischen Kurs festhalten wollte.

Die Mitgestaltungsmöglichkeiten der SPD über den Bundesrat berücksichtigend, wurde das SKWPG zweigeteilt. Das 1. SKWPG enthielt jene Vorhaben, die im Bundesrat nicht zustimmungspflichtig waren, darunter die Kürzungen bei Leistungen der BA einschließlich der umstrittenen Begrenzung der Arbeitslosenhilfe auf zwei Jahre und der Streichung der originären Arbeitslosenhilfe, Einsparungen in den Bereichen Kindergeld/Erziehungsgeldgesetz, sowie die Erhöhung der Mineralölsteuer. Im 2. SKWPG waren jene Vorhaben zusammengefaßt, die der Zustimmung des Bundesrats bedurften, wie die beabsichtigten Kürzungen bei der Sozialhilfe und der Mutterschaftspauschale.

Im StMBG schließlich waren Maßnahmen zur Verbesserung des Steuereinzugs und der Bekämpfung der Steuerhinterziehung ebenso enthalten wie geringfügige Steuerentlastungen, etwa die Senkung der Kraftfahrzeugsteuer für LKW zur Verringerung der Wettbewerbsvorteile ausländischer Konkurrenten gegenüber bundesdeutschen Speditionen (BT-Drs. 12/5502, 12/5510).

Die SPD rief über ihre Mehrheit im Bundesrat unmittelbar nach der Beschlußfassung der Regierungsmehrheit im Bundestag den Vermittlungsausschuß an. Interessanterweise gelang der Opposition in dem bis Dezember 1993 währenden Vermittlungsverfahren, zahlreiche Änderungen durchzusetzen, die auch den Bereich der eigentlich im Bundesrat gar nicht zustimmungspflichtigen Maßnahmen mit einschlossen. So wurde die Befristung der Arbeitslosenhilfe auf zwei Jahre ebenso verhindert wie die Abschaffung der originären Arbeitslosenhilfe, deren Zahlung allerdings auf ein Jahr beschränkt wurde. Außerdem scheiterte im Bereich der zustimmungspflichtigen Gesetze die Nullrunde bei der Sozialhilfe und einige Einzelmaßnahmen des Mißbrauchsbekämpfungsgesetzes am Widerstand der Opposition (BT-Drs. 12/6375; 12/6376).

Durch das letztlich verabschiedete Maßnahmenpaket konnte eine Entlastung der öffentlichen Haushalte in Höhe von 14 Mrd. DM für das Jahr 1994 erreicht werden, allerdings mit deutlich veränderter Struktur. Kürzungen im Sozialbereich scheiterten an der über den Bundesrat mitregierenden SPD. Um dennoch das für den Bundeshaushalt angepeilte Einsparvolumen von 21 Mrd. DM zu erreichen, mußte der Bundesfinanzminister auf weitere Einsparungen im Haushaltsverfahren und Mehreinnahmen durch administrative Maßnahmen zurückgreifen (SVR 1994: 148).

Zusammenfassend kann festgehalten werden, daß die immanente Handlungslogik des Parteienwettbewerbs und die Mitgestaltungsmöglichkeit der Opposition auf die Regierungspolitik Struktur und Inhalt der Politik zur Finanzierung der Einheit in hohem Maße beeinflußt haben. Über ihre Mehrheit im Bundesrat erzwang die im Bundestag oppositionelle SPD eine faktische Große Koalition, so daß sie einen beachtlichen Einfluß auf die Politik der Bundesregierung gewinnen konnte. In vielen Fragen wurde so der Vermittlungsausschuß zwischen Bundesrat und Bundestag zum entscheidenden Gremium. Sowohl die Art der Anpassung in mehreren Stufen als auch Zielrichtung und Reichweite der einzelnen Schritte wurden von diesen Faktoren mitbestimmt.

4.1.4 Die Transfers der Sozialversicherungen

Den sozialen Sicherungssystemen kam im Prozeß der Einigung beider deutscher Staaten von Beginn an eine zentrale Rolle zu. Die besondere Anziehungskraft, die die Bundesrepublik auf die Menschen in der DDR ausübte, hing in hohem Maße auch damit zusammen, daß der Kapitalismus hierzulande durch ein ausgeprägtes System sozialer Sicherung gezähmt ist (Alber 1987; Schmidt, M G. 1998b). Der hohe Stellenwert, den dieser Aspekt in den Hoffnungen und Erwartungen der Bürger in der DDR einnahm, wurde nicht zuletzt durch die Bestrebungen der Regierung de Maizière deutlich, den Zielekatalog des 1. Staatsvertrages neben der Wirtschafts- und Währungsunion auch um die Sozialunion zwischen der Bundesrepublik und der DDR zu erweitern (vgl. Kap. 3.1).

Ganz im Sinne der vorherrschenden Handlungslogik des Einigungsprozesses, bundesdeutsches Recht auf das Gebiet der DDR auszudehnen, wurde - mit unterschiedlichen Übergangsfristen und Sonderregelungen im Detail - das bundesdeutsche Sozialversicherungssystem auf die DDR und später die neuen Bundesländer übertragen (Schmähl 1992). Mit dem Ausbleiben des schnellen Wirtschaftsaufschwungs in den neuen Ländern und dem damit verbundenen Scheitern des Transfomationskonzepts der Bundesregierung, das davon ausgegangen war, die ostdeutschen Zweige der Sozialversicherungen mit einer einmaligen Anschubfinanzierung handlungs- und überlebensfähig zu machen, gerieten die Sozialversicherungen rasch in die Krise.

Konnte die verwaltungspolitische und organisatorische Mammutaufgabe, in kürzester Frist ein funktionsfähiges Sozialversicherungssystem aufzubauen, noch gemeistert werden, so stellte die Kluft zwischen Aufgaben und finanziellen Möglichkeiten die ostdeutschen Zweige der Sozialversicherung vor größere Probleme. Insbesondere die Arbeitslosen- und die Rentenversicherung in den neuen Ländern mußten einen enormen Teil der Anpassungslasten der ostdeutschen Wirtschaft übernehmen. Beide Institutionen standen vor dem Problem, daß aufgrund der steigenden Arbeitslosenzahlen nur wenige Beitragszahler und damit nur geringe Einnahmen einer Vielzahl von Leistungsempfängern gegenüberstanden. Enorme Defizite waren die Folge, die im Zuge eines parafiskalischen Finanzausgleichs zwischen den westdeutschen und den ostdeutschen Zweigen der Sozialversicherungen ausgeglichen werden mußten. Zwar sind Zahlungen im Rahmen des parafiskalischen Finanzausgleichs zwischen den Trägern der gesetzlichen Sozialversicherung, zwischen diesen und dem Bund sowie innerhalb der verschiedenen Zweige der Sozialversicherung nicht ungewöhnlich, sondern integraler Bestandteil der internen Verrechnungsprozeduren (Henke 1990; Mackscheidt 1990), doch sprengten die nun anstehenden Größenordnung jeden bekannten Rahmen. Die Sozialversicherungen entwickelten sich rasch zu dem nach Bund und Treuhandanstalt bedeutendsten Finanzier der deutschen Einheit.

Tabelle 4.4: Finanztransfers der Sozialversicherungen

in Mrd. DM	4. Quartal 90	1991	1992	1993	1994[1]	1995[1]
Transfers	2,5	20,8	29,1	23,9	33,2	32,0
davon:						
Rentenversicherung	0,0	0,0	4,5	8,8	13,9	14,0
Arbeitslosenversicherung	2,5	20,8	24,6	15,1	19,3	18,0

1 Schätzung

Quelle: DIW 1995b, c; SVR 1995: 119

Die Bedeutung der enormen Sozialtransfers von West nach Ost (vgl. Tabelle 4.4) wird über die Betrachtung der absoluten Zahlen hinaus noch deutlicher, wenn man bedenkt, daß die Sozialleistungsquote in Ostdeutschland 1993 einen Rekordwert von 70% erreichte! (BMAS 1994a: 34)

Bei allen gemeinsamen Problemen des Übergangs nahmen die einzelnen Träger der gesetzlichen Sozialversicherung allerdings eine eigenständige Entwicklung, weshalb nun im folgenden zunächst die Gesetzliche Krankenversicherung, die Gesetzliche Rentenversicherung und schließlich die Arbeitslosenversicherung untersucht werden. Im Zentrum steht dabei der jeweilige Beitrag zur Finanzierung der Einheit, dabei insbesondere zu den Transferleistungen im Rahmen des parafiskalischen Finanzausgleichs.

4.1.4.1 Die Gesetzliche Krankenversicherung

Bereits im 1. Staatsvertrag wurde als zentraler Bestandteil der Sozialunion zwischen beiden deutschen Staaten vereinbart, das Krankenversicherungssystem der DDR dem der Bundesrepublik anzugleichen. Bis 31.12.1990 wurde eine Art Einheitsversicherung etabliert, die als Zwischenstufe beim Übergang zum westdeutschen System fungierte, und die Transformation des nach Leistungsfähigkeit und Struktur völlig unterschiedlich angelegten Gesundheitssystems der DDR ermöglichen sollte (SVRG 1991:102-151).

Ab 1.1.1991 wurde dann das westdeutsche Krankenversicherungssystem in den neuen Bundesländern eingeführt. Allerdings waren zahlreiche Übergangsregelungen notwendig, die teils administrativer Natur waren, teils soziale Härten abfedern sollten, wie z.B. modifizierte Zuzahlungsregelungen oder Sozial- bzw. Überforderungsklauseln.[38] Die innerdeutsche Grenze blieb im Gesundheitswesen insofern bestehen, als für die neuen Länder ein einheitlicher Beitragssatz für alle Kassenarten auf 12,8% festgeschrieben und für bundesweit tätige Kassen sowie „grenzüberschreitende" Kassenbezirke getrennte Haushaltsführung vorgeschrieben wurde. Finanztransfers der Kassen zwischen West- und Ostdeutschland waren damit ausgeschlossen.

Mit dieser Regelung sollte verhindert werden, daß erwartete Defizite der Krankenkassen in den neuen Ländern die Erfolge der Gesundheitsreform von 1989 in Westdeutschland durch Transfers von West nach Ost und damit steigenden Beitragssätzen in den alten Ländern verwischen könnten. Tatsächlich blieb die finanzielle Situation der Krankenversicherung in den neuen Ländern zunächst ausgesprochen stabil. Konnte im Jahr 1991 mit dem Beitragssatz von 12,8% sogar ein Überschuß in Höhe von 2,8 Mrd. DM erzielt werden, schloß das Jahr 1992 mit einem geringfügigen Defizit von 0,5 Mrd. ab (SVR 1992: 151). Trotz kräftig von 23 Mrd. im Jahr 1991 auf

38 Die vollständigen „Überleitungsregeln aus Anlaß der Herstellung der Einheit Deutschlands" finden sich im 12. Kapitel des 5. Buchs des Sozialgesetzbuches (SGB V).

34 Mrd. DM im Jahr 1992 gestiegener Ausgaben konnte der Beitragssatz stabil gehalten und das Defizit begrenzt werden, weil die Entwicklung der Einnahmen Schritt halten konnte. Anders als z.B. in der Arbeitslosenversicherung schlug sich der Umbruch am ostdeutschen Arbeitsmarkt nicht in einem massenhaften Ausfall von Beitragszahlern bei gleichzeitigem Anstieg von Leistungsempfängern nieder, sondern sprangen andere Sozialversicherungszweige auf dem Wege des parafiskalischen Finanzausgleichs für die Beitragszahlungen ein. Dadurch, daß die Bundesanstalt für Arbeit die Beitragszahlungen für arbeitslose GKV-Versicherte oder jene in ABM-Maßnahmen übernahm, konnte die Wirtschaftskrise sich nicht auf die Einnahmeentwicklung der GKV auswirken. So beruhten im Jahr 1991 37% der Gesamtausgaben der gesetzlichen Krankenversicherung in den neuen Ländern auf Transferleistungen anderer Sozialversicherungsträger und waren im Jahr 1993 fast die Hälfte der GKV-Mitglieder Rentner oder Arbeitslose, bei denen die Arbeitslosen-, bzw. die Rentenversicherung für die Beitragszahlung aufkommen mußten und 5,65 Mrd. bzw. 3 Mrd. DM an die ostdeutschen Krankenkassen überwiesen haben (Henke/Leber 1993: 34-37).

Die finanzielle Entwicklung der ostdeutschen GKV stand dann 1993 und 1994 bereits stark unter dem Eindruck gesamtdeutscher Probleme. Wie in vielen anderen Bereichen, so brachte es die Herstellung der deutschen Einheit durch einfache Rechtsübertragung auch im Gesundheitswesen mit sich, neben den Stärken auch die Schwächen des bestehenden Systems zu übernehmen. Reformbedarf war nun schon seit längerem im bundesdeutschen Gesundheitswesen konstatiert worden, und die Gesundheitsreform des Jahres 1989 hatte nur kurze Entlastung gebracht. Schon 1992 mußte die gesamtdeutsche Gesetzliche Krankenversicherung einen Fehlbetrag von 15 Mrd. DM ausweisen und drohte die Ausgabenentwicklung aus dem Ruder zu laufen: Die Ausgaben stiegen 1992 doppelt so schnell an wie die Einnahmen.

Die Politik reagierte auf diese dramatische Entwicklung ungewöhnlich schnell und durchgreifend. In nur sieben Monaten wurde mit dem Gesundheitsstrukturgesetz (GSG) die erste gesamtdeutsche Gesundheitsreform verabschiedet - aufgrund der Mehrheitsverhältnisse im Bundesrat in einer faktischen Großen Koalition der Bundesregierung mit der SPD. Das Einbinden der Opposition sowie die durch die deutsche Einigung gesetzten Rahmenbedingungen, die ein Vertagen oder Aufweichen der Reform nur zu hohen gesamtwirtschaftlichen Kosten erlaubt hätten, machten energische Maßnahmen möglich (etwa im Bereich der Budgetierung von Leistungen), die unter normalen Bedingungen wohl am Widerstand der Interessengruppen gescheitert wären (Henke/Leber 1993: 46/47)[39]. So erwiesen sich die im

39 Zur Entwicklung des Gesundheitswesens in der Bundesrepublik, den politisch-institutionellen Rahmenbedingungen und den Problemen politischer Steuerung bzw. Reformen vgl. Murswieck 1994

GSG verabschiedeten Reformmaßnahmen als - zumindest kurzfristig - durchaus erfolgreich. Im Jahr 1993 schloß die gesetzliche Krankenversicherung mit einem Überschuß von 10,4 Mrd. ab, 1994 noch mit einem Plus von 2,3 Mrd. DM. Die Entwicklung der ostdeutschen Kassen verlief analog. So konnte 1993 ein Überschuß in Höhe von 1,3 Mrd. DM verzeichnet werden, der sich im Folgejahr allerdings abgebaut hatte, so daß ein leichter Fehlbetrag von 0,2 Mrd. DM zu Buche schlug (DIW 40/95: 695).

Für die Entwicklung der gesetzlichen Krankenversicherung läßt sich festhalten, daß in diesem Bereich vier Jahre nach Vollendung der staatlichen Einheit eine erhebliche Strecke auf dem Weg zu einem gesamtdeutschen Gesundheitssystem mit einheitlichen Standards zurückgelegt werden konnte. Die Funktionsfähigkeit des ostdeutschen Teils der GKV und dessen Integration in ein gesamtdeutsches Gesundheitswesen konnte allerdings nur durch Transferleistungen der Arbeitslosen- und der Rentenversicherung auf dem Wege des parafiskalischen Finanzausgleichs gewährleistet werden.

4.1.4.2 Die Gesetzliche Rentenversicherung

Die Übernahme des westdeutschen Rentensystems erfolgte in mehreren Stufen mit jeweils unterschiedlichen Transfermodalitäten. In Umsetzung des 1. Staatsvertrages verabschiedete die Volkskammer im Juni 1990 mit dem Gesetz über die Sozialversicherung - (SVG) und dem Rentenüberleitungsgesetz die Grundlagen für ein Rentensystem nach westdeutschem Vorbild. Nachdem der Einigungsvertrag beschlossen war, wurde zunächst ab 1.1.1991 das Organisations- und Verfahrensrecht der Sozialversicherungen in den neuen Bundesländern eingeführt, ab 1.1.1992 sollte auch das materielle Recht übernommen werden, damit zeitgleich in alten und neuen Bundesländern die 1989 durch den Bundestag verabschiedete Rentenreform 1992 in Kraft treten konnte (Bank u.a. 1990; Andel 1993: 74/75).

Auf den ersten beiden Etappen der Rechtsangleichung galt auch hier der Grundsatz der getrennten Haushaltsführung zwischen Ost und West. Um zu vermeiden, daß die Ausgaben der Rentenversicherung in den neuen Ländern die Beitragszahler in den alten Bundesländern belasten könnten wurde im Einigungsvertrag festgehalten, daß die in den alten Ländern eingenommenen Beiträge nicht zur Deckung der Defizite in den neuen Ländern verwendet werden durften. Bei Bedarf sollte den ostdeutschen Rentenversicherungsträgern eine Liquiditätsabsicherung durch den Bund in Form von unverzinslichen Betriebsdarlehen zur Verfügung stehen.

Die Bundesregierung zeigte sich im Überleitungsprozeß der Ost- auf West-Renten bei der Berechnung der Rentenansprüche recht großzügig, dies wohl aus moralisch/sozialpolitischen und wahltaktischen Überlegungen. Einerseits sollten die Rentner in den neuen Bundesländern, die zum großen Teil ihr ganzes Leben unter totalitären Regimes gelebt hatten und deren

Lebensleistung durch den Zerfall der DDR entwertet worden war, wenigstens nach der Einigung beider deutscher Staaten eine angemessene Rente erhalten. Auf der anderen Seite stellten sie aber auch ein nicht zu verkennendes Wählerpotential dar, das an die CDU gebunden werden sollte (Andel 1993: 101/102).[40]

Tabelle 4.5: Rentenanpassungen in den neuen Bundesländern

Datum	Anpassung in %
1.1.1991	15
1.7.1991	15
1.1.1992	11,65
1.7.1992	12,79
1.1.1993	6,1
1.7.1993	14,12
1.1.1994	3,7
1.7.1994	3,2

Quelle: BMAS 1994b: 28/29

Die Rentenbezieher in den neuen Ländern profitierten in besonderem Maße an der Koppelung der Renten an die Entwicklung der Nettolöhne und -gehälter in den neuen Ländern. Da diese im Zuge der zunächst proklamierten „Aufholjagd" mit dem Westen stark anstiegen, fanden im Untersuchungszeitraum acht Rentenanpassungen statt (vgl. Tabelle 4.5) und gehörten die Rentenbezieher zu den Gewinnern der Einheit. Sie dankten dies ab dem Jahr 1991 auch mit einer deutlich gestiegenen, überdurchschnittlichen Einkommenszufriedenheit (Hauser u.a. 1992: 127), die Rentenkassen standen allerdings vor dem Problem eines drohenden strukturellen Defizits. Im 2. Halbjahr 1990 betrug die Beitragsdeckung in den neuen Ländern gerade einmal 67,4% (Nullmeier 1992: 159). Zwar sah der Einigungsvertrag keine Bundesgarantie für die Defizite der Rentenversicherung in den neuen Ländern vor, sondern stellte für einen solchen Fall das neue, mit dem 1989 verabschiedeten Rentenreformgesetz ab 1992 auch in den alten Ländern vorgesehene Instrument der unverzinslichen Betriebsmitteldarlehen bereit. Doch hätte ein dauerndes strukturelles Defizit zu einem Auflaufen immer neuer Darlehen ohne tatsächliche Rückzahlungsmöglichkeit geführt, so daß faktisch doch der Bund hätte einspringen müssen.

Für die Bundesregierung hatte in der Zeit kurz nach der Bundestagswahl allerdings die strikte Entlastung des Bundeshaushalts höchste Priorität. Schließlich stand sie bei ihren Wählerinnen und Wählern im Wort, die

40 Man darf in diesem Zusammenhang nicht übersehen, daß zur Zeit der Weichenstellungen für die Rentenüberleitung vor der Bundestagswahl 1990 weithin von einem Erfolg der SPD insbesondere in den ehemaligen Hochburgen, dem „roten" Thüringen und Sachsen, ausgegangen wurde.

deutsche Einheit bringe keine zusätzlichen Belastungen und es seien keine Steuererhöhungen notwendig. Statt den Bund mit den Defiziten der Rentenversicherung im Osten Deutschlands zu belasten wurde deshalb beschlossen, dieses Problem über den Zugriff auf Mittel der Rentenversicherung in den alten Bundesländern zu lösen. Über einen Finanzverbund der Rentenkassen sollten ab 1992 die Beitragszahler im Westen für die Deckung der Rentenversicherung in den neuen Bundesländern aufkommen. Im Zeitraum von 1992 bis 1995 erreichten diese Transferzahlungen über 40 Mrd. DM (vgl. Tab. 4.4).

Die den wachsenden Ausgaben eigentlich entgegenlaufende, gleichzeitig beschlossene Senkung des Beitragssatzes spiegelte einerseits die gute finanzielle Lage der Rentenversicherung in den alten Ländern, die 1991 mit einem deutlichen Überschuß abgeschlossen hatte, und zeugte andererseits von dem Bestreben, den Anstieg der Sozialbeiträge insgesamt zu begrenzen. Die Beiträge zur Arbeitslosenversicherung mußten um 2,5% angehoben werden, so daß mit der Senkung des Rentenversicherungsbeitrags von 18,7% auf 17,7% der Anstieg auf Netto 1,5% beschränkt wurde. Tatsächlich konnten mit diesem niedrigeren Beitragssatz die Jahre 1991 bis 1993 überbrückt werden (1993 konnten die Beiträge nochmals geringfügig auf 17,5% gesenkt werden), ab 1994 mußten die Beiträge allerdings deutlich von 17,5% auf 19,2% angehoben werden (BMAS 1995a: 119).

Wenn allerdings im Jahr 1996 die Besitzstands- und Überleitungsbestimmungen des Rentenüberleitungsgesetzes auslaufen, wird wohl eine umfassende Verteilungsdiskussion im Rentenbereich anstehen. Den Rentenbeziehern in den neuen Bundesländern drohen mit dem vorgesehenen „Abschmelzen" von Auffüllbeträgen und Sozialzuschlägen, die bei einem großen Versichertenkreis (im Fall der Auffüllbeträge rund zwei Drittel aller Renten) erst für eine ausreichende Rentenhöhe sorgen, über Jahre hinweg Reallohnverluste, was ein Ansteigen der Altersarmut in den neuen Ländern befürchten läßt (Müller u.a. 1995: 99/100). Erst die dann zu findende gesamtdeutsche Regelung wird den Schritt zu einem endgültig einheitlichen Rentenversicherungsrecht in alten und neuen Bundesländern führen. Unabhängig von den einigungsbedingten Problemen bestand schon in der alten Bundesrepublik einiger Reformbedarf, nicht zuletzt aufgrund der demographischen Entwicklung (Merklein 1986; Schmähl 1994; Nullmeier/Rüb 1993, 1994). Die Strategie der Einigung durch Rechtsübertragung hat sowohl die Leistungsfähigkeit als auch die Probleme der Rentenversicherung in die neuen Bundesländer exportiert. Zusätzlich zu den ohnehin bestehenden Problemen hat die Rentenpolitik in den neuen Ländern den Reformbedarf noch verschärft (Andel 1993: 100-105).

4.1.4.3 Die Arbeitslosenversicherung

So umfangreich die Transfers der Rentenversicherung waren, von den Sozialversicherungen leistete die Arbeitslosenversicherung den bedeutendsten Beitrag zur Finanzierung der deutschen Einheit. Gemeinsam mit der Treuhandanstalt mußte diese für die Abfederung der Transformationskrise auf dem ostdeutschen Arbeitsmarkt aufkommen. Das Abfangen der Folgen der mit Inkrafttreten der Währungs-, Wirtschafts- und Sozialunion ab Juli 1990 einsetzenden Deindustrialisierung und der damit einhergehenden Massenarbeitslosigkeit in den neuen Bundesländern wurde der Bundesanstalt für Arbeit übertragen.

Anders als im Fall der Renten- bzw. Krankenversicherung war hier jedoch bereits im Einigungsvertrag ein Finanzverbund durch die Institutionalisierung einer einheitlichen Trägerschaft der Arbeitsverwaltung vorgesehen. Ab dem 1.10.1990 war es damit möglich, die Mittel der BA (West) für die Dekkung der Defizite der BA (Ost) zu verwenden, so daß eine Belastung des Bundes nur noch über eine unter Umständen erforderliche Defizitdeckung entstehen konnte. Die SPD sprach sich im Zuge der Ausschußberatungen im Bundestag zur Verabschiedung des Einigungsvertrages gegen diesen Finanzverbund aus und machte dabei systematische und verteilungspolitische Argumente geltend[41]. Nach Auffassung der SPD war es einerseits nicht die Aufgabe alleine der westdeutschen Beitragszahler, dem Bund einigungsbedingte Lasten von den Schultern zu nehmen. Zudem wurde der Finanzverbund aus verteilungspolitischen Überlegungen heraus abgelehnt, weil er eine Benachteiligung der beitragszahlenden Arbeitnehmer gegenüber Beamten, Freiberuflern und Selbständigen darstelle, die keine Beiträge zur Arbeitslosenversicherung zahlen. Mit dieser Auffassung konnte sich die SPD allerdings nicht gegen die Mehrheit der Regierungskoalition aus CDU/CSU und F.D.P. durchsetzen, so daß die Bundesanstalt für Arbeit bereits ab dem 4. Quartal 1990 ganz außerordentliche Transferleistungen in die neuen Länder aufbrachte.[42]

Die Transfers erreichten bereits im Jahr 1991 eine Größenordnung von 21 Mrd. DM, da dem aufgrund der rasch ansteigenden Arbeitslosigkeit in den neuen Ländern stark ausgeweiteten Leistungsvolumen nicht die entsprechenden Beitragseinnahmen gegenüberstanden und die Arbeitslosenversi-

41 Diese Position wurde in den Protokollen jeder Sitzung des Ausschusses für Arbeit und Soziales in dieser Zeit deutlich.

42 Aufgrund des einheitlichen Beitragssatzes und der unterschiedlichen regionalen Verteilung von Arbeitslosigkeit und Beschäftigung ist ein permanenter interner Finanzausgleich zwischen Regionen mit niedriger Arbeitslosigkeit und Regionen mit hoher Arbeitslosigkeit dem bundesdeutschen System der Arbeitslosenversicherung immanent, doch bedingt - ähnlich der Diskussion um den Länderfinanzausgleich - die Höhe der regionalen Disparitäten und damit des Umfanges dieses internen Finanzausgleichs die neue Qualität dieses Problems in der geeinten Bundesrepublik. Eine vergleichende Betrachtung bietet Mackscheidt 1993: 120-132.

cherung in den neuen Ländern von Anfang an hohe Defizite hinnehmen mußte.

Tabelle 4.6. Finanzierungssaldo der Arbeitslosenversicherung

	1991	1992	1993	1994	1995[1]
West	20,2	21,7	15,1	19,3	17,0
Ost	-20,8	-35,5	-39,5	-29,6	-23,0
Summe	-0,6	-13,8	-24,4	-10,3	-6
Defizitausgleich des Bundes	7,1	10,0	25,5	11,2	6,0

1 Schätzung

Quelle: DIW 1995c: 695

Eine solche Summe kurzfristig aufzubringen mußte die Arbeitslosenversicherung, deren Haushalt ja auf der Grundlage von Beitragszahlungen und Leistungsvolumina berechnet war, die die Übernahme von Belastungen aus der deutschen Einheit gar nicht vorsahen, überfordern. Der Verwaltungsrat der BA rechnete dann auch für 1991 mit einem zu erwartenden Defizit in ungefähr der gleichen Höhe (Nullmeier 1992: 162). Um der nun drohenden Defizitdeckung aus dem Bundeshaushalt zu entgehen, entschied sich die Bundesregierung mit der Erhöhung der Beitragssätze um 2,5% auf 6,8% ab dem 1.4.1991 zu der größten Beitragssteigerung eines Sozialversicherungszweiges seit der Rentenreform 1957 (Heinelt 1994: 191).

Das Bestreben, den Bundeshaushalt möglichst von Zuschußzahlungen zur Arbeitslosenversicherung zu entlasten, prägte auch in der Folgezeit das Verhältnis der Bundesregierung zur Bundesanstalt für Arbeit. Um ihr Konsolidierungsziel nicht zu gefährden, drängte die Bundesregierung die Arbeitslosenversicherung regelmäßig zu Einsparungen. Der sich daraus entwickelnde Konflikt zwischen den Spitzen der Bundesanstalt für Arbeit und der Bundesregierung gipfelte schließlich im Streit um die Haushaltsplanung der BA für das Jahr 1993.

Der Verwaltungsrat der BA ging in seinem Haushaltsplan für 1993 von einem Defizit in Höhe von 8 Mrd. DM aus, um den anhaltenden Problemen auf dem ostdeutschen Arbeitsmarkt und dem sich ankündigenden Konjunkturabschwung Rechnung zu tragen. Da die Bundesregierung aber ihren Eckwertebeschluß für die Haushalts- und Finanzplanung für das Jahr 1993 auf sehr optimistischen, mittlerweile allerdings überholten Prognosen gründete, hatte sie keinen Zuschuß zur BA vorgesehen. Gegen den heftigen Widerstand der Selbstverwaltung setzte die Bundesregierung einen Haushaltsplan für die BA in Kraft, „der auf Annahmen für die gesamtwirtschaftliche Entwicklung beruhte, die bereits zu diesem Zeitpunkt nicht mehr haltbar waren, und einen Fehlbetrag ausschloß, der schon absehbar war“ (SVR 1993: 159).

Erst im Rahmen des ersten Nachtragshaushalts im März 1993 räumte die Bundesregierung einen Zuschußbedarf für die BA ein. Da bereits ein Defizit von 4,5 Mrd. DM aufgelaufen war, wurde nun allerdings schon mit einer Größenordnung von 18 Mrd. DM für das gesamte Jahr 1993 gerechnet. Tatsächlich erreichte der Fehlbetrag eine Höhe von über 25 Mrd. DM. Insgesamt addierten sich die Defizite der BA in den neuen Ländern von 1990 bis 1994 auf knapp 150 Mrd. DM (vgl. Tab. 4.6). Für 54 Mrd. DM stand nach und nach der Bund gerade und folgte dabei dem für die Finanzpolitik in dieser Phase bestimmenden Handlungsmuster, von überoptimistischen Annahmen als Grundlage für Haushaltsentscheidungen auszugehen, die nur schrittweise und unter dem unabweisbar gewordenen Druck der tatsächlichen Entwicklung korrigiert wurden. Die verbleibenden Transfers von 96 Mrd. DM wurden von den westdeutschen Beitragszahlern aufgebracht.

Im Hinblick auf die Struktur der Leistungen in den neuen Ländern fällt insbesondere der hohe Anteil an arbeitsmarktpolitischen Maßnahmen gegenüber reinen Lohnersatzleistungen ins Auge (vgl. Tabelle 4.7).

Tabelle 4.7: Ausgaben für arbeitsmarktpolitische Maßnahmen in den neuen Bundesländern und Berlin Ost

Art der Leistung	1990	1991	1992	1993	1994	1995	Kumuliert
				- in Mrd. DM -			
Ausgaben der BA	2,5	30	46	50,5	41,6	38	209
Ausgaben des Bundes	-	3,7	6,8	10,1	12,9	14	47,5
Gesamtsumme	2,5	33,7	52,8	60,6	54,5	52	256,5
davon:				- Anteil in % -			
Maßnahmen aktiver Arbeitsmarktpolitik[1]	62,5	57,4	43,6	41,8	37	46,1	X
Lohnersatzleistungen	37,5	42,6	53,2	58,1	63	53,9	X

1 Zukunftsorientierte Maßnahmen der aktiven Arbeitsmarktpolitik, auf den Arbeitsmarkt vorbereitende Maßnahmen, beschäftigungsstabilisierende Maßnahmen, Sonstiges

Quelle: SVR 1995: 119

Dieser hohe Anteil an arbeitsmarktpolitischen Maßnahmen überrascht zunächst, hatte sich die Bundesregierung doch von Beginn des Einigungsprozesses an gegen eine beschäftigungs- und arbeitsmarktpolitisch[43] flankierte Transformationsstrategie ausgesprochen. Entgegen der Auffassung der Oppositionsparteien, die den Umbruch mit den Instrumenten bewußter politischer Steuerung angehen wollten, setzte die Bundesregierung ihre Hoffnungen bekanntermaßen in die selbstregulierenden Marktkräfte. So war der Verzicht auf ein beschäftigungs- und arbeitsmarktpolitisches Konzept aus ordnungspolitischen Gründen und aufgrund der Erwartung, daß rasch

43 Zur Begrifflichkeit vgl. Schmidt, M.G. 1995a: 61/62

neu entstehende wettbewerbsfähige Arbeitsplätze ein solches Konzept nicht erforderlich machen würden, die erklärte Absicht der Bundesregierung.

Durch den ungeheuren Problemdruck infolge der fast schlagartigen Deindustrialisierung ganzer Regionen wurde der breite Einsatz arbeitsmarktpolitischer Instrumente allerdings unabdingbar, wollte man den rapiden Arbeitsplatzabbau zumindest einigermaßen sozialverträglich abfedern. In diesem Punkt unterschieden sich Positionen und Interessenlagen der ostdeutschen CDU-Ministerpräsidenten, die unmittelbar mit den Problemen in ihren Bundesländern konfrontiert waren, auch von jenen der Bundesregierung. Zwar teilten sie den Argwohn gegenüber der Schaffung und der befürchteten dauerhaften Verfestigung eines „zweiten Arbeitsmarktes" doch verlangte der aktuelle Problemdruck nach ihrer Meinung auch kurzfristige Abhilfe (Biedenkopf 1991: 276-280).

Diese kurzfristig notwendige Entlastung des Arbeitsmarktes erfolgte vom Grundsatz her nach bereits aus der politischen Praxis der alten Bundesrepublik bewährten Mustern, nämlich auf der Basis der aus Westdeutschland bekannten Instrumente des Arbeitsförderungsgesetzes (AFG). Bei aller Kontinuität gab es allerdings auch einige Unterschiede relativ zur Arbeitsmarktpolitik in der alten Bundesrepublik. Neu war neben der verstärkten Betonung der Instrumente aktiver Arbeitsmarktpolitik im Vergleich zu den reinen Lohnersatzleistungen zunächst einmal der quantitative Umfang der Leistungen (vgl. Schaubild 4.2).

Schaubild 4.2: Ausgabenvolumen der BA- Gesamthaushalt und Leistungen für die neuen Länder

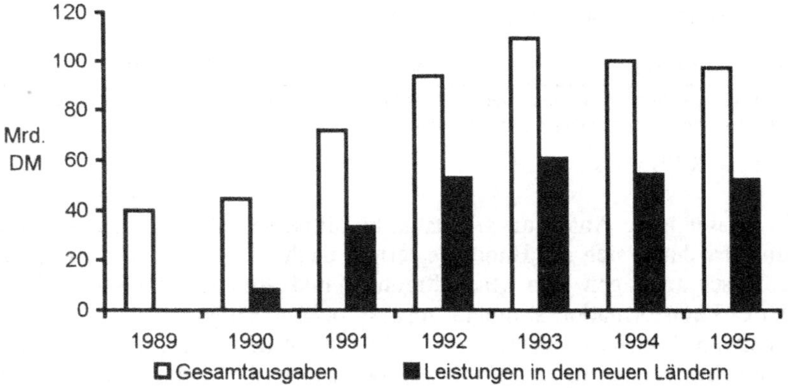

Quelle: BA Geschäftsberichte

Lagen die Ausgaben der Bundesanstalt für Arbeit 1989 noch unter 40 Mrd. DM, so stieg das Leistungsniveau nach der Einigung stark an und erreichte 1993 mit 110 Mrd. DM einen Höhepunkt. Ursache für diese Ausgabenexplosion war die Arbeitsmarktentwicklung in den neuen Ländern, in die regelmäßig über 50% der gesamten Ausgaben der BA flossen. Im Jahr 1993 entfielen auf diesen Bereich knapp 61 Mrd. DM aus dem 110 Mrd.-DM-Etat der BA. Neu waren außerdem einige Anpassungen im Detail auf der Instrumentenebene. Einzelne Maßnahmen wurden mit neuer Zielrichtung eingesetzt und mit der Einführung pauschalisierter Lohnkostenzuschüsse nach §249h AFG wurde eine arbeitsmarktpolitische Innovation eingeführt, die mit der Übertragung in die alten Bundesländer ein seltenes Beispiel für eine Rechtsübertragungen in Ost-West-Richtung gibt (Knuth/Wagner 1995: 305-309). Abgesehen von dieser Ausnahme wurden allerdings keine neuen arbeitsmarktpolitischen Instrumente geschaffen und im AFG kodifiziert, sondern es erfolgte die Anpassung eher auf der Ebene konkreter Maßnahmen (Kühl 1994: 27). Im einzelnen waren folgende Instrumente und Maßnahmen für die Gestaltung der Arbeitsmarktpolitik im Zeitraum von 1990 bis 1994 dominierend (Wagner 1995: 267-275; vgl. auch: Peters 1992; Heinelt/Bosch/Reissert 1994):

Kurzarbeit

Im Unterschied zu der traditionell konjunkturpolitischen Zielrichtung der Kurzarbeit war dieser in den neuen Bundesländern eine strukturpolitische Aufgabe zugedacht. Kurzarbeit sollte nicht dazu dienen, in einer schwierigen konjunkturellen Situation Entlassungen zu vermeiden, bis die Rückkehr zur Normalbeschäftigung möglich war, sondern war vielmehr Mittel zur Dosierung des Arbeitsplatzabbaus in der strukturellen Beschäftigungskrise nach der Währungs-, Wirtschafts- und Sozialunion. Kurzarbeit bot die Möglichkeit, Massenentlassungen über einen längeren Zeitraum zu strecken, um den Beschäftigungsabbau nicht auf einen Schlag vollziehen zu müssen oder erfüllte eine Brückenfunktion beim Übergang in eine Gesellschaft zur Arbeitsförderung, Beschäftigung und Strukturentwicklung (ABS). In der ersten Phase nach der WWSU bis zum 1.1.1992 wurde sogar eine „Kurzarbeit-Null"-Regelung angeboten, die den Betroffenen bei faktischer Ausgliederung aus der Beschäftigung noch den Status der Kurzarbeit und damit den Bezug von Kurzarbeitergeld ermöglichte.

Schon in den ersten drei Monaten nach der Schaffung dieses Instruments war die Zahl der Kurzarbeiter auf über 1,7 Millionen angestiegen und erreichte im April 1991 ihren Höchststand mit knapp 2 Millionen. Zeitweise waren fast 25% der Beschäftigten in den neuen Ländern in Kurzarbeit. Seit Anfang 1992 nahm die Zahl der Kurzarbeiter stetig ab und betrug 1994 noch 97.000. Als Innovation im Vergleich zur Kurzarbeit in der Praxis der alten Bundesrepublik ist noch zu erwähnen, daß die Möglichkeit eröffnet wurde, die Kurzarbeit für Qualifizierungsmaßnahmen zu nutzen, um die

Betroffenen durch bedarfsgerechte Weiterbildungsangebote auf neue Tätigkeiten vorzubereiten. Eine Möglichkeit, die allerdings nur von ca. 10% der Kurzarbeiter genutzt wurde (Zahlen, auch im folgenden, ANBA).

Systematisch stellte die Kurzarbeitsregelung eine Lohnsubventionierung an Treuhand-Unternehmen dar, mit deren Hilfe die Kosten der - aus guten Gründen - politisch gewollten Verzögerung beim Arbeitsplatzabbau der BA zugeordnet wurden.

Vorruhestands- und Altersübergangsgeld

Die Möglichkeit, ältere Arbeitslose über den Bezug von Vorruhestandsgeld bzw. Altersübergangsgeld vorzeitig, aber sozialverträglich aus dem Arbeitsmarkt auszugliedern, sollte den Betroffenen in einer Situation den Fall in die Arbeitslosen- bzw. Sozialhilfe ersparen, in der es für sie so gut wie unmöglich war vor dem Übergang in den Ruhestand noch einen Arbeitsplatz zu finden. In Struktur und Niveau war das Altersübergangsgeld an das Arbeitslosengeld angelehnt, die Bezugsdauer war jedoch auf bis zu 5 Jahre verlängert worden.

Mit dem Anhalten der Arbeitsmarktkrise und dem ausbleibenden wirtschaftlichen Aufschwung in den neuen Ländern wurde die Altersgrenze für den Bezug dieser Leistungen für Männer schrittweise von 60 auf 57 und schließlich auf 55 Jahre abgesenkt. Um die entlastende Wirkung auf den Arbeitsmarkt zu verstärken, wurde auch die Frist für Neuzugänge zwei Mal verlängert, so daß Ende 1992 fast 900.000 Personen Vorruhestands- bzw. Altersübergangsgeld bezogen. Ab diesem Zeitpunkt nahm ihre Zahl dann ab und die Zahl der Bezieher dieser Leistungen betrug Ende 1994 noch knapp 570.000. Insgesamt wurden auf diesem Wege seit 1990 fast eine Million ältere Arbeitnehmer aus dem Arbeitsmarkt ausgegliedert (Ernst 1994: 500).

Fortbildung und Umschulung

Zielten die vorgenannten Instrumente in erster Linie auf eine Entlastung des Arbeitsmarktes auf der Angebotsseite, so verbessern Qualifizierungsmaßnahmen die individuellen Chancen auf dem Arbeitsmarkt und schaffen eine notwendige Voraussetzung für zukunftsfähige und wettbewerbsfähige Arbeitsplätze. Diese Maßnahmen hatten schon seit Mitte der achtziger Jahre den Schwerpunkt der Arbeitsmarktpolitik in der Bundesrepublik gebildet (Huckemann/v. Suntum 1993: 77), standen hier jedoch vor Aufgaben einer ganz neuen Qualität. Da die beruflichen Qualifikationen der Beschäftigten in der DDR zum großen Teil auf deren Gesellschafts- und Wirtschaftssystem ausgerichtet waren und auf veralteten Produktionstechniken beruhten, mußten die beruflichen Fähigkeiten den neuen Erfordernissen angepaßt bzw. in Umschulungen neue, in der DDR unbekannte Berufsbilder erst geschaffen werden.

Das breite Angebot an Qualifizierungsmaßnahmen, das hauptsächlich durch erfahrene Bildungsträger aus den alten Bundesländern ermöglicht wurde, reichte dabei von sechswöchigen Informations- und Motivationskursen bis hin zu Vollzeit-Maßnahmen im Rahmen von Kurzarbeit oder ABM. Durch die zunächst recht offenen gestalteten Zugangsvoraussetzungen stieg die Zahl der Teilnehmer an Vollzeit-Maßnahmen schnell auf 425.000 im Jahr 1993 an. Insgesamt nutzten 1991 und 1992 jeweils fast 900.000 Teilnehmer Fortbildungs- und Umschulungsmaßnahmen. Nachdem dann die 10. Novelle des AFG, die zum 1.1.1993 in Kraft trat, Förderkriterien und Zugangsbestimmungen enger gefaßt hatte, sank die Zahl der Förderfälle stark und ging die Anzahl der Eintritte von 1992 auf 1993 um 67% auf 294.000 zurück (Sell 1994).

Arbeitsbeschaffungsmaßnahmen (ABM)

Die traditionelle Rolle der ABM, die individuellen Chancen der Teilnehmer auf dem Arbeitsmarkt zu verbessern, wurde in den neuen Bundesländern durch die Zielgrößen der Entlastung des Arbeitsmarktes und der Verbesserung der Angebotsbedingungen der Wirtschaft ergänzt. Durch projektorientierte Förderung von Maßnahmen zur Verbesserung der Infrastruktur und der Umweltsanierung konnten gleichzeitig Ersatzarbeitsplätze angeboten und die Rahmenbedingungen für Unternehmensneugründungen verbessert werden. Besondere Bedeutung für diesen investiven Einsatz der Arbeitsmarktpolitik erlangten dabei die großvolumigen „Mega-ABM", die in erster Linie bei der Sanierung von Betriebsgeländen und der Vorbereitung von gewerblichen Neuansiedlungen zum Zuge kamen (Emmerich 1994: 119).

Erfolgte der Einsatz von ABM zunächst nur zögerlich, schließlich sollte die von der Bundesregierung gegenüber politischer Intervention vorgezogene Selbststeuerung der Marktkräfte auch die Entwicklung auf dem Arbeitsmarkt regulieren, wurde dieser im Zuge der Verabschiedung des „Gemeinschaftswerks Aufschwung-Ost" forciert. Im August 1991 waren 280.000 Personen in ABM beschäftigt und im Jahresdurchschnitt 1992 befanden sich 388.000 Beschäftigte in ABM. Allerdings begann zu diesem Zeitpunkt bereits die Einschränkung dieser Maßnahmen und so ging die Zahl der ABM-Stellen auf 237.000 im Jahr 1993 und 193.000 im Jahr 1994 zurück.

Dieses in der 10. AFG-Novelle neu geschaffene Instrument stellt die einzige echte Innovation in der Arbeitsmarktpolitik nach der Vereinigung dar (Knuth/Wagner 1995: 301). Über einen an der Höhe der durchschnittlichen Aufwendungen für Arbeitslosengeld bzw. -hilfe orientierten direkten Zuschuß zu den Lohnkosten wurde es damit möglich, schon bei der drohenden Entlassung von Arbeitskräften präventiv zu intervenieren, um Arbeitsplätze zu sichern. Die Förderung ist auf 36 Monate (in Ausnahmefällen 48 Monate) beschränkt und kann in den Bereichen Umweltschutz und soziale Dienste/Jugendhilfe gewährt werden. Wurden mit diesem Instrument 1993 22.500 Arbeitsplätze in den neuen Länder stabilisiert, stieg diese Zahl 1994 auf 87.700 an (BA Geschäftsbericht 1994: 42).

Schaubild 4.3: Offene und verdeckte Arbeitslosigkeit in den neuen Ländern und Berlin-Ost

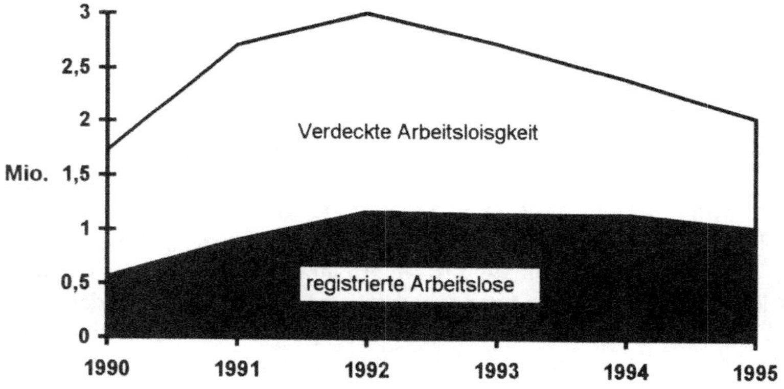

Quelle: SVR 1991: 109; 1993: 104; 1995: 107

Insgesamt betrachtet haben die Leistungen der Arbeitslosenversicherung, sowohl die Lohnersatzleistungen als auch die genannten arbeitsmarktpolitischen Instrumente, einen maßgeblichen Anteil daran gehabt, daß der beispiellose Arbeitsplatzabbau in den neuen Bundesländern ohne soziale Unruhen bewältigt werden konnte. Haben die Lohnersatzleistungen zumindest die materiellen Lebensumstände der Betroffenen erträglich gestaltet, konnte durch den expansiven Einsatz arbeitsmarktpolitischer Instrumente ein sprunghaftes Ansteigen der offenen Arbeitslosigkeit verhindert werden. Durch die angebotenen, zeitlich befristeten Maßnahmen wurde der Beschäftigungsabbau zeitlich gestreckt und der Arbeitsmarkt entlastet. Die jahresdurchschnittliche Entlastung des Arbeitsmarktes stieg dabei von zunächst

0,54 Millionen Personen im Jahr 1990 auf 1,97 Millionen 1992 an, um dann über 1,66 Millionen 1993 auf 1,33 Millionen im Jahr 1994 zurückzugehen (Wagner 1995: 275; vgl. Schaubild 4.3).

Die Beitragseinnahmen der Bundesanstalt für Arbeit konnten allerdings mit der damit verbundenen Ausgabendynamik nicht Schritt halten. Beitragserhöhungen und Zuschüsse aus dem Bundeshaushalt zur Defizitdekkung waren die Folge, und im Bestreben, den proklamierten Konsolidierungskurs zu verfolgen, versuchte die Bundesregierung schon ab 1991, den künftigen Zuschußbedarf zu verringern oder sogar vermeiden. Zu diesem Zweck - und aus ordnungspolitischen Gründen, um eine Verfestigung des „zweiten Arbeitsmarktes“ zu verhindern - wurde der Einsatz arbeitsmarktpolitischer Instrumente bereits ab 1993 über eine Verschärfung der Förderungsbedingungen gedämpft, was die Transferleistungen der BA aber nicht wesentlich vermindern konnte.

In der Bewertung der Rolle der Sozialversicherungen im Einigungsprozeß ist zunächst festzustellen, daß sie eine wichtige friedensstiftende Rolle gespielt haben, um schlimmste soziale Notlagen zu mildern und „politische Explosionen“ zu verhindern (Bäcker 1995: 311). Allerdings wurden dabei die Arbeitslosenversicherung und die Gesetzliche Rentenversicherung in erheblichem Umfang zur Finanzierung von Ausgaben herangezogen, die unter systematischen Gesichtspunkten eigentlich dem Bundeshaushalt zuzuordnen wären. So wurde kritisiert, daß es nicht die Aufgabe beitragsfinanzierter sozialer Sicherungssysteme sei, für die Kosten der einigungsbedingten Transformationskrise in den neuen Bundesländern aufzukommen: „Die verteilungspolitische Frage, die sich im Zusammenhang mit der Finanzierung der deutschen Einheit hinsichtlich der Lastenverteilung stellte, ist auf eine Weise angegangen worden, die die Grundsätze unseres Steuer- und Transfersystems mißachtet. So hat man sich dafür entschieden, finanzielle Lasten, die letztlich Folge vierzigjähriger Planwirtschaft sind, den Beitragszahlern in der Risikogemeinschaft Sozialversicherung aufzubürden, statt sie allen Bürgern durch die Einsparung von Ausgaben oder gegebenenfalls auch durch höhere Steuern aufzuerlegen“ (SVR 1991: 145).

Offenkundig genoß aber gegenüber solchen Finanzierungsoptionen die Möglichkeit, auf konsensfähige und konfliktarme Weise den Bundeshaushalt entlasten zu können und damit auch den Konsolidierungsdruck, unter dem die Regierungskoalition selbst stand, abzumildern, höhere Priorität (Nullmeier 1992: 159). Mit der Überwälzungsstrategie auf die Sozialversicherungen konnte die Bundesregierung den weit schmerzhafteren und konfliktreicheren Weg, diese Kosten über Einsparungen oder Steuererhöhungen aufzubringen, meiden und sich dennoch die haushaltspolitische Handlungsfähigkeit erhalten.

Dies allerdings um den Preis eines Zielkonfliktes zwischen den verteilungspolitischen Folgewirkungen dieser Politik, die mit steigenden Beitragssätzen nicht nur Arbeitnehmer, sondern auch Arbeitgeber zusätzlich belastet und damit dem angebotsorientierten wirtschaftspolitischen Konzept der Bundesregierung, das ja gerade auf eine Senkung der staatlichen Steuer- und Abgabenlast zielt, zuwiderläuft. Durch die den Sozialversicherungen übertragenen versicherungsfremden Aufgaben fielen die Beitragssätze höher aus, als bei der Beschränkung auf die Kernaufgaben eigentlich notwendig. Dies verteuerte den Produktionsfaktor „Arbeit" und bremste somit das Entstehen neuer Arbeitsplätze - ein gerade in der vorliegenden Arbeitsmarktsituation gänzlich unerwünschter Effekt.

Zudem trug die Transferleistung der Sozialversicherungen erheblich zur sozialen Schieflage bzw. der auch von Unionspolitikern (Rühe, Geißler) konstatierten „Gerechtigkeitslücke" bei der Finanzierung der Einheit bei. Um die Bundeszuschüsse bereinigt, haben die Beitragszahler im Zeitraum von 1990 bis 1994 fast 100 Mrd. DM an Transfers für die neuen Länder aufgebracht, während Beamte, Freiberufler und Selbständige ohne entsprechenden Beitrag geblieben waren (vgl. Schaubild 4.5).[44]

4.1.5 Die Treuhandanstalt - Vom Finanzier zum größten Schuldner der Einheit

Die Treuhandanstalt wurde noch von der Regierung Modrow als „letzer verspäteter Versuch einer Überführung des Volkseigentums in ein marktwirtschaftlich geprägtes Wirtschaftssystem unter größtmöglicher Beibehaltung des politischen und ökonomischen Einflusses seitens des DDR-Staates im aufgezwungenen Reformprozeß" (Preuß 1993: 88) im März 1990 gegründet. Damit hat sich ein gänzlich neues, breites und interessantes Forschungsfeld eröffnet. Studien über die Stellung der Treuhand im Institutionengefüge des politischen Systems und zu deren institutioneller Entwicklung (Czada 1993, Friedrich/Lindemann 1993; Schuppert 1992), zu den Bestimmungsfaktoren und Rahmenbedingungen der von der Treuhand verfolgten Politik (Czada 1994; Seibel 1993) sowie zur Analyse der Politikinhalte selbst (Hickel/ Priewe 1994: 47-82; Nolte 1995) zeugen von der Faszination, die von der Institution „Treuhandanstalt" ausgeht und dem breiten Interesse, das ihr entgegengebracht wird.

Dies kann angesichts der historisch beispiellosen Aufgabe, in kürzester Frist eine komplette Volkswirtschaft zu privatisieren und den Konsequenzen, die dieser Prozeß in ökonomischer, sozialer und gesellschaftlicher Hin-

---

44 Im Hinblick auf die zukünftige Entwicklung kann noch ergänzt werden, daß die zusätzlichen Aufgaben, die den Sozialversicherungen bei unverändertem Instrumentarium übertragen wurden, die Probleme noch verstärkt haben, die unabhängig von den einigungsbedingten Herausforderungen schon in der alten Bundesrepublik bestanden, so daß die Notwendigkeit zu Reformen deutlich gewachsen ist (Heinelt 1994: 70-73; Köpp 1995).

sicht in den neuen Ländern gehabt hat, auch nicht verwundern. Genausowenig kann die heftige Auseinandersetzung über die Aufgabendefinition und Privatisierungsstrategie der Treuhand überraschen, die deren Weg von Beginn ihrer Existenz bis zu deren Auflösung zum 31.12.1994 begleitet haben.

Kaum eine andere Institution hat im Prozeß der deutschen Einigung die Diskussion in einem Maße polarisiert, wie die Treuhand. Sahen die einen in ihr eine Art Kolonialisierungsinstrument, das den „Ausverkauf" der ostdeutschen Wirtschaft zum Ziel hatte (Flug 1992; Fülberth 1993) und die Ostdeutschen zum zweiten Mal enteignete (Liedtke 1993), strichen andere ihre Rolle als Privatisierungsagentur bei der Systemtransformation in der DDR heraus (Fischer/Hax/Schneider 1993; Lichtblau 1993) und beklagten die „unerfüllbaren Erwartungen" der Kritiker (Schenk 1994).

Hochgesteckte Erwartungen in bezug auf den Wert des zu privatisierenden Volksvermögens wurden dabei von der in der Bundesrepublik zu Beginn des Einigungsprozesses verbreiteten Auffassung von der hohen Leistungsfähigkeit der DDR-Wirtschaft gestützt und fanden zunächst Bestätigung in der Bilanz des industriellen Vermögens der DDR, das der Treuhand-Vorstand im März 1990 vorgelegt hatte. Danach wies die Wirtschaft der DDR zum 31.12.1989 ein Nettovermögen in Höhe von 924 Mrd. DM aus, die der Treuhand unterstellten Betriebe schlugen dabei mit 620 Mrd. DM zu Buche. Wahrscheinlich unter Bezug auf diese Grundlage bezifferte der später amtierende Präsident der Treuhand, Detlev-Carsten Rohwedder, im Oktober 1990 den Wert der DDR-Betriebe auf ca. 600 Mrd. DM (Köhler 1995: 8).

Angesichts der Größe der Herausforderung und des Umfangs der zu erwartenden Privatisierungserlöse konzentrierte sich die öffentliche Diskussion zunächst auf die Frage der Privatisierungsstrategie und darauf, wie die Bürger in den neuen Bundesländern an „ihrem" Volksvermögen beteiligt werden könnten. In der Kontroverse um die Privatisierungsstrategie setzte die Bundesregierung ihre ordnungspolitischen Vorstellungen durch, die der Treuhand die möglichst schnelle und vollständige Privatisierung der THA-Unternehmen zum Ziel setzte. Kritiker, die den Transformationsprozeß mit den Instrumenten politischer Steuerung auf dem Wege einer beschäftigungspolitisch, strukturpolitisch und industriepolitisch orientierten Sanierungsstrategie lenken wollten (AaW 1992), kamen dagegen nicht zum Zuge. Die Anpassungsleistung war komplett dem Markt überantwortet und für die Arbeit der Treuhand wurde der Leitspruch geprägt „Privatisierung ist die beste Sanierung" (THA 1991: 4).

Was die Verteilung des volkswirtschaftlichen Vermögens der DDR anging, wurden im Zusammenhang mit der Frage der Privatisierungsstrategie verschiedene, den jeweiligen Vorstellungen über die Gestaltung der wirtschaftlichen Transformation entsprechende Modelle diskutiert, die von der Ausgabe kostenloser Anteilscheine (Wendel 1995: 142), über Möglichkeiten der gemeinwirtschaftlichen Beteiligung der Belegschaften (Roesler 1993: 24) bis hin zu komplexeren Beteiligungsformen (Sinn/Sinn 1993: 133-149) reichten. Unumstritten war dabei, daß dieses Vermögen ausschließlich den Bürgern in den neuen Ländern zur Verfügung stehen sollte.

Keines dieser Modelle fand allerdings Eingang in die konzeptionellen Überlegungen der Bundesregierung. Im Einigungsvertrag wurde lediglich bestimmt, daß die Erlöse aus der Privatisierung nur in haushaltsmäßiger Trägerschaft auf dem Gebiet der neuen Ländern Verwendung finden dürften. Zunächst mußte die Treuhand aber 50% der Zinszahlungen auf die Verbindlichkeiten im Kreditabwicklungsfonds übernehmen und sollte bei der Auflösung dieses Fonds zum 31.12.1993, wie im übrigen auch der Bund und die neuen Länder, ein Drittel dieser Altschulden übernehmen. Überdies wurde die bereits im 1. Staatsvertrag vorgesehene Möglichkeit, auch die ostdeutschen Sparer am Privatisierungserlös zu beteiligen, erneut offengehalten (Art. 23, 25 EV).

Schon bald nach Inkrafttreten der Währungs-, Wirtschafts- und Sozialunion wurde allerdings deutlich, daß der Zustand der ostdeutschen Wirtschaft weit schlechter war als angenommen. Wettbewerbsfähige oder zumindest potentiell wettbewerbsfähige Betriebe, die ohne Probleme privatisiert werden konnten waren die seltene Ausnahme und von wenigen Branchen abgesehen (Strom, Versicherungen), lief die Privatisierung schleppend an.

So mußte die Treuhand auch unrentable Betriebe zunächst zur Bewertung, dann zur Sanierung zum Verkauf oder bis zur Stillegung stützen und wuchs schon in dieser Phase Schritt um Schritt in eine arbeitsmarktpolitische und strukturpolitische Verantwortung, die sich in der „Sanierungsbegleitung“ zunächst unrentabler, aber potentiell überlebensfähiger Betriebe niederschlug. In einem Brief an die Mitarbeiter faßte der Präsident der Treuhand, Detlev-Carsten Rohwedder, diese Akzentverschiebung in die Formel „schnell Privatisieren, entschlossen Sanieren, behutsam Stillegen (Czada 1994b; Nolte 1995: 72-80). Mit der Erstellung der DM-Eröffnungsbilanz im Jahr 1992 (THA 1992) wurde dann deutlich, daß mit Berücksichtigung der Kosten für Umweltsanierungsmaßnahmen und das Herrichten vieler Betriebe in einen privatisierungsfähigen Zustand an Stelle von Privatisierungserlösen ein Defizit von über 200 Mrd. DM zu erwarten war.

Vor diesem Hintergrund und angesichts des weiter fortschreitenden Deindustrialisierungsprozesses verstärkte sich der Druck von Gewerkschaften und Opposition, dieser Entwicklung durch eine aktive Strukturpolitik der Treuhand mit einem eindeutigen Sanierungsauftrag entgegenzutreten. Mittlerweile fand diese Forderung auch Unterstützung im Regierungslager. Sowohl die ostdeutschen CDU-Ministerpräsidenten als auch Teile der Koalition drängten ebenfalls auf eine aktivere Rolle des Staates bei der Gestaltung des wirtschaftlichen Umbruchs (Interviews 05, 15). Insbesondere die ostdeutschen Ministerpräsidenten schlossen sich der Forderung an, die Entindustrialisierung ganzer Regionen durch die industriepolitische Stützung strukturbestimmender „industrieller Kerne“ zu verhindern. Sachsen übernahm mit der Entwicklung der Konzeptionen „Sachsenfonds“, ATLAS-Projekt und „Landesholding“ eine industriepolitische Pionierrolle. Auch dieser neuen Entwicklung mußte sich die Treuhand anpassen und entsprechende Instrumente und Verfahren in Zusammenarbeit mit den Ländern entwickeln (Nolte 1995: 78). Über die Aufgaben einer reinen Privatisierungsagentur und die arbeitsmarktpolitische Rolle, in die die Treuhand zwischenzeitlich hineingewachsen war, hinaus übernahm sie mit dieser Strategiedrift auch industrie- und strukturpolitische Verantwortung.

Über die gesamte Dauer ihres Bestehens war die Arbeit der Treuhand von einer beachtlichen institutionellen Lern- und Anpassungsfähigkeit bestimmt, die durch die Offenheit gegenüber außenstehenden Akteuren begünstigt wurde. Es etablierte sich ein differenziertes Netzwerk aus Bund, Ländern, Gewerkschaften, Arbeitgebervertretern und der Treuhandanstalt, das durch die Kompromißlinien zwischen den Akteuren die schrittweise Aufgabenerweiterung bedingte und begleitete (Czada 1994b: 230/231). Analog zur Bundesanstalt für Arbeit trug somit auch die Treuhand durch die Stützung unrentabler Unternehmen zur Entlastung des Arbeitsmarktes bei.

Nach den Berechnungen des IW hat die Treuhand insgesamt 119 Mrd. DM an Transferleistungen erbracht, davon einen Großteil als hundertprozentige Lohnsubvention an Beschäftigte in an sich nicht überlebensfähigen Betrieben. Der gesamte Fehlbetrag in der Abschlußbilanz der Treuhandanstalt erreichte zum 31.12.1995 eine Höhe von 236 Mrd. DM (vgl. Tab. 4.8).

Tabelle 4.8: Die Abschlußbilanz der Treuhandanstalt

Sanierung der Bilanzen der THA-Unternehmen	73 Mrd. DM
Sanierung des laufenden Geschäfts der THA-Unternehmen	137 Mrd. DM
Personal- und Sachausgaben der THA	3 Mrd. DM
Zinsaufwand	43 Mrd. DM
Ausgaben lt. gesetzlicher Regelungen[1]	20 Mrd. DM
Summe der Ausgaben	276 Mrd. DM
Gesamte Einnahmen	40 Mrd. DM
Gesamtes Defizit	**236 Mrd. DM**

1 Abwicklung Versicherung der DDR, Beitrag Entschädigungsfonds, Zinsaufwand KAF

Quelle: Köhler 1995: 56

Den größten Posten bilden dabei die Sanierungsausgaben für die Bilanzen und die laufenden Geschäfte der THA-Unternehmen. Hier schlugen alle Ausgaben zu Buche, die Betriebe bis zum Verkauf am Leben zu halten, bzw. für den Verkauf zu sanieren. Dazu zählten die Lohnzahlungen an die Beschäftigten in unrentablen Betrieben ebenso wie z.B. die Kosten der Umweltsanierung auf Betriebsgeländen oder die Entschuldung vor dem Verkauf.

Als die Treuhand schließlich zum 31.12.1994 aufgelöst und die verbliebenen Aufgaben auf vier Nachfolgeinstitutionen aufgeteilt wurde, befanden sich noch 192 Betriebe mit zusammengenommen ca. 66.000 Beschäftigten in ihrem Bestand. Die Zuständigkeit für diese Unternehmen ging ab dem 1.1.1995 auf die Beteiligungs-Management-Gesellschaft Berlin mbH über. Als Nachfolgerin im Kernbereich der Treuhand fungierte ab diesem Zeitpunkt die Bundesanstalt für vereinigungsbedingte Sonderaufgaben (BvS), die auch die Einhaltung der mit der THA geschlossenen Verträge überwachte. Die Zuständigkeit für die Vermarktung von nicht betriebsnotwendigen Grundstücken blieb bei der schon 1991 gegründeten Liegenschaftsgesellschaft der Treuhandanstalt mbH (TLG), die Verantwortung für die Verpachtung und Veräußerung von land- und forstwirtschaftlichen Flächen übernahm die 1992 ins Leben gerufene Bodenverwertungs- und - verwaltungs GmbH (BVVG). Über die dargestellten Schulden der Treuhandanstalt hinaus, die in den Erblastentilgungsfonds eingestellt wurden, wird der Kapitalbedarf der vier Nachfolgegesellschaften auf ca. 45 Mrd. DM veranschlagt, die aus dem laufenden Bundeshaushalt finanziert werden sollen (BMF Finanzbericht 1995: 112).

Die Bewertung der Arbeit der Treuhandanstalt geriet je nach wirtschaftspolitischer Grundorientierung der Betrachter unterschiedlich. Wurde auf der einen Seite die schnelle und entschlossene Privatisierung nach 40 Jahren Planwirtschaft gerühmt (SVR 1995: 88), bemängeln Kritiker die verschenkten struktur- und beschäftigungspolitischen Möglichkeiten einer auf aktive Sanierung gerichteten Transformationsstrategie (Nolte 1995: 82-87).

Die Kontroverse, ob eine alternative, von der Verfolgung eines stringenten industriepolitischen Konzepts geprägte Privatisierungsstrategie sinnvoller und erfolgreicher gewesen wäre, kann hier nicht entschieden werden. Jede Prognose über den Verlauf einer Alternativstrategie muß notwendigerweise spekulativ bleiben. Man kann sicher einwenden, daß der Beschäftigungsabbau wohl stärker ausgefallen ist, als dies zwingend hätte sein müssen (Sitte/Tofaute 1996: 60-63). So wurden, in erster Linie bedingt durch den enormen Zeitdruck, unter dem Privatisierungsbemühungen standen, grundsätzlich sanierungsfähige Betriebe geschlossen und zahlreiche Verträge mit potentiellen Investoren unter dem Druck des schnellen Abschlusses nicht sorgfältig genug ausgehandelt. Häufig fehlten beispielsweise wirkungsvolle Vereinbarungen zur Durchsetzung vertraglich gemachter Arbeitsplatzzusagen (Hickel/Priewe 1994: 47-82).

Es steht allerdings zu vermuten, daß die fiskalischen und gesamtwirtschaftlichen Kosten einer umfassenden Sanierungsstrategie langfristig höher ausgefallen wären. Zwar hätten damit größere Arbeitsplatzverluste vermieden werden können, doch wäre dies um den Preis einer Konservierung nicht wettbewerbsfähiger Strukturen erfolgt, die dauerhafter staatlicher Subventionierung bedurft hätten. Die Erfahrungen mit der Dauerhaftigkeit von Subventionen, dem Beharrungsvermögen überkommener Strukturen und der geringen Innovationskraft der betroffenen westdeutschen Branchen geben hier durchaus Anlaß zur Skepsis, ob dies langfristig die erfolgreichere Strategie hätte sein können.

Zudem weisen politisch-institutionalistische Studien über Möglichkeiten und Handlungsspielräume von Politik in der Bundesrepublik ebenso wie akteurstheoretisch fundierte Analysen (Czada 1994a: 261/262) auf ein zumal in Krisensituationen reduziertes Steuerungspotential hin, das eher den Weg zum „minimalen Wandel" eröffnet, als die Ausarbeitung eines komplexen politischen Steuerungsprogramms zur Transition einer kompletten Volkswirtschaft mit entsprechend hohem Konsensbedarf.

Insgesamt gesehen war die Treuhandanstalt Teil der umfassende Problemvereinfachungsstrategie der Bundesregierung, die die politische Ebene durch die Problemverlagerung auf den Markt nachhaltig entlastete. Die Privatisierung der ostdeutschen Wirtschaft wurde mitsamt den notwendigen Anpassungen und Lernprozessen bei der Treuhand angesiedelt und wurde so auf einer dezentralen Ebene bearbeitet. Zudem konnte die Treuhand die Rolle eines „Blitzableiters" im Hinblick auf die mit den Massenentlassungen einhergehenden, heftigen Proteste der Bürger in den neuen Ländern übernehmen. So wurde weithin die Treuhand und nicht „Bonn" oder „Die Bundesregierung" für den massenhaften Beschäftigungsabbau verantwortlich gemacht und kritisiert.

Zugleich zeigt nichts deutlicher die grandiose Fehleinschätzung im Hinblick auf die Leistungsfähigkeit der DDR-Wirtschaft und die Erfolgsaussichten einer nur von den Selbstheilungskräften des Marktes angeleiteten Transition der Wirtschaft in den neuen Ländern, wie die Differenz zwischen erhofftem Privatisierungserlös und dem tatsächlichen Abschlußergebnis der Treuhand in einer Größenordnung von 830 Mrd. DM!

4.1.6 Die Politik der Bundesbank

Nach der Vollendung der staatlichen Einheit Deutschlands fand die Bundesbank rasch zu ihrer Rolle als mächtiger Nebenregierung und stabilitätsbewußter Währungshüterin zurück. Die zentralisierte Entscheidungsstruktur, die die Phase der Verhandlungen zum 1. Staatsvertrag und zum Einigungsvertrag bestimmt, und die nur Raum für die Konsultation der Bundesbankspitze gelassen hatte, machte den gewohnten Wegen der Entscheidungsfindung innerhalb der Bundesbank Platz und räumte der Bank ihre gewohnte Stellung im Institutionengefüge der politischen Ordnung ein. Sie fungierte ab Oktober 1990 wieder als autonomer Akteur mit klar definiertem Kompetenzbereich und stellte schon bald unter Beweis, daß sie auch im geeinten Deutschland nichts von ihrer Stärke eingebüßt hatte.

Gefahren für die gesamtwirtschaftliche Entwicklung und die Preisstabilität sah die Bundesbank, nachdem der Geldmengenüberhang im Zuge der Währungsumstellung keine preistreibende Wirkung entfaltet hatte, zunächst aus zwei Richtungen. Erstens wurden die hohen Tarifabschlüsse der Jahre 1990 und 1991 von seiten der Bundesbank sehr kritisch bewertet und Bundesbankpräsident Schlesinger formulierte sehr deutlich die Erwartung, daß sich die „Sündenfälle der Tarifpolitik" auf keinen Fall wiederholen dürften (PA 1-2/1992: 5). Zweitens wurde die hohe Verschuldung der öffentlichen Haushalte beklagt, die aus Sicht der Bundesbank besorgniserregende Ausmaße angenommen hatte (PA 43/1992: 7).

Zudem wurde bald deutlich, daß der Kapitalbedarf zur Finanzierung der Einheit sowohl was die öffentliche Hand betraf als auch im Hinblick auf die notwendigen Sanierungsmaßnahmen und Investitionen im privatwirtschaftlichen Bereich nur mit Hilfe eines massiven Kapitalimports würde gedeckt werden können. Damit fand sich die Bundesbank vor einer doppelten Herausforderung, mußte sie doch die binnenwirtschaftliche Inflationsbekämpfung mit der Schaffung geeigneter Rahmenbedingungen für einen Kapitalimport in erheblichem Umfang verbinden.

Um deutlich zu machen, daß die Geldwertstabilität nach wie vor und ungeachtet aller sich in der außergewöhnlichen ökonomischen Situation in Deutschland ergebender Zielkonflikte zwischen Geld-, Finanz- und Lohnpolitik höchste Priorität genießen würde und damit das Vertrauen der internationalen Anleger in die D-Mark zu stützen, setzte die Bundesbank in der Folgezeit auf eine Strategie der schrittweisen Erhöhung der Leitzinsen (vgl. Schaubild 4.4). Damit nahm sie den Konflikt mit der expansiven Finanzpolitik der Bundesregierung und den aus ihrer Sicht stabilitätswidrig hohen Tarifabschlüssen an, und sie verlagerte mit der eingeleiteten restriktiven Geldpolitik den Anpassungsdruck auf die Tarifpartner bzw. die Bundesregierung. Beide favorisierten ein niedriges Zinsniveau und damit billige Kredite, damit Investitionen und Wachstum in den neuen Bundesländern auch geldpolitisch Unterstützung finden könnten. Als Voraussetzung für Zinssenkungen verlangte die Bundesbank allerdings zunächst die Schaffung entsprechender Rahmenbedingungen durch moderate Tarifabschlüsse und eine Rückführung der hohen staatlichen Kreditaufnahme (PA 4/1993: 7-9, 5/1993: 6-13; SVR 1991: 116).

Dieser Konflikt zwischen Geld-, Lohn- und Finanzpolitik war allerdings nicht spezifisch nur für die konkrete Situation, sondern folgte einem Konfliktmuster, das immer dann zu Spannungen zwischen der Bundesbank, der Bundesregierung und den Gewerkschaften führte, wenn negative konjunkturelle Auswirkungen der restriktiven Geldpolitik befürchtet wurden, zuletzt in der Rezession Anfang der achtziger Jahre (Scharpf 1987: 165-177; Sturm 1990: 264/265).

Schaubild 4.4: Leitzinsentwicklung Oktober 1990-Dezember 1995

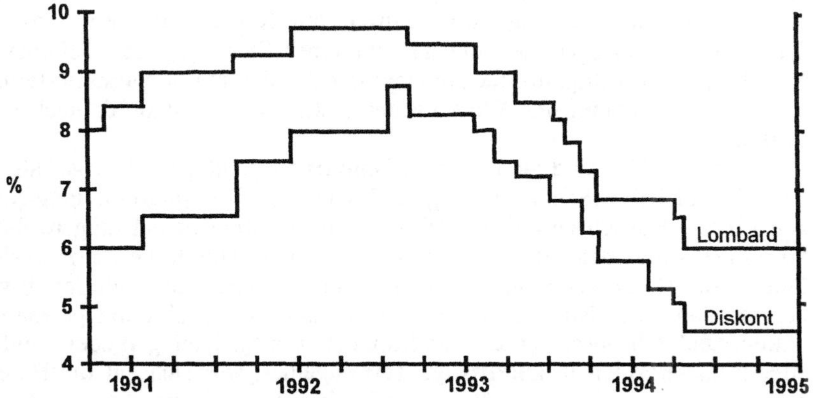

Quelle: Deutsche Bundesbank, Monatsberichte

Über die bereits dargelegten geldpolitischen Gesichtspunkte hinaus, die die Bundesbank bei der Verfolgung ihrer Politik der hohen Zinsen angeleitet haben, hatte der Konflikt mit der Bundesregierung noch eine andere Qualität. Nach wie vor war das Verhältnis zwischen Bundesbank und Bundesregierung nach den Meinungsverschiedenheiten bei der Konzeption der WWSU sehr gespannt. Insbesondere Bundesbankpräsident Karl-Otto Pöhl hatte noch nicht verziehen, daß den Ratschlägen der Bundesbank wiederholt nicht gefolgt wurde und er von dem Angebot einer Währungsunion an die DDR im Februar 1990 erst durch Journalisten erfahren mußte, die ihn zu Gesprächen mit dem Präsidenten der Staatsbank der DDR nach Ost-Berlin begleitet hatten (Marsh 1995: 288-290). Es war deshalb auch eine Frage des Selbstverständnisses und der Glaubwürdigkeit der Bundesbank, die eigenständige Handlungsfähigkeit im Konflikt mit der Bundesregierung zu dokumentieren.

Die Bundesbank verfolgte deshalb eine offensive Politik, kritisierte die staatliche Ausgabenpolitik und machte aus ihren Zweifeln an dem vorgelegten Konsolidierungskonzept keinen Hehl. Einen vorläufigen Höhepunkt dieser Konfrontation markierte der Rücktritt des Bundesbankpräsidenten Pöhl im Mai 1991. Doch auch unter seinem Nachfolger, Helmut Schlesinger, setzte die Bundesbank ihre Hochzinspolitik fort, bis im Juli 1992 bei einem Diskontsatz von 8,0% und einem Lombardsatz von 9,75% der Höchststand erreicht war. Trotz des eingeschlagenen geldpolitischen Kurse stieg die jahresdurchschnittliche Inflationsrate von 2,7% im Jahr 1990 über 3,5% 1991 auf 4% 1992 an (vgl. Tab. 2.5).

Im Sommer 1992 zeichnete sich dann eine Trendwende ab. Die Bundesbank geriet immer stärker unter Druck, ihre Hochzinspolitik zu revidieren und Schritte zur Zinssenkung einzuleiten. Binnenwirtschaftlich hatte sich durch sinkende langfristige Zinsen am Kapitalmarkt eine inverse Zinsstruktur herausgebildet, die das auf einer Steuerung der Geldmenge M3[45] beruhende geldpolitische Konzept der Bundesbank konterkarierte und die investitionshemmende Wirkung der restriktiven Geldpolitik noch verstärkte.

Im Normalfall sind die Zinsen auf kurzfristige Anlagen niedriger als jene auf langfristige. Schon seit Beginn des Jahres 1992 waren die langfristigen Zinsen deutlich gesunken, weil die Anleger offenbar auf längere Sicht mit einem sinkenden Zinsniveau gerechnet hatten. Durch die Leitzinserhöhungen der Bundesbank überstiegen die kurzfristigen Zinsen die langfristigen, so daß kurzfristige Termingelder deutlich an Attraktivität gewonnen hatten. Dadurch flossen erhebliche Mittel statt in Sachanlagen oder langfristige Anlageformen in kurzfristige Termingelder, was sich auf die Bereitschaft in den neuen Bundesländern in Realkapital zu investieren, eindeutig negativ ausgewirkt hat.

Zudem war die Bundesbank durch den Anstieg der zur Geldmenge M3 zählenden kurzfristigen Termingelder auch argumentativ unter Druck. War schon in der Vergangenheit Kritik an der Wahl des Steuerungsindikators M3 für die Geldpolitik laut geworden, mußte sich die Bundesbank nun vorhalten lassen, die Inflationsgefahr, die aus dem starken Wachstum vom M3 abgeleitet wurde, selbst zu erzeugen. Verbunden mit dieser Kritik wurde die Bank aufgefordert, ihre geldpolitische Strategie zu überdenken und sich nicht nur anderer Indikatoren zu bedienen, sondern die Geldpolitik in den Dienst der gesamtwirtschaftlichen Entwicklung zu stellen (DIW 1992c, 1993a; 1993e).

Hinzu kam Druck von der außenwirtschaftlichen Seite. Hatten sich die Partnerländer der Bundesrepublik im Europäischen Währungssystem (EWS) bereits früh beklagt, über das infolge der Zinserhöhungen der Bundesbank gestiegene Zinsniveau in Europa indirekt zur Finanzierung der Deutschen Einheit herangezogen zu werden, geriet im Sommer 1992 das EWS insgesamt in die Krise. Nach heftigen Turbulenzen und Spekulationswellen gegen die im EWS überbewerteten Währungen mußte trotz aller Stabilisierungsversuche der beteiligten Notenbanken im September 1992 die spanische Pesete um 5% abgewertet werden und suspendierten Italien und Großbritannien die Teilnahme ihrer Währungen am Wechselkursmechanismus.

45 M3 umfaßt den Bargeldumlauf sowie bei Kreditinstituten im Inland gehaltene Sichteinlagen, Termingelder unter 4 Jahren und Spareinlagen mit dreimonatiger Kündigungsfrist (Geschäftsbericht 1994: 75)

Obwohl die tieferen Ursachen dieser Krise in der Vergangenheit unterbliebenen Wechselkursanpassungen zwischen einigen Währungen gelegen haben (SVR 1989: 186/187), wurde in der Hochzinspolitik der Bundesbank der unmittelbare Anlaß für das Scheitern des EWS gesehen. Durch die „Politik der starken Mark" waren die Spannungen so groß geworden, daß sich die Leitkurse nicht länger verteidigen ließen.

Dergestalt von verschiedenen Seiten unter Druck gesetzt, reagierte die Bundesbank mit einer - geringfügigen - Zinssenkung Mitte September: der Diskontsatz fiel um 0,5% auf 8,25%, der Lombardsatz ging um 0,25% auf 9,5% zurück. Zu weiteren Zinssenkungen war die Bundesbank zunächst noch nicht bereit. Allerdings markierte diese Entscheidung den Kurswechsel von einer Politik der schrittweisen Zinserhöhung zu einer Politik der schrittweisen, konditionierten Zinnsenkungen.

Um Spielraum für weitere Senkungen der Leitzinsen zu gewinnen, drängte die Bundesbank die daran beteiligten Akteure, den Solidarpakt zu einem Erfolg zu führen (Interview 15). Nur unter der Voraussetzung eines tragfähigen Konzepts zur Sanierung der Staatsfinanzen und lohnpolitischer Zurückhaltung auf seiten der Gewerkschaften stellte sie weitere Zinssenkungen in Aussicht (PA 4/1993: 6-13). Nachdem mit dem erfolgreichen Abschluß der Solidarpakt-Gespräche im März 1993 diese Rahmenbedingungen geschaffen waren, senkte die Bundesbank die Leitzinsen bis Anfang Juli 1993 in drei Schritten auf einen Diskontsatz von 6,75% und einen Lombardsatz in Höhe von 8,25%. (vgl. Schaubild 4.4). Nachdem eine erwartete Absenkung des Diskontsatzes auf der Sitzung des Zentralbankrats vom 29. Juli 1993 ausgeblieben war, geriet das EWS erneut in die Krise und mit der notwendig gewordenen Erweiterung der Schwankungsbreiten auf +/- 15% um den Leitkurs wurde faktisch das Ende des EWS als Festkurssystem besiegelt.

Die Bundesbank mußte sich sogar Vorwürfen erwehren, sie habe die EWS-Krise bewußt herbeigeführt, um die ungeliebte Europäische Währungsunion zum Scheitern zu bringen (PA 62/1993: 6/7). Ist dieser Vorwurf auch sehr spekulativ,[46] kann durchaus festgehalten werden, daß sich die Bundesbank zwar den Wünschen der europäischen Partnerländer nicht völlig verschlossen, aber letztlich im Spannungsfeld zwischen monetärer Entwicklung, konjunkturellen Erwägungen und wechselkurspolitischen Anforderungen den nationalen Belangen Vorrang eingeräumt hat. Ausdrücklich unter dem Hinweis auf die Rücksichtnahme gegenüber den wirtschaftspoliti-

46 Busch (1994) macht hauptsächlich drei Faktoren für die EWS-Krise verantwortlich: In der Vergangenheit unterlassene Anpassungen der Wechselkurse (Realignment) an veränderte realwirtschaftliche Entwicklungen, das in Folge des Einigungsschocks von der Bundesbank gesetzte hohe Zinsniveau sowie das enorm gestiegene Handelsvolumen an den internationalen Finanzmärkten, das es ermöglichte, spekulative Mittel in einer Gröenordnung zu mobilisieren, der die Notenbanken trotz massiver Interventionen machtlos gegenüberstanden (S. 85-91).

schen Probleme der europäischen Partnerländer und auf die Rolle der D-Mark als Ankerwährung (Monatsbericht 8/93: 21/22) senkte die Bundesbank ab August 1993 dann schrittweise die Leitzinsen bis auf einen Diskontsatz von 4,5% und einen Lombardsatz in Höhe von 6,0% im Mai 1994 (vgl. Schaubild 4.4).

Nachdem sich bereits nach den ersten Zinssenkungen im Frühjahr 1993 die Zinsstruktur am Kapitalmarkt normalisiert hatte, ließen dann im Laufe des Jahres 1994 auch die Spannungen im EWS nach und notierten die meisten Währungen ungeachtet der vergrößerten Schwankungsbreiten in der Nähe ihres früheren Leitkurses. Diese Stabilisierung des EWS spiegelt zu einem Teil auch die Stabilisierung der Ankerwährung D-Mark wider, die mit der zunehmenden Verarbeitung des Vereinigungsschocks innerhalb der Bundesrepublik auch weniger binnenwirtschaftliche Störungen auf die Partnerländer übertrug. Binnenwirtschaftlich bedeuteten die Zinssenkungen ab dem zweiten Halbjahr 1993 eine maßvolle Unterstützung des zögerlichen Wirtschaftsaufschwungs.

Zusammenfassend kann festgehalten werden, daß sich die Bundesbank nach Vollendung der staatlichen Einheit wieder als mächtige Nebenregierung auf der politischen Bühne zurückgemeldet hat. Sie verfolgte ihren geldpolitischen Kurs auch gegen harte Widerstände und scharfe Kritik und setzte mit ihrer Zinspolitik Fakten, die Bundesregierung und Tarifparteien akzeptieren mußten. Zwar stieg die Inflationsrate dennoch bis auf über 4%, doch konnte der Trend schon bald umgekehrt werden und erreichte die Preissteigerungsrate 1995 wieder einen Wert unter 2%.

Die Politik der Bundesbank hat in dieser schwierigen Phase das Vertrauen der internationalen Anleger in die D-Mark erhalten und mit attraktiven Zinsen und einem stabilen Außenwert der D-Mark den zur Finanzierung der deutschen Einheit notwendigen, massiven Kapitalimport ermöglicht. Binnenwirtschaftlich hat sie eine aktive Rolle bei der Bewältigung der Einigungskrise gespielt, indem sie, unterstützt durch die Macht ihrer Zinspolitik, auf ein erfolgreiches Zustandekommen des Solidarpakts gedrängt hat. Dies allerdings zu dem Preis der negativen konjunkturellen Auswirkungen des hohen Zinsniveaus und der Irritationen im europäischen währungspolitischen Umfeld.

Als verfrüht haben sich Thesen erwiesen, wonach die Rolle der Bundesbank bei der Konzeption der deutsch-deutschen Währungsunion gezeigt habe, daß das „Autonomiekonzept gescheitert" und deren Rolle „bisher politisch überschätzt" worden sei (Hartwich 1992: 272). Tatsächlich deutet die Geldpolitik der Jahre 1991 bis 1994 auf Kontinuität im Hinblick auf Autonomiegrad und geldpolitischer Orientierung der Bundesbank hin. Die deutsche Einheit ließ die gesetzliche Grundlage, das geldpolitische Instrumentarium und den Auftrag der Wahrung der Geldwertstabilität unberührt, und die Bundesbank hat sich auch nach der Einigung als so unabhängig und durchsetzungsstark erwiesen, wie dies für die Periode vor der Vereinigung kennzeichnend war.[47]

Was erklärt nun diese Diskrepanz zwischen der relativen Ohnmacht der Bundesbank im Einigungsprozeß selbst und ihrer autonomen Rolle im geeinten Deutschland? Offenbar ein Wechsel der Problemebenen. Die schwache Rolle der Bundesbank im Einigungsprozeß fügt sich in die diesem Prozeß eigentümliche, zentralisierte Entscheidungsstruktur, die der Bundesregierung ganz ungewöhnlich große Handlungsspielräume eröffnet hatte. Der Bundeskanzler bestimmte die Richtlinien der Einigungspolitik, nicht die Bundesbank und auch keiner der ansonsten wichtigen Akteure, die sämtlich aus dem Entscheidungsprozeß ausgeblendet blieben (vgl. Kap. 3). Nach vollzogener Vereinigung verlief die politische Willensbildung wieder in gewohnten Bahnen und das Management der Systemtransformation, das Abarbeiten des Einigungsschocks mußte „sachlich-technischen Erfordernissen genügen, denen sich wiederum die Politik zu fügen hatte“ (Czada 1995a: 85).

4.1.7 Zusammenfassung und Bewertung

Die finanzpolitische Verarbeitung des Einigungsschocks erfolgte mit Verzögerung und in einem Prozeß inkrementalistischer Anpassung an die mit der Finanzierung der Einheit verbundenen fiskalischen Belastungen.

Unmittelbar nach dem Vollzug der Einheit im Oktober 1990 wurde die finanzpolitische Anpassung durch die bevorstehende Bundestagswahl blokkiert. Die Bundesregierung hatte sich auf ein Finanzierungskonzept festgelegt, das auf die Selbstfinanzierung der Kosten der Einheit durch ein Wirtschaftswunder in den neuen Länder setzte und keine Belastungen für die öffentlichen Haushalte vorsah. Das Wahlkampfversprechen des Bundeskanzlers, es werde zur Finanzierung der Einheit keine Steuererhöhungen geben, nahm der Regierung zusätzliche Handlungsmöglichkeiten. Um den sich ankündigenden Wahlerfolg nicht zu gefährden, war ein Strategiewechsel ungeachtet des beständig wachsenden finanzpolitischen Problemdrucks erst nach dem Wahltermin möglich.

Mit den steuer- und finanzpolitischen Beschlüssen vom 8. März 1991 konnte zwar in einem ersten Anpassungsschritt die drängendste Finanznot in den neuen Ländern gemildert werden und war die Bundesregierung fi-

47 Über die starke geldpolitische Rolle hinaus ist der Bundesbank im Zusammenhang mit der deutschen Einheit ein Reformschritt gelungen, der den Bundesländern versagt blieb. Hatten die Länder die Chance zur Länderneugliederung verpaßt, nutzte die Bundesbank die Einheit zu einer Strukturreform des Systems der Landeszentralbanken. Statt jedem Bundesland eine Landeszentralbank zuzuordnen, wurde ihre Anzahl auf neun reduziert (Geschäftsbericht 1992: 126-129)

nanzpolitisch wieder handlungsfähig (Andersen 1992: 241). Allerdings wurde dieser wiedergewonnen Handlungsspielraum nicht dazu genutzt, ein umfassendes Finanzierungskonzept mit langfristiger Ausrichtung zu entwickeln. Vielmehr entwickelte sich ein kurzatmiges, nur auf den unmittelbaren und unabweisbaren Finanzbedarf reagierendes Krisenmanagement (Mäding 1992: 194/195).

Die Notwendigkeit dauerhafter Transferzahlungen in die neuen Länder wurde zunächst von der Bundesregierung nicht anerkannt. Auch die Frage, wie die zahlreichen in Sondervermögen außerhalb des Bundeshaushalts geparkten Belastungen finanziert werden sollten, blieb unbeantwortet. Als charakteristisches finanzpolitisches Handlungsmuster etablierte sich die wiederholte nachträgliche Korrektur der Finanzplanung, weil die zugrundeliegenden optimistischen Annahmen über die Höhe der Staatsausgaben und der Steuereinnahmen regelmäßig von den tatsächlichen Entwicklungen widerlegt wurden. Dies führte zu einer schweren Glaubwürdigkeitskrise in der Finanzpolitik (vgl. Kap. 4.1.1).

Auf ein dauerhaftes Fundament wurde die Finanzierung der deutschen Einheit erst durch die schrittweisen Kurskorrekturen des Jahres 1992 und der Solidarpakt-Vereinbarungen zwischen Bund und Ländern im März 1993 gestellt (vgl. Kap. 4.2). Erst die im Frühsommer 1992 verkündete Einsicht der Bundesregierung, daß die neuen Länder auch auf längere Sicht auf finanzielle Hilfen würden angewiesen sein, ebnete den Weg zu einer Berücksichtigung dieser Belastungen in der Finanzplanung und zu dem Positionswechsel auf der Ebene der Finanzierungsinstrumente im Oktober 1992, als der Bundeskanzler einräumte, daß auch weitere Steuererhöhungen zur Finanzierung der Einheit notwendig sein würden.

Neben dem unabweisbar existierenden Finanzierungsbedarf in den neuen Ländern, der nur eine begrenzte Zeit ignoriert werden konnte, lag dieser Kurswechsel maßgeblich in drei Ursachen begründet: in innerparteilichem Druck, äußerem Druck durch die Bundesbank und machtpolitischen bzw. parteitaktischen Überlegungen. Zunächst machten innerhalb der Regierungsparteien die ostdeutschen Politiker nachdrücklich auf ihre Probleme aufmerksam und drohten mit Konsequenzen, wenn die Bundesregierung ihre Belange zukünftig nicht ernster nehmen würde. Dann hatte die Bundesbank deutlich gemacht, daß sie nur zu Leitzinssenkungen bereit wäre, wenn die Tarifparteien mit moderaten Lohnabschlüssen und die Bundesregierung mit einer glaubwürdigen und soliden Haushaltspolitik die entsprechenden Rahmenbedingungen schaffen würden. Und schließlich drohte der Machtverlust bei der kommenden Bundestagswahl. Das konzeptionslose finanzpolitische Krisenmanagement in dieser Phase der Verarbeitung des Einigungsschocks hatte die Bundesregierung einiges an Ansehen und an Glaubwürdigkeit auch in ihr eigentlich gewogenen Kreisen gekostet (Krumrey 1992b). Sie mußte deshalb ein starkes Interesse daran haben, sich als handlungsfähig und den anstehenden Problemen gewachsen zu präsentieren. Im Herbst 1992 war der Kurswechsel dann zumindest in Äußerungen von Regierungsmitgliedern vollzogen, mit der Verabschiedung des Finanzplans 1993 bis 1997 und dem erfolgreichen Abschluß des Solidarpakts folgten Taten und im Jahr 1994 hatten die Kosten der Einheit dann vollständig Eingang in die Finanzplanung gefunden. Tatsächlich blieb das Haushaltsergebnis des Bundes dann auch - erstmals seit der Einigung - wieder im Rahmen des geplanten Ansatzes (vgl. Tab. 4.2).

In der finanzpolitischen Programmatik zeigte die Bundesregierung ein hohes Maß an Kontinuität. Der moderat angebotsorientierte finanz- und wirtschaftspolitische Kurs, den die Koalition seit der Regierungsübernahme 1982/83 verfolgt hatte, bildete auch in dieser Situation die Leitlinie. Eine Begrenzung des Anstiegs des Staatsausgaben sowie der Staatsverschuldung, der Verzicht auf weitere Steuererhöhungen und eine Präferenz für Einsparungen zur Haushaltskonsolidierung waren deshalb die erklärten finanzpolitischen Ziele. Tatsächlich erzwangen die Kosten der Einheit allerdings ein steigendes Ausgabenvolumen, das kurzfristig gegenfinanziert werden mußte.

Neben der ideologisch begründeten Absage an Steuererhöhungen erwies sich insbesondere die Mitregentschaft der SPD über deren Mehrheit im Bundesrat als Restriktion für die finanzpolitischen Reaktionsmöglichkeiten der Bundesregierung im Hinblick auf den gestiegenen Bedarf. Gerade im Bereich der Einsparungen im Sozialbereich nutzte die SPD wiederholt ihre Vetoposition und verhinderte geplante Kürzungen, wie beispielsweise bei der geplanten Befristung der Arbeitslosenhilfe im Zusammenhang mit dem SKWPG. Aber auch in der Steuerpolitik konnte die Bundesregierung nicht eigenständig agieren. Alle wesentlichen Steuergesetze mußten spätestens im Vermittlungsausschuß mit der Opposition abgestimmt werden (vgl. Kap. 4.1.3). Zwar stieß die SPD im Fall der Mehrwertsteuererhöhung ab 1.1.1993 an die Grenzen ihrer Mitgestaltungsmöglichkeiten, als Brandenburg aus der Phalanx der SPD-regierten Länder ausgeschert war und diese Steuererhöhung damit trotz Bundesratsmehrheit nicht verhindert werden konnte, doch war dies der einzige Fall im Untersuchungszeitraum, wo es der SPD nicht gelungen ist, in einer derart zentralen Frage geschlossen in der Länderkammer aufzutreten.

Handlungsspielraum verschaffte sich die Bundesregierung in dieser Situation über eine erhöhte Kreditaufnahme und die Auslagerung zahlreicher Belastungen aus dem Bundeshaushalt. Steuererhöhungen sollten nur als letztes Mittel eingesetzt werden und unterlagen noch dazu dem Einfluß der Opposition. Einsparungen waren aufgrund deren Vetoposition, der Sozialpolitiker innerhalb der Regierungsparteien und dem heftigen Widerstand der betroffenen Verbände kaum umzusetzen. Also mußte die Verschuldung erhöht werden.

Neben den hohen Haushaltsdefiziten auf Bundesebene sind hier insbesondere die Verbindlichkeiten in den Schatten- und Nebenhaushalten zu nennen, die einen erheblichen Teil der Kosten der Einheit übernommen hatten (vgl. Tab. 4.9). Ein Volumen von 335 Mrd. DM umfaßt alleine der im Zuge der Solidarpaktverhandlungen zwischen Bund und Ländern beschlossene Erblastentilgungsfonds, der die Altschulden der DDR, die Kosten der Währungsumstellung und die aufgelaufenen Schulden der Treuhandanstalt ab 1.1.1995 übernommen hat.[48]

Das Inkaufnehmen einer höheren Staatsverschuldung zur kurzfristigen Finanzierung eines vorübergehenden staatlichen Ausgabenanstiegs ist allerdings keine auf die Finanzierung der deutschen Einheit beschränkte Besonderheit, sondern findet sich als Modell der „Steuerglättung" unter jenen ökonomischen Theorien, die in der Staatsverschuldung nicht notwendigerweise ein Übel sehen (Heinemann 1994:15/16).

Zum Zweck einer „optimalen Besteuerung", die im Zeitverlauf möglichst konstant bleiben und nicht durch ständige Anpassung an schwankende Staatseinnahmen bzw. -ausgaben variieren soll, werden bei kurzfristig gestiegenem Finanzierungsbedarf, z.B. durch Kriege oder externe Schocks, vorübergehend höhere Defizite in Kauf genommen, um die gestiegene Verschuldung dann nach Abklingen des Schocks bei konstanten Steuersätzen wieder abzutragen. Ein Verhaltensmuster, dem insbesondere konservative und liberale Parteien zuneigen (Wagschal 1995: 146-148) und dem auch die Bundesregierung bei der Bewältigung des Einigungsschocks gefolgt ist. Ihre Konsolidierungsstrategie räumte dem Verzicht auf Steuererhöhungen und einem möglichst ausgeglichenen Haushaltssaldo einen höheren Stellenwert ein als der Begrenzung der Staatsverschuldung.

Zudem wurde die Verarbeitung des Einigungsschocks dadurch erleichtert, daß die Probleme und Belastungen auf viele Schultern verteilt wurden. Neben Bund, Ländern und den verschiedenen Sondervermögen bewältigte die Treuhandanstalt die Privatisierung der DDR-Volkswirtschaft und trug die dabei entstehenden Belastungen von zusammengenommen über 200 Mrd. DM. Auch die Sozialversicherungen wurden in erheblichem Ausmaß die zur Finanzierung der Einheit herangezogen und brachten von 1991 bis 1994 ein Transfervolumen von weit über 100 Mrd. DM zugunsten der neuen Länder auf. Allerdings stieß dieses Vorgehen auch auf Kritik. So wurde der Bundesregierung im Hinblick auf die Transfers der Sozialversicherungen vorgeworfen, systematisch sei eine Finanzierung aus dem Bundeshalt gebo-

48 Die deutsche Einheit war zweifellos das bedeutendste, aber nicht der alleine auschlaggebende Faktor für die stark angestiegenen Schuldenstände im öffentlichen Gesamthaushalt. Rezessionsbedingte zusätzliche Ausgaben und Steuerausfälle führten ebenfalls zu einer erhöhten Kreditaufnahme der öffentlichen Haushalte. Insgesamt waren im Untersuchungszeitraum nach Auskunft des BMF sogar nur ein Viertel der Defizite des Bundeshaushalts einigungsbedingt (BT-Drs. 12/8372: 22).

ten und „die Option eines massiven Zugriffs auf die Haushalte der Parafisci (habe sich nur) als konsensfähiger und konfliktärmer“ erwiesen (Nullmeier 1992: 159).

Tabelle 4.9: Die Entwicklung der Schuldenstände in den Nebenhaushalten und den Schattenhaushalten (Stand 31.12., in Mrd. DM)

Haushalt	1990	1991	1992	1993	1994	1995[1]
ERP/Lastenausgleichsfonds	9,3	16,3	24,3	28,1	27,9	34
Fonds „Deutsche Einheit"	19,8	50,5	74,4	87,7	89,5	87,5
Kreditabwicklungsfonds	27,6	27,5	91,7	101,2	102,6	X
Erblastentilgungsfonds	X	X	X	X	X	335
Treuhandanstalt	14,1	39,4	106,8	168,3	204,6	
Ostdeutsche Wohnungswirtschaft[2]	38,5	42,3	46,7	50,5	50,5[3]	23[3]
Deutsche Bundesbahn	47,0	38,0	53,4	65,8	X	X
Bundeseisenbahnvermögen	X	X	X	X	71,2	80
Deutsche Reichsbahn	3,2	5,1	5,4	7,8	X	X
Kommunale Altschulden[4]	5,1	5,6	6,3	7,0	7,4	8,0
Ausgleichsfonds zur Sicherung des Steinkohleeinsatzes	4,3	4,4	4,5	5,3	5,5	5,5
Nachrichtlich:						
Öffentlicher Gesamthaushalt[5]	1048,9	1165,5	1331,5	1499,2	1645,1	2017,5
davon:						
Bund	542,2	586,0	606,7	685,3	712,5	763
Länder - West	326,5	344,6	364,7	391,3	409,5	447,0
Länder - Ost	-	3,6	19,3	37,3	51,2	67,0
Gemeinden - West	114,4	119,7	126,6	134,1	137,3	144,5
Gemeinden - Ost	-	7,6	12,3	18,3	23,2	36,0

1 Schätzung

2 Kommunale und genossenschaftliche Wohnungsbauunternehmen, geschätzter Anteil der kommunalen Schulden: etwa 60% (1995)

3 Die Übernahme der Altschulden durch den Erblastentilgungsfonds bezog sich auf alle Altschulden oberhalb 150 DM/m², auch die der „Wendewohnungen" (Schuldenstand 1995: etwa 5.5 Mrd. DM, anzurechnende Schulden im allgemeinen bis maximal 1000 DM/m²) und die der privaten Vermieter (Schuldenstand 1994 etwa 3 Mrd. DM). Für diese Schulden übernahmen der Bund und die ostdeutschen Länder die im Zeitraum vom 1. Januar 1994 bis 30. Juni 1995 angefallenen Zinsen.

4 Ab dem 23. März 1994 Teil der „Gesellschaft für kommunale Altschulden und Sonderaufgaben der Währungsumstellung"

5 Bund, west- und ostdeutsche Länder und Gemeinden (einschließlich Zweckverbände und Krankenhäuser), Lastenausgleichsfonds, ERP-Sondervermögen, Fonds „Deutsche Einheit", Kreditabwicklungsfonds und Bundeseisenbahnvermögen, Erblastentilgungsfonds. Ohne Verschuldung der öffentlichen Haushalte untereinander.

Quelle: SVR 1995: 144

Dies sollte jedoch nicht der einzige Vorwurf an die Adresse der Bundesregierung bleiben. Der gesamte policy-mix, mit dessen Hilfe die deutsche Einheit finanziert wurde, zog Kritik aufgrund der Kombination und dem Gewicht der verschiedenen Finanzierungsinstrumente wie auch aufgrund der damit einhergehenden gesellschaftlichen Verteilungswirkungen auf sich.

Je nach wirtschaftstheoretischer Fundierung der jeweiligen Position gaben dabei unterschiedliche Aspekte der Politik zur Finanzierung der deutschen Einheit Anlaß zur Klage, wobei insbesondere das Ausmaß der Neuverschuldung kontrovers diskutiert wurde.

Aus neoklassischer und monetaristischer Sichtweise gerieten neben dem hohen Maß an Schuldenfinanzierung in erster Linie der nur geringe Umfang an Einsparungen und die erhöhte Staats- und Steuerquote zu den Hauptkritikpunkten (Schlesinger u.a. 1991, 1993; Siebert 1993: 212-215; Weilepp 1993). Auch die Bundesbank (Geschäftsberichte 1991-1994) und der Sachverständigenrat (1992: 148-151; 1993: 144; 1995: 138-142) schlossen sich dieser Bewertung an und drängten die Bundesregierung dazu, einen stärker auf Konsolidierung der öffentlichen Haushalte ausgerichteten finanzpolitischen Kurs einzuschlagen. Aus dem Blickwinkel einer (neo)keynesianisch geprägten Perspektive wurde dagegen kritisiert, daß zu keinem Zeitpunkt versucht wurde, ein stringentes und schlüssiges Gesamtkonzept, quasi ein „Steuerungsprogramm" für die Finanzierung der Einheit zu entwickeln und umzusetzen. Zudem wurde die prozyklische Wirkung der von der Bundesregierung verfolgen Politik beklagt, die in der Wachstumsphase die Verschuldung erhöhte und in der Rezession einen Sparkurs verfolgte, was den Wirtschaftsabschwung und den Beschäftigungsabbau noch zusätzlich verstärkt hat (AaW 1994; DIW 1993c; Hickel/Priewe 1994).

Umstritten waren außerdem die gesellschaftlichen Verteilungswirkungen der Maßnahmen zur Finanzierung der deutschen Einheit (Schui 1991: 88-90). Auch Unionspolitiker sahen hier eine „soziale Schieflage" (Priewe/Hickel 1991: 156) und konstatierten eine „Gerechtigkeitslücke" (Volker Rühe/Heiner Geißler, zit. nach Leicht 1992). Neben den Verteilungswirkungen der beschlossenen Steuererhöhungen und des Solidaritätszuschlags (DIW 1993g) wurde in diesem Zusammenhang in erster Linie der umfangreiche West-Ost-Transfer der Sozialversicherungen beanstandet, über den die westdeutschen Beitragszahler in erheblichem Maße zur Finanzierung der Einheit herangezogen wurden. Beamte, Selbständige und Freiberufler blieben dagegen von diesen Leistungen freigestellt (RWI 1992). Die seither noch getroffenen Beschlüsse im steuer- und sozialpolitischen Bereich haben die ungleiche Belastung eher noch verstärkt (Heilemann u.a. 1994: 56-69; Tofaute 1995). Schaubild 4.5. verdeutlicht die unterschiedliche Belastung verschiedener Einkommens- und Berufsgruppen für die Jahre 1992 und 1995.

Versucht man nun eine Bewertung der Politik zur Finanzierung der deutschen Einheit gemessen am Selbstverständnis und der Zielsetzungen der politischen Akteure, so läßt sich für die Bundesregierung nur ein ernüchterndes Fazit ziehen. Entgegen ihrer erklärten Absicht stiegen Staatsverschuldung, Staatsquote und Steuerquote im Zuge der Verarbeitung des Einigungsschocks stark an.

Schaubild 4.5:

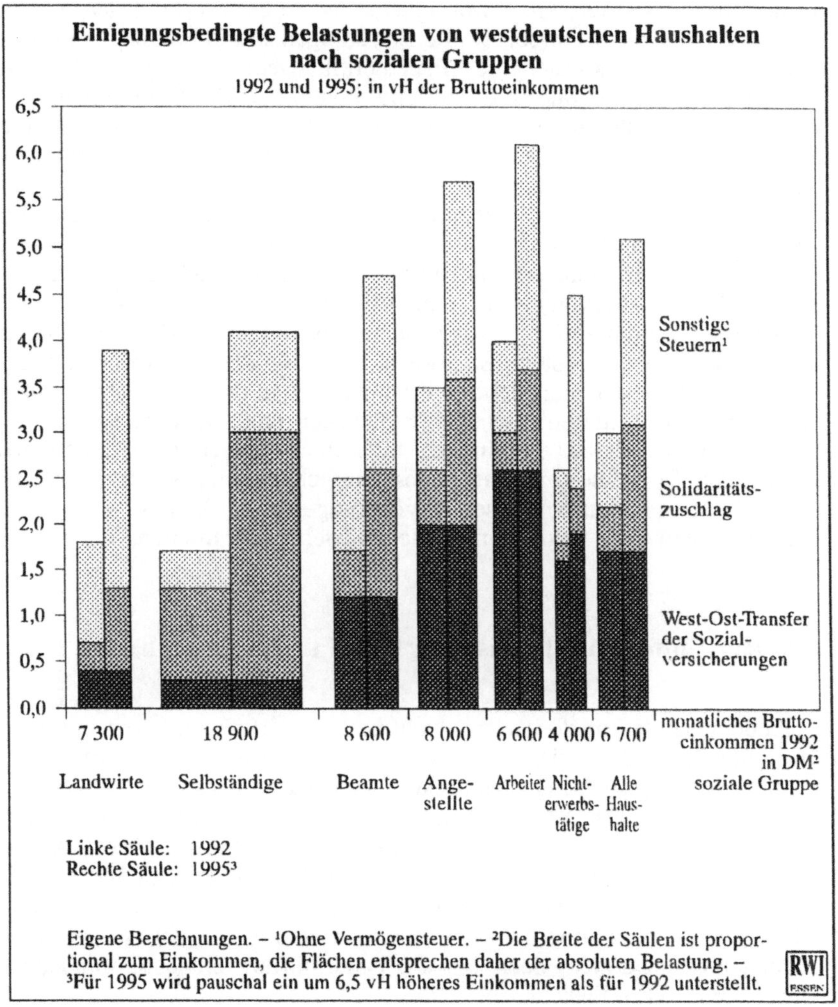

Quelle: Heinemann u.a. 1994: 59

Gleichzeitig erwies sich die Finanzplanung des Bundesfinanzministers immer wieder als unrealistisch, weil der proklamierte Konsolidierungskurs im Grunde auf einer Kumulation optimistischer Annahmen über die zukünftige wirtschaftliche und haushaltspolitische Entwicklung beruhte. Da außerdem lange Zeit finanzpolitische Risiken einfach ausgeblendet wurden, geriet die Finanzpolitik - in den achtziger Jahren das Flaggschiff der Regierung - in eine schwere Glaubwürdigkeitskrise. Auch wenn mit dem im Jahr 1993 vollzogenen Kurswechsel alle Belastungen in die Finanzplanung einbezogen wurden und sich die Finanzpolitik wieder auf eine vollständige Basis stützen konnte, blieb die Haushaltssituation prekär (DIW 1995b).

Allerdings gibt eine Bewertung allein nach diesem Maßstab nur ein unvollständiges Bild. So waren die wiederholten Beteuerungen, die Finanzpolitik sei eigentlich auf einem erfolgreichen Konsolidierungskurs, sicher auch von politisch-taktischen Überlegungen angeleitet, innenpolitisch einen Eindruck von Sicherheit und Kontinuität zu vermitteln und außenpolitisch Politik und internationale Finanzmärkte von der Stabilität der Bundesrepublik nach der Vereinigung und dem Willen der Bundesregierung, auch in schwierigen Zeiten an ihrem Konsolidierungskurs festzuhalten, zu überzeugen. Zudem ist eine solche Sichtweise blind für die Rahmenbedingungen und Restriktionen, denen sich die Finanzpolitik in dieser Phase gegenübersah, und würdigt die politische Anpassungsleistung nur unzureichend (vgl. Kap. 5). Immerhin war es gelungen, trotz einer schwierigen, von den unzureichenden Finanzbestimmungen des Einigungsvertrages geprägten Ausgangssituation und anfänglicher Verzögerungen den fiskalischen Einigungsschock binnen einer Legislaturperiode politisch zu verarbeiten.

4.2 Der Solidarpakt zwischen Bund und Ländern

Nachdem Bundeskanzler Helmut Kohl im Herbst 1992 zur Überwindung der Einigungskrise die SPD, die Länder, Gewerkschaften und Wirtschaft zu einem „Solidarpakt für Ostdeutschland" eingeladen hatte, richteten sich nun alle Augen auf diese Verhandlungen. Die Solidarpakt-Gespräche im Kanzleramt zogen sich - beginnend im September 1992 - fast 6 Monate hin und umfaßten ca. 40 bilaterale Verhandlungen der Bundesregierung mit Gewerkschaften, Arbeitgebern und den Vertretern der Bundesländer bzw. der SPD. Zwar waren innerhalb der Bundesregierung die jeweils betroffenen Minister eingebunden, doch lag die Federführung eindeutig im Bundeskanzleramt (Sally/Webber 1994: 25).

Die Gespräche mit Gewerkschaften und Arbeitgebern im Stil der Konzertierten Aktion der siebziger Jahre setzten zunächst positive Signale. So versprachen die Gewerkschaften mäßige Lohnforderungen in den kommenden Tarifrunden in Westdeutschland und erreichten im Gegenzug eine Revision der Privatisierungspolitik der Bundesregierung, die künftig dem Erhalt „Industrieller Kerne" in den neuen Ländern größere Bedeutung wollte zukommen lassen. Auf Arbeitgeberseite fanden sich im Zuge der Solidarpaktgespräche die Verbandsvertreter der Versicherungswirtschaft und der Banken zu Investitionszusagen in den neuen Ländern in Höhe von jeweils einer Mrd. DM bereit und startete der BDI eine „Einkaufsoffensive Ost", in deren Verlauf die westdeutschen Mitgliedsunternehmen verstärkt Vorleistungen und Produkte aus den neuen Ländern nachfragen sollten (Bulletin 9/1993: 65/66).

Die Bedeutung dieser Ergebnisse lagen allerdings mehr im psychologischen Bereich und in der Tatsache, daß überhaupt ein positives Verhandlungsergebnis erzielt werden konnte, weniger in dessen Reichweite. Weder erreichten die Zusagen der Arbeitgeber einen nennenswerten Umfang, noch hatten sich Gewerkschaften und Arbeitgeberverbände in irgendeiner Hinsicht verbindlich festgelegt. Daß die eigentlichen Konfliktfelder ausgeklammert blieben und nicht gelöst wurden, zeigte sich im Februar 1993 mit der einseitigen Kündigung des laufenden Tarifvertrages zur schrittweisen Angleichung der Ost-Löhne an West-Niveau durch die sächsischen Metall-Arbeitgeber.

Die Verhandlungen zwischen Bund und Ländern über den Solidarpakt standen von Beginn an unter einem starken Erfolgsdruck. Zunächst spielten dabei die Vorgaben des Einigungsvertrages eine Rolle. Bis zum 1.1.1995 mußten die neuen Länder in einen gesamtdeutschen Länderfinanzausgleich voll einbezogen werden. Würde bis dahin keine Reform beschlossen werden können, drohte die Integration in den bestehenden LFA mit erheblichen Auswirkungen auf die alten Länder.

Für die Bundesregierung war wichtig, in die seit der Einigung konzeptionslos wirkende und von kurzatmigem Krisenmanagement bestimmte Finanzpolitik wieder eine klare Linie zu bringen und verlorenes Vertrauen im Hinblick auf die wirtschaftliche Kompetenz der Regierungskoalition zurückzugewinnen (Krumrey 1992b: 27/28). Es war abzusehen, daß das Vertrauen der internationalen Kapitalanleger in die Stabilität sowohl der D-Mark als auch der Bundesrepublik als Investitionsstandort durch eine Fortführung des bisher praktizierten unsteten Kurses nachhaltig in Mitleidenschaft gezogen werden würde. Überdies zeigte sich auch die Bundesbank nur unter der Bedingung zu einer - konjunkturpolitisch von allen Parteien herbeigesehnten - Zinssenkung bereit, wenn ein glaubwürdiges Konzept zur Senkung der Neuverschuldung und zur längerfristigen Sanierung der öffentlichen Haushalte beschlossen würde (PA 4/1993: 6-13, vgl. Kap. 4.1.6). Um dieser Position Nachdruck zu verleihen, honorierte die Bundesbank die Schritte der politischen Akteure hin zu einer Einigung in den anstehenden Streitfragen. So beschloß der Zentralbankrat unmittelbar nach der Vorstellung des ersten Thesenpapiers des Bundesfinanzministeriums zur Neuordnung des föderalen Finanzausgleichs im September 1992 eine Senkung des Diskontsatzes von 8,75% auf 8,25%.

Aus Sicht der SPD schließlich war wichtig, sich in einer konstruktiven Rolle bei der Bewältigung der anstehenden Probleme zu beweisen und sich nicht in der Ecke des destruktiven, ewigen Nein-Sagers wiederzufinden, der Maßnahmen der Bundesregierung über seine Bundesratsmehrheit nur verhindert, ohne selbst konstruktive Politikangebote zu machen oder zumindest Kompromißbereitschaft zu zeigen. Zudem war abzusehen, daß aufgrund der beginnenden Wahlkampfauseinandersetzungen nach dem Sommer 1993 nicht mehr mit konsensualen Lösungen oder breiten Mehrheiten zu rechnen sein würde. Alle Beteiligten hatten also ein Interesse daran, die Solidarpaktverhandlungen zum Erfolg zu führen. Diese Auffassung zeigte sich auch in den Äußerungen der Beteiligten zu Beginn der Verhandlungen. Der Bundeskanzler warnte vor dem Scheitern der Gespräche, „bei dem alle zu Verlierern würden, nicht nur die Regierung", der SPD-Vorsitzende Engholm betonte die Bereitschaft, zu einem „gesunden Kompromiß" zu kommen, und auch die Regierungschefs der Länder zeigten sich, unabhängig von ihrer Parteizugehörigkeit, kooperationswillig (FR v. 12.3.1993).

Ungeachtet dieser zumindest verbalen Kompromißbereitschaft standen die Komplexität der anstehenden Probleme, die Vielzahl der beteiligen Akteure und deren Interessendivergenzen einer Einigung entgegen. Dies zeigte sich bereits in dem konflikthaften, von harten Auseinandersetzungen geprägten Verlauf der Verhandlungen im Vorfeld der Klausurtagung. Besonders Bundesfinanzminister Waigel hatte eine harte Gangart in den Verhandlungen mit den Ländern angekündigt und dieser Aussage auch Taten folgen lassen: Der Vorschlag des Bundes zur Einbeziehung der neuen Länder in den Länderfinanzausgleich setzte so eindeutig auf eine Vorteilsregelung zugunsten des Bundes, daß alle Landesregierungen - unabhängig von ihrer parteipolitischen Couleur - ihren erbitterten Widerstand angekündigt hatten. In der Folgezeit mußten zahlreiche Gesprächsrunden auf Beamtenebene ergebnislos vertagt werden und noch wenige Tage vor der entscheidenden Verhandlungsrunde war man noch weit von einer einvernehmlich getragenen Lösung entfernt. Ganz im Gegenteil waren sogar noch die als Berechnungsgrundlage für die Verteilungswirkung der verschiedenen Alternativen heranzuziehenden Zahlen zwischen Bund und Ländern umstritten (Interview 23). Auch auf dem Feld der steuer- und finanzpolitischen Maßnahmen war man noch weit von einer Einigung entfernt. Insbesondere im Hinblick auf Einsparungen im sozialen Bereich bestanden große Differenzen zwischen Regierung und der SPD.

Zu komplex schienen also die anstehenden Fragen, zu gering auch das im Vorfeld der Klausur erzielte Maß an Übereinstimmung in grundlegenden Sachverhalten, als daß mit einem erfolgreichen Verlauf der Gespräche hätte gerechnet werden können (Mäding 1992: 210). Um so interessanter erscheint die Frage, unter welchen Umständen und zu welchen Bedingungen dennoch eine Einigung erzielt werden konnte.

4.2.1 *Die Neuordnung der bundesstaatlichen Finanzbeziehungen*

Aufbauend auf Erfahrungen aus der alten Bundesrepublik schien insbesondere im Hinblick auf die Neuordnung der bundesstaatlichen Finanzbeziehungen die Skepsis gerechtfertigt, ob es überhaupt zu einem Kompromiß würde kommen können (Renzsch 1992: 124; Singer 1992: 687). Nur unter großen Anstrengungen und in jahrelangem Ringen konnten die vorangegangenen Finanzreformen der Jahre 1955 und 1969 zum Erfolg geführt werden und dies unter ungleich günstigeren Bedingungen. Begünstigten übereinstimmende Mehrheitsverhältnisse in Bundestag und Bundesrat die Konsensbildung bei der Reform von 1955 und die Phase parteipolitischer Kooperation der großen Parteien in der Großen Koalition jene von 1969 (Renzsch 1991: 281), waren die Weichen in der aktuellen Situation auf beiden Ebenen auf Konfrontation gestellt. Ob unter diesen Umständen die für eine Änderung der Finanzverfassung erforderliche Zweidrittelmehrheit in Bundesrat und Bundestag würde mobilisiert werden können, konnte zumindest begründet in Frage gestellt werden.

Zudem ging es bei früheren Reformen um Korrekturen am Finanzsystem eines relativ homogenen Bundesstaates, während mit der „Finanzreform 1995“ zwei vom Standard der Lebensverhältnisse und der Infrastrukturentwicklung völlig unterschiedliche Teile Deutschlands in eine funktionsfähige Finanzordnung integriert werden mußten. Dazu war es notwendig, Bundesländer mit weit auseinanderklaffender Wirtschafts- und Finanzkraft in ein System mit einheitlichen Steuerverteilungs- und Finanzausgleichsregelungen einzubinden und dieses System so auszugestalten, daß es auch dauerhaft und bei sich ändernden ökonomischen und finanzwirtschaftlichen Voraussetzungen würde funktionieren können (Senator für Finanzen 1993: 11).

Dabei war dies kein rein akademisches Problem der Entwicklung eines optimierten Verteilungsmechanismus, der sich an Kriterien wie Effizienz und Verteilungsgerechtigkeit messen lassen müßte. Für die Länder stand viel mehr auf dem Spiel. Für die neuen Länder ging es darum, auf Dauer eine ausreichende Finanzausstattung zu erhalten und nicht den bestehenden Zustand eines „Zweiklassenföderalismus“ (Abromeit 1992: 81) fortzuschreiben. Für die alten Länder stand im günstigsten Fall die immer mit der Haushaltslage verknüpfte Fähigkeit zur eigenständigen Politikgestaltung auf dem Spiel - im Fall der „armen“ unter ihnen ging es um das nackte Überleben. Das Umverteilungsvolumen bewegte sich im Verhandlungszeitraum zwischen 50 und 78 Mrd. DM und sprengte damit alle bis dahin gekannten Größenordnungen (der bisherige Finanzausgleich umfaßte ein jährliches Volumen von 3,5 Mrd. DM; BMF Finanzbericht 1995: 154), und je nach Verteilung dieser Lasten waren beispielsweise Bremen oder das Saarland in ihrer Existenz bedroht.

Die extrem unterschiedlichen Interessen der verschiedenen Ländergruppen (arme alte, reiche alte, alte Länder insgesamt, neue, Berlin als Sonderfall) in dem für sie vitalen Bereich der Finanzausstattung verhieß also harte Verteilungskämpfe.

Neben der Handlungsfähigkeit der Länder spielte aber auch immer die Zukunft des bundesdeutschen Föderalismus insgesamt eine Rolle. Über die Belange der einzelnen Länder hinaus prägt die Finanzverfassung in hohem Maß die Kräfteverteilung zwischen Bund und Ländern und somit die Struktur des Bundesstaates. Nicht wenige Kommentatoren befürchteten einen schleichenden Zentralisierungsprozeß durch eine Strategie des Bundes, die darauf hinauslief die Finanznot der Länder dazu zu nutzen, den eigenen Einfluß schleichend auszuweiten. Eine taktisch geschickte Bundesregierung könnte in Zukunft die Interessen der kleinen und schwachen Länder gegen jene der starken Länder ausspielen und über die Verknüpfung von Finanzhilfen und politischem Einfluß des Bundes die Rolle der Länder entscheidend schwächen (Scharpf 1991: 153/154; Abromeit 1992: 81-110). Damit zeigt sich neben der ohnehin bestehenden Verteilungskonkurrenz zwischen Bund und Ländern eine weitere, implizite Konfliktebene im Hinblick auf die Macht- und Kompetenzverteilung im bundesdeutschen Föderalismus .[49]

Über die dargestellten Schwierigkeiten bei der Konsensfindung hinaus verminderten zwei weitere Punkte die Chancen auf eine erfolgreiche Reform. Der Einigungsvertrag setzte einen klaren Termin für die volle Einbeziehung der neuen Länder in die bundesstaatlichen Finanzbeziehungen, den 1.1.1995. Damit war ein enger zeitlicher Rahmen gesteckt, der - die Erfahrungen aus vorangegangenen Reformen in Rechnung stellend - der Komplexität des Verhandlungsgegenstands und der Rahmenbedingungen, unter denen die Reform ausgehandelt werden mußte, kaum gerecht zu werden schien. Und schließlich wurden die Verhandlungen noch durch das Urteil des Bundesverfassungsgerichts vom 27. Mai 1992 weiter erschwert, das dem Saarland und Bremen aufgrund deren akuter Haushaltsnotlage das Anrecht auf finanzielle Hilfen zusprach. Alle Glieder des Bundesstaates wurden dazu verpflichtet, sofort und wirksam bei der Wiederherstellung haushaltswirtschaftlicher Normalität zu helfen (BVerfGE 86: 148-279) Auch für dieses Problem mußte im Zuge der anstehenden Reform eine Lösung gefunden werden.

---

49 In diesem Zusammenhang entspann sich eine Diskussion um eine Neugliederung der Bundesländer, um weniger, dafür aber leistungsfähigere und stärkere Länder zu bilden (Benz 1992b; Schmidt , M.G. 1993c). Mit Ausnahme der Fusion von Berlin und Brandenburg wurden diese Pläne jedoch aufgrund fehlender Realisierungschancen bald aufgegeben. Im Mai 1996 scheiterte auch diese Länderfusion an der Ablehnung der Bürger Brandenburgs in dem für die Länderneugliederung erforderlichen Volksentscheid.

4.2.1.1 Modelle der Neuordnung und die Abstimmung unter den Ländern

Der Größe der Herausforderung bewußt, setzte die Finanzministerkonferenz im September 1991 eine Arbeitsgruppe „Finanzreform 1995“ ein, die auf Beamten- und Ministerebene tagen und die Finanzverfassung in allen wesentlichen Punkten auf den Prüfstand stellen sollte. Über die Einbeziehung der neuen Länder hinaus wurden - ganz im Geiste der im Juli 1990 formulierten „Eckpunkte einer bundesstaatlichen Ordnung im vereinigten Deutschland“ (Thaysen 1990) - folgende Programmpunkte für die Reformdiskussion vorgegeben (Senator für Finanzen 1993: 13):

- Stärkung der Länder,
- Beseitigung wirtschaftlicher und sozialer Disparitäten,
- objektive Kriterien zur Ausgleichung der Finanzkraft unter den Ländern, stärkere Einnahmeautonomie der Länder,
- Konkordanz zwischen Gesetzgebungskompetenz und Lastentragung,
- Änderung der Mischfinanzierungen,
- Überprüfung der Zerlegung von Steuern.

Parallel zum Beginn der konkreten Verhandlungen in Unterarbeitsgruppen im März 1992 wurde eine Fülle von Reformvorschlägen in die Diskussion gebracht. Neben den Ländern Baden-Württemberg, Bayern, Bremen, dem Saarland und - etwas später - auch Hessen und Rheinland-Pfalz, legten der Sachverständigenrat zur Begutachtung der gesamtwirtschaftlichen Entwicklung (SVR 1992: 215-218), der Wissenschaftliche Beirat beim Bundesfinanzministerium (Wissenschaftlicher Beirat 1992) sowie, im September 1992, das Bundesfinanzministerium Modelle zur Neuordnung vor. Überdies lagen zahlreiche Beiträge aus der Wissenschaft vor, die die Defizite der bestehenden Finanzverfassung kritisiert hatten und diese bei der anstehenden Reform beseitigt sehen wollten. So wurden in erster Linie fehlende Transparenz, systematische Inkonsistenz und konzeptionelle Schwächen bemängelt, die beispielsweise in der Berücksichtigung systemfremder Sonderbedarfe wie den Hafenlasten, der Einwohnerveredelung für die Stadtstaaten, oder aber der unzureichenden Berücksichtigung der Gemeindesteuern gesehen wurden (Fuest/Lichtblau 1991; Föttinger/Spahn 1993, Hummel/Nierhaus 1994; Hüther 1993; Littmann 1991; Pfeffekoven 1990; SVR 1992; Wegner 1992; Wissenschaftlicher Beirat 1992). Eine Übersicht über Zielrichtung und Reichweite der wichtigsten Reformvorschläge gibt Tabelle 4.10.

Bei den Beratungen innerhalb der Länder hat die wissenschaftliche Diskussion allerdings keine Rolle gespielt. Zwar haben sich die Reformvorschläge einiger Bundesländer an einzelnen Kritikpunkten orientiert, zumeist war die Ursache hierfür aber in der finanzpolitischen Interessenlage des jeweiligen Bundeslandes zu suchen und weniger in der Überzeugung, sich

Tabelle 4.10: Vorschläge zur Neuordnung der bundesstaatlichen Finanzbeziehungen

	Thesenpapier des Bundes[1]	Vorschlag Bayerns und der FMK[2]	Vorschlag Bremens[2]	Vorschlag Hessens[2]
Zielrichtung	Lastenverteilung für Altschulden und Einbeziehung der neuen Länder in LFA zwischen Bund und alten Ländern von 1:1	Bund übernimmt einigungsbedingte Sonderlasten; Integration der neuen Länder in weitgehend unveränderten LFA	Ausgleich der geringeren Leistungsfähigkeit der neuen Länder nicht durch LFA, sondern Aufgabe des Bundes	integriert Neuordnung des LFA und Lösung der Altschuldenfrage; Verlängerte Übergangsphase angepeilt
Grundstruktur	mit Ausnahme der Lastenverteilung zw. Bund und Ländern an Baden-Württemberg-Modell angelehnt: USt.-Verteilung nach Einwohnerzahl, Mitfinanzierung des Bundes im LFA; aber: keine Erhöhung des Länderanteils an der USt.; Begrenzung des Bundesanteils an der Mitfinanzierung auf 25% des Ausgeleichsbetrags; Keine Berücksichtigung von Hafenlasten; Sonderlast-BEZ für neue Länder, Übergangs-BEZ für finanzschwache alte Länder	Orientierung am Status quo; Lastenverteilung Bund-Länder 2:1; Anhebung der Finanzkraft der neuen Länder auf 92% des Durchschnitts[3] durch Umsatzteuerausgleich vor LFA; Dazu Erhöhung des Länderanteils an der USt. um 8% auf dann 45% (Bund 55%); BEZ für neue und finanzschwache alte Länder u. für Saarland und Bremen zur Haushaltssanierung	Verteilung des Länderanteils an der Umsatzsteuer rein nach Einwohnerzahl; Neugestaltung des Ausgleichsmechanismus im LFA; Übergangsregelung für die neuen Länder; Sicherung deren Finanzausstattung durch Bundeszuweisungen	weitere Übergangsregelung in Form eines begrenzten Länderfinanzausgleichs; Fortführung des Fonds „Deutsche Einheit"; Fortgesetzte Investitionsförderung durch den Bund; Zusammenfassen der Altschulden in einem „Solidaritäts-Fonds-Ost", Finanzierung durch Solidaritätszuschlag
Bewertung	- unspezifische Sonderlast-BEZ und Vermischung von LFA und BEZ verfassungsrechtlich bedenklich; - Aufgrund der Durchschnittsabsenkung durch die Einnahmeschwäche der neuen Länder deutlich. gesunkene Pro-Kopf-Finanzausstattung der finanzschwachen Länder	+ zunächst sehr rudimentäres Modell, dadurch noch ausgestaltungsfähig	+ Vereinfachung des bisherigen Verfahrens; - Einwohnerwertung umstritten; - notwendiges Volumen der Bundes-BEZ verfassungsrechtlich bedenklich	+ integrierter Ansatz; - Verlängerung der Übergangszeit
GG-Änderung	ja	nein	ja	ja

1 abgedruckt in: Senator für Finanzen 1993: 100-111
2 Liegt als Positionspapier des jeweiligen Finanzministeriums vor
3 Durchschnitt bezeichnet, auch im folgenden, die durchschnittliche originäre Finanzkraft aller Bundesländer

Vorschlag Baden-Württembergs[2]	Vorschlag des Saarlands[2]	Vorschlag Rheinland-Pfalz[2]	Modell SVR[4]	Modell Wiss. Beirat beim BMF[5]
Begrenzung des Leistungsvolumens; neuer, linearer Zahlertarif ohne „tote Zone"	Intensivierung des Finanzausgleichs; Beseitigung systematischer Inkonsistenzen	Synthese aus den Modellen des Saarlands und des SVR	Auf Transparenz und systematische Konsistenz zielende Reform	Auf Transparenz und systematische Konsistenz zielende Reform, drei Varianten
Lastenverteilung Bund:Länder 2:1; Transfervolumen auf 30 Mrd. DM begrenzt; Ausgleichszahlungen im LFA je zur Hälfte von Bund (BEZ) und Zahlerländern	Vorabauffüllung der neuen Länder durch den Bund bis auf das Niveau des finanzschwächsten alten Landes; Nach Verteilung des Länderanteils an der USt. nach Einwohnerzahl Bundeszuweisungen bis auf 85% der Ausgleichsmeßzahl, dann LFA bis 97,5% ; Volles Einbeziehen der Gemeindesteuern; Wegfall der Berücksichtigung von Hafenlasten	Vorabauffüllung auf 80% des Durchschnitts durch den Bund; dann Ausgleichszahlung der Länder über dem Durchschnitt an darunter liegende Länder, linearer Auffüllungs- und Abschöpfungstarif von 65%; Sonder-BEZ an neue und finanzschwache alte Länder; Umsatzsteuerverteilung, Gemeindesteuern und Hafenlasten siehe Saarland-Modell	USt.-Verteilung nach Einwohnerzahl; Vorabauffüllung auf 85% des Durchschnitts durch den Bund; dann LFA mit linearem Auffüllungs- und Abschöpfungstarif von 60% Streichung der Einwohnerveredelung für Stadtstaaten; Volle Einbeziehung der Gemeindesteuern; Wegfall der Berücksichtigung von Hafenlasten, Abgeltung von Sonderlasten über „horizontale u. vertikale Zuweisungen"	Volle Berücksichtigung der Gemeindesteuern; Streichung der Einwohnerveredelung und der Berücksichtigung von Hafenlasten; linearer Auffüllungs- und Abschöpfungstarif von 50%-60%; drei Varianten des Umsatzsteuervorwegausgleichs; vorübergehend BEZ an alte Länder; BEZ „neuer Art" mit Zweckbindung und ggf. Selbstbeteiligung der Länder
+ automatische Anpassung des Transfervolumens an steigende Finanzkraft; + Anreize, die eigene Steuerkraft zu stärken; - deutlich niedrigere Pro-Kopf-Finanzausstattung für arme L; - willkürliche Festlegung des Volumens; - Vermischung von LFA und BEZ verfassungsrechtlich bedenklich	+ höheres Transfervolumen; + systematisch stringent durch den Wegfall der Hafenlasten und die Einbeziehung der Gemeindesteuern; - relativ hohe Belastung der finanzstarken alten Länder; - keine Aussagen über künftige BEZ-Verteilung	- unausgewogene Lastenverteilung innerhalb der alten Länder; - starke Belastung der finanzschwachen Länder; - später Vorstellungstermin, im Grunde bereits Verständigung auf Bayern-Modell, daher ohne Einfluß auf die Diskussion	+ einfaches und transparentes Modell; + Anreizwirkung, die eigene Steuerkraft zu stärken; - keine Aussage über Spezifika der „vertikalen und horizontalen Zuweisungen" für Sonderlasten; - zu weitreichendes Reformmodell, deshalb in der Praxis ohne Relevanz	Konglomerat verschiedener Reformansätze, zu unbestimmt in den Verteilungswirkungen, deshalb ohne Relevanz für die Verhandlungen
ja	ja	ja	ja	ja

4 SVR 1992: 215/216
5 Wissenschaftlicher Beirat 1992

für ein bestimmtes Verfahren aus Gründen dessen formaler Stringenz oder Eleganz einsetzen zu müssen.

Zwar sahen die Länderfinanzminister und die mit den Fragen der Finanzverfassung direkt betrauten Finanzreferenten auf Beamtenebene durchaus Reformbedarf auf verschiedenen Ebenen, doch wurden die Vorschläge aus der Wissenschaft dabei als wenig hilfreich empfunden, weil „die Wissenschaft den Finanzausgleich in seiner Pragmatik nicht beherrscht" (Interview 02). Die vorgeschlagenen Konzepte gingen aus Sicht der Fachbeamten an der konkreten Verhandlungs- und Interessensituation bei der Diskussion um die Neuordnung der Finanzbeziehungen insofern vorbei, als sie sich an systematischen und formalen Kriterien orientierten, während für die Länder alleine der Output zählte: ein in seinen Konsequenzen berechenbares und konsensfähiges Ergebnis. So wurde beispielsweise dem Reformziel eines einfacher gestalteten und transparenten Finanzausgleichs von seiten der Fachbeamten nur geringe Bedeutung beigemessen, schließlich gehe es hier nicht um für alle Bürger wichtige Steuerfragen, wie z.B. bei der Festsetzung der Einkommenssteuer, bei der eine solche Forderung zu begrüßen sei, sondern um Verhandlungsprozesse auf einer professionellen Ebene zwischen mit der Materie bestens vertrauten Verhandlungspartnern, die durchaus in der Lage seien auch in einem komplexeren System zu arbeiten (Interviews 02, 23).

Die Forderung nach einer grundlegenden Reform scheiterte schon alleine an diesen beiden Voraussetzungen: weder waren sie in ihren tatsächlichen Verteilungswirkungen verläßlich kalkulierbar, noch konnte davon ausgegangen werden, daß ein solches Modell würde konsensfähig sein können. Überdies stand aber auch die Arbeitsweise der Arbeitsgruppe „ Finanzreform 95" einer solchen globalen Reform entgegen. Die Verhandlungsform in verschiedenen Unterarbeitsgruppen segmentierte den Verhandlungsgegenstand in zahlreiche isolierte Einzelfragen, die getrennt voneinander behandelt wurden. Eine in sich geschlossene Gesamtkonzeption konnte unter diesen Bedingungen nicht erwartet werden.

Und tatsächlich lieferten die Unterarbeitsgruppen zwar eine Fülle von Ergebnispapieren und Sachstandsberichten über mögliche Rechtsänderungen, durch thematische Überschneidungen zwischen den verschiedenen Gruppen und die isolierte Betrachtungsweise waren diese Vorschläge jedoch häufig inkompatibel oder widersprachen sich gar, ohne ein sinnvolles Gesamtbild zu ergeben (Interview 06). Im Sommer 1992 erfolgte daraufhin ein wichtiger Kurswechsel. Kurze Zeit nachdem Anfang August Hessen sein Reformkonzept vorlegte, das darauf hinauslief die Übergangsfrist für die Einbeziehung der neuen Länder zu verlängern und den Finanzausgleich zur „Daueraufgabe" (Geske 1992) für die nächsten 5-10 Jahre zu machen, gingen die Finanzreferenten der fünf finanzstarken Bundesländer Baden-Württemberg, Bayern, Hamburg, Hessen und Nordrhein-Westfalen vom 26.

bis 28. August in Klausur, um sich über die jeweilige Interessenlage und künftige Arbeitsstrukturen zu verständigen. Als Ergebnis kam man schließlich überein, ein Verhandlungsgerüst auf dem Wege der Orientierung an bestehenden Modellen und der Formulierung von Grundsätzen und Eckpunkten zu erarbeiten.

In der Folgezeit kam man schnell überein, vor dem Hintergrund der zahlreichen Schwierigkeiten und des wachsenden Zeitdrucks die Erwartungen an die Reichweite der Reform zu reduzieren und sich am Machbaren zu orientieren, um überhaupt noch zu einem gemeinsamen Länderstandpunkt kommen zu können. Richtungsweisend waren dabei die aus früheren Studien über Entscheidungsmechanismen im verflochtenen Bundesstaat wohlbekannten, konsensfördernden Prinzipien der Entscheidungssegmentierung und der systematischen Minimierung des Konsensbedarfs durch Konfliktvertagung und Besitzstandswahrung (Scharpf u.a. 1976: 220-230).

Zunächst kam man überein, eine Reform unterhalb der Schwelle einer Grundgesetzänderung anzustreben. Damit konnte der Konsensbedarf bei der gesetzgeberischen Verabschiedung der Reform vermindert werden. Im konkreten Verhandlungszusammenhang zwischen den Ländern war jedoch ein anderer Punkt von größerer Bedeutung. Mit dieser Selbstbeschränkung wurde die Komplexität und das den Verhandlungen innewohnenden Konfliktpotential drastisch reduziert. Eine Reform ohne Grundgesetzänderung mußte sich am Status quo orientieren und blendete damit zahlreiche Punkte aus, die zwischen den Ländern heftig umstritten waren und ohne Zweifel noch zu harten Auseinandersetzungen geführt hätten.

Zunehmend konzentrierten sich die Verhandlungen deshalb auf das Bayern-Modell. Das zuvor beklagte Manko, dieses Modell sei zu unbestimmt und lediglich ein am bestehenden Finanzausgleich angelegter Rohentwurf, verkehrte sich nun ins Gegenteil. Die Offenheit des Modells stellte einen entscheidenden Vorteil dar, weil es sich als flexibel und entwicklungsfähig erwies (Renzsch 1995: 124, Interview 24). Es gab lediglich die folgenden Eckpunkte vor:

- Lastenteilung zwischen Bund und alten Ländern im Verhältnis von 2:1;
- Vorabauffüllung der Finanzkraft der neuen Länder auf 92% der durchschnittlichen Ländersteuerkraft vor Finanzausgleich;
- Erhöhung des Länderanteils an der Umsatzsteuer um 8 Prozentpunkte und Zuweisung dieser Mittel als Ergänzungsanteile an die neuen Länder;
- Beibehaltung des bisherigen Länderfinanzausgleichs unter Berücksichtigung des Verfassungsgerichtsurteils zur Haushaltsnotlage in Bremen und dem Saarland.

Damit kristallisierte sich zwar eine Verhandlungsgrundlage heraus, nach wie vor waren die Länder aber noch weit von einer Einigung entfernt.

Bewegung kam in die Verhandlungen, als der Bundesfinanzminister am 11. September 1992 sein „Thesenpapier zur Neuordnung der Bund-Länder-Finanzbeziehungen“ vorlegte (vgl. Tab. 4.11). Dieses Modell, das sich von der Konzeption her stark an das von Baden-Württemberg vorgestellte anlehnte, alarmierte die Länder nachhaltig.

Die Vorstellungen des Bundes liefen darauf hinaus, daß die alten Länder erhebliche Mittel an den Bund abtreten müßten, gleichzeitig zusätzliche Lasten hätten übernehmen müssen (Bahnreform, Beteiligung am deutschen EG-Beitrag) und daß der Bund die Haushalte der neuen Länder durch finanzkraftbezogene vertikale Hilfen, sog. Fehlbetrags-BEZ, auffüllen würde. Den neuen Ländern wurden Sonderbedarfs-BEZ und Finanzhilfen des Bundes nach Art. 104a Abs. 4 GG in Aussicht gestellt. Dieses Modell lief offenkundig auf eine Gewichtsverlagerung zugunsten des Bundes und zu Lasten der Länder hinaus und war deshalb für die überwiegende Mehrheit der Länder nicht akzeptabel. Die vom Bund übernommenen Verpflichtungen waren mit Mehrheit degressiv angelegt oder als Sonderleistungen ausgewiesen und würden sich zukünftig in dem Maße vermindern, wie sich die Situation in den neuen Ländern verbessern würde, die Länder hingegen müßten dauerhafte Belastungen übernehmen, was ihre Finanzkraft auf Dauer verringert hätte. Zudem bedeutete auch die Konstruktion des Modells eine Stärkung der Rolle des Bundes. An Stelle horizontaler Hilfe der Länder untereinander sollten vertikale Hilfen durch den Bund treten.

Tabelle 4.11: Das Thesenpapier des Bundes zur Neuordnung der Bund-Länder-Finanzbeziehungen (Eckpunkte)

- Erhöhung des Bundesanteils an der Umsatzsteuer von 63% (1994) auf zunächst 67,5% (1995) und schließlich 68% (ab 1996)
- Wegfall des Umsatzsteuerausgleichs (Auffüllung der Finanzkraft der neuen Länder auf 92% des durchschnittlichen Pro-Kopf-Aufkommens an Ländersteuern)
- Verteilung des Länderanteils an der Umsatzsteuer nur nach der Einwohnerzahl
- Senkung der Ausgleichsintensität des Länderfinanzausgleichs: Bis zu einer Höchstgrenze von 99% werden noch 75% der Fehlbeträge an 85% des Durchschnitts und 50% der verbleibenden Fehlbeträge zum Durchschnitt ausgeglichen
- Der Bund gewährt Fehlbetrags-BEZ in Höhe eines Drittels der Ausgleichszuweisungen im Länderfinanzausgleich. Damit erhalten die finanzschwachen Länder eine garantierte Mindestausstattung von 95% des Durchschnitts (bisher: 99%)
- Die neuen Länder und Berlin erhalten auf 10 Jahre befristet degressiv angelegte Sonderbedarfs-BEZ, Volumen für 1995: 22,5 Mrd. DM, dann jährlich um 10% der Ausgangssumme abnehmend
- Im Rahmen eines „Infrastrukturprogramms Wirtschaft Ost“ erhalten die neuen Länder und Berlin ab 1995 für 10 Jahre Finanzhilfen nach Art. 104a Abs. 4 GG in Höhe von 10 Mrd. DM jährlich
- Die Länder übernehmen ab 1995 die Lasten des Schienenpersonennahverkehrs sowie EG-Zusatzlasten vom Bund in Höhe von 14,9 Mrd. DM (BT-Drs. 12/4401: 6; BR-Drs. 121/93: 9)

Quelle: Senator für Finanzen 1993: 100-111

Allerdings bot dieses Modell den neuen Ländern wie auch den finanzstarken alten einige kurzfristige Vorteile, weshalb durchaus offen war, ob sich nicht doch eine Mehrheit für diesen Vorschlag würde finden lassen. In den Verhandlungen hoffte der Bund, die Länder auseinanderdividieren zu können und sich über eine Koalition aus Bund, finanzstarken alten und den neuen Ländern durchsetzen zu können. Die neuen Länder wurden mit beachtlichen Sonderhilfen im Umfang von anfangs mehr als 32 Mrd. DM gelockt, die finanzstarken alten Länder konnten längerfristig auf einen Abbau ihrer Belastungen im Rahmen des Länderfinanzausgleichs durch die Erhöhung des Bundesanteils und eine Senkung der Ausgleichsintensität (besonders für Baden-Württemberg ein zentraler Punkt) hoffen. Die Hauptlast hätten die finanzschwachen alten Länder zu tragen gehabt. Unterstützt wurde diese Fraktionierung nach finanzpolitischen Interessen noch durch die parteipolitische Komponente. Die neuen Länder waren mit Ausnahme von Brandenburg sämtlich CDU-regiert, ebenso Baden-Württemberg, während die finanzschwachen alten Länder alle SPD-geführt waren. Mit dieser Kombination aus parteipolitischer Nähe und finanzpolitischen Interessen hoffte der Bund, sich durchsetzen zu können.

Die in Bund-Länder-Verhandlungen erfahrenen alten Länder erkannten allerdings die Gefahr des mit diesen Plänen verbundenen Zentralisierungsschubes und setzten alles daran, einen gemeinsamen Standpunkt der Länder zu erreichen, um dem Bund wirksam entgegenzutreten. Von den alten Ländern unterstütze in der Folgezeit lediglich Baden-Württemberg noch den Bund (Interviews 06, 22, 23).

Unmittelbar nach der Veröffentlichung des Thesenpapiers des Bundes wiesen die Länder das Bundesmodell zurück und formulierten Eckpunkte eines gemeinsamen Länderstandpunktes (Senator für Finanzen 1993: 16/17; Interview 07). Zunächst fand am 18. September ein Treffen der Finanzreferenten der alten Länder statt, in dessen Verlauf die Basis für eine Übereinkunft zumindest der alten Länder gelegt wurde. Trotz Bedenken waren auch die finanzschwachen alten Länder bereit, die Modelldiskussion zu beenden und sich dem bayrischen Vorschlag anzuschließen. Als Bedingung für diese Konzession erreichten sie jedoch die Zusicherung, daß im Ergebnis die finanzschwachen alten Länder durch die Integration der neuen Länder im Ergebnis je Einwohner nicht stärker belastet werden durften, als ein finanzstarkes altes Land. Dieser Grundsatz hat die Zustimmung der finanzschwachen alten Länder erst möglich gemacht und in der Folgezeit auch die konkrete Ausgestaltung des Ländermodells geprägt.

Die bis dahin konsensfähigen Punkte wurden dann auf der Finanzministerkonferenz vom 1. Oktober 1992 verabschiedet (Senator für Finanzen 1993: 117-119), dazu zählte insbesondere die oben dargestellte Konsensformel für die finanzschwachen alten Länder und die Lastenverteilung zwischen Bund und Ländern im Verhältnis 2:1. Damit war eine weitere Hürde auf dem Weg zu einem gemeinsamen Länderstandpunkt genommen. An diesem Punkt drohte jedoch eine Ost-West-Spaltung in den Verhandlungen (Renzsch 1995: 125-126). Die Finanzminister Berlins, Mecklenburg-Vorpommerns, Sachsens, Sachsen-Anhalts und Thüringens verließen unter Protest die FMK. Sie machten in manchen inhaltlichen Punkten differierende Auffassungen deutlich und sahen sich außerdem auch durch das Verfahren - Erarbeitung des Beschlußvorschlages nur durch die alten Länder - ausgegrenzt (Interview 06). Obwohl Brandenburg als einziges A-Land unter den neuen Ländern an den Verhandlungen teilnahm und inhaltliche Korrekturen dahingehend erreichte, daß der Beschluß den Interessen der neuen Ländern nicht länger widersprach, blieben die aus den Verhandlungen ausgezogenen Länder der Abstimmung fern.

Hier zeigte sich neben der parteipolitischen Affinität der neuen Länder zum Bund und Baden-Württemberg, das in einigen Fragen gegen die Front der restlichen Länder abgestimmt hatte, die Verbundenheit der neuen Länder mit ihrem „Zahlmeister". Die neuen Länder, hauptsächlich Mecklenburg-Vorpommern und Sachsen-Anhalt, hatten die Befürchtung, daß die mit dem bayrischen Modell verbundene Erhöhung des Umsatzsteueranteils der Länder den Bund finanziell so stark schwächen könnte, daß diesem keine Mittel zur Förderung der neuen Länder mehr verblieben (Interview 01, 16).

In der Folgezeit konzentrierten sich die Anstrengungen darauf, durch einen intensiven und vielschichtigen Abstimmungsprozeß die bisher vereinbarten Konsenspunkte zu einem konkreten Ländermodell weiterzuentwikkeln und gleichzeitig zu versuchen, auch die neuen Länder einzubinden. Die Federführung bei der Erarbeitung des Länderkonzepts übernahm eine Arbeitsgruppe aus den fünf finanzschwachen Altbundesländern (Bremen, Niedersachsen, Rheinland-Pfalz, Saarland und Schleswig-Holstein) und Brandenburg. Brandenburg als ostdeutschem Bundesland kam dabei eine zentrale Vermittlerrolle bei dem Versuch zu, die Konfrontation zwischen alten und neuen Ländern abzubauen. Bis zur Finanzministerkonferenz vom 19. November 1992 schlossen sich Brandenburg, Sachsen und Thüringen den alten Ländern an, und so konnte bei einer Gegenstimme (Baden-Württemberg) und bei Enthaltungen von Mecklenburg-Vorpommern und Sachsen-Anhalt der Gemeinsame Länderstandpunkt auf der Basis des bayrischen Modells verabschiedet werden, der die Grundlage für die direkten Verhandlungen mit dem Bund bildete.

4.2.1.2 Die Verhandlungen zwischen Bund und Ländern

Schon kurze Zeit nach Beginn dieser Verhandlungen wurde deutlich, daß die Zeichen auf Konfrontation standen. Offenbar in der sicheren Erwartung, die Länder könnten sich aufgrund ihrer unterschiedlichen Interessen nicht auf ein gemeinsames Vorgehen einigen und der Bund würde sich ohnehin durchsetzen können, zeigten die Vertreter des Bundesfinanzministeriums wenig Kompromißbereitschaft (Interview 12). Quer durch alle vorbereitende Gespräche wurden die aus dem Thesenpapier des Bundes bekannten Maximalpositionen vertreten, ohne ernsthaft in Verhandlungen einzutreten. Da der Bund im Zuge der Neuordnungsdiskussion zudem die Lastenverteilung zwischen Bund und alten Ländern auf ein Verhältnis von 1:1 korrigieren wollte (Interview 12), waren auch die grundlegenden Finanzdaten umstritten. Um eine aus ihrer Sicht günstigere Verhandlungsposition zu erreichen, rechneten die Beamten den Bund arm, indem sie Entlastungen des Bundes ab 1995, z.B. durch den Wegfall der alten BEZ, der Berlinhilfe oder der Bundesleistungen für den Fonds „Deutsche Einheit" schlichtweg vernachlässigten. Auf die wiederholten Interventionen der Ländervertreter, diese Entlastungen müßten in den Verhandlungen Berücksichtigung finden, wurde lediglich mit der lakonischen Erwiderung reagiert, man können „so" nicht rechnen (Interviews 17, 23). Trotz zahlreicher Gespräche auch auf Staatssekretärsebene konnten die Unstimmigkeiten in diesem Punkt bis zum Beginn der Solidarpakt-Klausur nicht ausgeräumt werden.

Tabelle 4.12: Eckpunkte des Entwurfs der Finanzministerkonferenz für ein Gesetz zur Neuordnung des bundesstaatlichen Finanzausgleichs vom 18.02.1993

- Erhöhung des Länderanteils an der Umsatzsteuer von 37 % auf 45 % zuzüglich eines der Berlin-Hilfe von 6,7 Mrd. DM entsprechenden Volumens
- Beibehaltung des neu formulierten Umsatzsteuerausgleichs zur Hebung der finanzschwachen Länder auf 92 % des Durchschnitts
- Beibehaltung des bestehenden Länderfinanzausgleichs mit nur geringen Änderungen, damit Anhebung der finanzschwachen Länder auf mindestens 95 % des Durchschnitts
- Anhebung der Finanzkraft der ausgleichsberechtigten Länder auf mindestens 99,5% des Durchschnitts durch Bundesergänzungszuweisungen
- Bundesergänzungszuweisungen für Kosten der politischen Führung in kleineren Ländern im Umfang von ca. 1,5 Mrd. DM
- Sonderbedarfs-Bundesergänzungszuweisungen für die neuen Länder in Höhe von 14 Mrd. DM jährlich, für 10 Jahre fest
- Übergangshilfen für die alten finanzschwachen Länder für 10 Jahre, degressiv
- Bundesergänzungszuweisungen für Bremen und das Saarland zur Sanierung ihrer Haushalte in Höhe von 3,4 Mrd. DM jährlich, fest für 5 Jahre.

Quelle: BR-Drs. 163/93

Als der Bundeskanzler Ende Januar 1993 dann ankündigte, die Vorstellungen des Bundes über die Neuordnung der bundesstaatlichen Finanzbeziehungen schon vor der Klausurtagung im Kabinett zu beschließen und in das Gesetzgebungsverfahren einzubringen, wurde der Konflikt weiter verschärft. Die Länder beschlossen daraufhin, einen eigenen Gesetzentwurf auf Basis des Gemeinsamen Länderstandpunkts zu formulieren und dem Bund als Länderposition gegenüberzustellen. Am 18. Februar 1993 beschloß die FMK - erneut mit zwei Enthaltungen aus Mecklenburg-Vorpommern und Sachsen-Anhalt sowie einer Gegenstimme aus Baden-Württemberg - einen Entwurf der Finanzministerkonferenz für ein Gesetz zur Neuordnung des bundesstaatlichen Finanzausgleichs (BR-Drs: 163/93, vgl. Tab. 4.12).

Der endgültige Durchbruch zu einem einheitlichen Standpunkt der Länder gelang dann unmittelbar vor der Solidarpakt-Klausur im Kanzleramt. Vom 26. bis 28. Februar 1993 gingen Finanzminister und Ministerpräsidenten der Länder in Potsdam in Klausur, um eine gemeinsame Position der Regierungschefs der Länder für das Treffen mit dem Bundeskanzler zu erarbeiten. Und tatsächlich konnten sich die Ministerpräsidenten im Rahmen dieser Klausurtagung einstimmig auf den von der Finanzministerkonferenz vorgelegten Gesetzentwurf einigen. Möglich wurde dies durch eine Kombination aus inhaltlichen Zugeständnissen, intensiver Überzeugungsarbeit und der kompromißlosen Haltung des Bundes in den vorbereitenden Verhandlungen (Renzsch 1994: 125/126).

Zunächst wurden die Befürchtungen der neuen Länder, nicht in genügendem Umfang Unterstützung zu erfahren, ausgeräumt. Den neuen Bundesländern wurde ein überdurchschnittlicher Finanzbedarf zugestanden. Zwar konnten sie sich mit ihrer Maximalforderung von 78 Mrd. DM nicht durchsetzen, doch war in den Beratungen ein Transfervolumen von 60 Mrd. DM konsensfähig. Allerdings fand diese Zahl keinen Eingang in das offizielle Ergebnisprotokoll, da die endgültige Festlegung dieses Betrages der Solidarpakt-Klausur im Kanzleramt vorbehalten war. Zudem brachte das Ländermodell den neuen Bundesländern noch einen weiteren Vorteil: es bot deutlich mehr Mittel aus den regulären Regelleistungen des Länderfinanzausgleichs und setzte weniger auf befristete - und noch dazu degressiv ausgestaltete - Sonderhilfen durch den Bund. Damit war dieses Modell längerfristig finanziell günstiger als das Bundesmodell und verringerte die Abhängigkeit der neuen Länder vom Bund.

Mit Baden-Württemberg wurde zäh um die Ausgestaltung des Zahlertarifs für die ausgleichspflichtigen Länder gerungen. Letztlich konnte auch hier ein Kompromiß gefunden werden, der zwar noch Nachverhandlungen in Einzelfragen erforderlich machte, die Zustimmung des baden-württembergischen Ministerpräsidenten zu dem Gesamtpaket aber ermöglichte. Und schließlich gelang es, die beiden noch zögernden neuen Bundesländer davon überzeugen, daß es auch in ihrem eigenen langfristigen Interesse sei, die anstehenden Probleme in Gemeinschaft mit den anderen Ländern anzugehen und sich nicht in eine zu starke Abhängigkeit vom Bund zu begeben. In dieser letzten Phase drängten insbesondere auch die „Westimporte“ unter den Finanzministern der neuen Länder, Klaus-Dieter Kühbacher (Brandenburg, SPD) und Georg Milbradt (Sachsen, CDU) auf eine Einigung mit den westlichen Ländern (Interviews 02, 05, 08).

Die Tatsache, daß damit Finanzminister unterschiedlicher parteipolitischer Couleur gegen die Vorstellungen des Bundes opponierten unterstreicht, daß im Verlauf des Abstimmungsprozesses unter den Ländern parteipolitische Überlegungen in den Hintergrund getreten waren. Hier ging es um vitale Interessen der Länder insgesamt, so daß sich der Bund die erhoffte Loyalität der B-Länder nicht sichern konnte. Ganz im Gegenteil wirkte die parteipolitische Orientierung konsensfördernd auf den Abstimmungsprozeß. Besonders die enge Abstimmung zwischen Nordrhein-Westfalen und Bayern, die ihre Ursache in den übereinstimmenden finanzpolitischen Interessen beider Länder hatte, reduzierte in erheblichem Maße die parteipolitische Konkurrenz und eröffnete so den Weg zum Konsens über Parteigrenzen hinweg (Renzsch 1994: 124/125). Darüber hinaus bemühte sich Brandenburg, eine Brückenfunktion zwischen A-Ländern und neuen Ländern wahrzunehmen und weichte die Unterstützung des sächsischen Finanzministers Milbradt die parteipolitische Konfliktlinie weiter auf. Damit war der Bundesregierung der Weg verbaut, über sichere „eigene" Länderstimmen und weitere Stimmen aus SPD-regierten Ländern, die mit gezielten Zugeständnissen in das Regierungslager gezogen werden könnten, im Bundesrat eine Mehrheit für das Bundesmodell zu sichern.

Auch die Fraktionierung der Länder entlang ihrer finanzpolitischer Interessen konnte aus Sicht der Länder vermieden werden. Durch die strikte Trennung des Konflikts in eine horizontale und vertikale Ebene und die Ausklammerung der horizontalen Verteilungskonflikte vor allem zwischen den alten Ländern konnte die kaum für möglich gehaltene Geschlossenheit der Länder zustandegebracht werden. Die unnachgiebige und harte Verhandlungsführung des Bundes tat ein übriges, auch zunächst noch zögerliche Länder davon zu überzeugen, daß die Ländergesamtheit alle Kraft würden aufbringen müssen, um ihre Interessen zu wahren. So aber traten die Länder dem Bund entschlossen und geschlossen mit einem eigenen Reformvorschlag entgegen. Mehr denn je konnte damit allerdings bezweifelt werden, ob bei den anstehenden Gesprächen im Kanzleramt ein erfolgreicher Abschluß der Bund-Länder-Verhandlungen überhaupt würde möglich sein (übereinstimmend: FR, SZ, Die Welt v. 11.3.1993).

4.2.1.3 Die Entscheidung im Rahmen der Solidarpakt-Klausur

Tatsächlich waren die Verhandlungen bald nach deren Beginn bereits festgefahren. Die inhaltlichen Vorstellungen des Bundes und dessen kompromißlose Verhandlungsführung hatten den Eindruck erweckt, er wolle den besonderen Einigungsdruck der Situation zu seinen Gunsten nutzen und Opposition wie Ländergesamtheit „möglichst unbemerkt über den Tisch ziehen" (Interview 23, FR v.13. März). Sogar Länderfinanzminister mit CDU-Parteibuch witterten in dieser Situation den Versuch der bewußten

Irreführung. In besonderem Maße galt dies für die von Bundesfinanzminister Waigel vorgelegten Zahlen über die tatsächliche Lastenverteilung zwischen Bund und Ländern im FKP, die schon im Vorfeld der Verhandlungen für Streitigkeiten gesorgt hatten. Der Bund weigerte sich nach wie vor, seinen Belastungen auch die Entlastungen in der Größenordnung von 33 Mrd. DM durch Wegfall u.a. der BEZ an die Altbundesländer und der Berlinhilfe gegenzurechnen, so daß die eigene Belastung erhöht, die der Länder dagegen kleingerechnet wurde. Als die Ministerpräsidenten in den Beratungen den Nachweis führen konnten, daß die Verhandlungsposition des Bundes in diesem Punkt auf fehlerhaften Daten beruhte, mußte die Bundesseite schließlich einlenken und das Finanztableau der Länder wurde als Verhandlungsgrundlage akzeptiert.[50]

Dies erwies sich in der Folgezeit als bedeutender Verhandlungsvorteil für die Länder. Der Strategie des Bundes war in einer entscheidenden Phase die Grundlage entzogen. Mangels alternativen Planungen und vorformulierter Auffangpositionen, bestimmten von diesem Punkt an die Länder das Geschehen. Das entscheidende Kompromißangebot an den Bund trug schließlich der bayrische Ministerpräsident Streibl vor. Die Mehrbelastungen, die mit dem Neuordnungsmodell der Länder auf den Bund zukommen würden, sollten durch die Wiedereinführung des Solidaritätszuschlags ab 1995 vermindert werden, der zusätzliche jährliche Einnahmen von 28 Mrd. DM einzubringen versprach. Der verbleibende Rest von 15 Mrd. DM sollte von Bund und Ländern je zur Hälfte getragen werden, wobei die Länder ihren Anteil durch den Verzicht auf die Berlin-Hilfe und eine Reduzierung des Umsatzsteueranteils der Länder von 45% auf 44,5% aufbringen sollten. Bundesfinanzminister Waigel akzeptierte diesen Vorschlag mit dem Vorbehalt, daß die Ergebnisse der parallel tagende Arbeitsgruppe zum Thema Einsparungen mindestens ein Volumen von 9 Mrd. DM erreichen müßte.

Wie nachhaltig die Bundesseite durch diesen unerwarteten Verhandlungsverlauf in Verwirrung gestürzt wurde, zeigte sich in zahlreichen nachträglich geäußerten Änderungswünschen. Bereits am zweiten Verhandlungstag meldete der Bundesfinanzminister Nachverhandlungsbedarf an. Nach seiner Auffassung machte die Belastung des Bundes durch den „Erblastentilgungsfonds", der die im Verlauf des Einigungsprozesses eingerichteten Nebenhaushalte sowie die Schulden der Treuhandanstalt aufnehmen sollte, eine Entlastung erforderlich. Eine Einigung konnte schließlich bei einem reduzierten Länderanteil an der Umsatzsteuer von jetzt noch 44%

50 Wiederholt wurde in den Experteninterviews die Vermutung geäußert, die im Vorfeld aufgetauchten Probleme seien vom Bundesfinanzminister ferngehalten worden, wohl in der Erwartung, die Länder würden bei schrittweisen Zugeständnissen des Bundes ohnehin einlenken. So sei auch Waigel überrumpelt worden (Interviews 08, 17, 23). Auf Beamtenebene herrschte im BMF bis unmittelbar vor Beginn der Klausurtagung die Überzeugung vor, die Länder würden letztendlich nachgeben müssen (Interview 12).

erzielt werden. Dies war auch das abschließende Ergebnis der Klausur, und die Länder gingen davon aus, daß der Bund das Verhandlungsergebnis akzeptiert habe.

Am Ende der Solidarpakt-Klausur stand somit folgender Kompromiß zur Neuordnung der bundesstaatlichen Finanzbeziehungen (das vollständige Ergebnisprotokoll ist abgedruckt in: Senator für Finanzen 1993: 149-158) :

- Die neuen Länder werden ab 1.1.1995 voll in einen reformierten Länderfinanzausgleich nach dem Ländermodell einbezogen (zu Einzelheiten siehe Tabelle 4.12).
- In diesem Zusammenhang wird die Umsatzsteuerverteilung zugunsten der Länder verändert. Der Länderanteil beträgt nun 44% (vorher 37%), der Bundesanteil 56% (vorher 63%).
- Den neuen Ländern wird für 1995 ein Transfervolumen von 56 Mrd. DM garantiert. Weitere Maßnahmen zur Stärkung des Wohnungsbaus, der aktiven Arbeitsmarktpolitik und eine Ausweitung des Kreditrahmens der Treuhandanstalt zum Erhalt industrieller Kerne unterstützen die Entwicklung in den neuen Bundesländern.
- Zur Sicherung ihrer Finanzausstattung bis zu diesem Zeitpunkt wird der Fonds „Deutsche Einheit" ein weiteres Mal aufgestockt, und zwar für 1993 um 3,7 Mrd. DM und für 1994 um 5,35 Mrd. DM.

Im Verlauf des Gesetzgebungsverfahrens stellten allerdings Vertreter des Bundesfinanzministeriums im Bundesrat die getroffenen Vereinbarungen anhand einer umfangreichen Dissensliste wieder in Frage, so daß eine weitere Gesprächsrunde auf höchster Ebene für endgültige Klärung sorgen mußte. Schließlich waren die Länder in den Verhandlungen, die für die A-Seite von Ministerpräsident Scharping (Rheinland-Pfalz) und für die B-Seite von Ministerpräsident Biedenkopf (Sachsen) mit Finanzminister Waigel und Kanzleramtsminister Bohl geführt wurden, dazu bereit, zusätzlich noch 2,1 Mrd. DM der Mittel zur Aufstockung des Fonds „Deutsche Einheit" zu übernehmen.

Für die neuen Länder bedeutete dieses Verhandlungsergebnis eine deutlich verbesserte Finanzausstattung. Zunächst wurde durch die Aufstockung des Fonds „Deutsche Einheit" für die Jahre 1993 und 1994 eine Übergangslösung bis zur vollen Integration in die bundesstaatlichen Finanzbeziehungen vereinbart. Ab 1995 brachte die Neuordnung selbst eine nochmals, je nach Schätzung, um 11 Mrd. DM bis 17 Mrd. DM verbesserte Finanzausstattung mit sich (DIW 1996a; Geske 1996: 20; Lichtblau 1995: 173). Damit war die drohende Finanznot in den neuen Ländern abgewendet und auch auf längere Sicht Planungssicherheit für die öffentlichen Haushalte gegeben. Einen Überblick über die Finanzströme, die mit dem letztlich vereinbarten Verhandlungsergebnis verbunden waren, gibt Tabelle 4.13.

Tabelle 4.13: Änderung der bundesstaatlichen Finanzbeziehungen gem. FKP

Jahr	Maßnahme im jeweiligen Jahr	Umfang insges.	Bund	Länder West	Gemeinden West	Länder Ost	Gemeinden Ost
1993	Aufstockung Fonds „Deutsche Einheit“ (FDE)	3,705	-1,63	-1,245	-0,83	**2,223**	**1,482**
1994	Aufstockung Fonds „Deutsche Einheit“	10,7	-5,35	-3,21	-2,14	**6,42**	**4,28**
	Sonder-BEZ[1] für Bremen, Saarland	3,4	-3,4	**3,4**			
	Altschuldenhilfe-Wohnungswirtsch.	4,7	-2,35			-2,35	**4,7**
1995	Umsatzsteuer-neuverteilung[2]	18,4	-17,5	-0,7	-0,2	**14,4**	**4,0**
	Horizontaler Länder-finanzausgleich[3]	12,8		-10	-2,8	**10,0**	**2,8**
	Übernahme zusätzl. FDE-Annuitäten	2,1	**2,1**	-1,26	-0,84		
	Fehlbetrags-BEZ[4] (an finanzschwache Länder)	6,4	-6,4	**1,8**	**0,5**	**3,2**	**0,9**
	Sonderbedarfs-BEZ (Kosten politischer Führung)	1,54	-1,54	**1,8**	**0,5**	**0,68**	**0,9**
	Sonderbedarfs-BEZ[4] (Abbau teilungsbedingter Sonderlasten)	14	-14			**10,9**	**3,1**
	Übergangs-BEZ[4]	1,4	-1,4	**1,1**	**0,3**		
	Sonder-BEZ für Bremen, Saarland	3,4	-3,4	**3,4**			
	Investitionshilfen[5]	6,6	-6,6			**3,3**	**3,3**
	Altschuldenhilfe Wohnungswirtsch.	2,35	-1,175			-1,175	**2,35**
	Gemeindefinanz-gesetz	3,3		**3,3**	-3,3		

1 BEZ = Bundesergänzungszuweisungen
2 Gemeindeanteil 20% (unterstellter durchschnittlicher Steuerverbund)
3 Gemeindeanteil West 20%, Ost 40%
4 Gemeindeanteil West 20%, Ost 22%
5 Gemeindeanteil 50%

Quelle: SVR 1993: 153

4.2.2 Die Übernahme der DDR-Altlasten

Den zweiten Problemschwerpunkt in den Solidarpaktverhandlungen bildete die Übernahme der im Einigungsprozeß entstandenen Schulden der verschiedenen Sondervermögen. Das im Einigungsvertrag vorgesehene Finanzierungskonzept hatte sich als nicht tragfähig erwiesen, nun mußte über eine Neuregelung verhandelt werden. Ursprünglich sollten die im Kreditabwicklungsfonds (KAF) zusammengefaßten Verbindlichkeiten aus der Währungsumstellung (früher: Ausgleichsfonds Währungsumstellung) und des DDR-Republikhaushalts mit Ablauf des Jahres 1993 von Bund, neuen Ländern und Treuhandanstalt zu gleichen Teilen übernommen werden (Art. 23 Abs. 3 und 4 EV). Mittlerweile waren allerdings zwei der vorgesehenen Finanziers weggefallen. Die Treuhandanstalt hatte sich zur eigenständigen Quelle der Verschuldung entwickelt und würde selbst über 200 Mrd. DM an Verbindlichkeiten hinterlassen (vgl. Kap. 4.1.5). Somit war nicht daran zu denken, daß Treuhandmittel aus Privatisierungserlösen zur KAF-Schuldentilgung zur Verfügung stehen könnten. Auch die neuen Länder waren angesichts der prekären Haushaltssituation nicht in der Lage, noch zusätzliche Belastungen zu übernehmen. Ganz im Gegenteil drängten die ostdeutschen Länder auf eine Entlastung ihrer Kommunen von den Altschulden des DDR-Wohnungsbaus, die diesen gemeinsam mit den Wohnungsbaugesellschaften zugeschlagen worden war. Den Kommunen drohte die Überschuldung und damit der Verlust ihrer eigenständigen Handlungsfähigkeit[51] (Geske 1996: 6/7).

Somit blieb alleine der Bund als Finanzierungsträger, der jedoch naturgemäß kein Interesse hatte, alle Lasten alleine zu Schultern. Vielmehr wurde eine hälftige Teilung dieser Lasten zwischen Bund und Ländergesamtheit angestrebt. Im Thesenpapier des Bundes wurde die Einrichtung eines „Erblastentilgungsfonds" vorgeschlagen, in dem die finanzielle Erblast des Einigungsprozesses zusammengefaßt werden und von Bund und Ländern in einem klar umrissenen Zeitraum planmäßig getilgt werden sollte (Senator für Finanzen 1993: 100-111).

Aus Sicht der Länder war gegen die Einrichtung des Fonds nichts einzuwenden, doch war für sie die Übernahme der „Altlasten" der Einigung eine originäre Aufgabe des Bundes und sahen sie daher auch keine Veranlassung, sich an der Tilgung dieses Sondervermögens zu beteiligen. Damit war ein grundsätzliches Problem angesprochen, das unterschwellig in allen Bund-Länder-Verhandlungen eine Rolle gespielt hatte, das aber nie explizit diskutiert und entschieden wurde, sondern immer nur von Fall zu Fall und im Zusammenhang mit Verteilungskonflikten zu Tage trat: Die Frage, in

51 Zur Finanzlage der Kommunen vgl. auch DIW 1993d, 1994a; Hunstock/Ohmert 1990; Karrenberg 1991, 1993a;1993c

wessen Zuständigkeit die Einigungspolitik eigentlich fallen sollte. Hatte der Bund die politische Gestaltung der Einheit machtvoll und selbstbewußt an sich gezogen, so forderte er im Zusammenhang mit den finanzpolitischen Herausforderungen der Einheit die alten Länder immer wieder zur Solidarität mit den neuen Bundesländern und zu größeren finanziellen Beiträgen auf. Umgekehrt beklagten die alten Länder ihre politische Einflußlosigkeit im Einigungsprozeß und fühlten sich mit der Übernahme immer zusätzlicher Belastungen nicht zuständig und überfordert. Nun stand diese Frage im Zusammenhang mit dem Verteilungskonflikts um den Erblastentilgungsfonds wieder auf der Tagesordnung.

Die Verhandlungen um die Lastenverteilung waren eingebettet in die Gespräche zur Neuordnung der Finanzbeziehungen zwischen Bund und Ländern und auch dieser Punkt sorgte für heftigen Dissens im Vorfeld der Solidarpakt-Klausur. Wie bei der Einbeziehung der neuen Länder in den Länderfinanzausgleich konnte eine Entscheidung erst im Rahmen der Klausurtagung herbeigeführt werden und wie in dieser Frage konnten sich die Länder auch hier mit ihrer Position letztendlich durchsetzen. Sowohl was die Entlastung der ostdeutschen Kommunen anging als auch im Hinblick auf die Verteilungsdiskussion zwischen Bund und Ländern konnte sich der Länderstandpunkt behaupten.

Das Ergebnis der Beratungen sah vor, die Verantwortung für den am 1.1.1995 einzurichtenden „Erblastentilgungsfonds" dem Bund zu übertragen. Dieser Fonds sollte folgende Verbindlichkeiten aufnehmen und umfaßte ein Anfangsvolumen von 338,5 Mrd. DM (BMF-Finanzbericht 1996: 101):

1. Das Defizit der Treuhandanstalt aus eigener Kreditaufnahme und Altschulden der ostdeutschen Betriebe in Höhe von 205 Mrd. DM.;
2. Den Kreditabwicklungsfonds (KAF) mit Verbindlichkeiten von 102,5 Mrd. DM aus der Währungsumstellung vom 1. Juli 1990 und den Altschulden des DDR-Republikhaushalts;
3. Teile der Altschulden der ostdeutschen Wohnungswirtschaft in Höhe von 31 Mrd. DM. Zur Entlastung der Kommunen in den neuen Ländern wurde vereinbart, daß der Erblastentilgungsfonds nach Ablauf eines bis Ende 1994 befristeten Moratoriums alle zum 1.1.1993 bestehenden Altschulden, die über 150 DM pro Quadratmeter hinausgehen ab dem 1. Juli 1995 übernimmt.

Die Tilgung des Fonds erfolgt durch den Bund nach der verbindlichen Vorgabe, dem Fonds jährlich 7,5% des Schuldenstandes zuzuweisen, hinzu kommt noch der über 7 Mrd. DM hinausgehende Anteil des in den Bundeshaushalt eingestellten Bundesbankgewinns.

Damit war auch die grundsätzliche Lastenverteilung zwischen Bund und Ländern entschieden. Die mit dem Einigungsprozeß verbundenen Sonderlasten wurden sämtlich dem Bund zugeordnet, die alten Länder beteiligten sich an den Transfer in den Ostteil der Republik mit ihrem Anteil am Fonds „Deutsche Einheit" und der Aufnahme der neuen Länder in den reformierten Länderfinanzausgleich mit deutlich ausgeweitetem Volumen.

4.2.3 Die steuer- und sozialpolitischen Vereinbarungen

Im Rahmen der Solidarpakt-Klausur mußte auch über die Vorschläge zur Gegenfinanzierung der beschlossenen Maßnahmen in den anderen Bereichen des Solidarpakts entschieden werden. Es galt aus Sicht der Bundesregierung, nicht nur die Sicherung der Transferleistungen in die neuen Länder, die Zuordnung der fiskalischen Altlasten und die Verteilung der damit verbundenen Belastungen zu vereinbaren, sondern auch das Konsolidierungsziel nicht aus den Augen zu verlieren. Ein dritter Verhandlungskomplex umfaßte deshalb die Möglichkeit von Einsparungen und einnahmeverbessernden Maßnahmen.

Da nun gerade diese Bereiche aufgrund der mit steuer- und sozialpolitischen Entscheidungen verbundenen gesellschaftlichen Verteilungswirkungen zwischen den Parteien traditionell in besonderem Maße umstritten sind und dies auch in dieser Situation waren, prallten schon im Vorfeld der Solidarpakt-Klausur die Vorstellungen von Regierungskoalition und SPD hart aufeinander. Die Bundesregierung konkretisierte ihre Vorstellungen im Entwurf für das Föderale Konsolidierungsprogramm (FKP) am 20. Januar 1993. Kernpunkte der Sparvorschläge waren Kürzungen in den Bereichen öffentlicher Dienst, Besoldung von Wehrpflichtigen, Landwirtschaft, Kohlehilfen, Werften, Erziehungsgeld/Kindergeld, Ausbildungsförderung, Wohngeld, Lohnersatzleistungen und bei der Sozialhilfe (Presse- und Informationsamt 1993), die allerdings auch innerhalb der Regierungsparteien heftig umstritten waren. Insbesondere die CDU-Sozialausschüsse und die Abgeordneten aus den neuen Ländern opponierten gegen dieses Sparpaket, das der Vorsitzende der Sozialausschüsse, Ulf Fink, als einen „Anschlag auf das Sozialsystem" bezeichnete (FAZ v. 21.1.1993). Zwar wurden aufgrund dieser innerparteilichen Kritik einige Einzelmaßnahmen abgeändert, beispielsweise wurde auf die geplante Kürzung des Kindergelds verzichtet, grundsätzlich bildete aber dieser Vorschlag für das FKP die Verhandlungsgrundlage für die Gespräche mit den Sozialdemokraten.

Die SPD lehnte das FKP in der vorliegenden Form entschieden ab. Insbesondere geplante Streichungen bei der Sozialhilfe, der Arbeitslosenunterstützung, dem Wohngeld und dem BAFöG wollten die Sozialdemokraten nicht hinnehmen. Kernpunkt des Gegenvorschlags der SPD war ein von Oskar Lafontaine am 14. Februar vorgestelltes 20-Punkte-Programm, das die für den Aufbau Ost sowie die Sanierung der öffentlichen Haushalte erforderlichen Mittel durch eine Kombination von Einsparungen, insbesondere durch den Abbau von Steuersubventionen, und Einnahmeverbesserungen durch eine Ergänzungsabgabe für Besserverdienende sowie eine Arbeitsmarktabgabe für Selbständige und Beamte aufbringen wollte (FR v. 15.2.1993). In diesen grundlegenden Streitpunkten gab es vor Beginn der Klausur keinerlei Annäherung zwischen den Lagern.

Auch eine „Arbeitsgruppe Einsparungen", die die Länderfinanzminister zur Vorbereitung des Solidarpakts eingerichtet hatten, brachte keine Ergebnisse. Anders als bei der Neuregelung des Länderfinanzausgleichs waren hier die parteipolitischen Konflikte zwischen den Landesregierungen dominant und verhinderten die Erarbeitung eines gemeinsamen Konzepts der Länder. Die konsensualen, partei- und länderübergreifenden Bemühungen im Bereich der Länderfinanzen konnten in diesen Fragen keine vermittelnde Brücke zwischen den festgefügten, parteipolitisch geschlossenen Blöcken schlagen.

Im konkreten Verhandlungsverlauf hatte dies zur Folge, daß sich die Beteiligten bis zum Mittag des zweiten Verhandlungstages in keinem Punkt hatten näherkommen können. Für die dennoch erfolgte Einigung war eine Intervention des rheinland-pfälzischen Ministerpräsidenten Rudolf Scharping von entscheidender Bedeutung. War er eigentlich als bundespolitisch unerfahrener, erst seit kurzer Zeit amtierender Ministerpräsident eines kleineren Bundeslandes nur „in der zweiten Reihe" an den Verhandlungen beteiligt, bewahrte sein Eingreifen die Gespräche zwischen Regierung und Opposition vor dem Scheitern. Er meldete sich in einem Moment der Ratlosigkeit über das weitere Vorgehen angesichts der festgefahrenen Situation zu Wort, trug die umstrittenen Punkte systematisch vor und empfahl zu diesen Themen noch einmal eine interne Abstimmungsrunde der Delegationen, um neue Verhandlungslinien aufbauen zu können. Dieser Vorschlag wurde angenommen und brachte die nötige Bewegung auch in diesen Teil des Solidarpakts. Zwar konnten in der verbleibenden Zeit nicht alle Streitpunkte ausgeräumt werden, doch war immerhin im Hinblick auf die steuerpolitischen Punkte eine Einigung zu erzielen. Im Bereich der Einsparungen waren die Konflikte am härtesten und konnten einige Probleme erst in konkretisierenden Nachverhandlungen gelöst werden.

Allerdings waren unter den spezifischen Verhandlungsbedingungen der Klausur nur Regelungen konsensfähig, die sich eng am Status quo bewegten. Aufgrund des begrenzten Verhandlungsmandats der Akteure und fehlender Zeitressourcen zur Prüfung und Abstimmung weitreichender Maßnahmen in der jeweils eigenen Partei bzw. Fraktion konnten sich weder Regierung noch SPD mit ihren weitreichenden Vorschlägen durchsetzen. Weder erreichte die Bundesregierung tiefe Einschnitte in soziale Leistungen, noch konnte die SPD die geforderte Einführung z.B. einer Arbeitsmarktabgabe für Beamte und Selbständige erzwingen. Die Finanzierung des Föderalen Konsolidierungsprogramms sollte nach dem Verhandlungsergebnis auf drei Säulen ruhen, die eine Fülle von Einzelmaßnahmen beinhalteten:[52]

1. Einnahmeverbesserungen: Die unbefristete Wiedereinführung des Solidaritätszuschlags in Höhe von 7,5% auf die Einkommensteuerschuld ab dem 1.1.1995 (mit eingebauter Sozialkomponente), sowie die Erhöhung der Vermögensteuer auf 1% (bei gleichzeitiger Anhebung der Freibeträge von 70.000 DM auf 120.000 DM) sollte dem Bund ab 1995 zu Mehreinnahmen verhelfen. Für 1995 wurden damit zusätzliche Einnahmen in Höhe von 28 Mrd. DM erwartet.
2. Ausgabenkürzungen und Abbau von Steuervergünstigungen: In diesem Bereich konnte lediglich Einvernehmen darüber erzielt werden, daß Ausgabenkürzungen und der Abbau von Steuersubventionen einen Einsparbetrag von 9 Mrd. DM erbringen müssen. Auf die dazu notwendigen Einzelmaßnahmen konnte man sich dagegen nur in Teilbereichen einigen. Die noch offenen Einsparungen sollten in Nachverhandlungen von einer Arbeitsgruppe mit Abschlußvollmacht, bestehend aus vier Länderfinanzministern, dem Bundesfinanzminister sowie Vertetern der Bundestags-Fraktionen von CDU/CSU, SPD und F.D.P. vereinbart werden. Als Zugeständnis an die SPD wurde jedoch festgehalten, daß soziale Regelleistungen nicht gekürzt würden.
3. Mißbrauchsbekämpfung von Leistungen der Arbeitsverwaltung: Als Ersatz für die von der Bundesregierung zunächst geforderten Einschränkungen bei den Lohnersatzleistungen der Bundesanstalt für Arbeit, denen die SPD unter keinen Umständen zustimmen wollte, einigte man sich darauf, daß das damit angepeilte Einsparvolumen durch die Bekämpfung des Mißbrauchs sozialer Leistungen aufgebracht werden sollte. Damit sollte die BA im Jahr 1994 1,77 Mrd. DM, im Jahr 1995 1,84 Mrd. DM einsparen. Für den Fall, daß diese Einsparziele verfehlt werden würden, kämen die von der Bundesregierung vorgeschlagenen Kürzungen bei den Lohnersatzleistungen wieder zum Zuge.

Im Ergebnis konnte die Bundesregierung damit zwar ihre im FKP formulierten Maximalforderungen nicht realisieren, das angestrebte Einsparvolumen konnte aber mit Zustimmung der SPD erreicht werden. Die SPD konnte als Erfolg verbuchen, daß soziale Regelleistungen durch das FKP nicht gekürzt worden waren und in den Nachverhandlungen auch Kürzungen beim Unterhaltsgeld verhindert werden konnten. Damit war die Zustimmung zu Einsparungen *en detail* an anderer Stelle möglich geworden. Das Verhandlungsergebnis erlaubte es beiden Parteien, ohne Gesichtsverlust vor die jeweilige Parteibasis und Parlamentsfraktion zu treten.

---

52 Für Details siehe das offizielle Ergebnisprotokoll, abgedruckt in: Senator für Finanzen 1993: 149-158

Gleichwohl stießen die Vereinbarungen in diesem Bereich auf harte Kritik. Beklagten F.D.P., der Wirtschaftsflügel der Union sowie die Wirtschaftsverbände, die Einsparungen gingen nicht weit genug, mußten sich die Unterhändler der SPD von Teilen ihrer Partei zu große Kompromißbereitschaft vorwerfen lassen. Insbesondere die Sozialpolitiker unter Führung des stellvertretenden Fraktionsvorsitzenden Rudolf Dreßler meldeten die Forderung nach Nachverhandlungen in den Bereichen Wohnungsbau, Arbeitsmarktpolitik und der „Gerechtigkeitslücke" bei der Finanzierung der Einheit an (FR v. 16.3.1993). Hier erwies sich, neben den Sachzwängen, die mit der Verabschiedung eines so vielschichtigen „package-deals" wie dem Solidarpakt einhergehen, die ein nachträgliches Aufschnüren von Teilen dieses Pakets unmöglich machen, der Grundsatz, daß soziale Regelleistungen nicht gekürzt würden, als entscheidende Konsensformel innerhalb der SPD, die letztlich auch die Zustimmung der Bundestagsfraktion zum FKP ermöglichte .

In der Bundestagsfraktion der F.D.P war insbesondere die *unbefristete* Wiedereinführung des Solidaritätszuschlages auf heftige Kritik gestoßen. Gefordert wurde eine klare Aussage darüber, wann diese zusätzliche Belastung der Steuerzahler wieder abgeschafft werden sollte. Auf Intervention aus dem Kanzleramt gab die F.D.P. dann ihren Widerstand allerdings auf, um das FKP nicht insgesamt zu gefährden (Interview 15).

4.2.4 Zusammenfassung und Bewertung

Die Ergebnisse der Solidarpakt-Klausur fanden zunächst in der Öffentlichkeit wenig Zustimmung. Je nach Standpunkt und Interesse wurden die unterschiedlichsten Punkte kritisiert und in der Tat sah es zunächst nicht danach aus, als sei den Verhandlungspartnern ein „großer Wurf" gelungen. Die alten Länder hatten es wieder einmal geschafft, sich aus der Verantwortung zu stehlen und die Kosten der Einheit dem Bund aufgebürdet, die Reform der Finanzverfassung war trotz der zahlreichen Anregungen aus der Wissenschaft schon im Ansatz steckengeblieben und im Bereich der Haushaltskonsolidierung dominierte der kleinkrämerische Verteilungsstreit ohne schlüssiges Konzept - auf diesen Nenner lassen sich die zahlreichen kritischen Beiträge kurz nach Abschluß der Verhandlungen bringen.[53]

Angesichts der hohen Erwartungen, mit denen der Solidarpakt von Anfang an behaftet war, ist diese Enttäuschung zum Teil nachzuvollziehen, doch verstellt sie den Blick für die tatsächlichen Leistungen und Defizite der Verhandlungsergebnisse. Außerdem ist nicht zu vergessen, daß noch kurz vor Beginn der Gespräche die Erfolgsaussichten trotz erklärter Kompromiß-

---

53 Zwei Beispiele für viele: Chance vertan! in: Die Zeit v. 16.3.1993: 1, Solidarisch draufgesattelt, Die Zeit v. 16.3.1993: 25

bereitschaft der Akteure nur als sehr gering eingeschätzt werden konnten. Interessant ist deshalb zunächst, welche Faktoren trotz weit auseinanderliegender Ausgangspositionen einen positiven Abschluß der Verhandlungen möglich gemacht hatten.

Zentrale Bedeutung kommt in diesem Zusammenhang der institutionellen Form der Verhandlungen zu. Das in der föderalistischen Praxis der Bundesrepublik schon häufig erprobte Verfahren, bei finanzpolitischen Konflikten zwischen Bund und Ländern das direkte Gespräch zwischen den Spitzen der Regierungen beider Ebenen zu suchen (Renzsch 1989: 331-344), ebnete den Weg zu einer Übereinkunft. Der Anspruch, anläßlich einer dreitägigen Klausurtagung den Durchbruch in den seit Monaten laufenden Verhandlungen auf verschiedenen Problemfeldern zu erreichen und die Weichen für die Neuordnung der bundesstaatlichen Finanzbeziehungen, die Finanzierung der Einheit und die Konsolidierung der öffentlichen Haushalte zu stellen, setzte die Beteiligten unter immensen Erfolgszwang.

Verstärkt wurde dieser Erfolgszwang noch durch den äußeren Druck, der auf den Akteuren lastete. Regierung und Opposition befanden sich in einer „Bewährungsprobe". Im Laufe des Jahres 1992 waren im Zusammenhang mit dem langandauernden, von vielen als quälend empfundenen Ringen um einen Kompromiß in der Frage der Neuregelung des Asylrechts und der ebenso heftig umstrittenen Neubestimmung der künftigen Rolle der Bundeswehr Zweifel an der Handlungsunfähigkeit und Problemlösungskompetenz der Politik insgesamt lautgeworden. „Politikverdrossenheit" war nicht umsonst das Schlagwort der Jahre 1992/93 und der Einzug der rechtspopulistischen „Republikaner" in einige Landtage war ein deutliches Signal an die etablierten Parteien, daß die Bürger ihrem Unmut auch an der Urne Ausdruck verleihen würden. Auch vor diesem Hintergrund mußte allen Beteiligten daran gelegen sein, in den Solidarpaktverhandlungen ein Zeichen für ihre Problemlösungsfähigkeit zu setzen und ein erneutes monatelanges Ringen zu vermeiden. Dies war auch deshalb von Bedeutung, weil die nächste Bundestagswahl sowie zahlreiche Landtagswahlen im Jahre 1994 nahten. Allen Beteiligten war es somit wichtig, die Handlungsfähigkeit der Politik unter Beweis zu stellen und den Solidarpakt vor dem Scheitern zu bewahren.

Für den Bundeskanzler als Initiator der Gespräche stand noch mehr auf dem Spiel. Für ihn ergab sich zwar die Chance der positiven Selbstdarstellung als Führungspersönlichkeit, unter deren Leitung es gelang, die monatelangen, zähen Streitigkeiten zu überwinden. Verbunden mit dieser Chance trug er aber auch ein besonderes Risiko. Die politischen Kosten des Scheiterns der Gespräche wären aufgrund der herausgehobenen Rolle als Initiator des Solidarpakts in besonderem Maße ihm selbst entstanden. Ein Scheitern des Solidarpakts wäre ein Mißerfolg für den Bundeskanzler gewesen. Ein Stück weit erklärt dieses besondere Interesse an einem erfolgreichen Abschluß der Verhandlungen sicher die Intervention des Kanzlers in dem Streit um die Finanzdaten zur Lastenverteilung zwischen Bund und Ländern zugunsten der Länderseite, um einen Abbruch der Verhandlungen schon kurz nach Beginn zu verhindern.

Die zentralisierte Verhandlungsform knüpfte nicht nur an altbundesrepublikanische Traditionen bei Finanzverhandlungen zwischen Bund und Ländern an, sondern folgte einem den gesamten Einigungsprozeß prägenden Muster. Wie in den Verhandlungen zur WWSU, zum Einigungsvertrag (Lehmbruch 1990, 1992) und später bei der Verarbeitung des Einigungsschocks (Czada 1994a, 1994b) wurden auch beim Solidarpakt die konventionellen Entscheidungsmechanismen in bundesstaatlichen Verhandlungssystemen suspendiert. Die politische Willensbildung konzentrierte sich auf informelle Verhandlungszusammenhänge und die Parlamente wurden zu bloßen Ratifikationsorganen degradiert, die die Verhandlungsergebnisse im nachhinein zu verabschieden hatten.

Diese Vorgehensweise brachte einen entscheidenden Vorteil: Die Handlungsfähigkeit der Politik konnte erhalten werden, die Politikverflechtungsfalle (Scharpf 1985) schnappte nicht zu. Der Entscheidungsprozeß vollzog sich nicht in den gewohnten Bahnen parlamentarischer Praxis mit Beratungen in Parteien, Koalitionsrunden, Bundestag und Bundesrat mit genußvoll ausgefochtenen Kontroversen und einer letztendlichen Entscheidung in einem Vermittlungsverfahren, sondern kurz und bündig auf einer Tagung der Regierungschefs aus Bund und Ländern nach einer nur wenige Monate währenden Vorbereitungszeit. Die Komplexität des Verhandlungsgegenstandes geriet dabei nicht nur zum Nachteil, sondern unterstützte sogar die Konsensbildung durch eine Vergrößerung der Tauschmenge und der damit möglichen Kompensationsgeschäfte zwischen den Kontrahenten (Czada 1995a: 31).

Allerdings sagt die Tatsache, daß Gesprächspartner sich auf ein Beratungsergebnis einigen, noch nichts über die qualitativen Aspekte dieses Ergebnisses und dessen Reichweite aus. Tatsächlich haben sich die Ergebnisse des FKP in zwei Bereichen als überaus tragfähig erwiesen. Es gelang erstens, den neuen Ländern eine ausreichende Finanzausstattung zu garantieren und sie in den Länderfinanzausgleich einzubeziehen; es konnte zweitens eine Lösung für die finanziellen „Altlasten" des Einigungsprozesses gefunden werden (Hummel/Nierhaus 1993: 4-5). Von beidem war im Vorfeld nicht unbedingt auszugehen, und die Anpassungsfähigkeit wie auch die politische Stärke des bundesdeutschen Föderalismus hat sich damit als größer erwiesen, als von vielen angenommen. Weder hat die bundesstaatliche Politikverflechtung durch eine Handlungsblockade die Problemlösung verhindert, noch führte die Neuordnung der bundesstaatlichen Finanzbeziehungen zu einem Zentralisierungsschub. Es war den Ländern gelungen, letztlich die föderative Lösungsvariante durchzusetzen (Renzsch 1994: 134).

Zu erzielen war dieses Ergebnis aber nur auf Kosten der Reichweite der Reform. Damit die Länder dem Bund mit einer einheitlichen und starken Position gegenübertreten konnten, mußten horizontale Verteilungskonflikte unter den Ländern ausgeblendet werden. Damit war auch die Struktur des Ländermodells vorgezeichnet. Die vertikale Verteilungsebene mußte angegangen werden, ohne die horizontale Ebene - insbesondere die Verhältnisse unter den alten Ländern - in großem Umfang zu verändern. Dies wurde durch die von den finanzschwachen alten Ländern durchgesetzte, besitzstandswahrende „Konsensformel" garantiert. Die damit einhergehende Komplexitätsreduzierung durch den Verzicht auf weitergehende Reformschritte, die auch zwischen den Ländern umstritten waren, tat ein übriges, die Konsensfähigkeit des Ländermodells zu stärken. Unter diesen Voraussetzungen war die enge Anlehnung an den bestehenden Finanzausgleich die erfolgversprechendste Option. Forderungen nach mehr Transparenz im Länderfinanzausgleich oder auch die zahlreichen im Vorfeld formulierten Reformanliegen blieben dabei notwendigerweise auf der Strecke (Esser 1993; Färber 1993). Gerade in dem für die Länder essentiellen Bereich der Finanzen orientierte sich die Rationalität der Entscheidungsfindung nicht am „großen Wurf", sondern daran, wie der Problemstau mit den geringstmöglichen Änderungen und mit in ihren Folgen nachvollziehbaren, berechenbaren Schritten aufgelöst werden kann. Offenkundig entsprechen dieser Logik inkrementale Lösungen eher als in ihren Auswirkungen im Detail letztlich unkalkulierbare umfassende Reformentwürfe.

Da die polarisierenden Kräfte des Parteienwettbewerbs aufgrund überlappender länderspezifischer Interessen in bezug auf die Neuordnung der föderalen Finanzverfassung keine Wirkung entfalten konnten, war die Absicht des Bundes, die Länder zum einen entlang der parteipolitischen Konfliktlinie und zum anderen entlang ihrer finanzpolitischer Interessen zu spalten und ins eigene Lager zu ziehen, zum Scheitern verurteilt. Ganz im Gegenteil wirkten parteipolitische Orientierungen sogar konsensfördernd. Die parteiübergreifende Rolle der finanzstarken Länder Bayern (B) und Nordrhein-Westfalen (A) war dabei ebenso wichtig wie die Brückenfunktion Brandenburgs (A), das den CDU-regierten neuen Ländern den von den finanzschwachen alten Ländern (A) konkretisierten Gesetzentwurf der Länder auf Basis des Bayernmodells (B) nähergebracht hat.

Mit der klaren Zuordnung der Übernahme der vereinigungsbedingten Lasten als Aufgabe des Bundes und der Beteiligung der Länder über den in seinem Volumen stark ausgeweiteten Länderfinanzausgleich war außerdem eine Lösung im Bereich der in den Sondervermögen geparkten Schulden gefunden worden. Wie immer man diesen Kompromiß aus der Sicht der bundesstaatlichen Lastenverteilung bewerten mag, war damit zumindest Planungssicherheit für die verschiedenen Haushaltsebenen möglich geworden.

Vor der Klausurtagung war lediglich klar gewesen, daß das im Einigungsvertrag vorgesehene Finanzierungskonzept obsolet geworden war und eine Neuregelung gefunden werden müßte, die Mittel in erheblichem Umfang binden würde. Nun herrschte Klarheit über den Umfang der auf Bund und Länder zukommenden finanziellen Belastungen, was mit Sicherheit dazu beigetragen hat, daß ab dem Haushalt für 1994 und der mittelfristigen Finanzplanung von 1993 bis 1997 die Ausgabenentwicklung des Bundes wieder stärker im Rahmen der Planungsdaten bewegte (vgl. Kap. 4.1.1). Die letzte größere Anpassung des Bundeshaushalts im Untersuchungszeitraum war der Nachtragshaushalt im Zeichen des Solidarpakts, der zwar noch einmal eine kräftig erhöhte Kreditaufnahme mit sich brachte, doch war nun eine wichtige Wegmarke im Prozeß der Finanzierung der Einheit erreicht. Ab diesem Zeitpunkt hatten die Kosten der Einheit vollständigen Eingang in die Haushaltsplanung gefunden.

Ambivalent sind die Ergebnisse im finanz, steuer- und sozialpolitischen Bereich zu bewerten. Zwar konnte sich hier keine Seite eindeutig durchsetzen und tragen auch sie inkrementalistische Züge, was alle jene enttäuscht hat, die auf einen grundlegenden Kurswechsel in die eine oder andere Richtung hofften, doch war schon alleine durch die institutionelle Form der Verhandlungen sowie die Rahmenbedingungen, unter denen sie stattfanden, kaum anderes zu erwarten.

Anders als bei den Verhandlungen zur Neuordnung der Finanzbeziehungen zwischen Bund und Ländern wirkte der Parteienwettbewerb hier nicht konsensstiftend, sondern konfliktverschärfend. Es ging um die parteipolitisch höchst umstrittene Alternative, ob - zugespitzt formuliert - die Mittel zur Finanzierung der deutschen Einheit durch Sozialabbau oder durch eine Sonderabgabe für Besserverdienende und Beamte aufgebracht werden sollten. Beides für die jeweils andere Seite völlig unannehmbare Forderungen. Aufgrund der Verhandlungen in Form einer Klausur im Lichte der Öffentlichkeit und mit hohem Anspruch an die eigene Problemlösungskapazität standen die Akteure gleichzeitig unter dem Zwang, sich zu einigen und vor einem extrem schmalen Handlungskorridor. Keine Seite konnte es sich leisten, als Verlierer aus der Klausur zu gehen; keine Seite konnte es sich andererseits leisten, völlig ohne Zugeständnisse zu agieren und die Verhandlungen im Extremfall scheitern zu lassen. So schieden große Kurswechsel schon aus dem Grund aus, weil keiner Seite ein Gesichtsverlust zuzumuten war. Überdies begrenzte das beschränkte Mandat die Handlungsmöglichkeiten der Verhandlungspartner. Diese agierten nicht autonom, sondern als Vertreter ihrer jeweiligen Partei bzw. Parlamentsfraktion. Als solche waren sie nur in eng begrenztem Umfang kompromißfähig, wollten sie sich nicht in ihren Parteien/Fraktionen isolieren und die parlamentarische Ratifikation der Beschlüsse gefährden.

Die im FKP der Bundesregierung geforderten einschneidenden Maßnahmen zum Sozialabbau waren damit von vorneherein ebensowenig konsensfähig wie Forderungen der SPD nach einer Arbeitsmarktabgabe für Beamte und Selbständige oder eine Ergänzungsabgabe für Besserverdienende. Form und Rahmenbedingungen der Klausur ließen nur Raum für kleinschrittige Maßnahmen, die in der Runde konsensfähig, den jeweiligen Basisorganisationen vermittelbar und ohne Gesichtsverlust nach außen vertretbar waren.

Unter diesen restriktiven Bedingungen reichten die Ressourcen an Zeit und Verhandlungsmasse nicht aus, um das angepeilte Finanzierungsvolumen zu erreichen, so daß erst nach einer weiteren Komplexitätsreduzierung und Konfliktvertagung eine Einigung möglich war. Im Bereich der Einsparungen wurde als Eckpunkt lediglich das Ziel formuliert, einen Umfang von mindestens 9 Mrd. DM zu erreichen und eine Liste von unstrittigen und strittigen Maßnahmen festgehalten. Diese Liste reichte dabei von konsensfähigen Maßnahmen, wie der Nutzung der Bahncard durch Angehörige des Verteidigungsministeriums, bis hin zu höchst umstrittenen Punkten, wie Kürzungen bei der Sozialhilfe oder dem Erziehungsgeld. Um die Ergebnisse der Klausur zu sichern und sie nicht im regulären politischen Tagesbetrieb der dann wieder voll entflammenden Parteienkonkurrenz zum Opfer fallen zu lassen, wurde die Festlegung des endgültigen Umfangs und der Struktur des Sparpakets einer „Vierer-AG", bestehend aus Vertretern des Bundes, der Länderfinanzminister und der Parlamentsfraktionen von CDU/CSU, F.D.P. und SPD im Bundestag überlassen, die mit Abschlußvollmacht ausgestattet war. Mit Hilfe dieses Verfahrens konnte tatsächlich ein Einsparvolumen von 9,5 Mrd. DM erreicht werden, das auch soziale Leistungen nicht ausgespart hat.

Betrachtet man die von den Einsparmaßnahmen betroffenen Bereiche, kommt man nicht umhin, den Kritikern des Solidarpakts zuzugestehen, daß darin keine politische Zielsetzung erkennbar wird, die über das Erreichen eines bestimmten Volumens hinausgeht. Politische Konsensfähigkeit in den Verhandlungen war das ausschlaggebende Kriterium, systematische oder verteilungspolitische Überlegungen spielten nur eine nachgelagerte Rolle. Damit kam es auch nicht zum Umsteuern in die eine oder andere Richtung. Weder wurde die „Gerechtigkeitslücke" bei der Finanzierung der Einigung geschlossen, noch wurde drastisch im Sozialbereich gekürzt.

Nicht zu verkennen ist allerdings, daß durch diese „punktuelle Große Koalition" erstmals im Prozeß der Finanzierung der deutschen Einheit Einsparungen in nennenswertem Umfang realisiert werden konnten. Nach den mißglückten Versuchen von Wirtschaftsminister Möllemann und der systematischen Blockade aller vorangegangenen Kürzungsbemühungen durch die SPD mit Hilfe ihrer Mehrheit im Bundesrat, war es erst in der spezifischen Verhandlungssituation des Solidarpakts möglich, den policy-mix über die bereits mehrfach eingesetzten Instrumente Steuererhöhungen und Kreditfinanzierung hinaus spürbar auch um Einsparungen zu erweitern. Die Zustimmung der SPD zu Kürzungen im Sozialbereich war nur unter dem enormen Konsensdruck der Klausur möglich, es wäre dagegen kaum zu erwarten gewesen, daß die Sozialdemokraten in regulären parlamentarischen Beratungen etwa die Deckelung der Sozialhilfe-Regelsätze mitgetragen hätten. Zudem haben sich hier Interessenunterschiede zwischen den SPD-Regierungen in den Ländern und der SPD-Bundestagsfraktion ausgewirkt. Die Länder haben als direkt bzw. über ihre Verantwortung für die Finanzentwicklung der Kommunen Betroffene durchaus auch Probleme auf der Ausgabenseite gesehen und standen deshalb Einsparungen, z.B. bei der Sozialhilfe, aufgeschlossener gegenüber, als die Bundestagsfraktion. Die heftige innerparteiliche Kritik an den Verhandlungsergebnissen ist ein Indiz dafür, daß sich die Vertreter der SPD auf der Klausurtagung am äußersten Rand ihres Handlungsspielraumes bewegt haben.

Allerdings war mit diesem Sparpaket das Thema keineswegs vom Tisch. Bereits wenige Wochen nach Abschluß der Nachverhandlungen präsentierte die Bundesregierung im Zuge der Vorbereitungen zum Bundeshaushalt für 1994 erneut Pläne, kräftige Einschnitte auf der Ausgabenseite zu vollziehen. Im Solidarpakt nicht konsensfähige Punkte wurden nun im Rahmen des 1. und 2. Gesetzes für eine Spar-, Konsolidierungs- und Wachstumsprogramm (SKWPG) erneut aufgegriffen. Als Fazit kann man deshalb festhalten, daß es in den Solidarpakt-Verhandlungen gelungen ist, tragfähige Lösungen für die Finanzausstattung der neuen Länder, deren Einbeziehung in den Länderfinanzausgleich sowie die Frage der Übernahme der „Altschulden" des Einigungsprozesses zu finden. Im von parteipolitischen Konflikten dominierten Bereich der Steuer- und Sozialpolitik konnten zwar erstmals Einsparungen auch auf zwischen den Parteien umstrittenen Feldern realisiert werden, doch blieb es bei einem konzeptionslosen, an der Konsensfähigkeit der Einzelmaßnahmen orientierten Stückwerk, weil die steuer- und sozialpolitischen Strategien der Parteien nach wie vor unvereinbar waren.

5 Fazit und theoretische Einordnung

Der Prozeß der Finanzierung der deutschen Einheit ist gekennzeichnet von der schrittweisen Anpassung an die fiskalischen Herausforderungen der Einheit. Ausgehend von dem den realen Problemen nicht angemessenen und in seinem Umfang unzulänglichen Finanzierungskonzept des Einigungsvertrags gelang die finanzpolitische Verarbeitung des Einigungsschocks dennoch binnen einer Legislaturperiode. In Anlehnung an ein idealtypisches Phasenmodell (Czada 1994a: 252) läßt sich die Anpassung wie folgt skizzieren: 1. Herstellung der Einheit durch Gesetz, 2. situative Minimalanpassung durch nacheilende Reparaturgesetzgebung, 3. Ausfüllung verbleibender Regelungslücken durch Interessenausgleich und „muddling-through" (Lindblom 1959), 4. Formalisierung verbleibender einigungsbedingter Aufgaben.

Die Finanzbestimmungen des Einigungsvertrages waren aufgrund der besonderen Entscheidungsstruktur des Einigungsprozesses, die der Bundesregierung einen ungewöhnlich weitreichenden Handlungsspielraum eingeräumt hat, von deren Problemanalyse und Strategiewahl bestimmt. Die Vertreter der DDR, Institutionen der Politikberatung, wie z.B. der Sachverständigenrat zur Begutachtung der gesamtwirtschaftlichen Entwicklung, und andere unter westdeutschen Routinebedingungen in den Prozeß der Politikformulierung eingebundene Akteure wie die Bundesbank oder die Bundesländer blieben im wesentlichen ohne Einfluß.

Der Parteienwettbewerb im Vorfeld der Bundestagswahl 1990 lieferte der Bundesregierung die Selektionskriterien für die anstehenden Entscheidungen in dieser Umbruchphase, weitere Orientierung boten der Rückgriff auf programmatische Grundüberzeugungen der Regierungsparteien CDU/CSU und F.D.P. sowie auf wirtschaftspolitische Erfolge der Vergangenheit, die diese Parteien in ihrem Selbstverständnis prägen, hier insbesondere das westdeutsche „Wirtschaftswunder" und die angebotsorientierte Politik der Jahre 1983 bis 1989.

Der Bundeskanzler setzte in der grundsätzlich noch ergebnisoffenen Situation der Jahreswende 1989/90 auf eine Strategie der raschen Einigung, die sich in dem für alle Seiten überraschenden Angebot einer Wirtschafts- und Währungsunion mit der DDR im Februar 1990 konkretisierte. Damit gewann die Dynamik des Einigungsprozesses an Fahrt und stellte die Politik durch die Kombination von hohem Entscheidungsdruck, hoher Komplexität der anstehenden Probleme und stark verkürzter Zeithorizonte vor besondere Herausforderungen. Die Reaktion bestand in einer extrem vereinfachenden Problemdefinition, die große Hoffnungen in die Marktkräfte setzte und die Last der anstehenden Entscheidungen von der Politik auf die Integrationsfähigkeit des Marktes hin verlagerte (Lehmbruch 1992a: 23).

Auf der einen Seite reduzierte der Weg des Beitritts der neuen Bundesländer gemäß Art. 23 GG den Steuerungsbedarf auf den Transfer bundesdeutscher Institutionen und bundesdeutschen Rechts nach Ostdeutschland. Auf der anderen Seite entlastete der Glaube, allein der Ordnungsrahmen der Sozialen Marktwirtschaft sei nicht nur hinreichende Voraussetzung, sondern Garant für eine reibungslose ökonomische Systemtransformation binnen weniger Jahre, die Politik von der Verantwortung für die sozialen und wirtschaftlichen Probleme des Einigungsprozesses.

Im Hinblick auf die Finanzierung der Einheit hatte dies zur Folge, daß mit der Einigungsstrategie der Bundesregierung auch das Finanzierungskonzept schon vorgezeichnet war. In dem „Wirtschaftswunder-II-Szenario" wurde lediglich die Notwendigkeit der Übernahme der Altschulden der DDR und der im Zuge der Währungsumstellung entstandenen Kosten sowie einer Anschubfinanzierung für die Haushalte der neuen Länder und die Sozialversicherung gesehen. Überlegungen in bezug auf weiteren politischen Handlungsbedarf oder die Erarbeitung eines umfassenden Finanzierungskonzepts waren aus dieser Sicht der Dinge nicht erforderlich.

Die epochale Umbruchsituation, die die deutsche Einigung ohne Zweifel dargestellt hat, bot also keineswegs, wie von vielen vermutet, enorme politische Gestaltungschancen, sondern begünstigte ganz im Gegenteil den Rückgriff auf altvertraute Handlungsmuster und Optionen. So spricht einiges für die Vermutung, daß mit wachsender Dynamik und Offenheit einer Situation und im gleichen Maße abnehmender politischen Überschaubarkeit und Steuerbarkeit die Präferenz für das Zurückgreifen auf etablierte Handlungsmuster zu wachsen scheint (Czada 1994a: 248-251).

Im vorliegenden Fall führte dies zu dem Versuch „den komplexen Prozeß der deutschen Einigung mit unterkomplexen Konzepten zu steuern" (Landfried 1995: 31). Im Bereich der Finanzierung der Einheit bedeutete dies die Kodifizierung einer eindimensionalen Finanzierungsstrategie im Einigungsvertrag, die von ihrem Umfang her unzureichend und von ihrer Struktur her mit einigen Konstruktionsfehlern behaftet war (vgl. Kap. 3.3).

Mißt man die Finanzbestimmungen des Einigungsvertrages an den Erwartungen und Zielsetzungen der zentralen Akteure, können eigentlich nur die alten Länder zufrieden sein. Sie hatten es verstanden, ihre Interessen dergestalt zu wahren, daß ihr Beitrag zur Finanzierung der Einheit klar definiert und begrenzt war, die Verantwortung für künftige Haushaltsrisiken vom Bund bzw. den neuen Ländern übernommen wurde und die konfliktträchtige Materie der Einbeziehung der neuen Länder in den Länderfinanzausgleich zunächst vertagt werden konnte. Die neuen Länder konnten mit dem Verhandlungsergebnis dagegen nicht glücklich sein, weil es ihnen keine ausreichende Finanzausstattung sicherte, sondern ganz im Gegenteil mit den vereinbarten Finanzbestimmungen die öffentliche Armut in den neuen Ländern programmiert war (Priewe/Hickel 1991: 139).

Aus Sicht der Bundesregierung bietet sich kein eindeutiges Bild. Positiv schlägt aus ihrer Sicht zu Buche, daß sie sich mit ihren Gestaltungsvorschlägen fast vollständig durchsetzen konnte. Abgesehen von den Streitpunkten mit den Ländern folgt das Finanzierungskonzept des Einigungsvertrages vollständig den Vorstellungen der Bundesregierung. Gemessen an der Frage, ob die Finanzbestimmungen den Problemen angemessen waren, ist allerdings deutliche Kritik angebracht. Tatsächlich warfen sie mehr Folgeprobleme auf, als daß sie die Finanzierung der deutschen Einheit sichergestellt hätten.

Allerdings konnte mit Hilfe der gewählten Einigungs- und Finanzierungsstrategie die Kapitulation der Akteure vor der Komplexität der anstehenden Probleme vermieden werden. Durch die Zentralisierung des Entscheidungsprozesses und die Strategie der radikalen Problemvereinfachung blieb die Politik handlungsfähig, die Entwicklung in Grenzen steuerbar. Unzureichende Finanzbestimmungen und Defizite auch in anderen Bereichen der Einigungspolitik stellen sich in dieser Perspektive als die Kosten dar, die die schnelle Einigung beider deutscher Staaten verursachen mußte.

Nach Vollendung der staatlichen Einheit am 3. Oktober 1990 und der Überwindung der durch den Parteienwettbewerb begründeten Politikblockade im Vorfeld der Bundestagswahl im Dezember 1990 stellte sich der Politik die Aufgabe, den bis zu diesem Zeitpunkt aufgelaufenen Problemstau in der „neuen“ Bundesrepublik nach der Vereinigung abzuarbeiten. Damit begann die zweite Phase des finanzpolitischen Anpassungsprozesses, die der situativen Minimalanpassung.

Die zahlreichen Korrekturen der Finanzplanung und die wiederholten steuerpolitischen Initiativen der Bundesregierung markierten dabei die Anstrengungen, den fiskalischen Herausforderungen gerecht zu werden. Situationsdeutung, Problemanalyse und Strategiewahl der Bundesregierung standen in dieser Phase einem grundlegenden Kurswechsel hin zu einem umfassenden Finanzierungskonzept ebenso entgegen wie die politisch-institutionellen Rahmenbedingungen, die das Entscheidungsumfeld bestimmten und die einen Prozeß schrittweiser Problemverarbeitung begünstigt haben (vgl. Kap. 4.1). Im Einigungsprozeß suspendierte Akteure meldeten sich auf der politischen Bühne zurück und insbesondere die dem Parteienwettbewerb im Bundesstaat (Lehmbruch 1976) impliziten Verhandlungszwänge eröffneten Ländern und SPD-Opposition Einflußmöglichkeiten auf die Staatstätigkeit.

Die starke institutionelle Differenzierung des bundesdeutschen politischen Systems erwies sich als entscheidende Hilfe bei der kurzfristigen Mobilisierung der Mittel für die neuen Länder und wirkte als „gigantischer Problemzerstäuber“ (Czada 1995a: 35). Die Kosten der Einheit wurden sequenziert, segmentiert und auf mehrere Ebenen und Träger verteilt. Bund, Länder, Treuhandanstalt, Sozialversicherungsträger und Sondervermögen übernahmen einen Teil der Gesamtbelastungen, die durch die Schuldenfinanzierung zunächst auch kaum konkrete, unmittelbar wirksame Belastungen für öffentliche Haushalte und Steuer- bzw. Beitragszahler verursacht hatten. So fielen die steuerpolitischen Beschlüsse der Bundesregierung vom März 1991 angesichts der tatsächlichen Kosten der Einheit sehr moderat aus, und auch in der Folgezeit wurden die Bürger auf sehr diffuse Weise an vielen Stellen gleichzeitig, dafür aber an keiner Stelle deutlich spürbar belastet (Heilemann u.a. 1994 56-70).

So berechtigt die Kritik an der an kurzfristigem Krisenmanagement ausgerichteten, risikobehafteten und unglaubwürdigen Finanzpolitik, an der Schuldenfinanzierung der Einheit und an der Belastung der Sozialversicherungsträger mit versicherungsfremden Leistungen (vgl. Kap. 4.1.7) auch sein mag: Dieses Verfahren der Problemverarbeitung machte es möglich, ohne klare Erkenntnisse über die tatsächlichen Kosten der Einheit und den Verlauf des Transformationsprozesses in den neuen Ländern die kurzfristig benötigten Mittel auf eine fast geräuschlose Weise aufzubringen, die ein Höchstmaß an Kontinuität und Normalität in allen anderen Politikbereichen gesichert hat.

Der Solidarpakt im März 1993 kennzeichnete die 3. Phase der Problemverarbeitung und leistete die Auffüllung verbliebener Regelungslücken. Lösungen mußten noch für die Lastenverteilung zwischen Bund und Ländern, die Einbeziehung der neuen Länder in den Länderfinanzausgleich, die Übernahme der Belastungen aus den Sondervermögen und die notwendigen steuer- und finanzpolitischen Maßnahmen gefunden werden.

Analog zur Herstellung der staatlichen Einheit ermöglichte auch hier die Informalisierung der Entscheidungsprozesse den Abschluß der Verhandlungen in vergleichsweise kurzer Zeit. Die Form der Verhandlungen im Rahmen einer Klausurtagung der Regierungschefs von Bund und Ländern setzte alle Beteiligten unter hohen Erfolgszwang und ermöglichte die zeitweilige Suspendierung des Parteienwettbewerbs. Im Bereich der Neuordnung der bundesstaatlichen Finanzbeziehungen erwies sich die Überwindung der Parteienkonkurrenz als Voraussetzung für einen gemeinsamen Länderstandpunkt, der gegenüber dem Bund schließlich auch durchgesetzt werden konnte. Im Hinblick auf die umstrittenen steuerpolitischen Maßnahmen sicherte der faktische Ausschluß der Bundestagsfraktionen von CDU/CSU, F.D.P. und SPD von der Entscheidungsfindung die schnelle Umsetzung des Föderalen Konsolidierungsprogramms (FKP). Hätte man das

FKP auf dem für im Bundesrat zustimmungspflichtige Gesetze üblichen Weg in den Gesetzgebungsprozeß eingebracht, wären zahlreiche darin enthaltene Maßnahmen auf Widerstand in den Fraktionen gestoßen und ein langwieriges Vermittlungsverfahren wäre die Folge gewesen. In Form eines auf höchster Ebene vereinbarten Verhandlungspakets hatten die Fraktionen jedoch keinen Verhandlungsspielraum und mußten das FKP akzeptieren.[54]

Besonderes Interesse verdient in diesem Zusammenhang die Neuregelung der bundesstaatlichen Finanzbeziehungen. Mußte nach Auffassung zahlreicher Beobachter aufgrund der unüberbrückbar scheinenden Interessengegensätze zwischen den Ländern sowie zwischen Bund und Ländern die Politikverflechtungsfalle zuschnappen und eine Entscheidungsblockade bewirken, so bewies der Föderalismus ein beachtliches Ausmaß an institutioneller Lern- und Anpassungsfähigkeit. Zwar blieb der große Wurf, die umfassende Finanzreform aus, doch ist es gelungen, auf dem Wege kleinschrittiger Anpassungsschritte und enger Orientierung am Status quo zu einer tragfähigen Lösung zu kommen (Renzsch 1994: 135; DIW 1996a). Mit der Gestaltung des neuen Länderfinanzausgleichs und der vereinbarten Lastenverteilung gelang es den Länder außerdem, den befürchteten Zentralisierungsschub abzuwehren und die föderative Lösungsvariante durchzusetzen.

Schon der Solidarpakt hatte die Weichen für die 4. Phase der Problemverarbeitung gestellt, die Formalisierung der verbliebenen einigungsbedingten Ausgaben ab 1995. Hierzu zählt das Zusammenfassen der einigungsbedingten Sondervermögen im Erblastentilgungsfonds und der Starttermin des neuen Länderfinanzausgleichs ebenso wie die Auflösung der Treuhandanstalt und die Institutionalisierung der Nachfolgegesellschaften. Damit war der Vereinigungsschock verarbeitet, und es ergab sich eine neue Normallage der Finanzpolitik wie auch des politischen Systems insgesamt. Am Ende dieses Anpassungsprozesses stand eine neue Üblichkeit, ein neues Gleichgewicht von Institutionen und Interessen, das nun nicht auf dem Wege der vorausschauend planenden politischen Steuerung erreicht wurde, sondern mit Hilfe eines auf situative Erfordernisse reagierenden, inkrementalistischen Vorgehens. Die Politik machte sich auf den Schleichweg in die „Dritte Republik" (Czada 1994a).

Was kennzeichnet nun diese neue Üblichkeit, und worin unterscheidet sie sich von den Gegebenheiten in der alten Bundesrepublik? Zunächst dadurch, daß sich das Verhältnis von Staat und Markt zugunsten des Staates

---

54 Besonders für die Fraktionen von F.D.P. und SPD war dies schmerzlich. Blieb die F.D.P. als Regierungspartei von den Verhandlungen ausgeschlossen und konnte sich die Fraktion mit ihrem dringenden Wunsch nach Befristung des ab 1995 wiedereingeführten Solidaritätszuschlages nicht durchsetzen, mußte die SPD-Fraktion Entscheidungen billigen, die zwar die Zustimmung der Ministerpräsidenten der SPD-geführten Bundesländer gefunden hatten, in der Bundestagsfraktion aber zum Teil abgelehnt wurden.

verschoben hat. Die Wucht des Einigungsschocks in Gestalt zusätzlicher notwendiger Ausgaben erzwang ein anderes Niveau der Staatstätigkeit, sollte eine tragende Säule der für die Bundesrepublik charakteristischen „Politik des mittleren Weges“ (Schmidt, M.G. 1990) nicht aufgegeben werden: die Balance von wirtschaftlicher Effizienz und sozialer Gerechtigkeit.

Die Erhöhung der Staatsquote und der öffentlichen Ausgaben wäre nur um den Preis zu vermeiden gewesen, in den neuen Ländern ein völlig anderes, nämlich weit niedrigeres Leistungsniveau dauerhaft festzuschreiben oder aber die Vereinigung zum Anlaß zu nehmen, den sozialstaatlichen Konsens aufzukündigen und in der gesamten Bundesrepublik einen neuen Kurs zu steuern. Dies lag bei aller Präferenz für eine angebotsorientierte Wirtschaftspolitik nicht in der Absicht der Regierungsparteien. Die schrittweise Erhöhung der Staatsquote auf über 50% spiegelt dieses höhere Niveau der Staatstätigkeit wider. Wie im zweiten Kapitel ausgeführt, bedeutet dies einen deutlichen Kurswechsel relativ zu der von der Bundesregierung bis zum Zeitpunkt der Vereinigung verfolgten Politik. Die materielle Basis für diese Ausweitung der staatlichen Aktivität und die Verarbeitung der fiskalischen Altlasten der DDR verschaffte sich die Bundesregierung in erster Linie über eine drastisch gestiegene Verschuldung. Diese Entwicklung ist durchaus kompatibel zu neueren Forschungen über die Determinanten der Staatsverschuldung im internationalen Vergleich, die einen stabilen Zusammenhang zwischen dem Wachstum der Staatsausgaben und dem Niveau der Verschuldung nachgewisen haben (Wagschal 1995: 289).

In geringerem Maße wurde auf einnahmeverbessernde Maßnahmen sowie Umschichtungen im Bundeshaushalt zurückgegriffen. Einsparungen waren dagegen kaum durchzusetzen, und allein die Solidarpaktverhandlungen ermöglichten auf dem Wege einer faktischen Großen Koalition Kürzungen im sozialen Bereich. Dieser finanzpolitische policy-mix war geprägt sowohl von den programmatischen Zielsetzungen der Regierungsparteien als auch von den politisch-institutionellen Rahmenbedingungen und deutet auf weitgehende Kontinuität der politischen Entscheidungsprozeduren im Vergleich mit der alten Bundesrepublik.

Schon nach der Regierungsübernahme 1982 hatte die Bundesregierung feststellen müssen, auf welche Widerstände ein ordnungspolitischer Strategiewechsel in der Bundesrepublik trifft (Lehmbruch u.a. 1988). Auch in der neuen Bundesrepublik ist die Finanzpolitik nicht von großen Richtungsänderungen geprägt, sondern folgt der Tradition kleinerer Kursänderungen. Ebenso stemmen sich auch in der neuen Bundesrepublik wirkungsvollen Einsparungen heftige Widerstände entgegen. Da die Bundesregierung Steuererhöhungen soweit irgend möglich verhindern wollte, blieb nur der Weg über eine gesteigerte Staatsverschuldung. Dies markiert zwar einen drastischen Kurswechsel relativ zur Kritik der Regierungsparteien an der Finanzpolitik der sozial-liberalen Koalition und der bis 1990 verfolgten eigenen finanzpolitischen Linie (Schmidt 1992b: 76), scheint aber in der Abwägung zu alternativ erforderlichen Steuererhöhungen als das geringere Übel angesehen worden zu sein. Vor dem Hintergrund der Steuerglättungshypothese eine für konservativ-liberal orientierte Regierungsparteien nachvollziehbare Wahl, die sich ebenfalls in die Ergebnisse neuerer international vergleichender Untersuchungen zu den Determinanten der Staatsverschuldung einfügt. Hier hat sich gezeigt, daß für konservative Parteien aufgrund ihrer programmatischen Orientierung die Senkung von Steuern und Abgaben und ein ausgeglichener Haushalt höchste Priorität genießen. Um dieser Zielsetzung gerecht zu werden, wird auch eine höhere Staatsverschuldung in Kauf genommen (Wagschal 1995: 291). Zudem bot der Weg über eine Schuldenfinanzierung eine konfliktarme Möglichkeit, die Wucht des Einigungsschocks abzufangen. Sie wirkte gleichsam als Überdruckventil, milderte den größten Druck und verschaffte die notwendigen Zeitressourcen, diesen Schock mit den Möglichkeiten einer inkrementalistisch ausgerichteten Finanzpolitik und der bereits angesprochenen Lastenverteilung auf viele Schultern abarbeiten zu können.

Dominiert also unter prozessualen Aspekten und mit Blick auf die politisch-institutionellen Rahmenbedingungen finanzpolitische Kontinuität, bedingte diese Konstellation durch die kurzfristig begrenzte Problemverarbeitungskapazität Diskontinuitäten im Hinblick auf das Niveau der Staatsverschuldung und die Höhe der Haushaltsdefizite. So zeigten sich auch in den dem Untersuchungszeitraum folgenden Jahren 1995 und 1996 massive Haushaltsprobleme, die in dieser Form seit Mitte der achtziger Jahre in der Bundesrepublik unbekannt waren (DIW 1995d, 1996b). Trotz der Abschöpfung der „Friedensdividende" aus dem Verteidigungshaushalt und einer der neuen Situation angepaßten Prioritätensetzung im Bundeshaushalt blieb der fiskalische Handlungsspielraum gering. Der Schuldendienst absorbierte 1995 knapp 20% der gesamten Ausgaben (vgl. Schaubild 4.1) und das Ausbleiben eines kräftigeren Wirtschaftswachstums führte auch zu Problemen auf der Einnahmeseite.

So ungewöhnlich sich diese Situation im Inland auch ausgemacht hat, der internationale Vergleich zeigt, daß die Bundesrepublik sich nach wie vor zu dem Kreis der Länder mit einer vergleichsweise soliden Haushaltspolitik zählen kann. War die Haushaltssituation 1989 in der OECD-Welt noch von vergleichsweise kräftigem Wirtschaftswachstum und entsprechend hohen Steuereinnahmen geprägt, spiegelt das Jahr 1995 die Folgen der Rezession. Auch ohne das besondere Problem der deutschen Einheit haben die OECD-Länder fast ausnahmslos ihre Verschuldung kräftig erhöht und wiesen höhere negative Haushaltssalden aus (OECD 1995b).

Angesichts dieser Ergebnisse stellt sich die Frage, ob in der Vergangenheit Anpassungselastizität und Lernfähigkeit des politischen Systems nicht unterschätzt wurde. Obwohl (oder gerade weil?) die mit der deutschen Einheit verbundenen Probleme eine ganz andere Dimension hatten, als jene, mit denen es die Routinepolitik normalerweise zu tun hat, blieb eine Handlungsblockade aus und erwiesen sich die Institutionen flexibel genug, auch mit dieser Herausforderung umzugehen.

Zunächst zeigte sich, daß auch der semisouveräne Staat unter Ausnahmebedingungen ein ausreichendes Maß an Zentralisierungsreserven mobilisieren konnte, um die Implosion der DDR aufzufangen und die staatliche Einheit binnen kürzester Zeit herzustellen. In dieser Phase war ein starker Akzent auf der politischen Führung durch den Bundeskanzler und der Betonung der Richtlinienkompetenz des Kanzlers gesetzt. Die Informalisierung der Entscheidungsstrukturen schaffte den außerinstitutionellen Rahmen für die flexible Reaktion und den ungewöhnlich weit gefaßten Handlungsspielraum der Bundesregierung.

In der neuen Bundesrepublik nach der Einigung zeigte sich eine weitgehende Kontinuität im Hinblick auf die dominierenden politischen Entscheidungsprozesse und Problemverarbeitungsmechanismen auf dem Wege inkrementalistischer Anpassung. Es zeigte sich aber auch eine beachtliche Fähigkeit zum Kleinarbeiten großer und komplexer Probleme. Die Kosten der Einheit wurden auf viele Träger und Ebenen verteilt, die auch gleich die zugrundeliegenden Probleme verarbeiten mußten. Die Sozialversicherungen trugen nicht nur die Belastungen, sondern federten auch den Umbruch am Arbeitsmarkt ab, die Treuhandanstalt übernahm die Privatisierung der Staatswirtschaft, usw. Diese Segmentierung der Probleme und die dezentrale Problembearbeitung war eine entscheidende Voraussetzung für die erfolgreiche Verarbeitung des Einigungsschocks. Nicht nur wurde für die zentrale politische Ebene eine Komplexitätsreduzierung erreicht, auch die finanziellen Belastungen fielen auf unterschiedlichen Ebenen an. Damit verteilten sich auch die Belastungen für Steuer- und Beitragszahler auf diffuse, aufgrund des hohen Anteils der Schuldenfinanzierung zunächst auch kaum spürbare Weise, was die politische Zustimmung zu den dauerhaft hohen Transfers in die neuen Länder in Westdeutschland wohl erst ermöglicht hat.

Schrittweise wurden die Kosten der Einheit in die Finanzplanung des Bundes integriert und es bildete sich, aufgrund der Mitgestaltungsmöglichkeit der SPD durch deren Bundesratsmehrheit in einer faktischen Großen Koalition, in einem mehrstufigen Anpassungsprozeß ein Finanzierungskonzept heraus, dem man wohl zu Recht eine soziale Schieflage nachsagen kann (AaW 1993: 68-74; vgl. Kap. 4.1.7), das aber nichtsdestotrotz den fiskalischen Einigungsschock verarbeiten konnte.

Die Problembearbeitung im Bund-Länder-Verhältnis hat schließlich gezeigt, daß sich Vermutungen, die Leistungsfähigkeit des kooperativen Verbundföderalismus bundesrepublikanischer Prägung sei durch die deutsche Einheit in seinen Grundlagen erschüttert, den anstehenden Problemen nicht gewachsen und es sei deshalb eine Aushöhlung föderaler Substanz zu befürchten (Benz 1993: 455) nicht bestätigt haben. Es ist nicht nur gelungen, eine Lösung für die bundesstaatliche Lastenverteilung im Hinblick auf die Kosten der Einheit zu finden und die neuen Länder in den Länderfinanzausgleich miteinzubeziehen. Die Länder haben es auch verstanden, durch Ausblenden der parteipolitischen Konfliktlinien und einem geschlossenen Auftreten gegenüber dem Bund in beiden Fragen die länderfreundliche Variante durchzusetzen. Seit Abschluß der Solidarpaktverhandlungen waren die neuen Länder vollständig als Gruppe von Ländern mit spezifischen, aber legitimen Interessen in die Ländergesamtheit integriert, so daß von einem „Zweiklassenföderalismus“ (Abromeit 1992a: 87) keine Rede mehr sein konnte. Wie bereits bei den Verhandlungen zum 1. Staatsvertrag und zum Einigungsvertrag unterstützte auch hier die Informalisierung des Entscheidungsprozesses die Konsensfindung. Durch die Form der Solidarpaktgespräche als Klausurtagung auf höchster Ebene konnte ein Gesamtpaket geschnürt werden, das im regulären parlamentarischen Prozeß weder in dieser Form, noch in dem vergleichsweise kurzen Zeitraum hätte verabschiedet werden können. Die Vielzahl der behandelten Probleme, der beteiligten Akteure und deren Interessen hatte dabei keine Blockade zur Folge, sondern erleichterte die Einigung sogar durch die Vergrößerung der Tauschmenge und somit möglicher Kompensations- und Koppelgeschäfte (vgl. Benz 1992).

Die bundesstaatliche Lastenverteilung, die dem Bund die Hauptverantwortung für die mit der Einigung verbundenen finanziellen Belastungen zuweist, ist einerseits das Resultat der konkreten Verhandlungssituation, dem Bestreben der Länder, eine Schwächung der Substanz des Föderalismus zu verhindern und der Möglichkeit, sich in diesem Punkt auch gegenüber dem Bund durchzusetzen. Andererseits wirft dies die grundsätzliche Frage nach den Möglichkeiten der dezentralen Gliederungen einer föderalen Ordnung zur gegenseitigen Hilfeleistung in materiellen Notlagen auf. Hier liegt vor dem Hintergrund der Finanzierung der deutschen Einheit, aber auch, wenn man die Erfahrungen mit der Hilfe für finanzschwache Länder in der alten Bundesrepublik in Rechnung stellt, die These nahe, daß die dezentralen Gebietskörperschaften sich untereinander nur wenig helfen können, wenn eine oder mehrere unter ihnen in eine materielle Notlage kommen, sondern daß in diesem Fall die zentrale Ebene eingreifen muß (Mackscheidt 1993: 16). Dies erscheint insbesondere unter dem Gesichtspunkt plausibel, daß sich die Mittelausstattung der dezentralen Gebietskörperschaften an deren Kompetenzen und den von ihnen wahrzunehmenden Aufgaben orientiert und darüber hinausgehende finanzielle Spielräume kaum vorhanden sind. Diese These bliebe allerdings noch eingehender zu prüfen.

Insgesamt betrachtet unterstützt die Untersuchung der Politik zur Finanzierung der deutschen Einheit Interpretationen, denen zufolge die Staatstätigkeit in der Bundesrepublik von einer, wenngleich begrenzten, institutionellen Anpassungsfähigkeit des politischen Systems geprägt ist (Hesse/Benz 1990), deren Flexibilität und Problemverarbeitungskapazität in der Vergangenheit eher unterschätzt wurde. Zu beobachten ist dabei aber nicht der aktive, vorausschauende und planende Staat, wie er sich idealiter in der „Planungseuphorie" der siebziger Jahre dargestellt hat, „dies ist eher der Staat, der sich halbwegs erfolgreich durchwurstelt. Seine Anpassungsfähigkeit erlaubt ihm, auftauchende Probleme so weit kleinzuarbeiten, daß wieder ein begrenzter Handlungsspielraum gewonnen wird, um im günstigeren Falle über kollektive Lernprozesse neue Problemlösungen und Verfahren zu entwickeln, auch ohne daß dafür ein komplexer Umbauprozeß in Gang gesetzt wird" (Lehmbruch 1992a: 31). Die Ökonomie und besondere Rationalität des Entscheidungsprozesses läuft dabei darauf hinaus, nur die geringstmöglichen Korrekturen vorzunehmen, die notwendig sind, um die Handlungsfähigkeit des politischen Systems zu erhalten bzw. dem unmittelbar drängenden Handlungsbedarf gerecht zu werden (Renzsch 1995: 183).

Große Reformen und kühne Kurswechsel sind also auch nach der deutschen Einheit in der Bundesrepublik nicht zu erwarten. Dafür ist mit einem inkrementalistischen, mit der gut ausgeprägten Fähigkeit zu institutionellen Lernprozessen auf allen Ebenen des politischen Systems ausgestatteten Politikstil zu rechnen, der beachtliche mittel- bis langfristige Problemlösungskapazitäten aufweist und in begrenztem Maße auch politische Innovationen ermöglicht. Die Untersuchung der Finanzierung der deutschen Einheit hat gezeigt, daß komplexe Verhandlungslösungen in einem fragmentierten Entscheidungssystem nicht notwendigerweise schlechtere Ergebnisse zeitigen, als der zentralistische Durchgriff des hierarchischen Verwaltungsstaates, dem oftmals die größere Fähigkeit zur Problemlösung zugesprochen wird (Scharpf 1992: 91). Wie dargestellt wurde, ermöglichte gerade die institutionelle Differenzierung des politischen Systems die Segmentierung und Sequenzierung der anstehenden Probleme, wie auch die Mobilisierung der vorhandenen dezentralen Intelligenz für die notwendigen Lern- und Anpassungsprozesse.

In finanzpolitischer Hinsicht - um noch einmal Roland Czadas Wort vom Schleichweg in die „Dritte Republik" (1995c: 210) aufzugreifen - setzt dieser Schleichweg am Entwicklungspfad der alten Bundesrepublik an, allerdings ohne diesen geradewegs fortzusetzen. Vielmehr führt uns dieser Pfad auf ein verändertes Niveau fiskalischer Rahmenbedingungen, das durch höhere Staatsverschuldung, bis auf weiteres massive Haushaltsprobleme (DIW 1996b) und eine Gewichtsverschiebung im Verhältnis von Staat und Markt zugunsten des Staates gekennzeichnet ist.

Die angespannte Haushaltssituation verringert dabei Verteilungsspielräume und schränkt die finanzpolitische Handlungsfähigkeit ein. Eine weitere Inanspruchnahme des Instruments Staatsverschuldung kann kaum in Frage kommen und die Alternativen Steuererhöhungen oder Einsparungen sind überaus konfliktträchtig. Finanzpolitik sieht sich also in der neuen Bundesrepublik einer Kontinuität in politsch-institutioneller Hinsicht gegenüber, agiert jedoch auf einem anderen Niveau der fiskalischen Restriktionen. Voraussetzung für eine nachhaltige Entspannung auf dem Haushaltssektor ist allerdings ein Ende der „Wachstumspause" (Bundeswirtschaftsminister Rexrodt) der deutschen Wirtschaft, wodurch sich im Konjunkturaufschwung die materielle Basis des Steuerstaates verbessern würde und sich neue Verteilungsspielräume eröffnen könnten.

Dies ist um so mehr zu wünschen, als der in vielen Bereichen bereits in der alten Bundesrepublik vorhandene Reformbedarf nur vertagt wurde und nach wie vor ansteht - zum Teil sogar in verschärfter Form. So beispielsweise im Hinblick auf die Reform der Alterssicherung oder auf die Finanzprobleme einiger Bundesländer (Berlin, Bremen, Saarland), die neben anderen - nach wie vor bestehenden - strukturellen Problemen des Länderfinanzausgleichs, Anlaß zu einer erneuten Reform der bundesstaatlichen Finanzbeziehungen geben. Die erfolgreiche Problemverarbeitung im Zusammenhang mit der deutschen Einheit stimmt in diesem Zusammenhang optimistisch, daß auch diese Herausforderungen erfolgreich bewältigt werden können. Eine derartige Prognose ist jedoch notwendigerweise immer in der Perspektive der Ex-post-Betrachtung gefangen, so daß einschränkend eingeräumt werden muß, daß die Erfolge beim Kleinarbeiten des Einigungsschocks noch keine ähnlichen Resultate bei künftigen Problemen garantieren. Es hat sich allerdings eine derartige Anpassungs-, Lern- und Problemlösungsfähigkeit des politischen Systems insgesamt gezeigt, daß davon ausgegangen werden kann, daß die politisch-institutionellen Bedingungen ausreichende Handlungsspielräume für die erfolgreiche Bewältigung der Zukunftsprobleme einräumen. Es wird sich letztlich zeigen müssen, ob die Akteure „den politischen Willen und das politische Geschick" (Shonfield 1965: 63) aufbringen, die vorhandenen Spielräume auch zu nutzen.

Literaturverzeichnis

Abelshauser, Werner 1983: Wirtschaftsgeschichte der Bundesrepublik Deutschland 1945-1980, Frankfurt a. M.

Abromeit, Heidrun 1992a: Der verkappte Einheitsstaat, Opladen

Abromeit, Heidrun 1992b: Zum Für und Wider einer Ost-Partei, in: Gegenwartskunde, Nr. 4/1992, S. 437-448

Abromeit, Heidrun 1993a: Interessenvermittlung zwischen Konkurrenz und Konkordanz, Opladen

Abromeit, Heidrun 1993b: Die „Vertretungslücke". Probleme im neuen deutschen Bundesstaat, in: Gegenwartskunde, Nr. 3/1993, S. 281-292

Akerlof, Georg A. u.a. 1991: East Germany in from the Cold: The Economic Aftermath of Currency Union, Brookings Papers on Economic Activity No. 1, S. 1-101

Alber, Jens 1987: Germany, in: Flora 1987, S. 247-353

Alber, Jens 1989: Der Sozialstaat in der Bundesrepublik 1950-1983, Frankfurt/New York

Albert, Helmut 1992: Die Föderalismusdiskussion im Zuge der deutschen Einigung, in: Bohr 1992, S. 1-29

Albrecht, Ulrich 1992: Die Abwicklung der DDR. Die „2+4-Verhandlungen" - Ein Insiderbericht, Opladen

Altenhof, Ralf/Jesse, Eckhard (Hg.) 1995: Das wiedervereinigte Deutschland. Zwischenbilanz und Perspektiven, Düsseldorf

Andel, Norbert 1991: Die Steuertabuisierung und ihre Folgen, in: Wirtschaftsdienst, 71. Jg., Nr. 2/1991, S. 69-72

Andel, Norbert 1992: Finanzpolitische Aspekte der deutschen Wiedervereinigung, Frankfurter volkswirtschaftliche Diskussionsbeiträge 32/92, Frankfurt

Andel, Norbert 1993a: Die Folgen des steuerlichen Durchwurstelns, in: Wirtschaftsdienst, 73. Jg., Nr. 1/1993, S. 19-30

Andel, Norbert 1993b: Die Rentenversicherung im Prozeß der Wiedervereinigung Deutschlands, in: Hansmeyer 1993b, S. 63-112

Andersen, Uwe 1992a: Die Finanzierung der deutschen Einheit, in: Hartwich/Wewer 1991, S. 227-243

Andersen, Uwe 1992b: Innerdeutsche Wirtschafts- und Währungsunion im Vergleich, in: Kohler-Koch 1992, S. 342-344

Angermann, Oswald u.a. 1990: Statistik der Bundesrepublik Deutschland und der Deutschen Demokratischen Republik auf dem Weg zur Einheit, in: Wirtschaft und Statistik Nr. 6/90, S. 523-528

AaW (Arbeitsgruppe alternative Wirtschaftspolitik) 1991: Memorandum '91. Gegen Massenarbeitslosigkeit und Chaos - Aufbaupolitik in Ostdeutschland, Köln
AaW (Arbeitsgruppe alternative Wirtschaftspolitik) 1992: Memorandum '92. Gegen den ökonomischen Niedergang - Industriepolitik in Ostdeutschland, Köln
AaW (Arbeitsgruppe alternative Wirtschaftspolitik) 1993: Memorandum '93. Beschäftigungspolitik statt Sozialabbau - industrielle Kerne sichern, Köln
AaW (Arbeitsgruppe alternative Wirtschaftspolitik) 1994: Memorandum '94. Wirtschaftsreformen gegen Standortparolen: Politik gegen Massenarbeitslosigkeit und Umweltzerstörung, Köln
AaW (Arbeitsgruppe alternative Wirtschaftspolitik) 1995: Memorandum '95. Stärkung des Sozialstaats - Wirtschaftspolitik für Arbeit und ökologischen Umbau, Köln
Armingeon, Klaus 1991: Ende einer Erfolgsstory? Gewerkschaften und Arbeitsbeziehungen im Einigungsprozeß, in: Gegenwartskunde, Nr. 1/1991, S. 29-42
Arnim, Hans-Herbert von 1994: Die Verfassungsdebatte in der neuen Bundesrepublik, in: Jäckel 1994, S. 147-150
Arnold, Volker, 1993: Stärkung der Eigenverantwortlichkeit der Länder und Finanzierung der deutschen Einheit: Co-Referat, in: Staatswissenschaften und Staatspraxis, 4. Jg., Nr. 1/1993, S. 78-84
BA (Bundesanstalt für Arbeit) 1993: Die Lage auf dem Arbeitsmarkt, Monatsbericht November 1993 der Bundesanstalt für Arbeit, Bulletin der Bundesregierung Nr. 108, 6. Dezember 1993, S. 1197-1200
BA (Bundesanstalt für Arbeit) v. J: Geschäftsberichte, Nürnberg
Bäcker, Gerhard 1995: Sozialpolitische Probleme der deutschen Einigung, in: Nolte/Sitte/Wagner 1995, S. 310-327
Bäcker, Gerhard/Steffen, Johannes 1990: Sozialunion: Was soll wie vereinigt werden, in: WSI-Mitteilungen, 43. Jg., Nr. 5/1990, S. 265-281
Backhaus-Maul, Holger/Olk, Thomas 1992: Intermediäre Organisationen als Gegenstand sozialwissenschaftlicher Forschung. Theoretische Überlegungen und erste empirische Befunde am Beispiel des Aufbaus von intermediären Organisationen in den neuen Bundesländern, in: Schmähl 1992: 91-132
Backhaus-Maul, Holger/Olk, Thomas 1995: Institutionentransfer im föderalen Bundesstaat, in: Staatswissenschaften und Staatspraxis, 6. Jg., Nr. 2/1995, S. 261-289
Baring, Arnulf 1991: Deutschland, was nun? Ein Gespräch mit Dirk Rumberg und Wolf Jobst Siedler, Berlin
Barthel, Alexander 1990: Währungspolitik als Schrittmacher der deutschen Einheit: Währungsreform oder Währungsunion?, in: Wewer 1990, S. 161-174
Bastian, Jens 1995: Brothers in Arms or at Arms? IG Metall in 1994: Confronting Recession and Unification, in: German Politics, Vol. 4, April 1995, Nr. 1, S. 87-100
Batt, Helge-Lothar 1996: Die Grundgesetzreform nach der deutschen Einheit, Opladen
Bauer, Wolfgang u.a. 1992: Investitionen in den neuen Bundesländern: Fördermaßnahmen, Restrukturierungen, Hemmnisbeseitigung. Düsseldorf
Bea, Franz Xaver/Kitterer, Wolfgang (Hg.) 1990: Finanzwissenschaft im Dienste der Wirtschaftspolitik, Tübingen

Becker, Ulrich/Becker, Horst/Ruhland, Walter 1992: Zwischen Angst und Aufbruch: das Lebensgefühl der Deutschen in Ost und West nach der Wiedervereinigung, Düsseldorf/Wien/New York
Beckord, Wilhelm (Hg.) 1993: Die Kommunen und die Einheit Deutschlands, Studien zur Politikwissenschaft Band 64, Münster
Bellers, Jürgen/Wittkämper, Gerhard W. 1992: Öffentliche Finanzen und Wiedervereinigung, in: Kohler-Koch 1992, S. 388-393
Benz, Arthur 1985: Föderalismus als dynamisches System: Zentralisierung und Dezentralisierung im föderativen Staat, Beiträge zur sozialwissenschaftlichen Forschung 73, Opladen
Benz, Arthur 1992a: Institutionenpolitik und institutioneller Wandel im Prozeß der Einigung, in: Kohler-Koch 1992, S. 345-348
Benz, Arthur 1992b: Redrawing the Map? The Question of Territorial Reform in the Federal Republic, in: Jeffery/Sturm 1992, S. 38-47
Benz, Arthur 1992c: Mehrebenen-Verflechtung als theoretisches und praktisches Problem, in: Benz u.a. 1992: 147-196
Benz, Arthur 1993: Reformbedarf und Reformchancen des kooperativen Föderalismus nach der Vereinigung Deutschlands, in: Seibel/Benz/Mäding 1993, S. 454-474
Benz, Arthur/Scharpf, Fritz W./Zintl, Reinhard (Hg.) 1992: Horizontale Politikverflechtung. Zur Theorie von Verhandlungssystemen, Frankfurt a. M.
Berteit, Herbert 1993: Investieren in den neuen Bundesländern: Anreize und Hemmnisse, in: Siebert 1993, S. 99-114
Bertram, Hans/Hradil, Stefan/Kleinhenz, Gerhard (Hg.) 1995: Sozialer und demographischer Wandel in den neuen Bundesländern, Berlin
Beyme, Klaus von 1992: Effects of Reunification on German Democracy, in: Government and Opposition, Vol. 27, Nr. 2, Spring 1992, S. 158-176
Beyme, Klaus von 1993: Das politische System der Bundesrepublik Deutschland nach der Vereinigung, München
Beyme, Klaus von 1994[2]: Systemwechsel in Osteuropa, Frankfurt a. M.
Beyme, Klaus von/Schmidt, Manfred G. (Hg.) 1990: Politik in der Bundesrepublik, Opladen
Biedenkopf, Kurt H. 1990: Offene Grenzen - Offener Markt. Voraussetzungen für die Erneuerung der DDR-Volkswirtschaft, Wiesbaden
Biedenkopf, Kurt H. 1991: Sanierungskonzept für den Osten, in: Gewerkschaftliche Monatshefte, Nr. 4/1991, S. 272-280
Biedenkopf, Kurt H. 1992: Kurt Biedenkopf und der Abschied von der „Aufholjagd“, in: FR v. 27.3.1992, S. 30/31
Biehl, Dieter 1993: Die Rolle des EG-Regionalfonds bei der Regionalpolitik und ihre Finanzierung in den neuen Bundesländern, in: Hansmeyer 1993a, S. 11-38
BiOst (Bundesinstitut für ostwissenschaftliche und internationale Studien) (Hg.) 1993: Aufbruch im Osten Europas. Chancen für Demokratie und Marktwirtschaft nach dem Zerfall des Kommunismus, München/Wien
Birk, Dieter, 1993: Stärkung der Eigenstaatlichkeit der Länder und Finanzierung der deutschen Einheit. Diskussionsbeitrag zum Referat von Klaus-Dirk Henke, in: Staatswissenschaften und Staatspraxis, 4. Jg., Nr. 1/1993, S. 85-90

Bispinck, Reinhard 1995: Tarifpolitik in einer Transformationsökonomie. Eine Bilanz nach fünf Jahren Tarifpolitik in den neuen Ländern, in: Nolte/Sitte/Wagner 1995, S. 195-219
Blanke, Bernhard/Wollmann, Helmut (Hg.) 1991: Die alte Bundesrepublik, Leviathan Sonderheft 12/1991, Opladen
BMAS (Bundesministerium für Arbeit und Sozialordnung) (Hg.) 1994a: Sozialbericht 1993, Bonn
BMAS (Bundesministerium für Arbeit und Sozialordnung) (Hg.) 1994b: Rentenversicherungsbericht, Bonn
BMAS (Bundesministerium für Arbeit und Sozialordnung) (Hg.) 1994c: Der Sozialstaat eint. Zur sozialen Einheit Deutschlands - Entwicklungen und Eindrücke, Baden-Baden
BMAS (Bundesministerium für Arbeit und Sozialordnung) (Hg.) 1995a: Arbeits- und Sozialstatistik, Hauptergebnisse 1995, Bonn
BMAS (Bundesministerium für Arbeit und Sozialordnung) (Hg.) 1995b: Statistisches Taschenbuch 1995: Arbeits- und Sozialstatistik, Bonn
BMF (Bundesministerium der Finanzen) (Hg.) 1991a: Bundeshaushalt 1991, Bonn
BMF (Bundesministerium der Finanzen) (Hg.) 1991b: Der Finanzplan des Bundes 1991-1995, Bonn
BMF (Bundesministerium der Finanzen) 1991c: Die Tätigkeit der Treuhandanstalt: schnelle Privatisierung, entschlossene Sanierung, behutsame Stillegung, Der Bundesminister der Finanzen informiert, Bonn
BMF (Bundesministerium der Finanzen) (Hg.) 1992: Bundeshaushalt 1992, Der Bundesfinanzminister informiert, Bonn
BMF (Bundesministerium der Finanzen) (Hg.) 1993: Die neue Finanzverteilung. Das Bundesministerium der Finanzen, Bonn
BMF (Bundesministerium der Finanzen) 1994: Öffentliche Finanztransfers für Ostdeutschland, Deutscher Bundestag, Drucksache 12/8372, S. 24/25
BMF (Bundesministerium der Finanzen) v. J.: Finanzbericht, Bonn
Böckels, Lothar 1994: Privatisierung: Ausweg aus kommunalpolitischer Finanzklemme?, in: Wirtschaftsdienst, 74. Jg., Nr. 2/1994, S. 89-92
Bohley, Peter 1992: Chancen und Gefährdungen des Föderalismus, in: Bohr 1992, S. 31-84
Böhm, Stefan/Pott, Arno 1992: Verteilungspolitische Aspekte der Rentenüberleitung. Eine Analyse ausgewählter Verteilungswirkungen der Übertragung des bundesdeutschen Rentenrechts auf die neuen Bundesländer, in: Schmähl 1992, S. 166-227
Bohr, Kurt (Hg.) 1992: Föderalismus. Demokratische Struktur für Deutschland und Europa, München
Boldt, Hans 1991: Wiedervereinigung und föderative Ordnung, in: Wildenmann 1991, S. 35-50
Bosch, Gerhard/Knuth, Matthias 1993: The labour market in East Germany, Cambridge Journal of Economics, Vol. 17, No. 3
Boss, Alfred 1990: Budgetpolitik und Finanzpolitik in der Bundesrepublik Deutschland, in: Die Weltwirtschaft, Heft 2/1990, S. 58-70
Boss, Alfred 1991: Die Finanzbeziehungen zwischen Bund, Ländern, Sondervermögen des Bundes, Treuhandanstalt und Unternehmen - Vereinbarungen im

Staatsvertrag und im Einigungsvertrag und ihre finanziellen Konsequenzen, Kieler Arbeitspapiere Nr. 467, März 1991, Institut für Weltwirtschaft, Kiel
Boss, Alfred u.a. 1993a: Bundesrepublik Deutschland: Wirtschaftspolitik dämpft Konjunktur und Wachstum, in: Die Weltwirtschaft, Nr. 1/1993, S. 19-33
Boss, Alfred u.a. 1993b: Bundesrepublik Deutschland: Tiefe Rezession - Belebung erst 1994, in: Die Weltwirtschaft, Nr. 2/1993, S. 131-144
Boss, Alfred/Rosenschon, Astrid 1996: Öffentliche Transferleistungen zur Finanzierung der deutschen Einheit: eine Bestandsaufnahme, Kieler Diskussionsbeiträge 269, Kiel
Brenke, Karl u.a. 1990: Auswirkungen der Öffnung der innerdeutschen Grenze auf den bundesrepublikanischen Arbeitsmarkt: Arbeitspapier für die Diskussion von DDR- und DIW-Wissenschaftlern, Berlin
Breuel, Birgit (Hg.) 1993: Treuhand intern. Tagebuch, Frankfurt a. M./Berlin
Breuel, Birgit/Schommer, Kajo/Watrin, Christian 1991: Treuhandanstalt - ist Kritik berechtigt? in: Wirtschaftsdienst, 71. Jg., Nr. 4/1991, S. 163-170
Buechtmann, Christoph F./Schupp, Jürgen 1992: Repercussions of Reunification: Patterns and Trends in the Socio-Economic Transformation of East Germany, DIW-Discussion Papers Nr. 44, Berlin
Bundeskanzleramt 1993: Leistungsbilanz der Bundesregierung für die neuen Bundesländer. BK-Arbeitsstab neue Länder, Bonn
Burchhardt, Michael 1993: Die Neugestaltung des aktuellen Länderfinanzausgleiches unter Einbeziehung der neuen Bundesländer - ein Lösungsvorschlag, in: Burchhardt/Falck/Heine 1993, S. 53-86
Burchhardt, Michael/Falck Margit/Heine, Michael u.a. (Hg.) 1993: Politische Ökonomie des Teilens. Wirtschaftliche und soziale Probleme und Konzepte in der deutsch-deutschen Vereinigung, fhw-forschung 22, Berlin
Burkhardt, Manfred W. 1993: Privatisierung und regionale Strukturpolitik: Strategien und Konzepte zur Vitalisierung industrieller Standorte in den neuen Bundesländern, Stahnsdorf
Busch, Andreas 1991: Die deutsch-deutsche Währungsunion: Politisches Votum trotz ökonomischer Bedenken, in: Liebert/Merkel 1991, S. 185-207
Busch, Andreas 1994: The crisis in the EMS, in: Government and Opposition, Vol. 29, Nr. 1/1994, S. 80-96
Busch, Andreas 1995: Preisstabilitätspolitik. Politik und Inflationsraten im internationalen Vergleich, Reihe Gesellschaftspolitik und Staatstätigkeit 8, Opladen
Campbell, John L./Lindberg, L./Hollingsworth, J. R. (Hg.) 1991: Governance of the American Economy, Cambridge
Carr, Jonathan 1993: Goodbye, Germany. Nachruf auf die Bonner Republik, Düsseldorf
Carstens, Manfred 1990: Den Haushaltsgrundsätzen wird entsprochen, Beitrag zum Streitgespräch: „Verliert das Schicksalsbuch der Nation an Aussagekraft", in: Wirtschaftsdienst, 70. Jg., Nr. 8/1990, S. 387-389
Cullis, John/Jones, Philip 1992: Public finance and public choice, London et al.
Czada, Peter/Tolksdorf, Michael/Yenal Alparslan 1992: Wirtschaftspolitik: aktuelle Problemfelder, Berlin
Czada, Roland 1993: Die Treuhandanstalt im Umfeld von Politik und Verbänden, in: Fischer/Hax/Schneider 1993, S. 148-173

Czada, Roland 1994a: Schleichweg in die „Dritte Republik“. Politik der Vereinigung und politischer Wandel in Deutschland, in: Politische Vierteljahresschrift, 35. Jg., Nr. 2/1994, S. 245-270

Czada, Roland 1994b: Das scheue Reh und die Kröte. Investition und Beschäftigung im Kalkül der Treuhandanstalt, in: Heinelt/Bosch/Reissert 1994, S. 214-233

Czada, Roland 1995a: Der Kampf um die Finanzierung der deutschen Einheit, MPIFG Discussion Paper 95/1, Köln

Czada, Roland 1995b: Kooperation und institutionelles Lernen in Netzwerken der Vereinigungspolitik, in: Mayntz/Scharpf 1995, S. 299-326

Czada, Roland 1995c: Der „kooperative Staat“ im Prozeß der deutschen Vereinigung, in: Voigt 1995, S. 195-216

Daedalus - Journal of the American Academy of Arts and Sciences (Hg.) 1994: Germany in Transition, Cambridge

Dathe, Dietmar/Fritzsche, Bernd 1992: Ziele, Tätigkeiten und Perspektiven der Treuhandanstalt, RWI-Papiere Nr. 31, Essen

Deeg, Richard 1993: The State, Banks and Economic Governance in Germany, in: German Politics, Vol. 2, August 1993, Nr. 2, S. 149-176

Deutsche Bundesbank v. J.: Geschäftsbericht, Frankfurt a. M.

DIW (Deutsches Institut für Wirtschaftsforschung) 1990a: Deutsch-deutsche Währungsunion und ihre Konsequenzen für die Bundesrepublik Deutschland und die Europäische Gemeinschaft, DIW-Diskussionspapiere Nr. 4, Berlin

DIW (Deutsches Institut für Wirtschaftsforschung) 1990b: Die Entwicklung von Löhnen und Preisen in der DDR nach der Währungsunion: eine Simulationsstudie, DIW-Diskussionspapiere Nr. 8, Berlin

DIW (Deutsches Institut für Wirtschaftsforschung) 1990c: Reform der Wirtschaftsordnung in der DDR und die Aufgaben der Bundesrepublik, DIW-Wochenbericht 6/90, S. 65-71

DIW (Deutsches Institut für Wirtschaftsforschung) 1990d: Bauwirtschaft und Wohnungswirtschaft in der DDR: Lage und Perspektiven, DIW-Wochenbericht 28/1990, S. 377-385

DIW (Deutsches Institut für Wirtschaftsforschung) 1990e: Öffentliche Haushalte 1990/91: Hohe Belastungen durch die deutsche Einigung, DIW-Wochenbericht 39/90, S. 545-558

DIW (Deutsches Institut für Wirtschaftsforschung) 1990f: Liquiditätsengpässe der Sozialversicherung in der DDR, DIW-Wochenbericht 39/90, S. 559-561

DIW (Deutsches Institut für Wirtschaftsforschung) 1990g: Subventionsabbau als Instrument zur „Finanzierung“ des deutschen Integrationsprozesses, DIW-Wochenbericht 51-52/90, S. 703-714

DIW (Deutsches Institut für Wirtschaftsforschung) 1991a: Eine Infrastrukturoffensive für Ostdeutschland: Finanzierungsaspekte und gesamtwirtschaftliche Wirkungen, Wochenbericht 10/91, S. 91-97

DIW (Deutsches Institut für Wirtschaftsforschung) 1991b: Finanzpolitische Perspektiven Berlins, Wochenbericht 11/91, S. 103-111

DIW (Deutsches Institut für Wirtschaftsforschung) 1991c: Die öffentlichen Haushalte in Deutschland 1991/92: Anhaltend hohe Finanzierungsdefizite trotz Steuererhöhungen, Wochenbericht 38/91, S. 539-548

DIW (Deutsches Institut für Wirtschaftsforschung) 1991d: Subventionierung und Privatisierung durch die Treuhandanstalt: Kurswechsel erforderlich, Wochenbericht 41/91, S. 575-579
DIW (Deutsches Institut für Wirtschaftsforschung) 1992a: Zur Politik der Treuhandanstalt: eine Zwischenbilanz, DIW-Wochenbericht 7/1992, S. 63-67
DIW (Deutsches Institut für Wirtschaftsforschung) 1992b: Finanzprobleme der neuen Bundesländer und Länderfinanzausgleich: Verteilungskonflikte programmiert, Wochenbericht 25/92, S. 315-325
DIW (Deutsches Institut für Wirtschaftsforschung) 1992c: Geld- und Kreditexpansion gegenwärtig kein Inflationssignal, Wochenbericht 36/92, S. 429-436
DIW (Deutsches Institut für Wirtschaftsforschung) 1992d: Zur Entwicklung der öffentlichen Haushalte 1992/93: Finanzpolitik am Scheideweg, Wochenbericht 37/92, S. 443-452
DIW (Deutsches Institut für Wirtschaftsforschung) 1992e: Differenzierte Entwicklung bei der Sozialversicherung, Wochenbericht 38/92, S. 453-456
DIW (Deutsches Institut für Wirtschaftsforschung) 1993a: Deutsche Geldpolitik wirkt prozyklisch, DIW-Wochenbericht 10/93, S. 93-95
DIW (Deutsches Institut für Wirtschaftsforschung) 1993b: Die Lage der Weltwirtschaft und der deutschen Wirtschaft im Frühjahr 1993, DIW-Wochenbericht 18-19/1993, S. 237-274
DIW (Deutsches Institut für Wirtschaftsforschung) 1993c: Sparhaushalt nicht konjunkturgerecht, DIW-Wochenbericht 26-27/93, S. 372-376
DIW (Deutsches Institut für Wirtschaftsforschung) 1993d: Zur Entwicklung der Finanzlage der ostdeutschen Kommunen, DIW-Wochenbericht 30/93, S. 405-411
DIW (Deutsches Institut für Wirtschaftsforschung) 1993e: Langfristige Zinsen, Zinsstruktur und Staatsdefizite, DIW-Wochenbericht 32/93, S. 429-433
DIW (Deutsches Institut für Wirtschaftsforschung) 1993f: Öffentliche Haushalte 1993/94: Kurswechsel löst Finanzierungsprobleme nicht, DIW-Wochenbericht 35/93, S. 477-488
DIW (Deutsches Institut für Wirtschaftsforschung) 1993g: Verteilungsprobleme in Westdeutschland, DIW-Wochenbericht 37/93, S. 501-507
DIW (Deutsches Institut für Wirtschaftsforschung) 1993h: Öffentliche Finanzen in Berlin-Brandenburg - Bringt ein gemeinsames Bundesland Vorteile?, DIW-Wochenbericht 38/93, S. 513-522
DIW (Deutsches Institut für Wirtschaftsforschung) 1993i: Sozialversicherung durch versicherungsfremde Aufgaben belastet, DIW-Wochenbericht 38/93, S. 523-526
DIW (Deutsches Institut für Wirtschaftsforschung) 1993j: Föderales Konsolidierungsprogramm: trägt die Neuordnung der staatlichen Finanzen zur Lösung der Finanzprobleme bei?, DIW-Wochenbericht 45/1993, S. 651-661
DIW (Deutsches Institut für Wirtschaftsforschung) 1993k: Einkommensungleichheit im vereinten Deutschland, DIW-Wochenbericht 49/93, S. 720-724
DIW (Deutsches Institut für Wirtschaftsforschung) 1994a: Kommunalhaushalte: Finanzprobleme sind nur mittelfristig zu lösen, DIW-Wochenbericht 26/94, S. 439-448

DIW (Deutsches Institut für Wirtschaftsforschung) 1994b: Öffentliche Haushalte 1994/95: Trotz Ausgabekürzungen und Steuererhöhungen weiterhin hohe Finanzierungsdefizite, DIW-Wochenbericht 36/94, S. 627-639

DIW (Deutsches Institut für Wirtschaftsforschung) 1995a: Schwerpunktheft Deutsche Einheit, Vierteljahreshefte zur Wirtschaftsforschung, Heft 3, 64. Jg. 1995, Berlin

DIW (Deutsches Institut für Wirtschaftsforschung) 1995b: Die Lage der Weltwirtschaft und der deutschen Wirtschaft im Frühjahr 1995, DIW-Wochenbericht 15-16/95, S. 299-330

DIW (Deutsches Institut für Wirtschaftsforschung) 1995c. Finanzentwicklung der Sozialversicherung, DIW-Wochenbericht 40/95, S. 693-697

DIW (Deutsches Institut für Wirtschaftsforschung) 1995d: Öffentliche Haushalte 1995/96: Steuerpolitische Lösungen bleiben unbefriedigend, DIW-Wochenbericht 35/95, S. 601-617

DIW (Deutsches Institut für Wirtschaftsforschung) 1996a: Sind die Finanzprobleme in Ostdeutschland durch die Neuordnung des Finanzausgleichs gelöst? DIW-Wochenbericht 17/96, S. 257-276

DIW (Deutsches Institut für Wirtschaftsforschung) 1996b: Die Lage der Weltwirtschaft und der deutschen Wirtschaft im Frühjahr 1996, DIW-Wochenbericht 18/96, S. 285-312

Diwald, Martin, Mayer, Karl-Ulrich (Hg.) 1996: Zwischenbilanz der Wiedervereinigung, Sozialstrukturanalyse 8, Opladen

Doehring, Karl 1991: Zur Regelung der Eigentumsfragen im Einigungsvertrag zwischen der Bundesrepublik Deutschland und der DDR, in: Wildenmann 1991, S. 27-34

Donges, Jürgen B. 1990: Soziale Marktwirtschaft in der DDR: Reform der Wohnungswirtschaft, Schriftenreihe des Frankfurter Instituts für Wirtschaftspolitische Forschung Nr. 21, Bad Homburg v.d.H.

Donner, Hartwig/Berlit, Uwe 1992: Verfassungsrechtliche und verfassungspolitische Konsequenzen der Wiedervereinigung für die Bundesstaatlichkeit Deutschlands, in: Zeitschrift für Parlamentsfragen 23/1992, S. 316-338

Dornbusch, Hans-Ludwig 1993: Das Sozialbudget der Bundesrepublik Deutschland. Westdeutscher Rückblick und gesamtdeutscher Ausblick, in: Briefe des Instituts Finanzen und Steuern 313/1993, S. 1-95

Downs, Anthony 1957: An Economic Theory of Democracy, New York

Dübel, Achim/Pfeiffer, Ulrich 1993: Eine gesamtwirtschaftliche Entwicklungsstrategie für die neuen Bundesländer: Gutachten der Friedrich-Ebert-Stiftung, Bonn 1993

Dubrowsky, Hans-Joachim 1990: Schritte und Tempi der monetären Umstellung der DDR-Wirtschaft auf eine Marktwirtschaft, in: List Forum für Wirtschafts- und Finanzpolitik Band 16, S. 221-229

Dümcke, Wolfgang/Vilmar, Fritz (Hg.) 1995: Kolonialisierung der DDR: Kritische Analysen und Alternativen des Einigungsprozesses, Münster

Dyson, Kenneth (Hg.) 1992: The Politics of German Regulation, Aldershot: Dartmouth

Echebarria, Koldo E./Schäfer, Günther F. 1991: Extending the Structural Fund commitments to East Germany, in: Heisenberg 1991, S. 281-298

Edelman, Murray 1990: Politik als Ritual. Die politische Funktion staatlicher Institutionen und politischen Handelns, Neuausgabe, Frankfurt a. M. u.a.
Ehret, Martin/Patzig, Wolfgang 1991: Ist eine Wiederholung des „Wirtschaftswunders" möglich? Perspektiven für die Entwicklung in den neuen Bundesländern, in: List Forum für Wirtschafts- und Finanzpolitik Band 17, S. 109-131
Eichener, Volker/Kleinfeld, Ralf u.a. (Hg.) 1992a: Probleme der Einheit. Organisierte Interessen in Ostdeutschland, 1. Halbband, Hamburg
Eichener, Volker/Kleinfeld, Ralf u.a. (Hg.) 1992b: Probleme der Einheit. Organisierte Interessen in Ostdeutschland, 2. Halbband, Hamburg
Eisenmann, Peter/Hirscher, Gerhard (Hg.) 1992: Die Entwicklung der Volksparteien im vereinten Deutschland, München/Landsberg a. Lech
Ellwein, Thomas 1993: Tradition - Anpassung - Reform. Über die Besonderheit der Verwaltungsentwicklung in den neuen Bundesländern, in: Seibel/Benz/Mäding 1993, S. 30-40
Ellwein, Thomas/Hesse, Joachim Jens/Mayntz, Renate/Scharpf, Fritz W. (Hg.) 1989: Jahrbuch zur Staats- und Verwaltungswissenschaft 3, Baden-Baden
Emmerich, Knut 1994: Mega-Arbeitsbeschaffungsmaßnahmen in den neuen Bundesländern - Bestandsaufnahme und Perspektiven, in: Heinelt/Bosch/Reissert 1994, S. 115-136
Engelen-Kefer, Ursula/Kühl, Jürgen/Peschel, Peter/Ullmann, Hans (Hg.) 1995^3: Beschäftigungspolitik, Köln
Engelhardt, Gunter 1992: Kommunale Finanzpolitik im Zeichen der Wiedervereinigung, Diskussionsschriften aus dem Institut für Finanzwissenschaft der Universität Hamburg 36, Hamburg
Ernst, Jochen 1994: Bedingungen und Folgen des vorzeitigen Ruhestandes in Ostdeutschland: Ergebnisse einer empirischen Erhebung, in: WSI-Mitteilungen, 47. Jg., Nr. 8/1994, S. 498-507
Ernst, Werner 1991: Gedanken zu einer Neugliederung des Bundesgebietes, in: Gegenwartskunde, Nr. 1/1991, S. 5-16
Esser, Clemens 1992: Strukturprobleme des bundesstaatlichen Finanzausgleichs in der Bundesrepublik Deutschland, in: Grüne Briefe des Instituts Finanzen und Steuern 311, Bonn
Esser, Clemens 1994: Der neue Länderfinanzausgleich: Undurchschaubarkeit als Prinzip, in: Wirtschaftsdienst, 74. Jg., Nr. 7/1994, S. 358-364
Exler, Ulrich 1992: Financing German Federalism: Problems of Financial Equalisation in the Unification Process, in: Jeffery/Sturm 1992, S. 22-37
Färber, Gisela 1992a: Kommentar zum Referat von Heinrich Mäding: Die föderativen Finanzbeziehungen im Prozeß der deutschen Vereinigung, in: Hartwich/Wewer 1992, S. 215-225
Färber, Gisela 1992b: Länderfinanzausgleich und Gemeindefinanzen - Anmerkungen zu einigen häufig übersehenen Tatsachen, in: Bohr 1992, S. 85-122
Färber, Gisela 1993: Reform des Länderfinanzausgleichs, in: Wirtschaftsdienst, 73. Jg., Nr. 6/1993, S. 305-313
Fichter, Michael 1993: A House Divided: German Unification and Organised Labour, in: German Politics, Vol. 2, April 1993, Nr. 1, S. 21-39

Fiedler, Jürgen 1990: Die Regelung der bundesstaatlichen Finanzbeziehungen im Einigungsvertrag, in: Deutsches Verwaltungsblatt, 105. Jg., Heft 23/1990, S. 1263-1270

Fischer , Helmut 1992: Hat der Länderfinanzausgleich im vereinten Deutschland Zukunft?, in: Wegner 1992, S. 17-44

Fischer, Wolfram/Hax, Werner/Schneider, Hans-Karl (Hg.) 1993: Treuhandanstalt: Das Unmögliche wagen. Forschungsberichte, Berlin

Flassbeck, Heiner 1995: Die deutsche Einigung - ein Transferproblem, in: DIW 1995a, S. 404-414

Flassbeck, Heiner/Schermet, Wolfgang 1992: Wirtschaftliche Aspekte der deutschen Vereinigung, in: Jesse/Mittler 1992, S. 279-311

Flockton, C. H. 1993: The Federal German Economy in the Early 1990s, in: German Politics, Vol. 2, August 1993, Nr. 2, S. 311-327

Flora, Peter (Hg.)1987: Growth to limits. The Western European Welfare States Since World War II, Vol. 4, Appendix, Berlin u.a.

Flug, Martin 1992: Treuhand-Poker. Die Mechanismen des Ausverkaufs, Berlin

Föttinger, Wolfgang/Spahn, Paul Bernd 1993: Für einen kostenorientierten Länderfinanzausgleich, in: Wirtschaftsdienst, 73. Jg., Nr. 7/1993, S. 237-246

Franke, Siegfried 1991: Zur Neuordnung der Finanzverfassung im vereinten Deutschland, in: Verwaltungs-Archiv 82, S. 526-543

Frankfurter Institut für wirtschaftspolitische Forschung e. V. (Hg.) 1990: Soziale Marktwirtschaft in der DDR - Währungsordnung und Investitionsbedingungen, Schriftenreihe Band 20, Januar 1990, Frankfurt

Friedrich, Peter/Lindemann, Steffen 1993: Die Treuhandanstalt ein Instrument zum Aufbau des Föderalismus?, in: Hansmeyer 1993a, S. 77-173

Frisch, Thomas 1992: Privatisierung und Unternehmenskäufe in Ostdeutschland: Statistische Auswertung der Zusammenschlüsse mit ostdeutschen Unternehmen und Analyse ausgewählter Branchen, HWWA-Report Nr. 104, Hamburg

Fritsch-Bournazel, Renate 1992: Europe and German Unification, Oxford

Fritzsche, Bernd 1993: Steuerfinanzierung eines Solidarprogramms Ost - eine Replik, in: Wirtschaftsdienst, 73, Jg., Nr. 5/1993, S. 266-267

Fritzsche, Bernd/Gebhard, Heinz/Heilemann, Ullrich/von Loeffelholz, Hans Dietrich 1991: Perspektiven und Optionen der deutschen Finanzpolitik 1991 bis 1994, in: Wirtschaftsdienst Jg. 71, Nr. 1/1991, S. 19-32

Fuest, Winfried 1991: Finanzierung der deutschen Einheit, Thema Wirtschaft 8, Köln

Fuest, Winfried/Kroker, Rolf 1991: Transferzahlungen an die neuen Bundesländer: eine Schätzung für 1992, in: IW-Trends 4/1991, Bl. D35-D45

Fuest, Winfried/Kroker, Rolf 1992: Die Vorschläge sind ökonomisch und/oder verfassungsrechtlich problematisch, in: Wirtschaftsdienst, 72. Jg., Nr. 7/1992, S. 345-348

Fuest, Winfried/Kroker, Rolf 1993: Die Finanzpolitik nach der Wiedervereinigung, Beiträge zur Wirtschafts- und Sozialpolitik Nr. 213, Institut der deutschen Wirtschaft, Köln

Fuest, Winfried/Lichtblau, Karl 1991: Finanzausgleich im vereinten Deutschland, Beiträge zur Wirtschafts- und Sozialpolitik Nr. 192, Institut der deutschen Wirtschaft, Köln

Fülberth, Georg 1993: Eröffnungsbilanz des gesamtdeutschen Kapitalismus, Hamburg
Funk, Joachim 1992: Deutsche Finanzpolitik im Spannungsfeld zwischen West- und Ostintegration, Institut Finanzen und Steuern 307/1992, Bonn
Gabriel, Oscar W. 1993: Institutionenvertrauen im vereinigten Deutschland, APuZ Nr. 43/1993, S. 3-12
Gattermann, Hans H. 1992: Finanz- und Steuerpolitik: Was geht noch in dieser Legislaturperiode?, in: Briefe des Instituts Finanzen und Steuern 307/1992, S. 10-28
Geertz, Clifford 1983: Dichte Beschreibung, Frankfurt a. M.
Gerstenberger, Wolfgang 1990: Das zukünftige Produktionspotential der DDR - Ein Versuch zur Reduzierung der Unsicherheiten, in: ifo-Schnelldienst, 43. Jg., Nr. 7/1990, S. 13-22
Gerstenberger, Wolfgang 1994: Economic problems of national unification: proceedings of a German-Korean conference, ifo-Studien zur Ostforschung 17, München
Geske, Otto-Erich 1991: Die Finanzierung der ostdeutschen Länder nach dem Einigungsvertrag, in: Wirtschaftsdienst, 71. Jg., Nr. 1/1991, S. 33-39
Geske, Otto-Erich 1992: Der Länderfinanzausgleich wird ein Dauerthema, in: Wirtschaftsdienst 72. Jg., Nr. 5/1992, S. 250-259
Geske, Otto-Erich 1993: Unterschiedliche Anforderungen an den neuen Finanzausgleich, in: Wirtschaftsdienst, 73. Jg., Nr. 2/1993, S. 71-78
Geske, Otto-Erich 1994: Zur Projektion des Bundesfinanzministers über die öffentlichen Haushalte bis 1998, in: Sozialdemokratischer Pressedienst: Wirtschaft, 49. Jg., Nr. 54 v. 14. Juli 1994, Bonn
Geske, Otto-Erich 1996: Der Prozeß der finanzwirtschaftlichen Verselbständigung der ostdeutschen Gemeinden. Beitrag für eine Festschrift für Prof. Dr. Werner Noll, Würzburg, im Erscheinen
Geuenich, Michael 1993: Die Rezession muß aktiv bekämpft werden, Zeitgespräch „Wege aus der Wirtschaftskrise“, in: Wirtschaftsdienst, 73. Jg., Nr. 7/1993, S. 345-347
Gibowski, Wolfgang G./Kaase, Max 1991: Auf dem Weg zum politischen Alltag: Eine Analyse der ersten gesamtdeutschen Bundestagswahl vom 2.12.1990, in: APuZ, B11-12/91, S. 3-20
Giesen, Bernd/Leggewie, Claus (Hg.) 1991: Experiment Vereinigung. Ein sozialer Großversuch, Berlin
Glaeßner, Gert-Joachim 1992: Der schwierige Weg zur Demokratie. Vom Ende der DDR zur deutschen Einheit, Opladen
Glaeßner, Gert-Joachim 1994: Parties and Problems of Governance During Unification, in: Hancock/Welsh 1994, S. 139-162
Glatzer, Wolfgang/Noll, Heinz-Herbert 1992: Lebensverhältnisse in Deutschland: Ungleichheit und Angleichung, Soziale Indikatoren XVI., Frankfurt a. M./New York
Glatzer, Wolfgang/Noll, Heinz-Herbert 1995: Lebensverhältnisse in Deutschland seit der Wiedervereinigung. Soziale Indikatoren XVIII, Frankfurt a. M./New York
Göhler, Gerhard (Hg.) 1994: Die Eigenart der Institutionen. Zum Profil politischer Institutionentheorie, Baden-Baden

Goldscheid, Rudolf/Schumpeter, Joseph 1976: Die Finanzkrise des Steuerstaates, Hgg. von Rudolf Hickel, Frankfurt a. M.
Gottfried, Peter/Wiegard, Wolfgang 1991: Finanzausgleich nach der Vereinigung, Gewinner sind die alten Länder, in: Wirtschaftsdienst, 71. Jg., Nr. 9/1991, S. 453-461
Gottfried, Peter/Wiegard, Wolfgang 1992: Finanzausgleich zum Selberrechnen, in: Wegner 1992, S. 133-168
Graf, William D. (Hg.) 1992: The Internationalization of the German Political Economy, New York
Grauwe, Paul de 1991: The economic integration of Germany: two tales based on trade theory, in: Heisenberg 1991, S. 189-198
Gros, Daniel/Steinherr, Alfred 1991: Macroeconomic management in the new Germany: implications for the EMS and EMU, in: Heisenberg 1991, S. 165-188
Gross, Johannes 1995[2]: Begründung der Berliner Republik: Deutschland am Ende des 20. Jahrhunderts, Stuttgart
Grossekettler, Heinz 1993: Ökonomische Maßstäbe für den Bund-Länder-Finanzausgleich, in: Staatswissenschaften und Staatspraxis, 4. Jg., Nr. 1/1993, S. 91-109
Guggenberger, Bernd 1992: Eine andere Republik - was sonst?, in: Universitas, 47. Jg., Nr. 4/1992, S. 361-372
Guggenberger, Bernd/Preuß, Ulrich K./Ullmann, Wolfgang (Hg.) 1991: Eine Verfassung für Deutschland. Manifest - Text - Plädoyers, München/Wien
Guggenberger, Bernd/Stein, Tine (Hg.) 1991: Die Verfassungsdiskussion im Jahr der deutschen Einheit. Analysen - Hintergründe - Materialien, München/Wien
Gutmann, Gernot/Wagner, Ulrich (Hg.) 1994: Ökonomische Erfolge und Mißerfolge der deutschen Einigung - eine Zwischenbilanz, Stuttgart/Jena/New York
Hackmann, Johannes 1993: Eine konjunkturbelebende Steuererhöhung, in: Wirtschaftsdienst, 73. Jg., Nr. 4/1993, S. 184-192
Haller, Gert 1994: Das Wort „Anschluß“ war tabu; einige persönliche Erinnerungen, in: Waigel/Schell 1994, S. 149-159
Hancock, Donald/Welsh, Helga A. (Ed.) 1994: German Unification. Process & Outcomes, Boulder/San Francisco/Oxford
Hancock, M. Donald 1994: Economic and Political Performance: Patterns and Prospects, in: Hancock/Welsh 1994, S. 245-260
Handschuch, Konrad 1991a: Etat 1991: Waigels Flickwerk, in: Wirtschaftswoche Nr. 12, 15.3.1991, S. 26
Handschuch, Konrad 1991b: Subventionsabbau: Beschämendes Ergebnis, in: Wirtschaftswoche Nr. 46, 8.11.1992, S. 37-43
Handschuch, Konrad/Kessler, Martin 1991: Inflation: Die Bundesbank muß gegen Bonn antreten, in: Wirtschaftswoche Nr. 30, 19.7.1991, S. 16-18
Hankel, Wilhelm 1993: Die sieben Todsünden der Vereinigung, Berlin
Hansel, Frank-Christian/Schmid-Schönbein, Thomas 1993: Die Treuhandanstalt: ein spekulativer Rückblick, in: Volkswirtschaftliche Schriften, 424/1993
Hansmeyer, Karl-Heinrich (Hg.) 1991a: Finanzierungsprobleme der sozialen Sicherung, Schriften des Vereins für Socialpolitik, Neue Folge Band 194/I, Berlin
Hansmeyer, Karl-Heinrich (Hg.) 1991b: Finanzierungsprobleme der sozialen Sicherung, Schriften des Vereins für Socialpolitik, Neue Folge Band 194/II, Berlin

Hansmeyer, Karl-Heinrich (Hg.) 1993a: Finanzierungsprobleme der deutschen Einheit I, Schriften des Vereins für Socialpolitik, Neue Folge Band 229/I, Berlin
Hansmeyer, Karl-Heinrich (Hg.) 1993b: Finanzierungsprobleme der deutschen Einheit II, Schriften des Vereins für Socialpolitik, Neue Folge Band 229/II, Berlin
Hardt, Ulrike/Ertel, Rainer 1992: Länderfinanzausgleich und Kommunalfinanzen. Probleme der Neuordnung der Finanzverteilung zwischen Bund, Ländern und Gemeinden und ihre Auswirkungen in Niedersachsen, NIW-Vortragsreihe Band 7, Hannover
Hartmann, Jürgen 1993: Gewinner und Verlierer in staatlichen Vereinigungsprozessen. Die deutsche Wiedervereinigung im Vergleich, in: Jahrbuch für Politik, Halbband 1/1993, S. 9-30
Hartwich, Hans-Hermann 1991: Die Bundesregierung im Prozeß der deutschen Vereinigung (1989/90), in: Hartwich/Wewer 1991, S. 237-273
Hartwich, Hans-Hermann 1992: Die Beziehungen zwischen Bundesregierung und Bundesbank im deutschen und westeuropäischen Einigungsprozeß, in: Hartwich/Wewer 1992, S. 247-276
Hartwich, Hans-Hermann/Wewer, Göttrik (Hg.) 1991: Regieren in der Bundesrepublik III. Systemsteuerung und „Staatskunst", Opladen
Hartwich, Hans-Hermann/Wewer, Göttrik (Hg.) 1992: Regieren in der Bundesrepublik IV. Finanz- und wirtschaftspolitische Bestimmungsfaktoren des Regierens im Bundesstaat - unter besonderer Berücksichtigung des deutschen Vereinigungsprozesses, Opladen
Hartwig, Karl-Hans 1990: Zukunft der gesamtdeutschen Wirtschaft: Chancen und Risiken, in: List Forum für Wirtschafts- und Finanzpolitik Band 16, S. 209-220
Hartwig, Karl-Hans/Pies, Ingo 1994: Das Finanzmanagement der deutschen Einheit: eine polit-ökonomische Betrachtung, in: Gutmann/Wagner 1994, S. 159-184
Hauser, Richard u.a. 1993: Die Auswirkungen der hohen Unterbeschäftigung in Ostdeutschland auf die personelle Einkommensverteilung, Berlin
Hauser, Richard/Müller, Klaus/Wagner, Gert/Frick, Joachim 1992: Einkommensverteilung und Einkommenszufriedenheit in den neuen und alten Bundesländern, in: Glatzer/Noll 1992, S. 91-137
Heilemann, Ullrich 1990: Zu den Kosten der Einigung: gesamtwirtschaftliche Wirkungen des Fonds „Deutsche Einheit" und der Investitionshilfe, in: Sozialer Fortschritt, 39, Jg., Nr. 9/1990, S. 195-203
Heilemann, Ullrich 1991: Christmas in July? The Economics of German unification reconsidered, RWI-Papiere Nr. 27, Essen
Heilemann, Ullrich, u.a. 1994: Konsolidierungs- und Wachstumserfordernisse - Fiskalperspektiven der Bundesrepublik in den neunziger Jahren, Untersuchungen des RWI Heft 14, Essen
Heilemann, Ullrich/Barabas, György 1996: Zur Finanzierung der deutschen Einigung: eine optimal-control-Analyse mit dem RWI-Konjunkturmodell, RWI-Papiere Nr. 41, Essen
Heilmann, Martin 1992: Vorschläge zur Neuordnung des Bund-Länder-Finanzausgleichs im vereinten Deutschland - eine kritische Bestandsaufnahme, in: Wegner 1992, S. 45-106
Heine, Michael/Herr, Hansjörg 1993: Makroökonomische Koordinationsprobleme nach der deutschen Vereinigung, in: Burchhardt/Falck/Heine 1993, S. 9-22

Heine, Michael/Herr, Hansjörg 1994: Binnen- und außenwirtschaftliche Koordinationsprobleme nach der deutschen Vereinigung, in: WSI-Mitteilungen, 47. Jg., Nr. 1/1994, S. 30-36

Heine, Michael/Herr, Hansjörg u.a. (Hg.) 1990: Die Zukunft der DDR-Wirtschaft, Reinbek

Heinelt, Hubert 1994a: Arbeitsmarktpolitik nach der Vereinigung - Überforderung und Substanzverlust des Beitragsfinanzierungsprinzips, in: Riedmüller/Olk 1994, S. 191-204

Heinelt, Hubert 1994b: Kontinuität trotz Veränderung. Arbeitsmarktpolitik nach der Vereinigung, in: Heinelt/Bosch/Reissert 1994, S. 58-75

Heinelt, Hubert/Bosch, Gerhard/Reissert, Bernd 1994: Arbeitsmarktpolitik nach der Vereinigung, Berlin

Heinemann, Friedrich 1994: Staatsverschuldung, Ursachen und Begrenzung. Beiträge zur Wirtschafts- und Sozialpolitik des Instituts der deutschen Wirtschaft, Köln

Heise, Arne 1995: Westdeutschland nach der Einigung: Abschied vom Wunderkind?, in: Nolte/Sitte/Wagner 1995: 139-157

Heisenberg, Wolfgang (Hg.) 1991: German Unification in European Perspective, London

Helmstädter, Ernst 1990a: Gesamtdeutsche Wirtschaft - Wie kann das funktionieren?, in: List Forum für Wirtschafts- und Finanzpolitik Band 16, S. 199-208

Helmstädter, Ernst 1990b: Aufgaben gesamtdeutscher Wirtschaftspolitik in funktional- und ordnungspolitischer Sicht, in: List Forum für Wirtschafts- und Finanzpolitik Band 16, S.279-287

Henke, Klaus-Dirk 1990: Der parafiskalische Finanzausgleich - dargestellt am Beispiel der Gesetzlichen Krankenversicherung, in: Bea/Kitterer 1990, S. 357-374

Henke, Klaus-Dirk 1993: Maßnahmen zur Stärkung der Eigenstaatlichkeit der Länder und Finanzierung der Deutschen Einheit, in: Staatswissenschaften und Staatspraxis, 4. Jg., Nr. 1/1993, S. 10-25

Henke, Klaus-Dirk/Schuppert, Gunnar Folke 1993: Rechtliche und finanzwissenschaftliche Probleme der Neuordnung der Finanzbeziehungen von Bund und Ländern im vereinten Deutschland, Schriften zur Innenpolitik und zur kommunalen Wissenschaft und Praxis Band 9, Baden-Baden

Henke, Klaus-Dirk/Leber, Wulf-Dietrich 1993: Territoriale Erweiterung und wettbewerbliche Neuordnung der gesetzlichen Krankenversicherung (GKV), in: Hansmeyer 1993b, S. 11-62

Hennemann, Gerhard 1993: Die Nacht der teuren Kungeleien, SZ Nr. 284, 9.12.1993, S. 4

Herdegen, Matthias 1992: Neugliederung des Bundesgebietes im Spannungsfeld zwischen staatsrechtlicher Kontinuität und Effizienzerwartung, in: Bohr 1992, S. 123-137

Herder-Dorneich, Philipp/Groser, Manfred 1977: Ökonomische Theorie des politischen Wettbewerbs, Uni-Taschenbücher 683, Göttingen

Héritier, Adrienne (Hg.) 1993: Policy-Analyse. Kritik und Neuorientierung, PVS-Sonderheft 24, Opladen

Herr, Hansjörg 1990: Makroökonomische Chancen und Risiken der deutschen Einheit, in: Wirtschaftsdienst, 70. Jg., Nr. 11/1990, S. 569-575

Herr, Michael/Westphal, Andreas 1990: Konsequenzen ökonomischer Integration. Entwicklungsperspektiven der DDR als Region und als eigenständiger Staat im Vergleich, in: Heine/Herr 1990, S. 151-170

Herr, Hansjörg/Westphal, Andreas 1993: Transformation in Mittel- und Osteuropa, Frankfurt a. M., New York

Hesse, Helmut 1993: Finanzausgleich im Bundesstaat: Implikationen für Europa, in: Staatswissenschaften und Staatspraxis, 4. Jg., Nr. 1/1993, S. 43-55

Hesse, Joachim Jens /Benz, Arthur 1990: Modernisierung der Staatsorganisation, Baden-Baden

Hesse, Joachim Jens 1993: Das föderative System der Bundesrepublik vor den Herausforderungen der deutschen Einigung, in: Seibel 1993, S. 431-447

Hesse, Joachim Jens/Renzsch, Wolfgang 1990: Zehn Thesen zur Entwicklung und Lage des deutschen Föderalismus, in: Staatswissenschaften und Staatspraxis, 1. Jg., Nr. 4/1990, S. 562-578

Hettlage, Robert/Lenz, Karl (Hg.) 1995: Deutschland nach der Wende: eine Bilanz, München

Hickel, Rudolf 1990: Schwerpunkte und Instrumente eines Sofortprogramms, Beitrag zum Zeitgespräch „Wie soll die Einheit finanziert werden", in: Wirtschaftsdienst, 70. Jg., Nr. 3/1990, S. 121-125

Hickel, Rudolf 1992: Programm zur Finanzierung der deutschen Einheit, in: Wirtschaftsdienst, 72. Jg., Nr. 7/1992, S. 339-342

Hickel, Rudolf/Huster, Ernst-Ulrich/Kohl, Heribert (Hg.) 1993: Umverteilen. Schritte zur sozialen und wirtschaftlichen Einheit Deutschlands, Köln

Hickel, Rudolf/Priewe, Jan 1994: Nach dem Fehlstart. Ökonomische Perspektiven der deutschen Einigung, Frankfurt a. M.

Hildebrandt, Ariane 1995: Politisch-ökonomische Ursachen und ökonomisch-institutionelle Restriktionen der Entwicklung öffentlicher Finanzen. Ein Beitrag zur Theorie des Staatshaushalts, Frankfurt a. M. u.a.

Hirsch, G. 1991: Die Zukunft des kooperativen Föderalismus in Deutschland, München

Hitzler, Ronald/Honer, Anne 1994: Qualitative Methoden, in: Kriz/Nohlen/Schultze 1994: 389-394

Hochmuth, Uwe/Klee, Günther/Volkert, Jürgen 1995: Armut in der sozialen Marktwirtschaft, Tübingen/Basel

Hoffmann, Lutz 1993: Warten auf den Aufschwung, Regensburg

Hoffmann, Reiner/Kluge, Norbert/Linne, Gudrun u.a. (Hg.) 1994: Problemstart: Politischer und sozialer Wandel in den neuen Bundesländern, Köln

Höhnen, Wilfried 1991: Die Finanzierung der deutschen Einheit: eine Zwischenbilanz, in: WSI-Mitteilungen, 44. Jg., Nr. 5/1991, S. 307-314

Homann, Fritz 1991: Treuhandanstalt: Zwischenbilanz, Perspektiven, in: Deutschland-Archiv, 24. Jg., Nr. 12/1991, S. 1277-1287

Hönemann, Stefan/Moors, Markus 1994: Wer die Wahl hat ..., Bundestagswahlkämpfe seit 1957. Muster der politischen Auseinandersetzung, Marburg

Hondrich, Karl-Otto/Koch-Arzberger, Claudia 1992: Solidarität in der modernen Gesellschaft, Frankfurt a. M.

Horn, Gustav-Adolf/Scheremet, Wolfgang/Zwiener, Rudolf 1991: Domestic and International Macroeconomic Effects of German Economic and Monetary Union, DIW-Diskussionspapiere Nr. 26, Berlin
Huckemann, Stefan/Suntum, Ulrich van 1994: Beschäftigungspolitik im internationalen Vergleich. Länder-Ranking 1980-1993, Gütersloh
Hummel, Marlies/Nierhaus, Wolfgang 1994: Die Neuordnung des bundesstaatlichen Finanzausgleichs im Spannungsfeld zwischen Wachstums- und Verteilungszielen, ifo-Schnelldienst, 47. Jg., Nr. 3/1994, München
Hunstock, Diethelm/Ohmert, Ines 1990: Zur Entwicklung der Finanzlage der ostdeutschen Kommunen, in: Deutschland-Archiv, 26. Jg., Nr. 6/90, S. 1084-1088
Hüther, Michael 1992: Ist die Finanzpolitik noch zu retten? in: Wirtschaftsdienst 72. Jg., Nr. 4/1992, S. 215-224
Hüther, Michael 1993: Reform des Finanzausgleichs: Handlungsbedarf und Lösungsvorschläge, in: Wirtschaftsdienst, 73. Jg., Nr. 1/1993, S. 43-52
Hüther, Michael 1994: Ansatzpunkte für einen Umbau des Sozialstaats, in: Wirtschaftsdienst, 74. Jg., Nr. 3/1994, S. 127-135
ifo (ifo-Institut für Wirtschaftsforschung, München) 1993: Steuereinnahmen laufen 1993 besser als erwartet, ifo-Schnelldienst, 46. Jg, Nr. 20/1993, München
IG Metall (Hg.) 1991: Zur solidarischen Finanzierung der sozialen Einigung: Klausurtagung des Vorstandes am 9./10. Oktober 1991, Schriftenreihe der IG Metall 128, Frankfurt
IW (Institut der deutschen Wirtschaft) 1990a: Wirtschaftliche und soziale Perspektiven der Deutschen Einheit, Gutachten für das Presse- und Informationsamt der Bundesregierung, Köln
IW (Institut der deutschen Wirtschaft) 1990b: DDR-Infrastruktur. Selbstfinanzierung möglich, in: iwd Nr. 19, 10. Mai 1990, S. 7
IW (Institut der deutschen Wirtschaft) 1990c: DDR-Arbeitslosigkeit. Kosten überschaubar, in: iwd Nr. 20, 17. Mai 1990, S. 6/7
IW (Institut der deutschen Wirtschaft) 1995: West-Ost-Transfers: Den Höhepunkt überschritten, in: iwd Nr. 21, 25. Mai 1995, S. 6/7
Jäckel, Hartmut (Hg.) 1994: Die neue Bundesrepublik, Veröffentlichungen der Deutschen Gesellschaft für Politikwissenschaft (DGfP) Band 11, Baden-Baden
Jahrbuch für Politik v. J.: Herausgegeben von Werner Link, Eberhard Schütt-Wetschky, Gesine Schwan, Baden-Baden
Jann, Werner 1995: Politische Willensbildung und Entscheidungsstrukturen im Prozeß der deutschen Einigung - Im Osten nichts Neues?, in: Lehmbruch 1995, S. 55-72
Jarausch, Konrad H. 1995: Die unverhoffte Einheit 1989-90, Frankfurt a. M.
Jeffery, Charlie/Savigear, Peter (Hg.) 1991: German federalism today, Leicester/London
Jeffery, Charlie/Sturm, Roland (Ed.) 1992: Federalism, Unification and European Integration, German Politics Special Issue, Vol. 1, December 1992, Nr. 3, London
Jens, Uwe 1993: Notwendig ist ein Dialog mit der Wirtschaft und den Sozialpartnern, Zeitgespräch „Wege aus der Wirtschaftskrise“, in: Wirtschaftsdienst, 73. Jg., Nr. 7/1993, S. 341-343

Jesse, Eckard/Mittler, Armin 1992: Die Gestaltung der deutschen Einheit. Geschichte. Politik. Gesellschaft., Bonn/Berlin

Jesse, Eckhard 1992: Der innenpolitische Weg zur deutschen Einheit. Zäsuren einer atemberaubenden Entwicklung, in: Jesse/Mittler 1992, S. 111-141

Jochimsen, Reimut 1991: Aktuelle Fragen der Bundesbankpolitik, in: : List Forum für Wirtschafts- und Finanzpolitik Band 17, S.144-159

Jochimsen, Reimut 1993: Current Issues on the Policy of the Bundesbank, in: German Politics, Vol. 2, December 1993, Nr. 3, S. 341-357

Jochimsen, Reimut 1993a: Europäische Perspektiven und Implikationen für den Finanzausgleich der Bundesrepublik Deutschland, in: Staatswissenschaften und Staatspraxis, 4. Jg., Nr. 1/1993, S. 118-135

Jungblut, Michael 1990: Wirtschaftswunder ohne Grenzen: Wohlstand diesseits und jenseits der Elbe, Stuttgart

Kaiser, Karl 1991: Deutschlands Vereinigung. Die internationalen Aspekte, Bergisch-Gladbach

Kampe, Dieter 1993: Wer uns kennenlernt, gewinnt uns lieb: Nachruf auf die Treuhand, Berlin

Kanzenbach, Erhard 1990: Ökonomische Probleme der deutschen Vereinigung, in: Hamburger Jahrbuch für Wirtschafts- und Gesellschaftspolitik, 35. Jg. 1990, S. 307-327

Karl-Bräuer-Institut des Bundes der Steuerzahler 1990: Zur Finanzierung von DDR-Hilfen Einsparungsmöglichkeiten nutzen, Wiesbaden

Karrenberg, Hanns 1991: Die Finanzierung der Kommunalhaushalte in den neuen Ländern, in: Wirtschaftsdienst, 71. Jg., Heft 6/1991, S. 296-304

Karrenberg, Hanns 1993a: Die Finanzausstattung der Kommunen in den neuen Bundesländern, in: Seibel/Benz/Mäding 1993, S. 288-307

Karrenberg, Hanns 1993b: Gesetz zur Umsetzung des föderalen Konsolidierungsprogramms: die Auswirkungen auf die Kommunalfinanzen in West und Ost, in: Zeitschrift für Kommunalfinanzen, Nr. 3/1993, S. 194-202

Karrenberg, Hanns 1993c: Städtische Finanzen vor schweren Belastungen, in: Wirtschaftsdienst, 73. Jg., Nr. 11/1993, S. 571-578

Karrenberg, Hanns/Münstermann, Engelbert 1991: Gemeindefinanzbericht 1991, in: Der Städtetag, 44. Jg., Nr. 2/1991, S. 80-140

Karrenberg, Hanns/Münstermann, Engelbert 1993: Städtische Finanzen 93 - vor dem Kurswechsel: Gemeindefinanzbericht 1993, in: Der Städtetag, 46. Jg., Nr. 2/1993, S. 70-153

Katzenstein, Peter 1987: Policy and Politics in West Germany. The Growth of a Semisouvereign State, Philadelphia

Katzenstein, Peter 1991: Die Fesselung der deutschen Macht im internationalen System: der Einigungsprozeß 1989-90, in: Blanke/Wollmann 1991, S. 68-80

Kehr, Eckart 1976: Der Primat der Innenpolitik, Herausgegeben von Hans-Ulrich Wehler, Frankfurt a. M. u.a.

Keller, Bernd 1993: Einführung in die Arbeitspolitik, München

Kilian, Michael 1993: Nebenhaushalte des Bundes, Tübinger Schriften zum Staats- und Verwaltungsrecht Band 18, Berlin

Kitterer, Wolfgang 1993a: Rechtfertigung und Risiken einer Finanzierung der deutschen Einheit durch Staatsverschuldung, in: Hansmeyer 1993a, S. 39-76

Kitterer, Wolfgang 1993b: Staatsverschuldung und Haushaltskonsolidierung - Folgen für den Standort Deutschland, in: Wirtschaftsdienst, 73. Jg., Nr. 12/1993, S. 633-638
Klatt, Hartmut 1992: German Unification and the Federal System, in: Jeffery/Sturm 1992, S. 1-21
Klemm, Peter 1994: Die Verhandlungen über die deutsch-deutsche Währungsunion, in: Waigel/Schell 1994, S. 135-148
Klingenmann, Hans-Dieter/Kaase, Max (Hg.) 1994: Wahlen und Wähler. Analysen aus Anlaß der Bundestagswahl 1990, Opladen
Knoop, Peter 1993: Auswirkungen des Föderalen Konsolidierungsprogramms auf die Kommunalfinanzen in den jungen Ländern, in: Finanzwirtschaft, Nr. 5/1993, S. 105-107
Knuth, Matthias/Wagner, Alexandra 1995: Arbeitsmarktpolitische Innovationen im ostdeutschen Transformationsprozeß, in: Nolte/Sitte/Wagner 1995, S. 288-309
Kocka, Jürgen 1995: Vereinigungskrise. Zur Geschichte der Gegenwart, Göttingen
Köhler, Claus 1990: Eine Deutsche Wirtschafts- und Währungsunion, Thesenpapier, auszugsweiser Nachdruck in: Nölling 1991, S. 19-22
Köhler, Claus 1995: Der Übergang von der Planwirtschaft zur Marktwirtschaft in Ostdeutschland. Viereinhalb Jahre Treuhandanstalt. Arbeitspapiere des Instituts für Empirische Wirtschaftsforschung Heft 11, Berlin
Köhler, Horst 1994: Alle zogen mit, in: Waigel/Schell 1994, S. 118-134
Kohler-Koch, Beate 1991: Deutsche Einigung im Spannungsfeld internationaler Umbrüche, in: Politische Vierteljahresschrift 32. Jg., 4/1991, S. 605-620
Kohler-Koch, Beate (Hg.) 1992: Staat und Demokratie in Europa. 18. Wissenschaftlicher Kongreß der Deutschen Vereinigung für Politische Wissenschaft, Opladen
Köpp, Günter 1995: Finanzierungsprobleme der Rentenversicherung, Bern/Stuttgart/Wien
Korte, Karl-Rudolf 1994: Die Chance genutzt? Die Politik zur Einheit Deutschlands, Frankfurt a. M./New York
Kraft, Maria 1992: Finanzierung der deutschen Einheit: Ansätze zur Neuordnung des Finanzausgleichs und zur Verbesserung der Politik der Treuhandanstalt, Forschungsinstitut der Friedrich-Ebert-Stiftung, Wirtschaftspolitische Diskurse 26, Bonn
Krähmer, Rolf 1990: Administrative und finanzielle Probleme der Kommunen in den neuen ostdeutschen Bundesländern, in: WSI-Mitteilungen 43. Jg., Nr. 11/1990, S. 724-730
Krätke, Michael 1984: Kritik der Staatsfinanzen. Zur Politischen Ökonomie des Steuerstaats, Hamburg
Krause-Junk, Gerold 1990: Die Finanzierung der deutschen Einheit und Art. 115 I, II GG, in: Wirtschaftsdienst, 70. Jg., Nr. 12/1990, S. 607-610
Krelle, Wilhelm 1990: Ost-West Wirtschaftsentwicklung im nächsten Jahrzehnt, Sonderforschungsbereich „Information und die Koordination wirtschaftlicher Aktivitäten“, Rheinische Friedrichs-Wilhelms-Universität Bonn, Discussion Paper Nr. B-165, Bonn
Kriz/Jürgen/Nohlen, Dieter/Schulze, Rainer-Olaf (Hg.) 1994: Lexikon der Politik, Band 2: Politikwissenschaftliche Methoden, München

Kröger, Jürgen 1991: Adaption problems in the former GDR: an economic analysis, in: Heisenberg 1991, S. 199-216
Kromphardt, Jürgen/Bruno-Latocha, Gesa 1991: Politisch vereint - wirtschaftlich gespalten, in: Gewerkschaftliche Monatshefte, 42. Jg., Nr. 12/1991, S. 733-744
Krummrich, Klaus 1992: Ostdeutsche Wirtschaft im Wandel: Bestandsaufnahme und Perspektiven eines Aufholprozesses, Stuttgart
Krumrey, Henning 1992a: Aufschwung Ost. Märchen oder Modell, Frankfurt a. M
Krumrey, Henning 1992b: Miese Stimmung zwischen Wirtschaft und Regierung, in: Wirtschaftswoche Nr. 31 v. 24.7.1992, S. 27/28
Krupp, Hans-Jürgen 1991: Den neuen Ländern muß schnell geholfen werden, in: Wirtschaftsdienst, Jg. 71, Nr. 2/1991, S. 63-66
Krupp, Hans-Jürgen 1992: Der Finanzminister und sein Handlungsspielraum, in: Hartwich/Wewer 1992
Krupp, Hans-Jürgen 1994: Die Koordination von Geld-, Finanz- und Einkommenspolitik als Aufgabe der Wirtschaftspolitik, in: Wirtschaftsdienst, 74. Jg., Nr. 5/1994, S. 208-216
Küchle, Hartmut/Müller, Gernot 1990: Währungsunion zwischen Bundesrepublik und DDR - Chancen und Risiken für beide, in: WSI-Mitteilungen, 43. Jg., Nr. 5/90, S. 256-265
Küchler, Manfred 1994: Politische Streitfragen und Wahlentscheidung: Vereinigung als „neue" Frage, in: Klingenmann/Kaase 1994, S. 422-451
Kühl, Jürgen 1994: Zur Veränderung der arbeitsmarktpolitischen Instrumente seit 1990, in: Heinelt/Bosch/Reissert 1994, S. 13-29
Kunz, Volker 1994: Rational Choice in der Politikwissenschaft, Opladen
Lambert, Martin (Red.) 1993: Wirtschaftliche und soziale Ausgestaltung der deutschen Einheit, Ordnungspolitisches Kolloquium der Ludwig-Erhard-Stiftung, Bonn am 11. November 1992 in Hannover, Krefeld
Landfried, Christine 1995: Architektur der Unterkomplexität: Politische Willensbildung und Entscheidungsstrukturen im Prozeß der deutschen Einigung, in: Lehmbruch 1995, S. 31-54
Laufer, Heinz 1991[6]: Das föderative System der Bundesrepublik Deutschland, München
Laufer, Heinz/Münch, Ursula 1992: Die Neugestaltung der bundesstaatlichen Ordnung, in: Jesse/Mittler 1992, S. 215-245
Lehmbruch, Gerhard 1976: Parteienwettbewerb im Bundesstaat, Stuttgart/Berlin/ Köln/Mainz
Lehmbruch, Gerhard 1979: Parteiensystem und Interessenverbände in der Politikentwicklung, in: Matthes 1979: 591-610
Lehmbruch, Gerhard 1990: Die improvisierte Vereinigung: Die dritte deutsche Republik, in: Leviathan 18, S. 462-486
Lehmbruch, Gerhard 1991a: Die deutsche Vereinigung. Strukturen und Strategien, in: Politische Vierteljahresschrift 32. Jg., 4/1991, S. 585-604
Lehmbruch, Gerhard 1991b: Institutionentransfer im Prozeß der Vereinigung: Zur politischen Logik der Verwaltungsintegration in Deutschland, Referat für das XIII. Konstanzer Verwaltungsseminar, 11.-13. April 1991; revidierte Fassung
Lehmbruch, Gerhard 1992a: Die deutsche Vereinigung: Strukturen der Politikentwicklung und strategische Anpassungsprozesse, in: Kohler-Koch 1992, S. 22-46

Lehmbruch, Gerhard 1992b: The institutional Framework of German Regulation, in: Dyson 1993, S. 29-52
Lehmbruch, Gerhard 1993: Institutionentransfer. Zur politischen Logik der Verwaltungsintegration in Deutschland, in: Seibel/Benz/Mäding 1993, S. 41-66
Lehmbruch, Gerhard (Hg.) 1995: Einigung und Zerfall. Deutschland und Europa nach dem Ende des Ost-West-Konflikts. 19. Wissenschaftlicher Kongreß der Deutschen Vereinigung für Politische Wissenschaft, Opladen
Lehmbruch, Gerhard/Singer, Otto/Grand, Edgar/Döbler, Marian 1988: Institutionelle Bedingungen ordnungspolitischen Strategiewechsels im internationalen Vergleich, in: Schmidt, M.G. 1988, S. 251-283
Lehner, Franz 1979: Politikverflechtung: Institutionelle Eigendynamik und politische Kontrolle, in: Matthes 1979, S. 611-627
Leibfritz, W./Nierhaus, W. 1991: Gesamtwirtschaftliche Auswirkungen der Steuererhöhungen, in: ifo-Schnelldienst, 44. Jg., Nr. 7/1991, S. 24-26
Leibfritz, Willi/Thanner, Benedikt 1990: Chancen und Risiken einer Wirtschafts- und Währungsunion zwischen der Bundesrepublik und der DDR, in: ifo-Schnelldienst, 43. Jg., Nr. 7/1990, S. 7-12
Leonardy, Uwe 1990: Gegenwart und Zukunft der Arbeitsstrukturen des Föderalismus: Status quo, „Europa der Regionen“ und staatliche Einheit Deutschlands, in: Zeitschrift für Parlamentsfragen, Nr. 2/90, S. 180-200
Leonardy, Uwe 1991: Into the 1990s: Federalism and German unification, in: Jeffery/Savigear 1991, S. 138-148
Lepsius, M. Rainer 1990: Interessen, Ideen und Institutionen, Opladen
Lhotta, Roland 1991: Verfassung, Bundesstaatsreform und Stärkung der Landesparlamente im Zeichen der deutschen Einheit und der europäischen Integration: Zur Arbeit einer Sachverständigenkommission des Landtags Nordrhein-Westfalen, in: Zeitschrift für Parlamentsfragen, Nr. 2/91, S. 253-288
Lichtblau, Karl 1993: Privatisierungs- und Sanierungsarbeit der Treuhandanstalt, Beiträge zur Wirtschafts- und Sozialpolitik 209, 4/1993, Köln
Lichtblau, Karl 1995: Von der Transfer- in die Marktwirtschaft: Strukturpolitische Leitlinien für die neuen Länder, Köln
Liebert, Ulrike/Merkel, Wolfgang (Hg.) 1991: Die Politik zur deutschen Einheit. Probleme - Positionen - Kontroversen, Opladen
Liedtke, Rüdiger (Hg.) 1993: Die Treuhand und die zweite Enteignung der Ostdeutschen, München
Lillig, Thomas 1992: Finanzierung der deutschen Einheit, in: Weidenfeld/Korte 1992, S. 314-320
Lillig, Thomas 1993: Die Finanzierung der deutschen Einheit, in: Deutschland-Archiv, 26. Jg., Nr. 8/1993, S. 1076-1088
Lindblom, C. E. 1959: The Science of „Muddling Through“, in: Public Administration Review, 19. Jg, S. 79-88
Lippe, Peter von der 1994: Materialien zur Lage der Nation im geteilten Deutschland 1987 als statistische Grundlage für die Staatsverträge mit der DDR, in: Gutmann/Wagner 1994, S. 3-36
Lipschitz, Leslie/McDonald, Donogh (Ed.) 1990: German Unification. Economic Issues, International Monetary Found: Occasional Paper 75, Washington, D.C.

Littmann, Konrad 1990: Haushaltsnotlagen als Anspruchsgrundlage für Bundesergänzungszuweisungen, in: Bea/Kitterer 1990, S. 307-321
Littmann, Konrad 1991: Über einige Untiefen der Finanzverfassung, in: Staatswissenschaften und Staatspraxis, 2. Jg, Nr. 1/1991, S.31-45
Löbler, Frank/Schmid, Josef/Tiemann, Heinrich 1991: Wiedervereinigung als Organisationsproblem: Gesamtdeutsche Zusammenschlüsse von Parteien und Verbänden, Beiträge zur Deutschlandforschung Bd. 8, Bochum
Lösche, Peter/Walter, Franz 1992: Die SPD: Klassenpartei - Volkspartei - Quotenpartei; Zur Entwicklung der Sozialdemokratie von Weimar bis zur deutschen Vereinigung, Darmstadt
Lötsch, Manfred 1992: Systemtransformation und soziale Strukturbrüche in der (ehemaligen) DDR, in: Schmähl 1992, S. 9-25
Luft, Hans 1991: Die Treuhandanstalt: deutsche Erfahrungen und Probleme bei der Transformation von Wirtschaftsordnungen, in: Deutschland-Archiv, 24. Jg., Nr. 12/1991, S. 1270-1276
Lühmann, Hans 1995: Desiderata einer sozialadäquaten Vermögenszuordnung des ehemals als Volkseigentum bezeichneten Vermögens der DDR, in: Staatswissenschaften und Staatspraxis, 6. Jg., Nr. 1/1995, S. 127-151
Mackscheidt, Klaus 1990: Die parlamentarische Kontrolle muß gewährleistet werden, Beitrag zum Zeitgespräch „Verliert das Schicksalsbuch der Nation an Aussagekraft?“ in: Wirtschaftsdienst, 70. Jg., Nr. 8/1990, S. 391-394
Mackscheidt, Klaus 1991: Finanzausgleichsmaßnahmen zwischen dem Bund und den Trägern der Sozialen Sicherung und zwischen den Trägern der Sozialen Sicherung untereinander, in: Hansmeyer 1991a, S. 145-182
Mackscheidt, Klaus 1993: Die Transferaktivität der Bundesanstalt für Arbeit nach der Deutschen Einigung - Dynamik und Effizienz, in: Hansmeyer 1993b, S. 113-153
Mäding, Heinrich (Hg.) 1983: Sparpolitik. Ökonomische Zwänge und politische Spielräume, Opladen
Mäding, Heinrich 1987: Haushaltsplanung, Haushaltsvollzug, Haushaltskontrolle. 11. Konstanzer Verwaltungsseminar 1986, Schriften zur öffentlichen Verwaltung und öffentlichen Wirtschaft Band 109, Baden-Baden
Mäding, Heinrich 1988: Probleme einer Beurteilung von Politik, in: ders. (Hg.): Grenzen der Sozialwissenschaften, Konstanzer Bibliothek Band 11, Konstanz
Mäding, Heinrich 1990: Autonomie und Abhängigkeit in finanzpolitischen Entscheidungsprozessen im föderativen Staat: das Beispiel Strukturhilfe, in: Politische Vierteljahresschrift, 31. Jg., Nr. 4/1990, S. 567-584
Mäding, Heinrich 1992: Die föderativen Finanzbeziehungen im Prozeß der deutschen Einigung - Erfahrungen und Perspektiven, in: Hartwich/Wewer 1992, S. 183-214
Mäding, Heinrich 1995: Reform oder Rekonstruktion: föderative Finanzkonflikte im Einigungsprozeß und ihre Bewältigung, in: Lehmbruch 1995, S. 103-114
Mäding, Heinrich/Sell, Friedrich L./Zohlnhöfer, Werner (Hg.) 1992: Die Wirtschaftswissenschaft im Dienste der Politikberatung. Grundsatzfragen und Anwendungsbereiche, Theodor Dams zum 70. Geburtstag, Berlin

Maier, Friederike 1993: Frauenerwerbslosigkeit in der vereinigten Bundesrepublik - Gemeinsamkeiten und Unterschiede zwischen Ost- und Westdeutschland, in: Burchhardt/Falck/Heine 1993, S. 23-38

Mank, Hans-Peter u.a. 1990: Rentenreform 1992, Stuttgart

Manow, Philip 1994: Gesundheitspolitik im Einigungsprozeß, Schriften des Max-Planck-Instituts für Gesellschaftsforschung Köln, Bd. 16, Frankfurt a. M./New York

March, James G./Olsen, Johann P. 1989: Rediscovering Institutions. The organizational Basis of Politics, New York

Marin, Bernd (Hg.) 1990: Governance and Generalized Exchange. Self-Organizing Policy Networks in Action, Frankfurt a. M.

Marsh, David 1995[2]: Die Bundesbank. Geschäfte mit der Macht, München

Mattäus-Maier, Ingrid 1990a: Für eine Währungsunion schon in diesem Jahr, Beitrag zum Streitgespräch „Eine Wirtschafts- und Währungsunion mit der DDR?", in: Wirtschaftsdienst, 70. Jg., Nr. 2/1990, S. 63-65

Matthäus-Maier, Ingrid 1990b: Verfassungsrechtlich fragwürdiges Vorgehen, Beitrag zum Streitgespräch „Verliert das Schicksalsbuch der Nation an Aussagekraft?" in: Wirtschaftsdienst, 70. Jg., Nr. 8/1990, S. 389-391

Matthes, Joachim (Hg.) 1979: Sozialer Wandel in Westeuropa, Frankfurt/New York

Mayer, Hans-Peter 1993: Herausforderungen an die Soziale Marktwirtschaft in den ostdeutschen Bundesländern, in: Lambert 1993, S. 27-32

Mayntz, Renate (Hg.) 1994: Aufbruch und Reform von oben: ostdeutsche Universitäten im Transformationsprozeß, Schriften des Max-Planck-Instituts für Gesellschaftsforschung 19, Frankfurt a. M./New York

Mayntz, Renate/Neidhardt, Friedhelm 1989: Parlamentskultur: Handlungsorientierungen von Bundestagsabgeordneten - eine empirisch-explorative Studie, in: Zeitschrift für Parlamentsfragen 20, 370-387

Mayntz, Renate/Scharpf, Fritz W. (Hg.) 1995: Gesellschaftliche Selbstregelung und politische Steuerung, Frankfurt a. M./New York

Mayntz, Renate/Scharpf, Fritz W. 1995a: Der Ansatz des akteuerszentrierten Institutionalismus, in: Mayntz/Scharpf 1995, S. 39-72

Meinhardt, Volker/Seidel, Bernhard u.a. 1993: Transferleistungen in die neuen Bundesländer und deren wirtschaftliche Konsequenzen, DIW-Gutachten im Auftrage des Bundesministers für Wirtschaft, Berlin

Merkel, Wolfgang (Hg.) 1994: Systemwechsel, Band 1, Theorien, Ansätze und Konzeptionen, Opladen

Merkel, Wolfgang (Hg.) 1996: Systemwechsel, Band 2, Die Institutionalisierung der Demokratie, Opladen

Merkl, Peter H. 1994: An Impossible Dream? Privatizing Collective Property in Eastern Germany, in: Hancock/Welsh 1994, S. 199-222

Merklein, Renate 1986: Die Rentenkrise, Reinbek bei Hamburg

Meuser, Michael/Nagel, Ulrike 1994: Experteninterview, in: Kriz/Nohlen/Schultze 1994, S. 123-124

Meyer, Thomas 1992: Die Inszenierung des Scheins. Voraussetzungen und Folgen symbolischer Politik, Frankfurt a. M.

Miegel, Meinhard (Hg.) 1993: Zwischen Zuversicht und Zweifel. Das vereinte Deutschland aus der Sicht des Ostens und des Westens, Bonn

Milbradt, Georg 1991a: Finanzierung der ostdeutschen Länder, in: Wirtschaftsdienst, 71. Jg., Nr. 2/1991, S. 59-63
Milbradt, Georg 1991b: Finanzausstattung der neuen Bundesländer und gesamtstaatlicher Finanzausgleich im Dienste der Einheit, in: Staatswissenschaften und Staatspraxis, 2. Jg, Nr. 3/1991, S. 304-315
Milbradt, Georg 1992: Finanzausgleich nach der Vereinigung, in: Die deutsch-deutsche Integration, Beihefte der Konjunkturpolitik Heft 39, Bericht über den wissenschaftlichen Teil der 54. Mitgliederversammlung der Arbeitsgemeinschaft deutscher wirtschaftswissenschaftlicher Forschungsinstitute e. V., Berlin, S. 25-46
Milbradt, Georg 1993: Die Finanzausstattung der neuen Bundesländer, in: Seibel/Benz/Mäding 1993, S. 271-287
Mintzel, Alf/Oberreuter, Heinrich (Hg.) 1990: Parteien in der Bundesrepublik Deutschland, Schriftenreihe der Bundeszentrale für politische Bildung Bd. 282, Bonn
Molitor, Bernhard 1993: Was ist zu tun, damit die Soziale Marktwirtschaft im neuen Osten Deutschlands ein Erfolg wird?, in: Lambert 1993, S. 21-26
Möller, Uwe 1990: Was kostet die deutsche Einheit? in: Rissener Jahrbuch - 1990/91, S. 263-276
Müller, Klaus/Hauser, Richard/Frick, Joachim/Wagner, Klaus 1995: Zur Entwicklung der Einkommensverteilung und Einkommenszufriedenheit in den neuen und alten Bundesländern 1990-1993, in: Glatzer/Noll 1995, S. 73-108
Müller, Lothar 1993: Probleme der Staatsverschuldung vor dem Hintergrund der deutschen Vereinigung, in: Wirtschaftsdienst, 73. Jg, Nr. 3/1993, S. 121-130
Müller, Regina 1995: Horizontale oder vertikale Transfers zur Durchsetzung eines horizontalen Finanzausgleichs, Frankfurt a. M. u.a.
Müller-Overheu, Thilo 1994: Der bundesstaatliche Finanzausgleich im Rahmen der deutschen Einheit, Europäische Hochschulschriften 1480, Frankfurt a. M.
Munske, Barbara 1994: The Two Plus Four Negotiations from a German-German Perspective, Studien zur Friedensforschung 9, Münster/Hamburg
Murmann, Klaus 1993: Die Kostenkrise der deutschen Unternehmen muß bewältigt werden, Zeitgespräch „Wege aus der Wirtschaftskrise“, in: Wirtschaftsdienst, 73. Jg., Nr. 7/1993, S. 343-345
Murswieck, Axel 1994: Sozialpolitik: Probleme, Akteure, politische Steuerung, Opladen
Murswieck, Axel (Hg.) 1996: Regieren in den neuen Bundesländern. Institutionen und Politik, Opladen
Muscheid, Jutta 1986: Die Steuerpolitik in der Bundesrepublik Deutschland 1949-1982, Volkswirtschaftliche Schriften Heft 365, Berlin
Muszynski, Bernhard (Hg.) 1991: Deutsche Vereinigung, Gegenwartskunde Sonderheft 7, Opladen
Muszynski, Bernhard 1991a: Zusammenwachsen durch Abwickeln?, in: ders. 1991, S. 9-23
Necker, Tyll 1990: Ein Fünf-Stufen-Plan für die Wirtschafts- und Währungsgemeinschaft, Beitrag zum Streitgespräch „Eine Wirtschafts- und Währungsunion mit der DDR?“, in: Wirtschaftsdienst, 70. Jg., Nr. 2/1990, S. 65-68

Neubäumer, Renate (Hg.) 1993: Arbeitsmarktpolitik kontrovers. Analysen und Konzepte für Ostdeutschland, Darmstadt
Neugebauer, Gero 1991: Privatisierung in der ehemaligen DDR: Materialien zur Arbeit der Treuhandanstalt, Berliner Arbeitshefte und Berichte zur sozialwissenschaftlichen Forschung 58, Berlin
Neuthinger, Egon 1990: Die gesamt- und finanzwirtschaftliche Entwicklung 1990/1991, in: Wirtschaftsdienst, 70. Jg., Nr. 6/1990, S. 298-304
Noé, Claus 1991: Mark für Markt - Mark für Macht, Berlin
Nölling, Wilhelm (Hg.) 1991: Geld und die deutsche Vereinigung, Hamburger Beiträge zur Wirtschafts- und Währungspolitik in Europa, Hamburg
Nölling, Wilhelm 1993: Unser Geld. Der Kampf um die Stabilität der Währungen in Europa, Berlin/Frankfurt a. M.
Nolte, Dirk 1995: Politik der Treuhandanstalt, in: Nolte/Sitte/Wagner 1995, S. 66-87
Nolte, Dirk/Sitte, Ralf/Wagner, Alexandra (Hg.) Wirtschaftliche und soziale Einheit Deutschlands: eine Bilanz, Köln
Norpoth, Helmut 1994: Wiedervereinigung und Wahlentscheidung, in: Klingenmann/Kaase (Hg.) 1994, S. 452-471
Nullmeier, Frank 1992: Der Zugriff des Bundes auf die Haushalte der Gemeinden und Parafisci, in: Hartwich/Wewer 1992
Nullmeier, Frank/Rüb, Friedbert W. 1993: Die Transformation der Sozialpolitik. Vom Sozialstaat zum Sicherungsstaat, Frankfurt a. M./New York
Nullmeier, Frank/Rüb, Friedbert W. 1994: Erschöpfung des Sozialversicherungsprinzips? Gesetzliche Rentenversicherung und sozialstaatlicher Republikanismus, in: Riedmüller/Olk 1994: 59-80
Oberhauser, Alois 1990: Ängste vor erheblichen Belastungen sind unangebracht, Beitrag zum Zeitgespräch „Wie soll die Einheit finanziert werden?“, in: Wirtschaftsdienst, 70. Jg., Nr. 3/1990, S. 119-121
Oberhauser, Alois 1991: Was ist uns die Einheit wert? Gleichheit und Gerechtigkeit in Deutschland, Freiburg
Oberhauser, Alois (Hg.) 1993: Finanzierungsprobleme der Deutschen Einheit III. Ausbau der Infrastruktur und kommunaler Finanzausgleich, Schriften des Vereins für Socialpolitik, Neue Folge Band 229/III, Berlin
Odewald, Jens 1991: Arbeit und Perspektiven der Treuhandanstalt, in: Zeitschrift für Wirtschaftspolitik 40..Jg., Nr. 4/1991, S. 205-217
OECD 1993: OECD-Wirtschaftsberichte 1992/93: Deutschland, Paris
OECD 1995a: Wirtschaftsausblick 57, Juni 1995, Paris
OECD 1995b: Wirtschaftsausblick 58, Dezember 1995, Paris
OECD 1995c: Wirtschaftsberichte: Deutschland, Paris
Offe, Claus 1992a: German Unification as a „Natural Experiment“, in: German Politics, Vol. 1, April 1992, Nr. 1, S. 1-14
Offe, Claus 1992b: Die politischen Kosten der Vereinheitlichung des Gesundheitssystems, in: Schmähl 1992, S. 59-90
Oppenländer, Karl Heinrich (Hg.) 1992: Aktuelle Probleme beim Übergang von der Plan- zur Marktwirtschaft, ifo-Studien zur Ostforschung Band 6, München
Padgett, S. (Hg.) 1993: Party Politics in the New Germany, Aldershot
Paqué, Karl-Heinz/Soltwedel, Rüdiger 1993: Challenges ahead: long-term perspectives of the German economy, Kieler Diskussionsbeiträge Nr. 202/203, Kiel

Patzelt, Werner 1993: Communication Networks of German Legislators: The Case of Bavaria, in: German Politics, Vol. 2, April 1993, Nr. 1, S. 40-61
Peffekoven, Rolf 1990: Finanzausgleich und Sonderbedarfe - Thema und vier Variationen, in: Bea/Kitterer 1990, S. 323-341
Peffekoven, Rolf 1994: Betreibt die Bundesregierung eine Deflationspolitik?, in: Wirtschaftsdienst, 74. Jg., Nr. 5/1994, S. 265-272
Peters, Wilhelm (Hg.) 1992: Zur Arbeitsmarktentwicklung und zum Einsatz arbeitsmarktpolitischer Instrumente in den neuen Bundesländern. Arbeitskreis sozialwissenschaftliche Arbeitsmarktforschung (SAMF) Arbeitspapier 1992-2, Gelsenkirchen
Pfeffekoven, Rolf 1990: Deutsche Einheit und Finanzausgleich, in: Staatswissenschaften und Staatspraxis 1. Jg., Heft 4/1990, S. 485-511
Pfeiffer, Ulrich/Janeba, Eckhard 1992: Eine wirtschaftliche Entwicklungsstrategie für die neuen Bundesländer: Fakten, Analysen und Vorschläge für ein langfristiges Programm, Bonn
Pickel, Andreas 1992: Radical Transitions. The survival and Revival of Entrepreneuership in the GDR, Boulder/San Francisco/Oxford
Pilz, Frank/Ortwein, Heike 1992: Das vereinte Deutschland: wirtschaftliche, soziale und finanzielle Folgeprobleme und die Konsequenzen für die Politik, UTB Uni-Taschenbücher 1695, Stuttgart u.a.
Plander, Harro 1991: Vereinheitlichung der Lebensverhältnisse durch Transfer und Fortentwicklung bundesrepublikanischen Arbeitsrechts, in: Muszynski 1991, S. 149-163
Pohl, Reinhard 1995: Geld und Währung in Deutschland seit der Währungsumstellung, in: DIW 1995a, S. 386-403
Pohl, Rüdiger 1991: Die Aufgaben der Geld- und Finanzpolitik nach der deutschen Vereinigung, in: Westphal 1991, S. 17-27
Postlep, Rolf-Dieter 1992: Einigungsbedingte Belastungen des Bundes, der alten Bundesländer und ihrer Gemeinden, in: Wirtschaftsdienst, 72. Jg., Nr. 1/1992, S. 37-42
Postlep, Rolf-Dieter 1993: Gesamtwirtschaftliche Analyse kommunaler Finanzpolitik: ein Beitrag zur ökonomischen Föderalismustheorie, Schriften zur öffentlichen Verwaltung und öffentlichen Wirtschaft Bd. 136, Baden-Baden
Presse- und Informationsamt der Bundesregierung 1993: Föderales Konsolidierungsprogramm in der von den Fraktionen der CDU/CSU und FDP am 20. Januar 1993 beschlossenen Fassung. Aktuelle Beiträge zur Wirtschafts- und Finanzpolitik 7/93, Bonn
Preuß, Siegbert 1993: Die Treuhandanstalt: eine Behörde und ihre Verhaltensmuster als Eigentümerin bei der Privatisierung des ehemaligen Volksvermögens, in: Burchhardt/Falck/Heine 1993, S. 87-135
Priewe, Jan 1991: Wirtschaftswunder - Deindustrialisierung - Rückschlag für Westdeutschland? Zur politischen Ökonomie der Vereinigung, in: Muszynski 1991, S. 115-132
Priewe, Jan 1992: Auftrag, Funktion, Handlungsoptionen und -grenzen der Treuhandanstalt als wichtigem Akteur im Transformationsprozeß, in: Arbeitspapiere aus dem Arbeitskreis SAMF 2/1992

Priewe, Jan 1993: Privatisation of the industrial sector: the function and activities of the „Treuhandanstalt", in: Cambridge journal of economics, 17. Jg, 3/1993, S. 333-348

Priewe, Jan/Hickel, Rudolf 1991: Der Preis der Einheit, Bilanz und Perspektiven der deutschen Vereinigung, Frankfurt a. M.

Radunski, Peter 1990: Vor der Deutschlandwahl. Gedanken und Überlegungen zum Wahlkampf der CDU, in: Die politische Meinung, 35. Jg., Heft 251, S. 51-59

Reißig, Rolf (Hg.) 1993: Rückweg in die Zukunft. Über den schwierigen Transformationsprozeß in Ostdeutschland, Frankfurt a. M./New York

Renzsch, Wolfgang 1989: Föderale Finanzbeziehungen im Parteienstaat. Eine Fallstudie zum Verlust politischer Handlungsmöglichkeiten, in: Zeitschrift für Parlamentsfragen, Nr. 9/89, S. 331-345

Renzsch, Wolfgang 1991: Finanzverfassung und Finanzausgleich: Die Auseinandersetzungen um ihre politische Gestaltung in der Bundesrepublik Deutschland zwischen Währungsreform und deutscher Vereinigung (1948-1990), Reihe Politik- und Gesellschaftsgeschichte Bd. 26, Bonn

Renzsch, Wolfgang 1992: Die Rolle der Bundesregierung bei der Gestaltung der Finanzverfassung bis 1969. Entscheidungsmuster für die Einbeziehung der ostdeutschen Bundesländer? in: Hartwich/Wewer 1992

Renzsch, Wolfgang 1994: Föderative Problembewältigung: Zur Einbeziehung der neuen Länder in einen gesamtdeutschen Finanzausgleich ab 1995, in: Zeitschrift für Parlamentsfragen, Nr. 1/94, S. 116-138

Renzsch, Wolfgang 1995: Konfliktlösung im parlamentarischen Bundesstaat: Zur Regelung finanzpolitischer Bund-Länder-Konflikte im Spannungsfeld von Administration und Politik - vorläufige Überlegungen, in: Voigt 1995, S. 167-192

Rexrodt, Günter 1993: Initiative für mehr Investitionen, Wachstum und Beschäftigung, Zeitgespräch „Wege aus der Wirtschaftskrise", in: Wirtschaftsdienst, 73. Jg., Nr. 7/1993, S. 339-341

Rhein-Kress, Gaby von 1992: Politische Steuerung des Arbeitsangebots: Die Bundesrepublik, Österreich und die Schweiz im Nationenvergleich, in: Schmidt/Busch/v. Rhein-Kress 1992, Teil IV

RWI (Rheinisch-Westfälisches Institut für Wirtschaftsforschung) 1992: Wer finanziert die deutsche Einheit? - Zur Diskussion um die „Gerechtigkeitslücke", RWI-Konjunkturbrief Nr. 3, Oktober 1992

Richter, Holger/Rose, Manfred 1993: Steuerfinanzierung eines Solidarprogramms Ost. Verteilungsmäßige und ökonomische Konsequenzen, in: Wirtschaftsdienst, 73. Jg., Nr. 1/1993, S. 22-30

Richter, Maike 1994: Die Effizienz der finanzpolitischen Fördermaßnahmen in den neuen Bundesländern, Gutachten im Auftrag des Bundesministeriums der Finanzen, ifo-Studien zur Finanzpolitik 53, München, Halle

Richter, Wolfram 1992: Staatsverschuldung, in: Staatswissenschaften und Staatspraxis, 3. Jg, Heft 2/92, S. 171-185

Riedmüller, Barbara/Olk, Thomas (Hg.) 1994: Grenzen des Sozialversicherungsstaates, Leviathan-Sonderheft 14/1994, Opladen

Rische, Herbert 1992: Finanzierungsperspektiven der gesetzlichen Rentenversicherung geeinten Deutschland, in: Betriebliche Altersversorgung in der Diskussion zwischen Praxis und Wissenschaft 1992, S, 58-68

Robischon, Tobias/Stucke, Andreas/Wasem, Jürgen/Wolf, Hans-Georg 1995: Die politische Logik der deutschen Vereinigung und der Institutionentransfer: Eine Untersuchung am Beispiel von Gesundheitswesen, Forschungssystem und Telekommunikation, in: Politische Vierteljahresschrift, 36. Jg., Nr. 3/1995, S. 423-459

Roesler, Jörg 1992: The Transformation of the East German Economy: The Visions of the German Parties and Governments - and the Reality, in: Graf 1992, S. 204-221

Roesler, Jörg 1993: Die Treuhandanstalt: Wirtschaftsimperium oder Politikinstrument, in: Liedtke 1993, S. 18-53

Rohwer, Bernd 1992: Regieren als Sicherung finanzpolitischer Handlungsspielräume (Steuerpolitik, Finanzausgleich und Kreditaufnahme), in: Hartwich/Wewer 1992

Rosenschon, Astrid 1992: Sparpotentiale im Bundeshaushalt, Kieler Arbeitspapiere Nr. 547, Kiel

Rothschild, Kurt W. 1993: Like a Lehrstück by Brecht: notes on the German unification drama, in: Cambridge Journal of Economics, Vol. 17, Nr. 3, S. 259-266

Rudolph, Karl-Ulrich 1994: Zur privaten Finanzierung öffentlicher Investitionen, in: Wirtschaftsdienst, 74. Jg., Nr. 2/1994, S. 92-95

Sachverständigenrat für die Konzertierte Aktion im Gesundheitswesen 1991: Jahresgutachten 1991 - Das Gesundheitswesen im vereinten Deutschland, Baden-Baden

Sally, Razeen/Webber, Douglas 1994: The German Solidarity Pact: A Case Study in the Politics of the Unified Germany, in: German Politics, Vol. 3, Nr. 1/1994, S. 18-46

Sarcinelli, Ulrich 1987: Symbolische Politik. Zur Bedeutung symbolischen Handelns in der Wahlkampfkommunikation der Bundesrepublik Deutschland, Opladen

Sarrazin, Thilo 1994: Die Entstehung und Umsetzung des Konzepts der deutschen Wirtschafts- und Währungsunion, in: Waigel/Schell 1994, S. 160-225

Schäfer, Claus 1995: Einkommensentwicklung und Einkommensverteilung in Ostdeutschland: Kurzfristig angepaßt - langfristig abgehängt?, in: Nolte/Sitte/ Wagner 1995, S. 220-251

Scharpf, Fritz W. 1985: Die Politikverflechtungs-Falle: Europäische Integration und deutscher Föderalismus im Vergleich, in: PVS, 26. Jg., Heft 4, S. 323-356

Scharpf, Fritz W. 1987: Sozialdemokratische Krisenpolitik in Europa. Das „Modell Deutschland“ im Vergleich, Frankfurt a. M., New York

Scharpf, Fritz W. 1988: Von Fug und Unfug institutioneller Erklärungen, in: Politische Vierteljahresschrift, 29. Jg, Nr. 2/1988, S. 271-275

Scharpf, Fritz W. 1989: Der Bundesrat und die Kooperation auf der „dritten Ebene“, MPIFG Discussion Paper 89/4, Köln

Scharpf, Fritz W. 1990: Föderalismus an der Wegscheide: eine Replik, in: Staatswissenschaften und Staatspraxis, 1. Jg., Nr. 4/1990, S. 579-587

Scharpf, Fritz W. 1991: Entwicklungslinien des bundesdeutschen Föderalismus, in: Blanke/Wollmann 1991, S. 146-159

Scharpf, Fritz W. 1992: Koordination durch Verhandlungssysteme: analytische Konzepte und institutionelle Lösungen, in: Benz 1992: 51-96

Scharpf, Fritz W./Reissert, Bernd/Schnabel, Fritz 1976: Politikverflechtung. Theorie und Empirie des kooperativen Föderalismus in der Bundesrepublik, Kronberg/Ts.
Scharrer, Hans-Eckart 1990: Schocktherapie statt Gradualismus, Beitrag zum Streitgespräch „Eine Wirtschafts- und Währungsunion mit der DDR?", in: Wirtschaftsdienst, 70. Jg., Nr. 2/1990, S. 75-77
Schäuble, Wolfgang 1991: Der Vertrag, Stuttgart
Scheele, Ulrich 1993: Privatisierung von Infrastruktur, Möglichkeiten und Alternativen, HBS-Forschung Band 13, Köln
Schell, Manfred: 1994: Zusammenbruch mit Perspektive, in: Waigel/Schell 1994, S. 12-25
Schemmel, Lothar/Borell, Rolf 1992: Verfassungsgrenzen für Steuerstaat und Staatshaushalt: ein Beitrag zur Reform der Finanzverfassung, Schriften des Karl-Bräuer-Instituts des Bundes der Steuerzahler Heft 75, Wiesbaden
Schenk, Karl-Ernst 1994: Treuhandanstalt: unerfüllbare Erwartungen der Kritiker, in: Wirtschaftsdienst, 74. Jg., Nr. 4/1994, S. 174-176
Schlecht, Otto 1993: Deutsche Einheit als Bewährungsprobe für die Soziale Marktwirtschaft, in: Lambert 1993, S. 9-10
Schlesinger, Helmut/ Weber, Manfred/Ziebarth, Gerhard 1991: Gesamtstaatliche Finanzpolitik in der Bewährung; Walter Eucken Institut, Vorträge und Aufsätze Nr. 134, Tübingen
Schlesinger, Helmut/Weber, Manfred/Ziebarth, Gerhard 1993: Staatsverschuldung - ohne Ende? Zur Rationalität und Problematik des öffentlichen Kredits, Darmstadt
Schleußer, Heinz 1992: Die deutsche Einheit verlangt eine neue Haushalts- und Finanzpolitik, in: Wirtschaftsdienst, 72. Jg., Nr. 10/1992, S. 509-511
Schmähl, Winfried (Hg.) 1992: Sozialpolitik im Prozeß der deutschen Vereinigung, Schriften des Zentrums für Sozialpolitik Band 1, Frankfurt a. M./New York
Schmähl, Winfried 1992: Sozialpolitik und Systemtransformation. Zur Bedeutung und zur Veränderung von Sozialpolitik im Prozeß der deutschen Vereinigung, in: Schmähl 1992, S. 26-58
Schmähl, Winfried 1994: Umbau der sozialen Sicherung im Alter. Zur Diskussion über die weitere Entwicklung der Alterssicherung in Deutschland, in: Staatswissenschaften und Staatspraxis, 5. Jg., Heft 3/1994, S. 331-365
Schmid, Josef 1987: Wo schnappt die Politikverflechtungsfalle eigentlich zu? in: Politische Vierteljahresschrift, 28. Jg., Nr. 4, S. 446-452
Schmid, Josef 1990: Die CDU. Politiken und Funktionsweisen einer Partei im Föderalismus, Opladen
Schmid-Schönbein, Thomas/Hansel, Frank-Christian 1991: Die Transformationspolitik der Treuhandanstalt, in: Wirtschaftsdienst, 71. Jg., Nr. 9/1991, S. 462-469
Schmidt, Axel/Kaufmann, Friedrich 1992: Mittelstand und Mittelstandspolitik in den neuen Bundesländer: Rückgabe enteigneter Unternehmen, Stuttgart
Schmidt, Helmut 1991: Uns Deutsche kann der Teufel holen, in: Die Zeit v. 17.5.1991, S. 3
Schmidt, Helmut 1993: Handeln für Deutschland, Berlin

Schmidt, Klaus-Dieter/Naujoks, Petra 1993: De-industrialization or re-industrialization? On the Future of the Eastern German economy, Kieler Arbeitspapiere Nr. 576, Kiel
Schmidt, Kurt 1991: Die Finanzierung des Einigungsprozesses in Deutschland, in: Wirtschaftsdienst, Jg. 71, Nr. 7/1991, S. 343-349
Schmidt, Manfred G. 1982: Wohlfahrtsstaatliche Politik unter bürgerlichen und sozialdemokratischen Regierungen, Frankfurt a. M./New York
Schmidt, Manfred G. (Hg.) 1988a: Staatstätigkeit, PVS-Sonderheft 19/1988, Opladen
Schmidt, Manfred G. 1988b: Sozialpolitik. Historische Entwicklung und internationaler Vergleich, Opladen
Schmidt, Manfred G. 1990a: Staatsfinanzen, in: v. Beyme/Schmidt 1990, S. 36-73
Schmidt, Manfred G. 1990b: Die Politik des mittleren Weges, in: Aus Politik und Zeitgeschichte B 9-10 1990, S. 23-31
Schmidt, Manfred G. 1992a: Regieren in der Bundesrepublik Deutschland, Opladen
Schmidt, Manfred G. 1992b: Der Handlungsspielraum der Finanzpolitik. Ein Kommentar aus nationenvergleichender Perspektive, in: Hartwich/Wewer 1992
Schmidt, Manfred G. 1992c: Political Consequences of German Unification, in: West European Politics, Vol. 15, No. 4 (October 1992), S. 1-15
Schmidt, Manfred G. (Hg.) 1992d: Lexikon der Politik Band 3: Die westlichen Länder, München
Schmidt, Manfred G. 1993a: Erwerbsbeteiligung von Frauen und Männern im Industrieländervergleich, Opladen
Schmidt, Manfred G. 1993b: Theorien in der international vergleichenden Staatstätigkeitsforschung, in: Héritier 1993, S. 372-393
Schmidt, Manfred G. 1993c: Die politische Verarbeitung der deutschen Vereinigung im Bund-Länder-Verhältnis, in: Seibel/Benz/Mäding 1993, S. 448-453
Schmidt, Manfred G. 1994a: The Domestic Political Economy - Germany in the post-1989 period. Paper prepared for delivery at the IPSA Round Table Kyoto, March 25-27, 1994, January 1994, Heidelberg
Schmidt, Manfred G. 1994b: The Grand Coalition State: The Federal Republic of Germany, in: Colomer, Josep M. (Hg.) Political Institutions in Europe, im Erscheinen
Schmidt, Manfred G. 1995a: Wörterbuch zur Politik, Kröners Taschenausgabe Band 404, Stuttgart
Schmidt, Manfred G. 1995b: Demokratietheorien, Uni-Taschenbücher 1887, Opladen
Schmidt, Manfred G./Busch, Andreas/Rhein-Kress, Gaby von 1992: Länder-Familien. Staatstätigkeit in der Bundesrepublik Deutschland, in Österreich und der Schweiz im OECD-Ländervergleich. DFG-Forschungsprojekt „Staatstätigkeit in kulturell verwandten Nationen", Heidelberg
Schmidt, Max, u.a. 1993: Einigungsvertrag - Muster ohne Wert? Berlin
Schmidt-Bleibtreu, Bruno 1994: Zur rechtlichen Gestaltung des Staatsvertrages vom 18. Mai 1990, in: Waigel/Schell 1994, S. 226-242
Schmidt, Kurt 1990: Warum guter Rat teuer ist - Kritisches und selbstkritisches zur wissenschaftlichen Politikberatung, in: Bea/Kitterer 1990, S. 3-18

Schneider, Hans K. 1990: Zur wirtschaftspolitischen Strategiewahl für die neunziger Jahre, in: Bea/Kitterer 1990, S. 477-487

Schneider, Hans-Peter 1993: Neuorientierung der Aufgaben- und Lastenverteilung im „sozialen Bundesstaat", in: Staatswissenschaften und Staatspraxis, 4. Jg., Nr. 1/1993, S. 3-9

Schöberle, Horst 1992: Finanzierung des Staatshaushaltes: Zielkonflikt zwischen Geld- und Finanzpolitik? in: Die deutsch-deutsche Integration, Beihefte der Konjunkturpolitik Heft 39, Bericht über den wissenschaftlichen Teil der 54. Mitgliederversammlung der Arbeitsgemeinschaft deutscher wirtschaftswissenschaftlicher Forschungsinstitute e. V., Berlin, S. 9-24

Schröder, Gerhard 1993: Die besondere Herausforderung der deutschen Einheit für die alten Bundesländer, in: Lambert 1993, S. 7-8

Schubert, Klaus (Hg.) 1992: Interessenverbände in den neuen Bundesländern, Forum deutsche Einheit - Perspektiven und Argumente Nr. 10, Bonn

Schui, Herbert 1991: Die ökonomische Vereinigung Deutschlands. Bilanz und Perspektiven, Heilbronn

Schultze, Rainer-Olaf 1990: Föderalismus als Alternative? Überlegungen zur territorialen Reorganisation von Herrschaft, in: Zeitschrift für Parlamentsfragen, Nr. 3/1990, S. 475-490

Schumpeter, Josef A. 1980: Kapitalismus, Sozialismus und Demokratie, 5. Auflage, München

Schuppert, Gunnar F. 1992: Die Treuhandanstalt: zum Leben einer Organisation im Überschneidungsbereich zweier Rechtskreise, in: Staatswissenschaften und Staatspraxis, 3. Jg., 2/1992, S. 186-210

Schuppert, Gunnar Folke 1993a: Finanzbeziehungen im Föderalismus als Problem des Regierens, in: Hartwich/Wewer 1993, S. 263-278

Schuppert, Gunnar Folke 1993b: Maßstäbe für einen künftigen Länderfinanzausgleich, in: Staatswissenschaften und Staatspraxis, 4. Jg., Nr. 1/1993, S. 26-42

Schwartau, Cord 1990: Auf dem Wege zu einer „sozialistischen Marktwirtschaft"? Ökonomische und ökologische Probleme des Umbaus, in: Wewer 1990, S. 145-160

Seibel, Wolfgang 1991: Verwaltungsreform in den ostdeutschen Bundesländern, in: Die öffentliche Verwaltung, Nr. 5/1991, S. 198-204

Seibel, Wolfgang 1993: Verwaltungsintegration im vereinigten Deutschland: Ein Problemaufriß für die Verwaltungswissenschaft, in: Seibel/Benz/Mäding 1993, S. 15-29

Seibel, Wolfgang 1994: Strategische Fehler oder erfolgreiches Scheitern? Zur Entwicklungslogik der Treuhandanstalt 1990-1993, in: Politische Vierteljahresschrift, 35. Jg., Nr. 1/1994, S. 3-39

Seibel Wolfgang/Benz, Arthur/Mäding, Heinrich, (Hg.) 1993: Verwaltungsreform und Verwaltungspolitik im Prozeß der deutschen Einigung, Baden-Baden

Seifert, Hartmut (Hg.) 1995: Reform der Arbeitsmarktpolitik. Herausforderung für Politik und Wirtschaft, Köln

Sell, Stefan 1994: Abbau der aktiven Arbeitsmarktpolitik am Beispiel der Fortbildungs- und Umschulungsmaßnahmen, in: WSI-Mitteilungen, 47. Jg., Nr. 9/1994, S. 551-559

Senator für Finanzen der Freien Hansestadt Bremen (Hg.) 1993: Neuordnung des Finanzausgleichs zwischen Bund und Ländern und ihre Auswirkungen auf das Land Bremen, Schriftenreihe zur Finanz- und Verwaltungspolitik Bd.3, Bremen

Shingleton, Bradley A./Gibbon, Marian J./Mack, Kathryn S. (ed.) 1994: Dimensions of German Unification. Economic, Social, and Legal Analysis, Boulder/San Francisco/Oxford

Shonfield, Andrew 1965: Modern Capitalism. The Changing Balance of Public and Private Power, Oxford

Siebert, Horst 1990a: The Economic Integration of Germany - an update, Kieler Diskussionsbeiträge Nr. 160a, September 1990, Institut für Weltwirtschaft Kiel

Siebert, Horst 1990b: Lang- und kurzfristige Perspektiven der deutschen Integration, in: Die Weltwirtschaft, Nr. 1/1990, S. 49-59

Siebert, Horst 1991: German Unification: The Economics of transition, in: Economic policy: a European Forum Vol. 6, No. 2, October 1991, S. 289-340

Siebert, Horst 1992: Five Traps for Germany's Economic Policy, Kieler Diskussionsbeiträge Nr. 185, April 1992, Institut für Weltwirtschaft Kiel

Siebert, Horst (Hg.) 1993a: Die zweifache Integration: Deutschland und Europa, Tübingen

Siebert, Horst 1993[2]b: Das Wagnis der Einheit. Eine wirtschaftspolitische Therapie, Stuttgart

Siebert, Horst 1993c: The Big Bang with the Big Brother: German unification in its third year, Kiel Discussion Papers Nr. 211, Kiel

Siebke, Jürgen 1990: Die Deutsch-deutsche Vereinigung - Historischer Prozeß und ausgewählte Probleme in ökonomischer Sicht, Diskussionsschriften der Wirtschaftswissenschaftlichen Fakultät der Universität Heidelberg Nr. 154, Heidelberg

Singer, Otto 1992a: Die neuen Verteilungskonflikte. Eine Herausforderung des Föderalismus, in: Blätter für deutsche und internationale Politik, 37. Jg., Nr. 6/1992, S. 686-698

Singer, Otto 1992b: The Politics and Economics of German Unification: From Currency Union to Economic Dichotomy, in: German Politics, Vol. 1, April 1993, Nr. 1, S. 78-94

Sinn, Gerlinde/Sinn, Hans-Werner 1993[3]: Kaltstart. Volkswirtschaftliche Aspekte der deutschen Einigung, München

Sitte, Ralf/Tofaute, Hartmut 1996: Vier Jahre Beschäftigungspolitik der Treuhandanstalt. Eine Bestandsaufnahme, in: WSI-Mitteilungen, 49. Jg., Nr. 1/1996, S. 55-63

Smith, Gordon u.a. (Hg.) 1992: Developments in German Politics, Houndsmills/Basingstroke/Hampshire/London

Smyser, W. R. 1992: The Economy of United Germany. Colossus at the Crossroads, New York

Sold, Alexandra du 1993: Restitution vor Entschädigung: Wiedervereinigung zu welchem Preis? Analyse und Wertung nach rechtlichen, wirtschaftlichen und politischen Gesichtspunkten, Baden-Baden

Southern, David 1992: The Constitutional Framework of the New Germany, in: German Politics, Vol. 1, April 1993, Nr. 1, S. 31-49

Southern, David 1993: Restitution or Compensation: The Open Property Question, in: German Politics, Vol. 2, December 1993, Nr. 3, S. 436-449
Spahn, Heinz-Peter: Das erste und das zweite Wirtschaftswunder, in: Wirtschaftsdienst, 70. Jg., Nr. 2/1990, S. 73-79
Spahn, Heinz-Peter: Der Preis der Einheit. Bemerkungen zu einer Währungsunion, in: Heine/Herr 1990, S. 171-191
Stadermann, Hans-Joachim 1993: Lohnretardierung als Instrument der Arbeitsmarktpolitik in den ostdeutschen Bundesländern, , in: Burchhardt/Falck/Heine 1993, S. 39-52
Stadermann, Hans-Joachim 1995: Arbeitslosigkeit im Wohlfahrtsstaat: eine Bestimmung ihres Ausmaßes und ihrer Uraschen illustriert mit Daten aus dem deutschen Arbeitsmarkt, Tübingen
Stahl, Gerhard 1991: German unification and the EC's budget and budgetary policy, in: Heisenberg 1991, S. 299-316
Statistisches Bundesamt 1987: Der Staat in der volkswirtschaftlichen Gesamtrechnung, Fachserie 18, Reihe S 10, Stuttgart/Berlin/Köln a. M.z
Statistisches Bundesamt 1991: Der Staat in der volkswirtschaftlichen Gesamtrechnung, Fachserie 18, Reihe S 16, Stuttgart/Berlin/Köln a. M.z
Statistisches Bundesamt 1992a: Statistisches Jahrbuch 1992 für das Ausland, Wiesbaden
Statistisches Bundesamt 1992b: Schulden der öffentlichen Haushalte, Fachserie 14: Finanzen und Steuern, Reihe 5, Stuttgart
Statistisches Bundesamt 1993a: Statistisches Jahrbuch 1993 für das Ausland, Wiesbaden
Statistisches Bundesamt 1995: Lange Reihen zur Wirtschaftsentwicklung 1994, Wiesbaden
Stauch, Matthias/Klusewitz, Stefan/Gurgsdies, Manfred 1993: Die Neuordnung des bundesstaatlichen Finanzausgleichs durch die Finanzreform 1995 einschließlich der Regelungen zur Haushaltssanierung Bremens und des Saarlandes, in: Senator für Finanzen 1993, S. 11-47
Stein, Peter 1995: Analyse des Träger- und Finanzierungssystems der Arbeitsmarktpolitik, Sozialpolitische Schriften Heft 66, Berlin
Steinkühler, Franz 1992: Ein Konzept zur solidarischen Finanzierung der deutschen Einheit, in: Wirtschaftsdienst, 72. Jg., Nr. 1/1992, S. 10-11
Stern, Klaus (Hg.): Deutsche Wiedervereinigung, Band II: Zur Wiederherstellung der inneren Einheit, Teil 1: Vermögensfragen - Öffentlicher Dienst - Universitäten, Köln/Bonn/Berlin/München
Stern, Klaus (Hg.): Deutsche Wiedervereinigung, Band II: Zur Wiederherstellung der inneren Einheit, Teil 2: Rundfunkrecht - Stasi-Akten - Wiedergutmachung - Öffentliche und Private Wirtschaft, Köln/Bonn/Berlin/München
Stille, Frank u.a. 1992: Strukturwandel im Prozeß der deutschen Vereinigung: Analyse der strukturellen Entwicklung; Strukturberichterstattung 1992, DIW-Beiträge zur Strukturforschung Heft 136, Berlin
Strümpel, Burkhard (Hg.) 1989: Industrial Societies after the Stagnation of the 1970s, Berlin/New York
Sturm, Roland 1989: Haushaltspolitik in westlichen Demokratien, Schriften zur öffentlichen Verwaltung und öffentlichen Wirtschaft Bd. 114, Baden-Baden

Sturm, Roland 1991: Staatsverschuldung: Investition in die Zukunft oder schleichender Bankrott, in: Gegenwartskunde, Nr. 1/1991, S. 17-28
Sturm, Roland 1992: Regierungsprogramm und Haushaltsplanung in vergleichender Sicht, in: Hartwich/Wewer 1992: 31-46
Sturm, Roland 1993: Staatsverschuldung. Ursachen, Wirkungen und Grenzen staatlicher Verschuldungspolitik, Opladen
Sturm, Roland 1995: How independent is the Bundesbank?, in: German Politics, Vol. 4, April 1995, Nr. 1, S. 27-41
Sturm, Roland/Jeffery, Charlie 1992: German Unity, European Integration and the Future of the Federal System: Revival or Permanent Loss of Substance, in: Jeffery/Sturm 1992, S. 164-176
Suhr, Heinz 1990: Was kostet uns die ehemalige DDR? Frankfurt a. M.
Suntum, Ulrich van 1990: Wachstumsperspektiven der DDR-Wirtschaft, in: Wirtschaftsdienst, 70. Jg., Nr. 6/1990, S. 305-308
SVR (Sachverständigenrat zur Begutachtung der gesamtwirtschaftlichen Entwicklung) v. J.: Jahresgutachten, Stuttgart
Teltschik, Horst 1991: 329 Tage, Berlin
THA (Treuhandanstalt) (Hg.) 1991[2]: Fragen und Antworten zur Privatisierung ehemaligen Volksvermögens in den neuen Bundesländern, Berlin
THA (Treuhandanstalt) 1992: DM-Eröffnungsbilanz zum 1. Juli 1990, Berlin
Thaysen, Uwe 1990: Die „Eckpunkte" der Bundesländer für den Föderalismus im vereinten Deutschland, in: Zeitschrift für Parlamentsfragen, Nr. 3/90, S. 461-463
Thiel, Eberhard 1990: Die Finanzierungslasten sollten breit gestreut werden, Beitrag zum Zeitgespräch „Wie soll die Einheit finanziert werden", in: Wirtschaftsdienst, 70. Jg., Nr. 3/1990, S. 125-127
Thiel, Eberhard 1993a: Föderale Konsolidierungsbemühungen, in: Wirtschaftsdienst, 73. Jg., Nr. 2/1993, S. 54-55
Thiel, Eberhard 1993b: Gegen steigende Haushaltsdefizite, in: Wirtschaftsdienst, 73. Jg., Nr. 6/1993, S. 278-279
Thimann, Christian 1995: Die „Angleichung der Lebensverhältnisse" in den neuen Bundesländern und die Bedeutung von Vermögen, in: Staatswissenschaften und Staatspraxis, 6. Jg., Nr. 1/1995, S. 83-110
Tietmeyer, Hans 1994: Erinnerungen an die Vertragsverhandlungen, in: Waigel/Schell 1994, S. 57-117
Tietz Bruno 1991[2]: Optionen für Deutschland: Szenarien und Handlungsalternativen für Wirtschaft und Gesellschaft, Landsberg/Lech
Tofaute, Hartmut 1990: Die Vereinigung Deutschlands und Probleme der Finanzierung, in: WSI-Mitteilungen, 43. Jg., Nr. 11/1990, S. 713-723
Tofaute, Hartmut 1992: Die Finanzsituation der öffentlichen Haushalte zur Jahreswende 91/92, in: WSI-Mitteilungen, 45. Jg., Nr. 2/1992, S. 61-68
Tofaute, Hartmut 1993: Finanzierungsszenario Deutsche Einheit: Lastenausgleichsfonds Deutschland, in: WSI-Mitteilungen, 46. Jg., Nr. 10/1992, S. 689-691
Tofaute, Hartmut 1995a: Kosten der Einheit - Refinanzierung der öffentlichen Haushalte, in: Nolte/Sitte/Wagner 1995, S.161-194

Tofaute, Hartmut 1995b: Steuerverteilung in der Schieflage: Steigende Lohnsteuerquote - sinkende Gewinnsteuerbelastung, in: WSI-Mitteilungen, 48. Jg., Nr. 3/ 1995, S. 197-205

Vesper, Dieter 1991: Kommunale Finanzen in der Bundesrepublik Deutschland, in: DIW-Vierteljahresheft 1/2 1991, S. 5-18

Vesper, Dieter 1993: Finanzielle und finanzpolitische Konsequenzen eines gemeinsamen Bundeslandes Berlin-Brandenburg, DIW-Beiträge zur Strukturforschung Heft 147, Berlin

Vesper, Dieter 1995: Finanzpolitisches Handeln und Vereinigungsprozeß - ein Rückblick auf fünf Jahre Deutsche Einheit, in: DIW 1995a, S. 367-385

Vesper, Dieter/Zwiener, Rudolf 1991: Ein öffentliches Infrastrukturprogramm für Ostdeutschland, DIW-Gutachten im Auftrag der Hans-Böckler-Stiftung, Berlin

Voigt, Rüdiger (Hg.) 1995: Der kooperative Staat: Krisenbewältigung durch Verhandlung?, Baden-Baden

Volkens, Andrea/Klingemann, Hans-Dieter 1992: Die Entwicklung der deutschen Parteien im Prozeß der Vereinigung, in: Jesse/Mittler 1992, S. 189-214

Wagner, Alexandra 1995: Der ostdeutsche Arbeitsmarkt im Transformationsprozeß, in: Nolte/Sitte/Wagner 1995, S. 255-287

Wagner, Wolfgang 1990: Die Dynamik der deutschen Wiedervereinigung, in: Europa-Archiv, Folge 3/1990, S. 79-88

Wagschal, Uwe 1995: Bestimmungsfaktoren der Staatsverschuldung in westlichen Industrieländern. Eine Untersuchung über die politisch-institutionellen, demographischen und ökonomischen Ursachen der Staatsverschuldung, Dissertationsschrift, Heidelberg

Wahl, Jürgen 1992: Perspektiven für einen reformierten kommunalen Finanzausgleich nicht nur in den neuen Bundesländern, in: Wegner 1992, S. 107-132

Waigel, Theo 1990: Deutsche Einheit: unsere Finanzpolitik bleibt auf solidem und berechenbaren Kurs, Gelbe Briefe des Instituts für Finanzwissenschaft und Steuerrecht 158, Wien

Waigel, Theo 1991: Perspektiven der Wirtschafts- und Finanzpolitik im wiedervereinigten Deutschland, in: ifo-Schnelldienst, 44. Jg., Nr. 22/1991, S. 14-24

Waigel, Theo 1992: Finanzierungsstrukturen der Bundeshaushalte vor und nach der deutschen Einheit, in: Der langfristige Kredit, 43. Jg., 21-22/1992, S. 692-694

Waigel, Theo 1994: Tage, die Deutschland und die Welt veränderten, in: Waigel/Schell 1994, S. 26-56

Waigel, Theo/Schell, Manfred 1994: Tage, die Deutschland und die Welt veränderten. Vom Mauerfall zum Kaukasus: Die deutsche Währungsunion, München

Waldenfels, Georg Freiherr von 1991: Eine sofortige Einbeziehung in den Länderfinanzausgleich ist nicht verkraftbar, in: Wirtschaftsdienst, 71. Jg., Nr. 2/1991, S. 67-68

Wallach, H. G. Peter/Francisco, Ronald A. 1992: United Germany: the Past, Politics, Prospects, Westport, Conn./London

Walters, Vernon A. 1994: Die Wiedervereinigung war vorhersehbar, Berlin

Watrin, Christian 1993: Deutschland - Der Preis der wirtschaftlichen Vereinigung, Aussenwirtschaft, 48. Jg, Nr. 1, S. 37-48

Wegner, Eckhard (Hg.) 1992: Finanzausgleich im vereinten Deutschland, Probleme der Einheit Band 9, Marburg

Weidenfeld, Werner/Korte, Karl-Rudolf 1992: Handwörterbuch zur deutschen Einheit, Frankfurt a. M.
Weilepp, Manfred 1993: Subventionen wieder verschont, in: Wirtschaftsdienst, 73. Jg., Nr. 7/1993, S. 334-335
Wendel, Kay 1993: Die Treuhandanstalt und die Deindustrialisierung Ostdeutschlands, in: Dümcke/Vilmar 1995, S. 142-153
Wendt, Hartmut 1991: Die deutsch-deutschen Wanderungen - Bilanz einer 40jährigen Geschichte von Flucht und Ausreise in: Deutschland-Archiv, 23. Jg., Nr. 4/1991, S. 386-395)
Wendt, Rudolf 1993: Neuorientierung der Aufgaben- und Lastenverteilung im Sozialen Bundesstaat, in: Staatswissenschaften und Staatspraxis, 4. Jg., Nr. 1/93, S. 56-77
Wenzel, Heinz-Dieter 1990: Die ökonomische Rationalität von Art. 115 GG, in: Wirtschaftsdienst, 70. Jg., Nr. 12/1990, S. 610-616
Wenzel, Heinz-Dieter 1994: Die wirtschaftliche Entwicklung im vereinigten Deutschland, Bamberg
Westerhoff, Horst-Dieter 1990: Soll die deutsche Einheit über Steuererhöhungen oder über erhöhte Staatsverschuldung finanziert werden? Eine Modellanalyse, Diskussionsbeiträge aus dem Fachbereich Wirtschaftswissenschaften, Universität-Gesamthochschule Essen, 77/90, Essen
Westphal, Andreas (Hg.) 1991: Wirtschaftspolitische Konsequenzen der deutschen Vereinigung, Reihe Wirtschaftswissenschaft 15, Frankfurt a. M./New York
Westphal, Andreas/Herr, Hansjörg/Busch, Ulrich (Hg.) 1991: Wirtschaftspolitische Konsequenzen der deutschen Vereinigung, Frankfurt a. M./New York
Wewer, Göttrik (Hg.) 1990: DDR - von der friedlichen Revolution zur deutschen Vereinigung, Gegenwartskunde-Sonderheft 6/1990, Opladen
Wieland, Joachim 1993: Maßstäbe für einen künftigen Länderfinanzausgleich, in: Staatswissenschaften und Staatspraxis, 4. Jg., Nr. 1/1993, S. 110-113
Wiesenthal, Helmut (Hg.) 1995: Einheit als Interessenpolitik: Studien zur sektoralen Transformation Ostdeutschlands, Frankfurt a. M., New York
Wildenmann, Rudolf (Hg.) 1991: Nation und Demokratie. Politisch-strukturelle Gestaltungsprobleme im neuen Deutschland, Studien zur gesellschaftlichen Entwicklung 8, Baden-Baden
Wilke, Manfred/Müller, Hans Peter 1991: Zwischen Solidarität und Eigennutz: Die Gewerkschaften des DGB im deutschen Vereinigungsprozeß, Forschungsbericht der Konrad-Adenauer-Stiftung 68, Melle
Wille, Eberhard 1992: Die Belastung der öffentlichen Haushalte durch die deutsche Wiedervereinigung, in: Volkswirtschaftliche Korrespondenz der Adolf-Weber-Stiftung, Nr. 9/1992,
Willgerodt, Hans 1990: Vorteile der wirtschaftlichen Einheit Deutschlands, Gutachten erstellt im Auftrag des Bundeskanzleramts, Untersuchungen zur Wirtschaftspolitik 84, Köln
Winkler, Gunnar 1994: Social Policy at a Crossroads, in: Hancock/Welsh 1994, S. 223-244
Wissenschaftliche Dienste des Deutschen Bundestages 1990: Deutsch-deutsche Währungsunion - Gesamtdeutsche und europäische Auswirkungen, Materialien Nr. 111, Bonn

Wissenschaftliche Dienste des Deutschen Bundestages 1991: Die Finanzierung der Deutschen Einheit, Materialien Nr. 115, Bonn
Wissenschaftlicher Beirat beim Bundesministerium der Finanzen 1992: Gutachten zum Länderfinanzausgleich in der Bundesrepublik Deutschland, Schriftenreihe des Bundesministeriums der Finanzen Nr. 47, Bonn
Wolf, Gerd 1986: Wechselseitige Beeinflussung von gesamtwirtschaftlicher Entwicklung und öffentlichem Haushalt - Ein Vergleich der Erfahrungen aus den Jahren 1970 bis 1985 im Vereinigten Königreich und in der Bundesrepublik Deutschland, Schriftenreihe des Bundesministerium der Finanzen Heft 37, Bonn
Wolff, Volker 1992: Gesundrechner, in: Wirtschaftswoche Nr. 19, 1.5.1992: 3
Zimmer, Matthias 1992: Nationales Interesse und Staatsräson. Zur Deutschlandpolitik der Regierung Kohl 1982-1989, Paderborn
Zumwinkle, Michael 1995: Standort Deutschland. Can a Changing Germany Compete in the Changing World Market?, in: Shingleton/Gibbon/Mack 1995, S. 71-88

Verzeichnis der Tabellen

2.1: Schätzungen der Bruttotransfers in die neuen Bundesländer 20
2.2: Schätzungen der Nettotransfers in die neuen Bundesländer 21
2.3: Die Zusammensetzung der Transferleistungen nach Trägern 22
2.4: Der Vereinigungsschock: Nettotransfers im Verhältnis zum BIP 23
2.5: Ausgewählte Inflationsraten im Vergleich (1989-1994) 25
2.6: Entwicklung von Staatsquote und Schuldenquote im Vergleich (1989 und 1995) 29
2.7: Die Entwicklung der öffentlichen Verschuldung (Haushaltssaldo, Schuldenstand 1989-1995) 31
3.1: Zeitlicher Verlauf der Verhandlungen zum Einigungsvertrag 70
3.2: Gegenüberstellung der finanzpolitischen Prognosen von Finanzminister Romberg und Günther Krause 82
4.1: Das Gemeinschaftswerk „Aufschwung Ost" 94
4.2: Finanzplanung des Bundes - Ausgaben 98
4.3: Finanzplanung des Bundes - Nettokreditaufnahme 99
4.4: Finanztransfers der Sozialversicherungen 121
4.5: Rentenanpassungen in den neuen Bundesländern 125
4.6: Finanzierungssaldo der Arbeitslosenversicherung 128
4.7: Ausgaben für arbeitsmarktpolitische Maßnahmen in den neuen Bundesländern und Berlin-Ost 129
4.8: Die Abschlußbilanz der Treuhandanstalt 139
4.9: Die Entwicklung der Schuldenstände in den Nebenhaushalten und den Schattenhaushalten 151
4.10: Reformvorschläge zur Neuordnung der bundesstaatlichen Finanzbeziehungen im Überblick 160
4.11: Das Thesenpapier des Bundes zur Neuordnung der Bund-Länder-Finanzbeziehungen (Eckpunkte) 164
4.12: Eckpunkte des Entwurfs der Finanzministerkonferenz für ein Gesetz zur Neuordnung des bundesstaatlichen Finanzausgleichs vom 18.02.1993 167
4.13: Änderungen der bundesstaatlichen Finanzbeziehungen gemäß FKP 172

Verzeichnis der Schaubilder

2.1: Die Entwicklung des BIP im Vergleich: 1989 bis 1995 24
2.2: Der Einigungsschock auf die Staatsquote 28
2.3: Der Einigungsschock auf die Sozialleistungsquote 30
2.4: Der Einigungsschock auf die Staatsverschuldung 33
3.1: Der Fonds „Deutsche Einheit." Ursprüngliches Konzept und Nachbesserungen 87
4.1: Die Ausgabenstruktur des Bundeshaushalts im Vergleich, 1989 und 1995 106
4.2: Ausgabenvolumen der BA - Gesamthaushalt und Leistungen für die neuen Länder 130
4.3: Offene und verdeckte Arbeitslosigkeit in den neuen Ländern und Berlin-Ost 134
4.4: Leitzinsentwicklung Oktober 1990-Dezember 1994 143
4.5: Einigungsbedingte Belastungen von Haushalten nach sozialen Gruppen 153

Verzeichnis wichtiger Abkürzungen

1. Institutionen, Parteien

AaW	Arbeitskreis alternativer Wirtschaftsforschungsinstitute
BA	Bundesanstalt für Arbeit
BfD	Bund freier Demokraten
BMAS	Bundesministerium für Arbeit und Sozialordnung
BMF	Bundesministerium der Finanzen
BMWi	Bundesministerium für Wirtschaft
BR	Deutscher Bundesrat
BT	Deutscher Bundestag
BvS	Bundesanstalt für einigungsbedingte Sonderaufgaben
CDU	Christlich Demokratische Union
CSU	Christlich Soziale Union
DA	Demokratischer Aufbruch
DIW	Deutsches Institut für Wirtschaftsforschung, Berlin
DSU	Deutsche Soziale Union
EU	Europäische Union
F.D.P.	Freie Demokratische Partei
FMK	Finanzministerkonferenz
KfW	Kreditanstalt für Wiederaufbau
GKV	Gesetzliche Krankenversicherung
GRV	Gesetzliche Rentenversicherung
HWWA	HWWA-Institut für Wirtschaftsforschung, Hamburg
IW	Institut der deutschen Wirtschaft, Köln
MdF	Ministerium der Finanzen (DDR)
OECD	Organisation for Economic Co-Operation and Development
PDS	Partei des demokratischen Sozialismus
RGW	Rat für gegenseitige Wirtschaftshilfe
SPD	Sozialdemokratische Partei Deutschlands
Stat. BA	Statistisches Bundesamt
SVR	Sachverständigenrat zur Begutachtung der gesamtwirtschaftlichenEntwicklung
SVRG	Sachverständigenrat für die konzertierte Aktion im Gesundheitswesen
THA	Treuhandanstalt
VK	Volkskammer der DDR

2. Fachbegriffe, Gesetze, Symbole

ABM	Arbeitsbeschaffungsmaßnahme
ABS	Gesellschaft zur Arbeitsförderung, Beschäftigung und Strukturentwicklung
AFG	Arbeitsförderungsgesetz
BEZ	Bundesergänzungszuweisung
BGBl.	Bundesgesetzblatt
BIP	Bruttoinlandsprodukt
BSP	Bruttosozialprodukt
BT (BR)-Drs.	Drucksache des Bundestags (Bundesrats)
ERP	European Recovery Program
EWS	Europäisches Währungssystem
DM	Deutsche Mark
EV	Einigungsvertrag
FDE	Fonds „Deutsche Einheit“
FKP	Föderales Konsolidierungsprogramm
GG	Grundgesetz
GSG	Gesundheitsstrukturgesetz
KAF	Kreditabwicklungsfonds
LFA	Länderfinanzausgleich
M	Mark der DDR
MdB	Mitglied des Deutschen Bundestags
Prot.	Protokoll
SKWPG	Spar-, Konsolidierungs- und Wachstumsprogramm
Sten. Ber.	Stenographische Berichte der Sitzungen einer Institution
SVG	Sozialversicherungsgesetz (der DDR)
WWSU	Währungs-, Wirtschafts- und Sozialunion

3. Tageszeitungen, Zeitschriften, sonstige Publikationen

ANBA	Amtliche Nachrichten der Bundesanstalt für Arbeit
Bulletin	Bulletin des Presse- und Informationsamts der Bundesregierung
BVerfGE	Entscheidungen des Bundesverfassungsgerichts
FAZ	Frankfurter Allgemeine Zeitung
FR	Frankfurter Rundschau
Monatsbericht	Monatsbericht der Deutschen Bundesbank
PA	Deutsche Bundesbank, Auszüge aus Presseartikeln
PVS	Politische Vierteljahresschrift
SPW	Sozialdemokratischer Pressedienst Wirtschaft
SZ	Süddeutsche Zeitung
ZParl.	Zeitschrift für Parlamentsfragen

Liste der Interviewpartner

Herr Dr. Albert	(Innenministerium, Saarland)
Herr Carl	(Finanzministerium, Saarland)
Herr Dr. Dästner	(Geschäftsführer des Vermittlungsausschusses zwischen Bundesrat und Bundestag)
Herr Goes	(Finanzministerium, Mecklenburg-Vorpommern)
Herr Dr. Geske	(ehem. Finanzstaatssekretär, Hessen)
Herr Lattmann	(Finanzbehörde, Hamburg)
Herr Leonardy	(Landesvertretung des Landes Niedersachen beim Bund)
Herr de Maizière	(ehem. Ministerpräsident der DDR)
Frau Marienfeld	(Finanzministerium, Nordrhein-Westfalen)
Herr Prof. Milbradt	(Staatsminister für Finanzen, Sachsen)
Herr Neuhaus	(Zentrale Datenstelle der Landesfinanzminister, Bonn)
Herr Dr. Nölling	(ehem. Landeszentralbankdirektor, Hamburg)
Frau Nottelmann	(Finanzministerium, Brandenburg)
Herr Dr. Otremba	(BMF)
Herr Dr. Reckers	(BMF)
Herr Reiss	(Finanzministerium, Baden-Württemberg)
Herr Rindt	(MdB)
Herr Prof. Romberg	(ehem. Finanzminister der DDR)
Herr Schallmayer	(Finanzministerium, Bayern)
Herr Schwanitz	(MdB)
Herr Tandler	(ehem. Finanzminister, Bayern)
Herr Dr. Siegert	(ehem. Staatssekretär im MdF)
Herr Walz	(Senatsverwaltung für Finanzen, Berlin)

GPSR Compliance

The European Union's (EU) General Product Safety Regulation (GPSR) is a set of rules that requires consumer products to be safe and our obligations to ensure this.

If you have any concerns about our products, you can contact us on ProductSafety@springernature.com

In case Publisher is established outside the EU, the EU authorized representative is:

Springer Nature Customer Service Center GmbH
Europaplatz 3
69115 Heidelberg, Germany

Batch number: 10809472

Printed by Printforce, the Netherlands